Formação e estratégias de ensino em Avaliação Psicológica

Coleção Avaliação Psicológica

Coordenador:
Makilim Nunes Baptista

Conselho editorial de especialistas:
Adriana Cristina B. Suehiro
Ana Cristina Rezende
Josemberg Moura de Andrade
Makilim Nunes Baptista

Dados Internacionais de Catalogação na Publicação (CIP)
(Câmara Brasileira do Livro, SP, Brasil)

Formação e estratégias de ensino em avaliação psicológica / organização Katya Luciane Oliveira ... [et al.]. – 1. ed. – Petrópolis, RJ : Editora Vozes, 2021. – (Coleção Avaliação Psicológica)

Outros organizadores : Monalisa Muniz, Thatiana Helena de Lima, Daniela S. Zanini, Acácia Aparecida Angeli dos Santos
ISBN 978-65-5713-160-2

1. Avaliação psicológica 2. Estratégias de aprendizagem 3. Psicologia I. Muniz, Monalisa. II. Lima, Thatiana Helena de. III. Zanini, Daniela S. IV. Santos, Acácia Aparecida Angeli dos. V. Série.

21-60209   CDD-150

Índices para catálogo sistemático:

1. Psicologia 150

Aline Graziele Benitez – Bibliotecária – CRB-1/3129

Formação e estratégias de ensino em Avaliação Psicológica

Katya Luciane Oliveira
Monalisa Muniz
Thatiana Helena de Lima
Daniela S. Zanini
Acácia Aparecida Angeli dos Santos
(orgs.)

Petrópolis

© 2021, Editora Vozes Ltda.
Rua Frei Luís, 100
25689-900 Petrópolis, RJ
www.vozes.com.br
Brasil

Todos os direitos reservados. Nenhuma parte desta obra poderá ser reproduzida ou transmitida por qualquer forma e/ou quaisquer meios (eletrônico ou mecânico, incluindo fotocópia e gravação) ou arquivada em qualquer sistema ou banco de dados sem permissão escrita da editora.

CONSELHO EDITORIAL

Diretor
Gilberto Gonçalves Garcia

Editores
Aline dos Santos Carneiro
Edrian Josué Pasini
Marilac Loraine Oleniki
Welder Lancieri Marchini

Conselheiros
Francisco Morás
Ludovico Garmus
Teobaldo Heidemann
Volney J. Berkenbrock

Secretário executivo
João Batista Kreuch

Editoração: Leonardo A.R.T. dos Santos
Diagramação: Raquel Nascimento
Revisão gráfica: Nilton Braz da Rocha / Fernando Sergio Olivetti da Rocha
Capa: WM design

ISBN 978-65-5713-160-2

Editado conforme o novo acordo ortográfico.

Este livro foi composto e impresso pela Editora Vozes Ltda.

Sumário

Prefácio, 7

Apresentação, 9

Parte I, 11

1 Histórico da formação em Avaliação
  Psicológica no Brasil, 13
  Ana Paula Porto Noronha e Acácia Aparecida
  Angeli dos Santos

2 Ética e justiça em Avaliação Psicológica:
  Formação e prática, 21
  Monalisa Muniz, Katya Luciane Oliveira e
  Fabián Javier Marín Rueda

3 Do lápis e papel à modalidade remota:
  Considerações sobre a Avaliação Psicológica
  em tempos de pandemia, 37
  Daniela S. Zanini, Caroline Tozzi Reppold e
  Cristiane Faiad

4 Competências em Avaliação Psicológica, 52
  Alexandre José de Souza Peres

5 Alguns conceitos orientadores para
  profissionais do ensino de Psicologia, 73
  Marcelo Henrique Oliveira Henklain e Patrícia
  Waltz Schelini

6 O que ensinar na disciplina de Avaliação
  Psicológica I?, 85
  Katya Luciane de Oliveira, Monalisa Muniz e
  Amanda Lays Monteiro Inácio

7 O que ensinar na disciplina de Avaliação
  Psicológica II?, 109
  Marcelo Henrique Oliveira Henklain e Patrícia
  Waltz Schelini

8 O que ensinar na disciplina de Avaliação
  Psicológica III?, 127
  Lucila Moraes Cardoso e Fabiano Koich Miguel

9 Estágio supervisionado em Avaliação
  Psicológica: Alcances e limitações, 143
  Amanda Lays Monteiro Inácio e Gracielly
  Terziotti de Oliveira

10 Especialidade e formação continuada em
   Avaliação Psicológica, 158
   Caroline Tozzi Reppold e Ana Paula Porto
   Noronha

Parte II, 167

11 Quais estratégias e metodologias de ensino
   podem ser utilizadas para ensinar Avaliação
   Psicológica na graduação?, 169
   Marcela Mansur-Alves e Thatiana Helena
   de Lima

12 Quais estratégias e metodologias de ensino
   podem ser utilizadas para ensinar Avaliação
   Psicológica na pós-graduação?, 186
   Rodolfo Augusto Matteo Ambiel

13 Estratégias e metodologias para o ensino de
   técnicas de entrevista, 201
   Sabrina Martins Barroso

14 Estratégias e métodos para o ensino
   da técnica de observação em Avaliação
   Psicológica, 220
   Sérgio Eduardo Silva de Oliveira, Mônia
   Aparecida da Silva e Mário César Rezende
   Andrade

15 Estratégias e metodologias para o ensino de dinâmicas de grupo, 241
  Marlene Alves da Silva, Helena Rinaldi Rosa e Hilda Rosa Capelão Avoglia

16 Metodologias de ensino de Avaliação Psicológica com testes psicológicos objetivos, 257
  Tatiana Quarti Irigaray, Joice Dickel Segabinazi e Valéria Gonzatti

17 Estratégias e metodologias para o ensino de testes psicológicos projetivos, 270
  Fabiano Koich Miguel e Lucila Moraes Cardoso

18 Estratégias e metodologia para realização de estágio: Contribuições da neuropsicologia infantil, 284
  Izabel Hazin, Cíntia Alves Salgado Azoni e Ediana Gomes

Os autores, 301

Prefácio

Denise Ruschel Bandeira

É durante a graduação em Psicologia que são estabelecidas as bases para uma atuação ética e responsável do psicólogo. Por esse motivo, torna-se essencial a discussão sobre a formação e o aperfeiçoamento das práticas dos responsáveis por essa formação: nós, professores da área de Avalição Psicológica.

Entendendo que a avaliação psicológica é uma atividade de exclusividade do profissional psicólogo, os cursos de graduação deveriam privilegiar essa área do conhecimento. Infelizmente, não é o que se observa em muitos dos cursos espalhados pelo país. Vemos, inclusive, que é uma área menosprezada e, até mesmo, execrada por muitos psicólogos que, sem o devido conhecimento, entendem, de formar equivocada e superficial, que a avaliação tem como objetivo medir, rotular e controlar o ser humano.

Talvez, parte da responsabilidade por essa visão seja de nós mesmos, professores, que falhamos nesse ponto crucial que é a formação em Avaliação Psicológica. Estamos formando profissionais que não estão conseguindo dar conta das competências que nós mesmos entendemos como necessárias quando planejamos um curso de Psicologia. O que poderíamos fazer de diferente? Será que tem solução, sendo que muitas das críticas acontecem pela visão diferente e talvez até antagônica de constituição de sujeito? Ou seria consequência de algo mais basal ainda como diferentes visões de mundo?

Frente a isso, uma possibilidade seria nos preocuparmos em bem ensinar e treinar aquela parte dos alunos que possuem a mesma visão que possuímos, que entendem a psicologia como ciência capaz de aceitar ou refutar hipóteses. Começando pela apresentação dos fundamentos da psicometria e dos instrumentos e focando mais neles como técnicas a serem integradas em um processo global de avaliação. Para isso, precisamos de professores competentes, bem treinados e atualizados na área.

Portanto, como área, necessitamos ter uma preocupação especial com a formação continuada, com aqueles que serão os futuros professores. Os testes e técnicas psicológicas possuem constante atualização e não é admissível que quem trabalha, muito menos, ensine Avaliação Psicológica, continue a utilizar os instrumentos aprendidos na sua graduação. É desses que mais se espera que se atualizem constantemente por meio de congressos, cursos de extensão ou especialização além de artigos científicos e livros sobre a temática. Este livro poderá ser muito útil para essa atualização!

A área de avaliação tem crescido nos últimos anos, muito devido a um trabalho árduo de pesquisadores interessados nessa causa, reunidos em comissões tal como a Comissão Consultiva em Avaliação Psicológica (CCAP) do Conselho Federal de Psicologia (CFP) e por associações científicas, tais como a Associação Brasileira de Rorschach e Métodos Projetivos (ASBRo) e o Instituto Brasileiro de Avaliação Psicológica (Ibap), esse o responsável pela organização deste livro. Esses pesquisadores dedicam boa parte de seu tempo produtivo para a coletividade, fato que deve ser extremamente valorizado por nós psicólogos.

Nesse sentido, esta obra é mais um reflexo dessa atuação, trazendo de forma inovadora essa discussão, por meio de diversas temáticas da formação e do ensino em avaliação psicológica no Brasil, passando pelas competências e habilidades a serem desenvolvidas até a necessidade de formação continuada. Além disso, serve como apoio ao professor de Avaliação Psicológica (teoria, técnicas e testes psicológicos), que necessita enfrentar os diversos desafios de ensinar. Eu e imagino que todos os professores da área de Avaliação Psicológica somos gratos aos autores deste livro, profissionais dedicados, éticos e responsáveis, por cuidarem de nós!

Apresentação

A Avaliação Psicológica no Brasil tem crescido exponencialmente nos últimos 20 anos. Essa afirmação pode ser constatada por meio de ações específicas da área como obras construídas por pesquisadores brasileiros, revista científica, congressos e demais eventos científicos, pós-graduações *lato sensu* e *stricto sensu*, resoluções elaboradas pelo Conselho Federal de Psicologia (CFP) e entidades como o Instituto Brasileiro de Avaliação Psicológica (Ibap) e Associação Brasileira de Rorschach e Métodos Projetivos (ASBRo).

Esse desenvolvimento da área teve como consequência melhores atuações dos profissionais ao realizarem esse processo, no entanto, ainda é uma área na qual se verificam muitas condutas éticas inadequadas. Diversas publicações científicas abordando a ética na Avaliação Psicológica foram produzidas, e é unânime que uma melhor formação na área contribuiria para minimizar comportamentos não éticos e aumentar a qualidade das avaliações. Paralelamente, pesquisas sobre formação em Avaliação Psicológica foram realizadas e observada realmente a necessidade de melhorias na formação.

Diante desse cenário, este livro foi construído com o propósito de contribuir com a formação em Avaliação Psicológica no Brasil, de uma maneira mais prática, mas sem prescindir do conhecimento teórico. Os capítulos foram elaborados com o objetivo de propiciar aos docentes e profissionais envolvidos com a formação em Avaliação Psicológica caminhos, recursos, ideias para se ensinar Avaliação Psicológica. Apesar das obras existentes na área, há uma lacuna acerca do ensino e da aprendizagem, no sentido de instrumentalizar dos pontos de vista teórico e pedagógico os profissionais que atuam na formação em Avaliação Psicológica nos cursos de graduação ou pós-graduação.

Dessa forma, a presente obra intitulada "Formação e estratégias de ensino em Avaliação Psicológica" tem a pretensão de proporcionar aos professores e alunos de Psicologia e pós-graduação em Psicologia, conhecimento teórico e prático para formar e ensinar futuros psicólogos e profissionais psicólogos interessados na formação básica e continuada em Avaliação Psicológica. Para isso, este livro está composto por 18 capítulos, dividido em duas partes, mas que são conjugadas, uma é dedicada à formação e a outra às estratégias de ensino. A primeira versa sobre o histórico da formação em Avaliação Psicológica no Brasil e o momento atual do emprego das Tecnologias de Desenvolvimento da Informação e Comunicação (TDICs) tanto na prática quanto no ensino, as competências necessárias para um avaliador, o papel do professor e o ensinar para a promoção das habilidades a serem desenvolvidas em cada disciplina de Avaliação Psicológica. Abrange ainda a necessidade da especialidade em Avaliação Psicológica e como pensar a formação continuada, abordando principalmente a especialização nesta área, os ensinos na graduação, pós-graduação *stricto* e *lato sensu*. A segunda parte do livro traz metodologias e estratégias de como o professor pode atuar em sala de aula para ensinar Avaliação Psicológica (teoria, técnicas e testes psicológicos) de diferentes formas com o intuito de facilitar a aprendizagem dos alunos. Acreditamos que uma importante contribuição oferecida por este material é justamente a forma didática e ao mesmo tempo acessível e interessante, na qual os conteúdos são apresentados.

Cabe salientar que a construção deste livro se iniciou antes da triste e avassaladora pandemia de Covid-19 que exigiu mudanças em todos os setores da sociedade, incluindo o ensino, trazendo grandes questionamentos sobre o ensino remoto a distância. O ensino da Avaliação Psicológica faz parte de toda essa discussão e materiais orientativos específicos foram elaborados por pesquisadores, entidades da área e o Conselho Federal de Psicologia. Mesmo assim, como o uso das TDICs, também se constitui uma oportunidade para se desenvolver novos conhecimentos, solicitamos aos autores de cada capítulo que, caso julgassem necessário, fizessem alguma referência ou indicação do uso das TDICs, também considerando o momento da pandemia, em relação ao conteúdo tratado. No entanto, mesmo entendendo a demanda por certa flexibilidade na atual conjuntura de pandemia e/ou

as TDICs como uma ferramenta agregadora de conhecimento, enfatizamos que defendemos o ensino da Avaliação Psicológica, assim como da Psicologia, inteiramente presencial.

Posto isso, destacamos que esta obra agrega autores com reconhecido saber sobre os temas tratados. Por isso há pesquisadores e docentes de diversas universidades e estados brasileiros, o que contemplou uma diversidade de olhares e fazeres no ensino de Avaliação Psicológica.

Este livro faz parte da Coleção Ibap, portanto apresenta um "selo de qualidade" conforme tradicionalmente se faz presente nas obras desenvolvidas pelo instituto. A parceria estabelecida com a Editora Vozes ampliou a qualidade editorial do livro, por isso, considera-se que a obra é imprescindível para as discussões teóricas, técnicas e práticas da área, de modo a fomentar o desenvolvimento das competências necessárias que o psicólogo(a) precisa ter para realizar uma Avaliação Psicológica com qualidade e que seja benéfica para a sociedade.

Parte I

1
Histórico da formação em Avaliação Psicológica no Brasil

Ana Paula Porto Noronha
Acácia Aparecida Angeli dos Santos
Universidade São Francisco

> **Highlights**
> - Preparação de psicólogos na área da Avaliação Psicológica no Brasil.
> - Histórico do ensino de Avaliação Psicológica.
> - Testagem e Avaliação Psicológica: diferenciação de conceitos.
> - Especialização em Avaliação Psicológica.

A Avaliação Psicológica é uma importante área de atuação de psicólogos, que faz interface com todos os campos nos quais o profissional se insere, razão pela qual é considerada uma formação básica (Nunes et al., 2012). Ela é compreendida como um amplo processo de conhecimento de indivíduos ou grupos, por meio de técnicas e instrumentos psicológicos, com vistas à identificação dos fenômenos psicológicos relevantes para aquela situação, e para a programação da tomada de decisão profissional. A realização de processos avaliativos têm sido cada vez mais exigida em contextos diversos, o que revela a contribuição que a prática psi tem a oferecer a outros profissionais e à sociedade.

O Decreto n. 53.464 da Lei n. 4.119 de 1962, que regulamenta a profissão de psicólogo, em seu artigo 4°, estabelece a Avaliação Psicológica como prática profissional. São funções do psicólogo:

> 1) Utilizar métodos e técnicas psicológicas com o objetivo de: (a) diagnóstico psicológico; (b) orientação e seleção profissional; (c) orientação psicopedagógica; (d) solução de problemas de ajustamento.

2) Dirigir serviços de Psicologia em órgãos e estabelecimentos públicos, autárquicos, paraestatais, de economia mista e particulares. 3) Ensinar as cadeiras ou disciplinas de Psicologia nos vários níveis de ensino, observadas as demais exigências da legislação em vigor. 4) Supervisionar profissionais e alunos em trabalhos teóricos e práticos de Psicologia. 5) Assessorar, tecnicamente, órgãos e estabelecimentos públicos, autárquicos, paraestatais, de economia mista e particulares. 6) Realizar perícias e emitir pareceres sobre a matéria de Psicologia (Brasil, 1964).

A Avaliação Psicológica é uma das áreas mais antigas da Psicologia (Anastasi & Urbina, 2000) e consta com um reconhecido campo de saber, cuja especialidade tenha sido recentemente aprovada pelo Conselho Federal de Psicologia (CFP, 2019). No entanto, sua história nem sempre foi permeada de sucesso, havendo vários obstáculos e equívocos em sua caminhada. O que se pretende neste capítulo é apresentar alguns percalços marcantes da formação em psicologia, especialmente na área de Avaliação Psicológica, que contribuíram para sua história e solidificação.

O conceito de Avaliação Psicológica

Escolhemos iniciar o capítulo discorrendo sobre um dos principais equívocos conceituais ainda presentes, e que gera uma série de problemas de credibilidade quanto à prática avaliativa. Testagem e Avaliação Psicológica são conceitos distintos, ambos relevantes, embora muitas vezes sejam tratados como sinônimos. Como dito no início desta introdução, a Avaliação Psicológica refere-se à análise do funcionamento do(s) indivíduo(s) avaliado(s). Para sua realização, podem ser utilizadas fontes diversas de coleta de dados, dentre as quais, podem ser destacados os testes psicológicos, instrumentos que fornecem informações sobre o avaliado e são recursos auxiliares para a elaboração da compreensão dos fenômenos psicológicos. De acordo com Borsa (2016), testes psicológicos são fontes importantes de coleta de informações e seu uso pode ser considerado uma etapa da Avaliação Psicológica. Contudo, a Avaliação Psicológica envolve a integração de várias fontes de informações sobre o avaliando (testes, entrevistas, observações, entre outras).

Avaliações psicológicas podem ser realizadas sem o uso de testes? Sem dúvida! Para alguns contextos e para situações específicas de avaliação, é possível que o uso de testes não seja necessário. Há também a realização de avaliações que não tomam por base a perspectiva da psicometria, pautando-se, por exemplo, em tarefas embasadas na psicologia histórico-cultural (Vieira et al., 2018). Mas o uso fortuito de uma ou de várias medidas, sem um amplo processo de compreensão de diferentes fontes, não é, em absoluto, igual à realização de uma Avaliação Psicológica. E aqui está o problema. Algumas práticas, nas quais não se faz a distinção entre testagem e avaliação, põem em risco a credibilidade social da Avaliação Psicológica e da Psicologia, como ciência e profissão. Por

isso, é ímpar que tal distinção seja difundida e veiculada pelos psicólogos.

Foram necessários alguns anos para que a Avaliação Psicológica pudesse chegar ao patamar de qualidade no qual se encontra atualmente no país (Bueno & Peixoto, 2018). Em seu início, foi entendido como sinônimo de aplicação de testes estrangeiros, sem estudos de adaptação brasileira e isentos de verificação de suas qualidades psicométricas, de modo isolado, e gerando resultados duvidosos, em muito contribuiu para que críticas e preconceitos se estabelecessem e perdurassem longamente (Noronha, 2002). A relevância da área foi reconhecida, especialmente pelo fato de que ela ajudou na promoção do desenvolvimento da psicologia como ciência e como profissão. A esse respeito, destaca-se que a avaliação como atividade privativa do psicólogo está incluída na Lei Federal n. 4.119 (1962), que regulamenta a profissão no país, portanto, é uma das primeiras atividades reconhecidamente do psicólogo. Bariani et al. (2000) afirmam que uma parte importante da história da psicologia coincide com a história dos testes psicológicos e que o psicólogo se reconhecia como alguém que podia aplicar testes; o que ainda é premissa para muitos profissionais.

Tal como destacado por Noronha e Reppold (2010), a partir da década de 1990 foram observadas modificações substanciais na área de Avaliação Psicológica. O esforço contínuo de pesquisadores e seus pequenos grupos de alunos, as sociedades científicas da área, especialmente à época, o Instituto Brasileiro de Avaliação Psicológica e a Associação Brasileira de Rorschach e outros métodos projetivos, associados ao apoio institucional do Conselho Federal de Psicologia, geraram produtos e ações que alavancaram a área. As regulamentações do Conselho Federal de Psicologia sobre os testes psicológicos; a criação do Sistema de Avaliação de Testes Psicológicos (Satepsi), o aumento da elaboração de testes brasileiros; e o crescimento abrupto do número de pesquisas científicas na área contribuíram para o aprimoramento da Avaliação Psicológica e para que práticas mais consistentes se efetivassem (Reppold & Noronha, 2018). Ainda, nesse período, foi reconhecido pela Capes o único programa de pós-graduação *stricto sensu* em Psicologia, cuja área de concentração é em Avaliação Psicológica. Desde o ano 2000, esse programa passou a ser oferecido pela Universidade São Francisco e, até hoje, continua sendo um centro de formação de pesquisadores e de produção de conhecimento na área (Souza-Filho et al., 2006). Ao longo dos anos, psicólogos que lá se titularam foram se inserindo em cursos de Psicologia, na graduação e pós-graduação *stricto sensu*, de diferentes estados brasileiros em todas as regiões do Brasil (Ministério da Educação, 2017).

Especificamente, o Satepsi é um sistema contínuo de avaliação dos testes psicológicos que analisa a qualidade psicométrica, como evidências de validade e as estimativas de precisão. Ademais, determina os requisitos mínimos que um teste psicológico precisa apresentar, em consonância com padrões internacionais, para que seu uso seja considerado em processos de Avaliação Psicológica. A criação do Satepsi vem sendo entendida como mola propulsora do crescimento da Avaliação Psicológica no Brasil (Cardoso & Silva-Filho, 2018; Gouveia, 2018).

Neste particular, gostaríamos de dar destaque para as resoluções n. 25/2001, n. 2/2003 e, mais recentemente, n. 9/2018 do Conselho Federal de Psicologia (2001, 2003, 2018), que definiram e regulamentaram os testes psicológicos. Depois de décadas de duras críticas que questionavam a qualidade dos processos avaliativos realizados, a qualificação profissional, assim como os métodos de avaliação, o esforço conjunto culminou com a regulamentação proposta pelo CFP. A fim de comparar dois períodos (antes e depois da Resolução CFP n. 25/2001), Mansur-Alves et al. (2016) recuperaram, em sua revisão de literatura, artigos cujos descritores eram "Avaliação Psicológica", "testes psicológicos" e/ou "construção/adaptação de instrumentos psicológicos". Foram considerados os períodos de 1993 a 2002 e de 2003 a 2014. As autoras encontraram aumento da quantidade das publicações após 2003, e ampliação de contextos e testes psicológicos utilizados nas pesquisas publicadas. Para elas, os resultados evidenciaram o impacto favorável do Satepsi para a Avaliação Psicológica.

Em síntese, mais pesquisadores na área de Avaliação Psicológica foram formados e um número crescente de publicações foram disponibilizadas, dentre elas, algumas relacionadas à construção de testes e à busca de evidências de validade. O texto de Souza-Filho et al. (2006), publicado dez anos antes do de Mansur-Alves et al. (2016), já apontava para a crescente produção da área. Em acréscimo, os autores encontraram maior número de publicações na região Sudeste do país, com produção marcante de pesquisadores de instituições que marcadamente possuem linhas de pesquisa voltadas ao tema, como, por exemplo, a Universidade São Francisco, da qual as autoras do presente capítulo fazem parte.

A formação em Avaliação Psicológica

A formação em psicologia vem sendo repensada desde que o primeiro curso foi criado no país, o que não é necessariamente um sinal de fragilidade. As reflexões constantes com a preparação do psicólogo revelam um olhar exigente com a qualidade da ação profissional que se quer obter. No tocante à discussão que estamos pretendendo neste capítulo, qual seja, em relação à Avaliação Psicológica, algumas questões são emergentes, tal como destacado por Noronha et al. (2010): quais as especificidades para o psicólogo que atuará na área de Avaliação Psicológica? Quais conteúdos e métodos devem ser priorizados em sua formação? Em quais momentos do curso esses conteúdos devem ser ministrados? Que preparação deve ter o formador? É possível que dois outros elementos devam ser incorporados aos destacados pelos autores: que estratégias de ensino têm se mostrado mais eficientes e quais as competências a serem priorizadas?

Para iniciar a discussão, consideramos a asserção de Eyde et al. (1988), no sentido de que compete aos psicólogos, ao realizar avaliações, entender o desafio ou a questão a ser respondida; entender o contexto e as pessoas envolvidas. Infelizmente, caro leitor, no tocante à Avaliação Psicológica, os graves problemas advindos da prática profissional (Noronha, 2002), geraram um número importante de processos éticos, de modo que a formação tem sido considerada como a grande vilã de parte substancial dos problemas ainda encontrados na prática profissional.

A preparação incipiente, associada à histórica falta de credibilidade de testes psicológicos no país, acarretou uma falta de confiança nos testes psicológicos e outros métodos de coleta de dados, e mais gravemente, ao psicólogo e à psicologia. Foi necessário um grande investimento nas décadas de 1990 a 2000 para que a sociedade voltasse a acreditar na Avaliação Psicológica.

Pesquisas sobre a formação em Avaliação foram realizadas por autores variados e em distintos momentos (Anache & Reppold, 2010;

Bardagi et al., 2015; Noronha et al., 2002; Noronha et al., 2010; Nunes et al., 2012, entre outros). Em comum, os trabalhos denunciam a formação tecnicista, voltada ao ensino da técnica de aplicação e correção de testes, sem conexão com o processo de Avaliação Psicológica, razão pela qual ainda há questionamentos sobre a diferença entre testagem e Avaliação Psicológica. Adicionalmente, a ênfase estava na área clínica e nos procedimentos de aplicação e interpretação de instrumentos de construtos tradicionais, como inteligência e personalidade. A seguir, destacaremos alguns trabalhos historicamente marcantes no aprimoramento da formação em Avaliação Psicológica.

Em uma reunião do Grupo de Trabalho de Avaliação Psicológica da Anpepp (Associação Nacional de Pesquisa e Pós-graduação em Psicologia), os pesquisadores elaboraram um documento intitulado "Nota em defesa da Avaliação Psicológica" (Noronha et al., 2002). Os autores reconheciam a fragilidade da formação profissional e dos instrumentos disponíveis e defendiam que fossem incluídos minimamente conteúdos que permitissem uma visão mais ampla sobre a área. Como sugestão, teoria da medida e psicometria; avaliação da inteligência e da personalidade, práticas integrativas de planejamento, execução e redação dos resultados da Avaliação Psicológica, deveriam constar como conteúdos mínimos. Naquela ocasião teve início um movimento em prol da Avaliação Psicológica, em oposição ao outro grupo que defendia que conhecimentos sobre a área fossem abolidos dos cursos de graduação.

Em 2010 e 2012, dois outros trabalhos foram publicados, respectivamente, com o intuito de fazer proposições e estabelecer diretrizes para a formação na área (Noronha et al., 2010;

Nunes et al., 2012). O primeiro versou sobre a defesa de três eixos da formação profissional em Avaliação Psicológica, quais sejam, conteúdo, infraestrutura, e métodos de ensino. Foram considerados "conteúdo" aqueles elementos inerentes às questões éticas quando da realização da Avaliação Psicológica e ao ensino das técnicas propriamente dito. O último foi debatido amplamente, tendo sido incluída a escolha do instrumento, a compreensão do fenômeno psicológico que seria avaliado, o domínio da correção e da interpretação de resultados, e, por último, mas não menos relevante, a comunicação dos resultados. Como infraestrutura, os autores destacaram a relevância da existência de acervos de testes e outros materiais de avaliação, de salas adequadas para atendimento e de laboratórios com computadores. Por fim, no que respeita aos métodos de ensino, foram sugeridas a realização de aulas práticas com aplicação dos conceitos teóricos; aulas em laboratório; treinamento de aplicação "real" de testes e dinâmicas; estudos de caso e elaboração de documentos psicológicos.

O segundo trabalho, referido anteriormente, foi proposto por Nunes et al. (2012), que elaboraram um documento no qual foram apresentadas diretrizes iniciais para o ensino de Avaliação Psicológica. Para tanto, eles levaram em consideração as diretrizes do Conselho Federal de Psicologia e o Código de Ética Profissional do Psicólogo. O documento subdivide-se em quatro partes, sendo que a primeira aborda 27 competências a serem adquiridas pelos alunos, dentre as quais pode-se destacar como exemplos: "ter capacidade crítica para refletir sobre as consequências sociais da Avaliação Psicológica; saber avaliar fenômenos humanos de ordem cognitiva, afetiva e comportamental em diferentes contextos; saber planejar uma Avaliação Psicológica de

acordo com objetivo, público-alvo e contexto" (p. 310). Na sequência, os autores propõem conteúdos programáticos para seis diferentes disciplinas. A terceira parte contempla a infraestrutura, os métodos de ensino, a formação docente e algumas outras orientações. Na última seção, por fim, são elencadas referências relativas à Avaliação Psicológica.

Acredita-se que o artigo de Nunes et al. (2012) foi inovador e trouxe sugestões que contribuíram para a formação do psicólogo. Diferentes estratégias de ensino e de técnicas foram mencionadas e problematizadas, como forma de desenvolver as habilidades necessárias. Atividades práticas, estudos de caso, oficinas de elaboração de documentos escritos, pesquisas científicas e estágios supervisionados foram possibilidades aventadas pelos autores. Na mesma direção, outros exemplos de práticas com resultados favoráveis foram citados por Reppold e Serafini (2010), quando da implantação de um curso de Psicologia em uma instituição federal. No currículo, sete disciplinas foram definidas como obrigatórias (Psicometria, Avaliação Psicológica etc.) e outras, como eletivas. Além disso, na proposta adotada, parte do conteúdo foi desenvolvida por meio de atividades multidisciplinares na unidade de psiquiatria do hospital universitário, aproximando teoria e prática.

Por sua vez, Borsa (2016) defende que o ensino de Avaliação Psicológica associado a práticas em clínicas-escola é uma opção. De acordo com a autora, as clínicas têm sido subutilizadas como espaços de aprendizagens. Seguramente, limitações devem ser ponderadas, como o estágio inicial de conhecimento e destreza do aluno, no entanto, algumas atividades podem permitir o conhecimento da profundidade do conhecimento e da complexidade do processo. O mesmo raciocínio inovador pode ser estendido a outros contextos de saúde e educação.

Como último destaque neste texto, fazemos nossas as palavras de Gouveia (2018), no sentido de que ainda é necessário avançar na determinação de competências para a prática de Avaliação Psicológica. Para o autor, o ensino de Avaliação Psicológica ainda não é um problema suficientemente debatido no país, como o é para os estadunidenses que o discutem há meio século. De igual modo, o autor discute se a avaliação deveria ser ensinada de maneira generalista ou se ela deveria ser objeto de escolha de alguns, tal como as opções de campos de estágios. Somente em setembro de 2019, por meio da Resolução CFP n. 18/2019, o Conselho Federal de Psicologia reconheceu a Avaliação Psicológica como especialidade de Psicologia. Até o momento desta publicação, houve um concurso de títulos para a especialidade.

Considerações finais

Este capítulo apresentou destaques da formação do psicólogo na área de Avaliação Psicológica. Seu objetivo foi problematizar avanços e dificuldades inerentes à preparação profissional, que podem acarretar desafios ao psicólogo, quando da atuação nos vários contextos de aplicação da Psicologia.

As autoras defendem que é imperativo que uma das principais dificuldades na qualificação das práticas da Avaliação Psicológica no Brasil refere-se à formação deficitária, o que já foi referenciado por pesquisadores diversos. Possivelmente, o maior desafio recaia sobre o que ensinar e qual a melhor forma de fazê-lo. Quais conteúdos devem ser escolhidos para serem abordados em duas ou três disciplinas e, eventualmente em uma apenas, ao longo de cinco anos de graduação em Psicologia? Devemos insistir no método de ensino que consiste na aprendizagem da aplicação, correção e interpretação de testes, de modo isolado da demanda, do contexto e de outras informações adicionais?

O avanço dos métodos e técnicas de coleta de dados, subsidiados pelo aprimoramento tecnológico; a urgência de respostas rápidas do psicólogo às demandas; as especificidades dos contextos de atuação; o aprimoramento teórico; a criação de um saber brasileiro; a criação da especialidade da Avaliação Psicológica; entre outras razões, justificam esta discussão. Mais do que inserir disciplinas na matriz curricular de cada curso, aumentando o número de horas, é fundamental que a lógica do ensino de Avaliação Psicológica seja repensada. A prática tem sido efetiva? Acredita-se que não. É necessário investir em estratégias de ensino distintas, devendo-se incluir, de alguma forma, o desenvolvimento da competência de planejamento da Avaliação Psicológica. Quando os estudantes souberem determinar as questões a serem respondidas em uma situação de Avaliação Psicológica, saberão escolher as melhores estratégias para realizá-la. De igual modo, ao compreender e conceber o processo avaliativo, mais fácil será a escrita de documentos psicológicos, atividade que exaustivamente é requerida do psicólogo. Isto posto, a nós parece que, embora muito se tenha evoluído na Avaliação Psicológica brasileira, ainda se faz uso de estratégias de formação antigas e ineficazes, cujo repensar deve ser constante e imprescindível.

Referências

Anache, A., & Reppold, C.T. (2010). Avaliação Psicológica: Implicações éticas. In Conselho Federal de Psicologia (org.), *Avaliação Psicológica: Diretrizes na regulamentação da profissão* (pp. 57-85). CFP.

Anastasi, A., & Urbina, S. (2000). *Testagem psicológica*. Artes Médicas.

Bardagi, M.P., Teixeira, M.A.P., Segabinazi, J.D., Schelini, P.W., & Nascimento, E. (2015). Ensino da Avaliação Psicológica no Brasil: Levantamento com docentes de diferentes regiões. *Avaliação Psicológica, 14*(2), 253-260. https://doi.org/10.15689/ap.2015.1402.10

Bariani, I.C.D., Sisto, F.F., & Santos, A.A.A. (2000). Construção de um instrumento de avaliação de estilos cognitivos. In F.F. Sisto, E.T.B. Sbardelini & R. Primi (orgs.), *Contextos e questões da Avaliação Psicológica* (pp. 173-188). Casa do Psicólogo.

Borsa, J.C. (2016). Considerações sobre a formação e a prática em Avaliação Psicológica no Brasil. *Temas em Psicologia, 24*(1), 131-143. https://dx.doi.org/10.9788/TP2016.1-09

Brasil. (1964). Decreto-lei n. 53.464 de 21 de janeiro de 1964. Regulamenta a Lei n. 4.119, de agosto de 1962, que dispõe sobre a profissão de psicólogo. https://transparencia.cfp.org.br/wp-content/uploads/2008/08/decreto_1964_534641.pdf

Bueno, J.M.H., & Peixoto, E.M. (2018). Avaliação Psicológica no Brasil e no mundo. *Psicologia: Ciência e Profissão, 38*(spe), 108-121. https://doi.org/10.1590/1982-3703000208878

Cardoso, L.M., & Silva-Filho, J.H. (2018). Satepsi e a qualidade técnica dos testes psicológicos no Brasil. *Psicologia: Ciência e Profissão, 38*(spe), 40-49. https://doi.org/10.1590/1982-3703000209112

Conselho Federal de Psicologia. (2001). *Resolução CFP n. 25/2001*. Define teste psicológico como método de avaliação privativo do psicólogo e regulamenta sua elaboração, comercialização e uso. https://www.legisweb.com.br/legislacao/?id=97730

Conselho Federal de Psicologia. (2003). *Resolução CFP n. 2/2003*. Define e regulamenta o uso, a elaboração e a comercialização de testes psicológicos e revoga a Resolução CFP n. 25/2001. http://site.cfp.org.br/wp-content/uploads/2003/03/resolucao2003_02_Anexo.pdf

Conselho Federal de Psicologia. (2018). *Resolução CFP n. 9/2018*. Estabelece diretrizes para a realização de Avaliação Psicológica no exercício profissional da psicóloga e do psicólogo, regulamenta o Sistema de Avaliação de Testes Psicológicos – Satepsi e revoga as resoluções n. 2/2003, n. 6/2004 e n. 5/2012 e notas técnicas n. 1/2017 e 2/2017. https://site.cfp.org.br/wp-content/uploads/2018/04/Resolu%C3%A7%C3%A3o-CFP-n%C2%BA-09-2018-com-anexo.pdf

Conselho Federal de Psicologia. (2019). *Resolução CFP n. 18/2019*. http://www.cfp.org.br. https://atosoficiais.com.br/cfp/resolucao-do-exercicio-profissional-n-18-2019-reconhece-a-avaliacao-psicologica-como-especialidade-da-psicologia-e-altera-a-resolucao-cfp-n-13-de-14-de-setembro-de-2007-que-institui-a-consolidacao-das-resolucoes-relativas-ao-titulo-profissional-de-especialista-em-psicologia

Eyde, L.G., Moreland, K.L., & Robertson, G.J. (1988). *Test user qualification: A data-based approach to promoting good test use*. American Psychological Association.

Gouveia, V.V. (2018). Formação em Avaliação Psicológica: Situação, desafios e diretrizes. *Psicologia: Ciência e Profissão, 38*(spe), 74-86. https://doi.org/10.1590/1982-3703000208641

Mansur-Alves, M., Silva, R.S., & Fernandes, S.C.A. (2016). Impact of the Psychological Testing Assessment System (Satepsi) for scientific publications in psychological assessment. *Psico-USF, 21*(1), 179-188. https://doi.org/10.1590/1413-82712016210115

Ministério da Educação. (2017). *Relatório de avaliação quadrienal – Psicologia*. https://capes.gov.br/images/documentos/Relatorios_quadrienal_2017/20122017-Psicologia_relatorio-de-avaliacao-2017_final.pdf

Noronha, A.P.P. (2002). Problemas mais graves e frequentes no uso dos testes psicológicos. *Psicologia: Reflexão e Crítica, 15*(1), 135-142. https://doi.org/10.1590/S0102-79722002000100015

Noronha, A.P.P., & Reppold, C.T. (2010). Considerações sobre a Avaliação Psicológica no Brasil. *Psicologia: Ciência e Profissão, 30*(spe), 192-201. https://doi.org/10.1590/S1414-98932010000500009

Noronha, A.P.P., Carvalho, L.F., Miguel, F.K., Souza, M.S., & Santos, M.A. (2010). Sobre o ensino de Avaliação Psicológica. *Avaliação Psicológica, 9*(1), 139-146. http://pepsic.bvsalud.org/scielo.php?script=sci_arttext&pid=S1677-04712010000100015&lng=pt&tlng=pt

Noronha, A.P.P., Ziviani, C., Hutz, C.S., Bandeira, D.R., Custódio, E.M., Alves, I.B., Alchieri, J.C., Borges, L.O., Pasquali, L., Primi, R., & Domingues, S. (2002). Em defesa da Avaliação Psicológica. *Avaliação Psicológica, 1*(2), 173-174. http://pepsic.bvsalud.org/scielo.php?script=sci_arttext&pid=S1677-04712002000200010&lng=pt&tlng=pt

Nunes, M.F.O., Muniz, M., Reppold, C.T., Faiad, C., Bueno, J.M.H., & Noronha, A.P.P. (2012). Diretrizes para o ensino de Avaliação Psicológica. *Avaliação Psicológica, 11*(2), 309-316. http://pepsic.bvsalud.org/scielo.php?script=sci_arttext&pid=S1677-04712012000200016&lng=pt&tlng=pt

Reppold, C.T., & Noronha, A.P.P. (2018). Impacto dos 15 anos do Satepsi na Avaliação Psicológica brasileira. *Psicologia: Ciência e Profissão, 38*(spe), 6-15. https://dx.doi.org/10.1590/1982-3703000208638

Reppold, C.T., & Serafini, A.J. (2010). Novas tendências no ensino da Avaliação Psicológica. *Avaliação Psicológica, 9*(2), 323-329. http://pepsic.bvsalud.org/scielo.php?script=sci_arttext&pid=S1677-04712010000200016&lng=pt&tlng=pt

Souza-Filho, M.L., Belo, R., & Gouveia, V.V. (2006). Testes psicológicos: Análise da produção científica brasileira no período 2000-2004. *Psicologia: Ciência e Profissão, 26*(3), 478-489. https://dx.doi.org/10.1590/S1414-98932006000300011

Vieira, A.P.A., Leal, Z.F.R.G., & Solovieva, Y. (2018). A Avaliação Psicológica da atividade voluntária a partir da psicologia histórico-cultural: Os instrumentos desenvolvidos no México. *Psicologia Escolar e Educacional, 22*(2), 271-280. https://dx.doi.org/10.1590/2175-35392018025149

2
Ética e justiça em Avaliação Psicológica

Formação e prática

Monalisa Muniz
Universidade Federal de São Carlos

Katya Luciane Oliveira
Universidade Estadual de Londrina

Fabián Javier Marín Rueda
Universidade São Francisco
Centro Universitário de Brasília

Highlights
- A ética é inerente à Avaliação Psicológica e as duas são inerentes à profissão do psicólogo e transversais na formação do psicólogo.
- A formação básica e continuada em Avaliação Psicológica é estratégia fundamental para minimizar as infrações éticas nesta área.
- A formação em Avaliação Psicológica precisa ter como ponto constante de discussão o cuidado e a promoção aos direitos humanos.

Quando nos deparamos com frases do tipo "a Avaliação Psicológica estigmatiza", "a Avaliação Psicológica segrega", precisamos afirmar que não é a Avaliação Psicológica (AP) que faz isso, mas sim os profissionais psicólogos e psicólogas que a realizam, ou melhor, aqueles que acreditam estar realizando AP, mas de fato não estão, pois ao estigmatizar ou segregar, eles estão não apenas desconsiderando os aspectos sócio-histórico-culturais, mas também cometendo uma falta ética. Resumindo, a AP é, em si, uma prática ética, e quem pode não ser ético é o profissional que a desempenhará, tornando dessa forma a AP não ética. Não há como garantir que todos os profissionais sejam éticos, mas a maximização de comportamentos éticos advém de uma formação pessoal e profissional sólida, pautada no com-

promisso e respeito com o outro, exercendo a ética nas relações sociais.

Ao contextualizar a ética em AP em âmbito mundial, nota-se que essa preocupação está presente em muitas diretrizes internacionais, nas quais são trazidos como elementos essenciais conceitos como justiça, beneficência, equidade e não maleficência (Bueno & Peixoto, 2018). Para Wechsler (2019), desde 1954 a American Psychological Association tem emitido orientações sobre os padrões éticos a serem seguidos tanto nas pesquisas quanto nas práticas ensinadas em AP. A autora ressalta que as associações internacionais – dentre elas a American Educational Research Association, o National Council on Measurement in Education, o International Association of Applied Psychology, a International Union of Psychological Science e a International Test Commission, tem orientado a área com publicações em que denotam a constante preocupação sobre o assunto.

Posto isso, observa-se que discutir a ética na formação do psicólogo perpassa esse cenário mundial e nos faz refletir sobre a ética e sua formação em âmbito nacional, incidindo na discussão fomentada por este capítulo, cujo objetivo é pensar sobre a ética na formação do psicólogo, e mais especificamente na AP, para potencializar práticas éticas na Psicologia e na AP. Ressalta-se que a finalidade deste livro, do qual o presente capítulo faz parte, ao propor conhecimentos e ferramentas para o ensino da AP, tem como desígnio contribuir para a prática ética, considerando que a formação é um recurso muito importante para o desenvolvimento e incorporação de comportamentos éticos.

A ética e a prática em Avaliação Psicológica

A ética filosófica é o estudo das condutas humanas, divididas entre o bem e o mal, em que se faz uma análise de como o ser humano deve se comportar de uma maneira que seja boa para si e para a sociedade (Moore, 1975). Nessa perspectiva dicotômica entre o bem e o mal, a ética é discutida dentro de uma filosofia da moral, considerando valores e normas que serão estabelecidas por cada sociedade, sistematizando o que é certo ou errado, proibido ou permitido, bem e mal para as condutas das pessoas que ali convivem (Chauí, 1994). A construção desses princípios e valores precisa ser aceita e validada pelos indivíduos, além de atentar para o caráter dinâmico da ética e da moral, que evolui em consonância com as mudanças da realidade.

Só assim cada sociedade poderá discutir e estabelecer boas relações entre as pessoas que nela convivem (Singer, 1998).

A ética profissional é embasada por essa ética filosófica e da moral, pois na profissional também são apreciadas condutas para se elaborar normativas e regulamentar uma profissão. Em referência à profissão do psicólogo existem diversas normativas, mas todas alicerçadas no corpo principal de normativas que é o Código de Ética Profissional do Psicólogo (Cepp) (Resolução n. 10/2005). O Cepp é embasado na Declaração Universal dos Direitos Humanos, que em seus artigos I e II (s./p.) preconiza que

> Todas as pessoas nascem livres e iguais em dignidade e direitos. São dotadas de razão e consciência e devem agir em relação umas às outras com espírito de fraternidade. Toda pessoa tem capacidade para gozar os direitos e as liberdades estabelecidas nesta Declaração, sem distinção de qualquer espécie, seja de raça, cor, sexo, língua, religião, opinião política ou de outra natureza, origem nacional ou social, riqueza, nascimento, ou qualquer outra condição. Não será tampouco feita qualquer distinção fundada na condição política, jurídica ou internacional do país ou território a que pertença uma pessoa, quer se trate de um território independente, sob tutela, sem governo próprio, quer sujeito a qualquer outra limitação de soberania.

Tal asseveração é um conjunto de comportamentos a serem seguidos por todos nós seres humanos, em qualquer lugar do mundo, e praticar o exposto na Declaração, é ser ético.

Os direitos humanos universais no Cepp estão expressos por meio dos sete princípios fundamentais que são transversais a cada uma das 72 condutas normativas elencadas nele. Esses princípios também devem ser refletidos para a tomada de decisão de qualquer outro comportamento que não esteja explícito no Cepp. A atuação do psicólogo é muito variada e aplicada em distintos contextos, além de cada vez mais ser inserida em novos ambientes, e isso propicia inúmeros cenários de relações, os quais podem não estar especificados no Cepp entre as 72 condutas, mas que são possíveis de serem analisados a partir dos princípios fundamentais. Importante destacar, como foi citado anteriormente, que há outras normativas do CFP para complementar o Cepp, as quais consideram atuações específicas, como, por exemplo, a Resolução n. 1/2019 (CFP, 2019) que institui normas e procedimentos para a perícia psicológica no contexto do trânsito, sendo que o profissional psicólogo que atua nessa área precisa se atentar para o Cepp e para essa resolução. Ainda, tem-se a Resolução n. 9/2018 (CFP, 2018), que deve ser seguida por todo psicólogo que for realizar AP.

Para a prática da AP, entre as 72 condutas do Cepp, há 10 específicas para essa atuação: *Artigo 1º* – São deveres fundamentais do psicólogo: prestar serviço utilizando conhecimentos e técnicas reconhecidamente fundamentadas na ciência psicológica (alínea c); fornecer informações sobre o objetivo do trabalho que será realizado (alínea f); fornecer informações, a quem de direito, sobre os resultados de serviço psicológico prestado, transmitindo somente o que for necessário para tomada de decisão que afetem o usuário ou beneficiário (alínea g); e zelar pela guarda, empréstimo, comercialização, aquisição e doação de material privativo do psicólogo (alínea i). *Artigo 2º* – Ao psicólogo é vedado: emitir documento sem qualidade teórica, técnica e científica (alínea g); interferir na validade e fidedignidade de instrumentos e técnicas psicológicas, adulterar seus resultados ou fazer declarações falsas (alí-

nea h); ser perito avaliador ou parecerista em situações que há vínculos pessoais ou profissionais (alínea k); realizar diagnósticos, divulgar procedimentos ou resultados que exponham pessoas, grupos ou organizações; preservar o sigilo das informações (alínea q). Por fim, *Artigo 18* – Não divulgar, ensinar, ceder, emprestar ou vender a leigos instrumentos e técnicas psicológicas que permitam ou facilitem o exercício ilegal da profissão (Resolução CFP n. 10/2005 [Conselho Federal de Psicologia, 2005]).

Nesse ponto o leitor pode se questionar o motivo de o Cepp, que trata de normativas gerais, apresentar 10 específicas para a área da AP. A resposta é simples, porque a Avaliação Psicológica é inerente ao trabalho do psicólogo. É ingênuo e perigoso começar um tratamento sem compreender o que está ocorrendo e as causas (Arzeno, 1995), assim como é difícil ajudar um indivíduo sem que o psicólogo identifique com nitidez o problema (Silvares & Gongora, 2006). Qualquer atuação do psicólogo precede uma avaliação, intervir pressupõe avaliação prévia; a identificação do problema e análises das informações bio-psico-histórico-sociais-culturais atreladas direcionam e propiciam maior confiança à intervenção a ser realizada. Diante dessa responsabilidade da AP, entende-se a atenção especial e necessária que o Conselho Federal de Psicologia, cada vez mais, direciona para a área. Nesse sentido, o profissional psicólogo tem a sua disposição, com livre-acesso, normativas e materiais com a finalidade de contribuir com uma prática ética da Avaliação Psicológica.

Quanto às normativas, a depender do contexto de atuação e temática em Avaliação Psicológica, estão vigentes: Resolução CFP n. 17/2012, sobre a atuação do psicólogo como perito nos diversos contextos; Resolução CFP n. 2/2016, sobre concursos públicos e processos seletivos (CFP, 2016); Resolução CFP n. 11/2018, que regulamenta a prestação de serviços psicológicos realizados por meios de tecnologias da informação e da comunicação (CFP, 2018); e Resolução CFP n. 1/2019, que institui normas e procedimentos para a perícia psicológica no contexto do trânsito (CFP, 2019). No entanto, independentemente do contexto, para toda atuação em AP, será necessário estar de acordo com a Resolução CFP n. 9/2018, que estabelece diretrizes para a realização de Avaliação Psicológica no exercício profissional da psicóloga e do psicólogo e regulamenta o Sistema de Avaliação de Testes Psicológicos (CFP, 2018).

A Resolução CFP n. 9/2018 (art. 1º) define Avaliação Psicológica "como um processo estruturado de investigação de fenômenos psicológicos, composto de métodos, técnicas e instrumentos, com o objetivo de prover informações à tomada de decisão, no âmbito individual, grupal ou institucional, com base em demandas, condições e finalidades específicas". Ainda, nesse artigo há orientações sobre a escolha e o uso de métodos, técnicas e instrumentos, e a tomada de decisão a partir dos resultados desse processo. Do artigo 4º até o 29 são descritas normativas sobre os testes psicológicos, e, do artigo 31 ao 36, se abrange a justiça e a proteção dos direitos humanos na Avaliação Psicológica. Conforme descrito no início do capítulo, a AP em si compreende um trabalho ético, pautado na justiça e proteção dos direitos humanos. Esse destaque dado pelo CFP explicita ainda mais o compromisso ético e social da AP, bem como é uma forma de proteção e garantia de justiça aos avaliandos que porventura forem submetidos a uma prática não ética.

Importante salientar que a Resolução CFP n. 9/2018 é fruto de ampla discussão com a categoria, entidades representativas da área e o Sistema Conselhos de Psicologia. Ainda, pode-se destacar que sua publicação teve também grande influência do Sistema de Avaliação dos Testes Psicológicos (Satepsi), criado em 2003 para garantir qualidade aos instrumentos psicológicos. Esse sistema se fortaleceu com a elaboração da Resolução CFP n. 2/2003 (CFP, 2003), antecessora da 9/2018, mas que não abrangia diretrizes para a Avaliação Psicológica, uma vez que o conteúdo era apenas para a regulamentação do uso e comercialização dos testes psicológicos. Mesmo sendo mais restrita, a Resolução n. 2/2003 é um marco histórico para a Avaliação Psicológica no Brasil, pois garantiu qualidade aos testes psicológicos, estabelecendo que somente os que demonstram evidências psicométricas satisfatórias é que são liberados para uso na prática profissional. O Satepsi é um órgão mantido pelo CFP, sendo um marco e uma das maiores ações voltadas para a área da AP no Brasil. Esse sistema conta com uma Comissão Consultiva de Avaliação Psicológica (CCAP) e um grupo de pareceristas *ad hoc* para a análise dos testes psicológicos. A CCAP é composta por um grupo de especialistas, responsável por manter a importância e efetividade do Satepsi, pois é por meio do trabalho desse grupo que as resoluções, como as resoluções do CFP n. 2/2003 e n. 9/2018, foram elaboradas, além de o grupo atuar em diversas atividades e demais propostas de diretrizes para a área. Ainda, o sistema tem a valiosa contribuição de técnicos administrativos do CFP e um sistema on-line para a consulta, submissão e avaliação de testes, e que também oferece informações sobre as principais dúvidas na Avaliação Psicológica e disponibiliza materiais produzidos pela CCAP.

Ainda, se faz importante mencionar a Resolução CFP n. 6/2019 (CFP, 2019) que "institui regras para a elaboração de documentos escritos produzidos pela(o) psicóloga(o) no exercício profissional". Dentre os documentos, há os relacionados à Avaliação Psicológica: relatório psicológico ou multidisciplinar; laudo psicológico e parecer psicológico. Os dois últimos são específicos para dados advindos da AP, diferentemente do relatório, que pode abranger descrições do processo de Avaliação Psicológica, mas é um documento de relato para qualquer processo de atuação do psicólogo. Recomenda-se ao leitor consultar a Resolução CFP n. 6/2019 comentada, disponível no site dos "Atos oficiais" do Conselho Federal de Psicologia. Por fim, o profissional psicólogo também precisa conhecer a Resolução CFP n. 18/2019 (CFP, 2019) que institui a AP como especialidade da psicologia, ou seja, o psicólogo pode ter o título de especialista em AP validado pelo CFP.

De forma complementar a todas essas normativas, no Brasil há inúmeros materiais que contribuem para que o profissional realize uma atuação ética e com maior qualidade no que tange à AP. Na própria página do Satepsi, na aba "Ações", há o número especial sobre Avaliação Psicológica publicado na *Revista Psicologia: Ciência e Profissão*, uma edição da *Revista Diálogos* especialmente elaborada com temáticas da área, cartilhas, vídeos, entre outros materiais disponíveis e gratuitos. No site do CFP é possível acessar e obter gratuitamente dois relatórios, um com textos elaborados a partir das discussões nacionais realizadas no Ano Temático da Avaliação Psicológica (CFP, 2011) e outro com diretrizes sobre a regulamentação da profissão na área da AP. Somado a toda essa coletânea de normativas e matérias, no Brasil, desde 2002, há a *Revista Avaliação Psicológica*, com publicação quadrimestral de artigos científicos manti-

da pelo Instituto Brasileiro de Avaliação Psicológica-Ibap, e diversos livros sobre a temática, como, por exemplo, o *Compêndio de Avaliação Psicológica* (Baptista et al., 2019) contendo 59 capítulos abrangendo diversas temáticas e contextos, escritos por pesquisadores renomados da área da Avaliação Psicológica em nosso país. Não podemos deixar de mencionar os sites do Ibap (www.ibapnet.org.br) e da Associação Brasileira de Rorschach e Métodos Projetivos (www.asbro. org.br), nos quais também podem ser consultadas matérias sobre a área.

As normativas, os materiais e as ações descritas são construídos em prol da garantia e promoção de condutas éticas que devem ser inerentes à atuação do psicólogo ao realizar AP. Assim como a ética pressupõe um dinamismo que respeita a evolução da sociedade, a Avaliação Psicológica também segue essa lógica, por isso, o profissional psicólogo precisa se atentar para mudanças que possam ocorrer na área, e que estarão destacadas em normativas e documentos. No entanto, importante ressaltar que é de responsabilidade do psicólogo se manter atualizado, assim como pontuado no Cepp, no princípio fundamental IV: "O psicólogo atuará com responsabilidade, por meio do contínuo aprimoramento profissional, contribuindo para o desenvolvimento da Psicologia como campo científico de conhecimento e de prática" (CFP, 2005).

Como exemplo de algo que pode mudar, tomemos como base a escrita deste capítulo, que ocorre em meio a uma pandemia mundial ocasionada pela Covid-19, que para combatermos é necessário o isolamento em nossas residências, podendo funcionar apenas serviços essenciais (p. ex.: mercados, farmácias e equipamentos de saúde). Diante desse cenário de calamidade pública, as atuações dos psicólogos por meio das tecnologias da informação e computação se intensificaram, uma vez que estão suspensas as atividades em clínicas particulares e instituições privadas ou governamentais, respeitando o isolamento. A Resolução CFP n. 11/2018, que regulamenta a prestação de serviços psicológicos realizados por meios de tecnologias da informação e da comunicação, traz em seu artigo 7º: "O atendimento de pessoas e grupos em situação de emergência e desastres pelos meios de tecnologia e informação previstos nesta resolução é vedado, devendo a prestação desse tipo de serviço ser executado por profissionais e equipes de forma presencial". Esse artigo, conforme a Resolução CFP n. 4/2020 (CFP, 2020), está suspenso durante a pandemia e até que outra resolução sobrevenha. Diante disso, será que este artigo, a partir da vivência em relação a essa pandemia, da qual ainda não sabemos a dimensão das consequências, pode levar a uma reflexão da categoria dos psicólogos e modificar o conteúdo do artigo, permitindo o atendimento a esse grupo por meio das Tecnologias de Informação e Comunicação (TICs) após a pandemia? Não temos a resposta, mas o profissional terá que buscar informações constantemente para adequar sua atuação a partir de novas normativas.

Assim sendo, embora a situação calamitosa na qual a pandemia de Covid-19 nos convoca a tomar medidas de adequabilidade da prática profissional, quando nos atentamos às normativas que orientam a área de Avaliação Psicológica, observamos as resoluções CFP n. 9/2018, n. 11/2018 e Nota Técnica n. 7/2019. Nesses documentos é possível encontrar amparo legal para um fazer ético, tanto no ensino quanto na aplicação prática da AP.

Assim, a atuação ética em AP está atrelada à formação básica (graduação) e continuada (cursos, especializações, pós-graduações, aprendizagem autodidata), sendo inclusive pensada e (re)pensada em razão das movimentações e demandas emergentes na área (como no caso da Nota Técnica CFP n. 7/2019). Em publicações anteriores (*e. g.*, Anache & Reppold, 2010; Hutz, 2015; Queiroz et al., 2016) que abordaram sobre a ética e a AP, os autores apontaram a necessidade de uma melhor formação em Avaliação Psicológica para uma atuação ética na área.

Nessa perspectiva, outra reflexão sobre a formação ética em AP é o fato de que as disciplinas que são ensinadas, de modo geral, acontecem no início do curso de graduação (Noronha, 2006; Nakano & Alves, 2019). Por isso, ao se considerar uma formação de 5 anos, o psicólogo sairá de sua graduação não somente habilitado oficialmente (o que não significa que possua as competências necessárias) a fazer Avaliação Psicológica, mas também a utilizar testes (que são ensinados muitas vezes de forma descontextualizada de um processo de AP). Dessa forma, espera-se que o seu fazer profissional seja pautado e instrumentalizado nas resoluções e normativas, o que lhe conferirá um fazer ético-profissional. Por isso interroga-se o quanto a formação tem dado conta de forma exímia em todas essas esferas.

A ética e a formação em Avaliação Psicológica

A formação básica em AP, ou seja, as disciplinas relacionadas à Avaliação Psicológica durante a graduação são essenciais para que o futuro psicólogo apresente comportamentos éticos para a realização de uma avaliação. Geralmente nos cursos de graduação há uma disciplina sobre ética e duas abordando AP ou parte dela (o uso do termo "parte dela" foi proposital, pois há cursos que, p. ex., somente ensinam testes psicológicos, que é uma das ferramentas a ser utilizada na Avaliação Psicológica).

Conforme apontam Nakano e Alves (2019), há muitas nomenclaturas para as disciplinas nas quais os conteúdos de Avaliação Psicológica são ensinados, dentre elas, Psicodiagnóstico, Avaliação Psicológica I, II e III, Técnicas de Avaliação Psicológica I, II e III, Técnicas de Exame Psicológico I, II e III, Psicometria e Técnicas Projetivas, Avaliação da Personalidade e Avaliação da Inteligência. No geral, em todas essas disciplinas poderiam ser trabalhados conteúdos de ética, assim como em qualquer outra disciplina, e o mesmo pode-se afirmar sobre a Avaliação Psicológica.

Por isso, considera-se que tanto a Ética quanto a AP são transversais dentro de uma grade curricular, uma vez que são temas que, independentemente de terem disciplinas específicas, deveriam ser trabalhados com mais ou menos ênfase em todas as disciplinas, pois, como já foi mencionado, a Ética e a Avaliação Psicológica devem ser inerentes ao trabalho do psicólogo. A Ética deve fundamentar qualquer atuação do psicólogo e a AP deve embasar toda intervenção desse profissional. Ter essa percepção sobre a Avaliação Psicológica contribuiria significativamente para uma formação mais bem sustentada, que propiciaria conhecimentos mais específicos de AP referentes a diversos contextos e temáticas.

Como o que se tem hoje sobre o ensino da AP é setorizado, iremos retornar à realidade atual sobre as disciplinas, as quais são insuficientes em qualquer curso de Psicologia, sendo que em alguns ainda é aliado a professores despreparados e/ou a conteúdos inadequados. Essa afirmação é baseada em nosso histórico de, pelo menos, 15 anos como professores (graduação, especialização, pós-graduação e diversos cursos em Avaliação Psicológica) e pesquisadores em Avaliação Psicológica ativamente em contato com formandos e formados em psicologia. Corroborando nossas constatações perceptivas, há publicações científicas e empíricas (*e. g.*, Noronha, 2002; Padilha et al., 2007; Mendes et al., 2013; Ambiel et al., 2019) que respaldam tal afirmação. Nessa direção, Gouveia (2018) observa que esse contexto da Avaliação Psicológica é crônico e ainda presente.

Os aspectos mencionados contribuíram para algumas iniciativas serem implementadas, dentre as quais pode-se citar o documento intitulado "Diretrizes para o ensino de Avaliação Psicológica" (Nunes et al., 2012) escrito por membros do Instituto Brasileiro de Avaliação Psicológica (Ibap), e a Especialidade em Avaliação Psicológica, aprovada em dezembro de 2018 pelo CFP e normatizada pela resolução CFP n. 18/2019 (CFP, 2019). O documento das diretrizes tem como alvo os cursos de graduação e apresenta as competências que um avaliador precisa desenvolver; as disciplinas e os conteúdos de Avaliação Psicológica a serem ensinados no curso de graduação em Psicologia; infraestrutura para um ensino adequado de Avaliação Psicológica; e uma lista de referências sobre Avaliação Psicológica (necessitando ser atualizada, uma vez que de 2012 até 2020 houve uma grande quantidade de publicação na área, em especial no Brasil). Quanto à especialidade, ela se refere ao profissional psicólogo, que para obter um título reconhecido de especialista em AP terá que demonstrar certas competências e cumprir alguns requisitos básicos para solicitar o título.

A especialidade está totalmente atrelada à formação, pois é requisitado do especialista competências que são desenvolvidas na formação teórica e aprimoradas com a prática, mas o conhecimento teórico é essencial. A razão de existir uma especialidade, mesmo com o entendimento de a Avaliação Psicológica ser inerente ao trabalho de qualquer psicólogo, é para minimizar os problemas éticos constatados em atuações de psicólogos ao realizar a avaliação. Somente a formação básica na graduação, nos moldes como é estruturada a grade curricular até o momento (disciplinas específicas de Avaliação Psicológica e poucas) é insuficiente, pois são diversas as competências a serem desenvolvidas (Nunes et al., 2012; Muniz, 2016).

Sobre a formação em Avaliação Psicológica, também é importante frisar o papel dos programas *stricto sensu*. Não há um controle sobre o conteúdo dos programas que tem como área de concentração ou linhas a AP. Segundo o Documento de Área da Coordenação de Aperfeiçoamento de Pessoal de Nível Superior (Capes) (2019), existem atualmente 100 programas de pós-graduação, tendo 64 doutorados e 86 mestrados acadêmicos. Nesse documento é possível observar que 11 Programas estão direta ou indiretamente na subárea de Avaliação Psicológica. Questiona-se do mesmo modo o quanto nesses programas que formam mestres e doutores (futuros formadores) temos oferecido formações das quais denotariam em profissionais competentes na área de AP com articulação ética e social.

Ampliando a discussão sobre competências, Nunes et al. (2012, p. 310) elencam 27 competências que um discente da graduação em Psicologia deveria apresentar em relação à Avaliação Psicológica. São elas:

1) Conhecer os aspectos históricos da Avaliação Psicológica em âmbito nacional e internacional.
2) Conhecer a legislação pertinente à Avaliação Psicológica (resoluções do CFP, Código de Ética Profissional do Psicólogo, histórico do Sistema de Avaliação dos Testes Psicológicos (Satepsi) e as políticas do Conselho Federal de Psicologia para a Avaliação Psicológica).
3) Considerar os aspectos éticos na realização da Avaliação Psicológica.
4) Analisar se há condições de espaço físico adequadas para a avaliação e estabelecer condições suficientes para tal.
5) Ser capaz de compreender a Avaliação Psicológica enquanto processo, aliando seus conceitos às técnicas de avaliação.
6) Ter conhecimento sobre funções, origem, natureza e uso dos testes na Avaliação Psicológica.
7) Ter conhecimento sobre o processo de construção de instrumentos psicológicos.
8) Ter conhecimento sobre validade, precisão, normatização e padronização de instrumentos psicológicos.
9) Escolher e interpretar tabelas normativas dos manuais de testes psicológicos
10) Ter capacidade crítica para refletir sobre as consequências sociais da Avaliação Psicológica.
11) Saber avaliar fenômenos humanos de ordem cognitiva, afetiva e comportamental em diferentes contextos.
12) Ter conhecimento sobre a fundamentação teórica de testes psicométricos e do fenômeno avaliado.
13) Saber administrar, corrigir, interpretar e redigir os resultados de testes psicológicos e outras técnicas de avaliação.
14) Selecionar instrumentos e técnicas de avaliação de acordo com objetivos, público-alvo e contexto.
15) Ter conhecimento sobre a fundamentação teórica de testes projetivos e/ou expressivos e do fenômeno avaliado.
16) Saber planejar uma Avaliação Psicológica de acordo com objetivo, público-alvo e contexto.
17) Planejar processos avaliativos e agir de forma coerente com os referenciais teóricos adotados.
18) Identificar e conhecer peculiaridades de diferentes contextos de aplicação da Avaliação Psicológica.

19) Saber estabelecer *rapport* no momento da avaliação.

20) Conhecer teorias sobre entrevista psicológica e conduzi-las com propriedade.

21) Conhecer teorias sobre observação do comportamento e conduzi-las adequadamente.

22) Identificar as possibilidades de uso e limitações de diferentes técnicas de Avaliação Psicológica, analisando-as de forma crítica.

23) Comparar e integrar informações de diferentes fontes obtidas na Avaliação Psicológica.

24) Fundamentar teoricamente os resultados decorrentes da Avaliação Psicológica.

25) Elaborar laudos e documentos psicológicos, bem como ajustar sua linguagem e conteúdo de acordo com destinatário e contexto.

26) Comunicar resultados decorrentes da Avaliação Psicológica aos envolvidos no processo, por meio de devolutiva verbal.

27) Realizar encaminhamentos ou sugerir intervenções de acordo com os resultados obtidos no processo de Avaliação Psicológica.

Cruz e Schultz (2009) agregam a ideia de que ter competência profissional não implica necessariamente conhecimentos e habilidades adquiridas, pois ainda que uma pessoa tenha conhecimento sobre algo, esta pode não ser competente em sua realização. Completam indicando que um diploma, seja ele de graduação ou pós-graduações *lato* e/ou *stricto sensu*, não asseguram competência, sua construção iniciaria na graduação, por meio das aprendizagens formais e não formais, e continuariam ao longo das experiências de vida e formação do sujeito. Por essa razão, aventa-se que dentre as competências de um bom avaliador há que estar presente o respeito à ética e aos direitos humanos.

Então, todas as normativas e materiais indicados no tópico anterior são imperativos para cados no tópico anterior são imperativos para uma formação continuada, que pode ser feita de maneira autodidata, ou em conjunto com especializações, mestrados e doutorados em AP. No entanto, mesmo diante de um arcabouço de conhecimento e caminhos para uma melhor formação, continuamos nos deparando com muita atuação sem qualidade, sem cumprir o mínimo necessário para oferecer um trabalho adequado, o que implica infringir a ética profissional.

Mais uma vez, (in)felizmente, temos dados empíricos para sustentar a afirmação sobre as infrações em AP. Quatro trabalhos sistematizaram infrações éticas cometidas por profissionais psicólogos. O primeiro (Frizzo, 2004) caracterizou denúncias contra infrações éticas de psicólogos inscritos no Conselho Regional de Psicologia do Estado do Paraná (CRP/08) entre os anos de 1992 e 2003. Foram analisados 39 processos, obtendo 64 infrações supostamente cometidas. Destas, 22 foram específicas da Avaliação Psicológica. Anache e Reppold (2010), em consulta a 66 processos éticos julgados no CFP (aos processos julgados nos conselhos regionais de Psicologia cabe recurso no CFP) nos anos de 2006 a 2008 por meio das ementas dos processos e realizando uma análise a partir dos artigos do Cepp, observaram: 29 processos que se enquadram em infração ao artigo 1º (deveres fundamentais dos psicólogos) na alínea c: "prestar serviços psicológicos de qualidade, em condições de trabalho dignas e apropriadas à natureza desses serviços, utilizando princípios, conhecimentos e técnicas reconhecidamente fundamentados na ciência psicológica, na ética e na legislação profissional". Os processos associados a essa alínea poderiam estar relacionados à avaliação e/ou teste psicológico. Demais alíneas foram observadas nas descrições das infrações e que podem também se referir a alguma infração em Avaliação

Psicológica, são elas: (art. 1º, alíneas f, g e h, respectivamente) fornecer, informar e orientar a quem de direito sobre os serviços prestados; (art. 2º, alínea g) documentos sem qualidade e fundamentação técnico-científica; (art. 2º, alínea h) interferência nas propriedades psicométricas dos instrumentos, adulteração de resultados e declarações falsas; e (art. 18) divulgação, ensino, empréstimo e venda a leigos de instrumentos e técnicas psicológicas.

No artigo de Zaia et al. (2018), por meio de análises a processos éticos publicados no *Jornal do Federal* (publicação do CFP) entre os anos de 2004 e 2016, as autoras identificaram, em três edições (110, 111 e 112), as que continham conteúdos mais bem especificados, que dos 57 processos éticos, 35 (61,4%) eram referentes a Avaliação Psicológica. Em 2018, Muniz efetuou um levantamento dos processos éticos julgados pelo Conselho Regional de Psicologia de São Paulo entre os anos de 2014 e 2018 (primeiro trimestre) que dizem respeito à área da Avaliação Psicológica, mas inicialmente fez uma comparação da quantidade entre os processos gerais e os de avaliação. Respectivamente foram: 2014, 46/13 (28,27%); 2015, 38/17 (44,74%); 2016, 20/11 (55%); e 2017, 27/03 (11%). Para 2018 não foi possível a comparação, pois o dado geral somente estaria disponível ao final de 2018. Ao todo foram 131 processos gerais e 44 de Avaliação Psicológica, o que representa 34% do montante de processos éticos julgados. Apesar de 2017 ter apresentado um número baixo, é necessário maior acompanhamento para verificar se esse dado animador se repetirá nos anos posteriores, pois 34% só relacionados à Avaliação Psicológica é uma informação preocupante, ainda mais diante da grande variedade de áreas, contextos e atuações do psicólogo.

Não podemos analisar os dados das infrações somente considerando o psicólogo, é preciso dimensionar todas essas condutas não éticas com uma atuação que envolve seres humanos, o que consequentemente desembocou em prejuízos a pessoas e instituições envolvidas, incorrendo em injustiça com o outro e com a sociedade. Toda conclusão de uma Avaliação Psicológica envolve muito mais do que o indivíduo ou grupo avaliado. Todos estamos inseridos em micro e macro contextos, que de uma maneira mais direta ou indireta pode ser afetada negativamente por decisões advindas de uma avaliação. Um simples exemplo é alguém receber a posse de arma de fogo sem ter condições psicológicas para tal exercício, mas conseguiu estar apto a partir de uma avaliação malfeita. Com isso, estaremos diante de alguém com maior probabilidade de se matar ou cometer homicídio a pessoas próximas, ou não, a ele, seja por crime doloso ou culposo.

A Avaliação Psicológica primeiramente precisa ser ética, para então ser justa, que é a grande contribuição da AP, ou seja, a de fazer justiça, ajudando as pessoas e a sociedade. A avaliação (o avaliador) tem um compromisso social imenso, pois por meio dela(e) muitas decisões de vida são tomadas e em decorrência disso mudanças em maior ou menor estrutura acontecem, como é o caso de crianças que estão em meio a processos judiciais esperando ansiosamente com quem ficará a guarda ou se esta será compartilhada. Com a separação dos pais, mudanças foram inevitáveis, e com uma nova decisão, que em muito decorre do que se é obtido em avaliações psicológicas, as quais tendem a ser muito importantes para os juízes tomarem suas decisões, haverá mais transformações.

As autoras dos quatro trabalhos supracitados apontam a necessidade de uma melhor formação para o combate à atuação não ética, então, se um dos caminhos, e parece consenso, para uma AP ética é a formação, que esforços sejam sempre empregados para garantir e promover uma melhor formação. A atuação sempre precisa ter na pauta a formação. Um avaliador competente é aquele que entende que sua prática sempre necessitará de novos conhecimentos e aprimoramento para que possa constantemente oferecer um serviço ético e que promova a justiça.

Avaliação Psicológica e direitos humanos: articulações com a formação

Ao discutirmos AP não devemos perder de vista que ela é antes de tudo uma ação política. Ao se eleger comportamentos ou manifestações psicológicas, os construtos oriundos do campo psicológico apresentam definição com enquadros epistêmicos e estes, por sua vez, refletem um posicionamento acerca do modo que aquele avaliador lê, interpreta e se posiciona em relação à realidade social. Reppold et al. (2019) argumentam que a Avaliação Psicológica é uma prática do exercício profissional do psicólogo, e embora haja diferenças teóricas, há consenso em considerar que tal prática não está alheia às transformações sociais.

Ao avaliar é preciso ter em mente a indissociável relação entre as dimensões política e epistemológica do conhecimento. Nessa perspectiva, Bicalho e Vieira (2018) consideram que os processos inferências (análises sobre os comportamentos dos seres humanos) são atravessados por inúmeros fatores, inclusive quando se analisa o processo de AP, uma vez que temos que tê-lo como ação que reflete um procedimento "no qual" e "pelo qual" o avaliador considera o ser humano em sua complexidade.

Para tanto, é preciso dar valor ao contexto sócio-histórico-cultural do avaliando nessa análise e isso deveria acontecer desde o início da formação do psicólogo.

No estudo de Avoglia (2012), fica posto o fato de que há um distanciamento por parte de alguns avaliadores, entre um processo de AP no qual se empregam condutas éticas, com responsabilidade social e respeito ao avaliando. Há muitos processos avaliativos realizados por psicólogos que não observam a forma correta e ética de se conduzir uma Avaliação Psicológica. Ainda há que se avançar na construção de uma base sólida na qual vamos pavimentar os fazeres éticos, atrelados ao respeito à dignidade do ser humano, de modo a construirmos nossas práticas e pesquisas.

Muitas vezes a AP fica restrita à testagem psicológica, que é aquela que considera de forma pontual os resultados de aplicações de testes para algum propósito específico (Cohen et al., 2014; Faiad et al., 2019). Essa falha, muitas vezes, é observada nos cursos de formação em âmbito da graduação, pois em vários deles a Avaliação Psicológica fica restrita ao ensino de testes e isso ocorre de forma descontextualizada e limitante do potencial que esse instrumento teria se fosse empregado, por exemplo, de forma complementar em um processo de AP e com enquadro social.

Por isso, ao se ensinar AP, deve-se levar em consideração o contexto social e o processo de desenvolvimento do avaliando, de modo a constituir uma compreensão diagnóstica completa. Há que se prezar por uma avaliação ética cujo escopo não se reverta em uma responsabilização equivocada do indivíduo no quadro/sintoma que ele apresenta (Avoglia, 2012). Nessa perspectiva, considera-se que ensinar ou fazer uma AP pressupõe os princípios inerentes aos direitos humanos. A esse respeito, a Comissão de Direitos Humanos do CFP (2018, s./p.) indica que a psicologia deve ser "engajada com práticas que assumem como direção o compromisso ético-político com transformações sociais". Por essa razão, quando se entende que a AP busca oferecer ao avaliando um conhecimento sobre si, de modo que ele possa se apropriar de sua história, essa ação não é somente política, mas pode ser também transformadora. O fato é que isso dificilmente faz parte dos conteúdos voltados ao ensino da Avaliação Psicológica em sua base, qual seja, a graduação.

De forma normativa, a Resolução n. 9/2018 do Conselho Federal de Psicologia indica uma direção, mas há um caminho a ser percorrido e nele precisamos ampliar e fortalecer o debate entre a Avaliação Psicológica e os direitos humanos. A resolução reafirma o compromisso entre ambas, na medida em que preconiza em seu artigo 31 que:

> À psicóloga ou ao psicólogo, na produção, validação, tradução, adaptação, normatização, comercialização e aplicação de testes psicológicos, é vedado: (a) realizar atividades que caracterizem negligência, preconceito, exploração, violência, crueldade ou opressão; (b) induzir a convicções políticas, filosóficas, morais, ideológicas, religiosas, raciais, de orientação sexual e identidade de gênero; (c) favorecer o uso de conhecimento da ciência psicológica e normatizar a utilização de práticas psicológicas como instrumentos de castigo, tortura ou qualquer forma de violência.

O artigo 32, por sua vez, arremata que "as psicólogas e os psicólogos não poderão elaborar, validar, traduzir, adaptar, normatizar, comercializar e fomentar instrumentos ou técnicas psicológicas, para criar, manter ou reforçar preconceitos, estigmas ou estereótipos".

A esse respeito, Bicalho e Vieira (2018) apontam a importância da Resolução CFP n. 9/2018. Contudo, lembram que essa publicação seria um degrau no qual iniciamos a subida, havendo outras barreiras a serem transpostas sobre o assunto, dentre as quais estão a produção de subsídios para qualificar as avaliações psicológicas que produzimos em nossa prática e também precisamos questionar o modelo que temos adotado em seu ensino.

Em um país no qual as diferenças sociais, econômicas e culturais são marcantes, tanto o processo de AP como as técnicas psicológicas empregadas para atingir tal fim, não devem aprofundar ainda mais as desigualdades (cf. Bicalho & Vieira, 2018; Costa & Nardi, 2013; Oliveira et al., 2013). Em síntese, Bicalho e Reishoffer (2017) e Oliveira et al. (2013) indicam que a AP desde seu processo de ensino e formação deveria ser (re) pensada do ponto de vista dos direitos humanos, cuidando não somente para que isso seja considerado na construção dos estudos psicométricos de um teste psicológico mas, e especialmente, no planejamento do processo avaliativo como um todo. Para tanto, sugerem que isso pode ser feito por meio da compreensão do público-alvo, seu território, acessibilidade do sujeito às estratégias e materiais empregados. Dessa forma, o respeito aos direitos humanos apesar de preceder ao exercício da prática da avaliação, pode caminhar junto a ela.

Considerações finais

Como inicialmente informado, este capítulo não tem a pretensão de esgotar as reflexões sobre ética e Avaliação Psicológica, tanto que trouxe muitos elementos que ainda precisam ser mais bem discutidos, como uma mudança de paradigma da formação básica em AP, tratando-a como transversal e não com um dos tópicos a serem abordados em uma ou outra disciplina. Outra questão que merece ainda diversas discussões, é como promover ações que mobilizem o psicólogo a estar consciente da implicação ética em sua prática profissional e o quanto a formação continuada possibilitaria melhor desenvolvimento das condutas éticas. Parece-nos que mais do que orientar, é preciso realizar ações educativas que possam atingir de forma mais direta o profissional e o sensibilizar para a necessidade de uma construção ética permanente.

Partimos do pressuposto de que se faz necessário na formação do psicólogo a ampliação de soluções no âmbito dos direitos humanos, de modo a humanizar cada vez mais nossos processos avaliativos e de desenvolvimento científico. Essa ação subjaz o modo como formamos nossos alunos. A ideia de que as subjetividades não podem ser normalizadas e que o território do sujeito deveria contar como parâmetro de análise, estendemos a visão para além dos estudos psicométricos dos instrumentos de medida (que já foi um importante passo).

Não podemos deixar que as certezas normalizadoras de uma sociedade que hegemonicamente reproduz as desigualdades estruturais estejam presentes em nossos parâmetros de avaliação. Por isso, devemos ensinar nossos alunos que o ser humano não é um ser fragmentado, mas sua história e condições sociais e culturais, seu cotidiano e desenvolvimento circunscrevem elementos importantes a serem trabalhados durante o curso nas disciplinas de formação. No âmbito das pós-graduações, temos que lutar para que cada vez mais nossas pesquisas não reproduzam sistemas de valores, mas sim contemplem mais representatividades de populações e territórios nos quais nossos instrumentais podem ser empregados. Vale lembrar que a publicação da Resolução CFP n. 9/2018 reafirma esse compromisso da Avaliação Psicológica com os direitos humanos, mas como foi posto no presente capítulo, ainda há que se enfrentar resistências constituídas historicamente, para que alcancemos os ideais da ética e do respeito à diversidade humana.

Referências

Ambiel, R.A.M., Zuanazzi, A.C., Sette, C.P., Costa, A.R.L., & Cunha, F.A. (2019). Análise de ementas de disciplinas de Avaliação Psicológica: Novos tempos, velhas questões. *Avaliação Psicológica*, *18*(1), 21-30. http://dx.doi.org/10.15689/ap.2019.1801.15229.03

Anache, A.A., & Reppold, C.T. (2010). Avaliação Psicológica: Implicações éticas. In A.A. Santos, A.A. Anache, A.E. Villemor-Amaral, B.S.V. Welang, C.T. Reppold, C.H.S. Nunes et al. (orgs.), *Avaliação Psicológica: Diretrizes para a regulamentação da profissão* (pp. 57-86). Conselho Federal de Psicologia.

Arzeno, M.E.G. (1995). *Psicodiagnóstico clínico: Novas contribuições*. Artmed.

Avoglia, H.R.C. (2012). O sentido da Avaliação Psicológica no contexto e para o contexto: Uma questão de direito. *Psicólogo informação*, *16*(16), 179-190. http://pepsic.bvsalud.org/scielo.php?script=sci_arttext&pid=S1415-88092012000200009&lng=pt&tlng=

Baptista, M.N., Muniz, M., Reppold, C.T., Nunes, C.H.S.S., Carvalho, L.F., Primi, R., Noronha, A.P.P., Seabra, A.G., Wechsler, S.M., & Hutz, C.S. (orgs.). (2019). *Compêndio de Avaliação Psicológica*. Vozes.

Bicalho, P.P.G., & Reishoffer, J.C. (2017). Exame criminológico no Brasil: Da construção de pareceres dos perigosos à análise do perigo dos pareceres. In E.M.

Rosa & L.Z. Avellar (orgs.), *Psicologia, justiça e direitos humanos* (pp. 71-84). Juruá.

Bicalho, P.P.G., & Vieira, E.S. (2018). Direitos humanos e Avaliação Psicológica: Indissociabilidade do compromisso ético-político profissional. *Psicologia: Ciência e Profissão, 38*(spe), 147-158. https://doi.org/10.1590/1982-3703000211836

Bueno, J.M.H., & Peixoto, E.M. (2018). Avaliação Psicológica no Brasil e no mundo. *Psicologia: Ciência e Profissão, 38*(spe), 108-121. https://doi.org/10.1590/1982-3703000208878

Chauí, M. (1994). *Convite à filosofia*. Ática.

Cohen, R.J., Swerdlik, M.E., & Sturman, E.D. (2014). *Testagem e Avaliação Psicológica: Introdução a testes e medidas*. AMGH.

Conselho Federal de Psicologia. (2003). *Resolução CFP n. 2/2003*. Define e regulamenta o uso, a elaboração e a comercialização de testes psicológicos e revoga a Resolução CFP n. 25/2001. http://site.cfp.org.br/wp-content/uploads/2003/03/resolucao2003_02_Anexo.pdf

Conselho Federal de Psicologia. (2005). *Resolução CFP n. 10/2005*. Aprova o Código de Ética Profissional do Psicólogo. http://site.cfp.org.br/wp-content/uploads/2012/07/codigo_etica.pdf

Conselho Federal de Psicologia. (2011). *Ano da Avaliação Psicológica: Textos geradores*. http://satepsi.cfp.org.br/docs/anodaavaliacaopsicologica_prop8.pdf

Conselho Federal de Psicologia. (2012). *Resolução CFP n. 17/2012*. Dispõe sobre a atuação do psicólogo como Perito nos diversos contextos. https://site.cfp.org.br/wp-content/uploads/2013/01/Resolu%C3%A7%C3%A3o-CFP-n%C2%BA-017-122.pdf

Conselho Federal de Psicologia. (2016). *Resolução CFP n. 2/2016*. Regulamenta a Avaliação Psicológica em Concurso Público e processos seletivos de natureza pública e privada e revoga a Resolução CFP n. 1/2002. https://site.cfp.org.br/wp-content/uploads/2016/04/Resolução-002-2016.pdf

Conselho Federal de Psicologia. (2018). *Campanha Nacional de Direitos Humanos do Sistema Conselhos de Psicologia*. https://site.cfp.org.br/cfp/comissao-de-direitos-humanos/campanha/

Conselho Federal de Psicologia. (2018). *Resolução CFP n. 11/2018*. Regulamenta a prestação de serviços psicológicos realizados por meios de tecnologias da informação e da comunicação e revoga a Resolução CFP n. 11/2012. https://site.cfp.org.br/wp-content/uploads/2018/05/RESOLU%C3%87%C3%83O-N%C2%BA-11-DE-11-DE-MAIO-DE-2018.pdf

Conselho Federal de Psicologia. (2018). *Resolução CFP n. 9/2018*. Estabelece diretrizes para a realização de Avaliação Psicológica no exercício profissional da psicóloga e do psicólogo, regulamenta o Sistema de Avaliação de Testes Psicológicos – Satepsi e revoga as resoluções n. 2/2003, n. 6/2004 e n. 5/2012 e notas técnicas n. 1/2017 e 2/2017. https://site.cfp.org.br/wp-content/uploads/2018/04/Resolu%C3%A7%C3%A3o-CFP-n%C2%BA-09-2018-com-anexo.pdf

Conselho Federal de Psicologia. (2019). *Nota Técnica CFP n. 7/2019*. Substitui a Nota Técnica n. 5/2019. Orienta psicólogas(os) sobre a utilização de testes psicológicos em serviços realizados por meio de tecnologias de informação e da comunicação. www.crprj.org.br/site/wp-content/uploads/2019/10/Nota_0169199_Nota_Tecnica_CFP_07.2019.pdf

Conselho Federal de Psicologia. (2019). *Resolução CFP n. 1/2019*. Institui normas e procedimentos para a perícia psicológica no contexto do trânsito e revoga as resoluções CFP n. 7/2009 e 9/2011. https://atosoficiais.com.br/cfp/resolucao-do-exercicio-profissional-n-1-2019-institui-normas-e-procedimentos-para-a-pericia-psicologica-no-contexto-do-transito-e-revoga-as-resolucoes-cfp-no-007-2009-e-009-2011?q=001/2019

Conselho Federal de Psicologia. (2019). *Resolução CFP n. 6/2019*. Institui regras para a elaboração de documentos escritos produzidos pela(o) psicóloga(o) no exercício profissional e revoga a Resolução CFP n. 15/1996, a Resolução CFP n. 7/2003 e a Resolução CFP n. 4/2019. https://atosoficiais.com.br/cfp/resolucao-do-exercicio-profissional-n-6-2019-institui-regras-para-a-elaboracao-de-documentos-escritos-produzidos-pela-o-psicologa-o-no-exercicio-profissional-e-revoga-a-resolucao-cfp-no-15-1996-a-resolucao-cfp-no-07-2003-e-a-resolucao-cfp-no-04-2019?q=006/2019

Conselho Federal de Psicologia. (2019). *Resolução CFP n. 6/2019-Comentada*. https://site.cfp.org.br/wp-content/uploads/2019/09/Resolução-CFP-n-06-2019-comentada.pdf

Conselho Federal de Psicologia. (2019). *Resolução CFP n. 18/2019*. Reconhece a Avaliação Psicológica como especialidade da Psicologia e altera a Resolução CFP n. 13, de 14 de setembro de 2007, que institui a Consolidação das Resoluções relativas ao Título Profissional de Especialista em Psicologia. https://atosoficiais.com.br/cfp/resolucao-do-exercicio-profissional-n-18-2019-reconhece-a-avaliacao-psicologica-como-especialidade-da-psicologia-e-altera-a-resolucao-cfp-no-13-de-14-de-setembro-de-2007-que-institui-a-consolidacao-das-resolucoes-relativas-ao-titulo-profissional-de-especialista-em-psicologia

Conselho Federal de Psicologia. (2020). Resolução CFP n. 4/2020. Dispõe sobre regulamentação de serviços psicológicos prestados por meio de tecnologia da informação e da comunicação durante a pandemia de Covid-19. https://atosoficiais.com.br/cfp/resolucao-do-exercicio-profissional-n-4-2020-dispoe-sobre-regulamentacao-de-servicos-psicologicos-prestados-por-meio-de-tecnologia-da-informacao-e-da-comunicacao-durante-a-pandemia-do-covid-19?q=004/2020

Coordenação de Aperfeiçoamento de Pessoal de Nível Superior [Capes] (2019). *Documento de Área de Psicologia*. https://www.capes.gov.br/images/Documento_de_área_2019/PSICOLOGIA.pdf

Costa, A.B., & Nardi, H.C. (2013). Diversidade sexual e Avaliação Psicológica: Os direitos humanos em questão. *Psicologia: Ciência e Profissão, 33*(spe), 124-137. http://www.scielo.br/scielo.php?script=sci_arttext&pid=S1414-98932013000500013&lng=pt&tlng=pt

Cruz, R.M., & Schultz, V. (2009). Avaliação de competências profissionais e formação de psicólogos. *Arquivos Brasileiros de Psicologia, 61*(3), 117-127. http://pepsic.bvsalud.org/scielo.php?script=sci_arttext&pid=S1809-52672009000300013&lng=pt

Faiad, C., Pasquali, L., & Oliveira, K.L. (2019). Histórico da Avaliação Psicológica no mundo. In M.N. Baptista, M. Muniz, C.T. Reppold, C.H.S.S. Nunes, L.F. Carvalho, R. Primi, A.P.P. Noronha, A.G. Seabra, S.M. Wechsler, C.S. Hutz & L. Pasquali (orgs.), *Compêndio de Avaliação Psicológica* (pp. 111-121). Vozes.

Frizzo, N.P. (2004). *Infrações éticas, formação e exercício profissional em Psicologia* [Dissertação de mestrado, Universidade Federal de Santa Catarina]. https://repositorio.ufsc.br/xmlui/bitstream/handle/123456789/87647/213156.pdf?sequence=1&isAllowed=y

Gouveia, V. (2018). Formação em Avaliação Psicológica: Situação, desafios e diretrizes. *Psicologia: Ciência e Profissão, 38*(n. esp.), 74-86. https://doi.org/10.1590/1982-3703000208641

Hutz, C.S. (2015). Questões éticas na Avaliação Psicológica. In C.S. Hutz, D.R. Bandeira & C.M. Trentini (orgs.), *Psicometria* (pp. 165-174). Artmed.

Mendes, L.S., Nakano, T.C., Silva, I.B., & Sampaio, M.H.L. (2013). Conceitos de Avaliação Psicológica: Conhecimento de estudantes e profissionais. *Psicologia: Ciência e Profissão, 33*(2), 428-445. http://dx.doi.org/10.1590/S1414-98932013000200013

Moore, G. (1975). *Princípios éticos*. Abril Cultural.

Muniz, M. (2016). Competências e cuidados para a administração da Avaliação Psicológica e dos testes psicológicos. In M.R.C. Lins & J.C. Borsa (orgs.), *Avaliação Psicológica: Aspectos teóricos e práticos* (pp. 100-114). Vozes.

Muniz, M. (2018). Ética na Avaliação Psicológica. *Psicologia: Ciência e Profissão, 38*(spe), 133-146. https://doi.org/10.1590/1982-3703000209682

Nakano, T.C., & Alves, R.J.R. (2019). Avaliação Psicológica no Brasil. In M.N. Baptista, M. Muniz, C.T. Reppold, C.H.S.S. Nunes, L.F. Carvalho, R. Primi, A.P.P. Noronha, A.G. Seabra, S.M. Wechsler, C.S. Hutz & L. Pasquali (orgs.), *Compêndio de Avaliação Psicológica* (pp. 122-132). Vozes.

Noronha, A.P.P. (2002). Os problemas mais graves e mais frequentes no uso dos testes psicológicos. *Psicologia: Reflexão e Crítica, 15*(1), 135-142. https://doi.org/10.1590/S0102-79722002000100015

Noronha, A.P.P. (2006). Formação em Avaliação Psicológica: Uma análise das disciplinas. *Interação em Psicologia, 10*(2), 245-252. http://dx.doi.org/10.5380/psi.v10i2.7681.

Nunes, M.F.O., Muniz, M., Reppold, C.T., Faiad, C.; Bueno, J.M.H., & Noronha, A.P.P. (2012). Diretrizes para o ensino de Avaliação Psicológica. *Avaliação Psicológica, 11*(2), 309-316. http://pepsic.bvsalud.org/scielo.php?script=sci_arttext&pid=S1677-04712012000200016&lng=pt&tlng=pt

Oliveira, C.M., Nuernberg, A.H., & Nunes, C.H.S.S. (2013). Desenho universal e Avaliação Psicológica na perspectiva dos direitos humanos. *Avaliação Psicológica, 12*(3), 421-428. http://pepsic.bvsalud.org/scielo.php?script=sci_arttext&pid=S1677-04712013000300017&lng=pt&tlng=pt

Organização das Nações Unidas. (1948). *Declaração Universal dos Direitos Humanos*. Assembleia Geral das Nações Unidas em Paris. https://nacoesunidas.org/direitoshumanos/declaracao/

Padilha, S., Noronha, A.P.P., & Fagan, C.Z. (2007). Instrumentos de Avaliação Psicológica: Uso e parecer de psicólogos. *Avaliação Psicológica, 6*(1), 69-76. http://bit.ly/2LG9roL

Queiroz, F., Segabinazi, J.D., & Borsa, J.C. (2016). Aspectos éticos na Avaliação Psicológica. In M.R.C. Lins & J.C. Borsa (orgs.), *Avaliação Psicológica: Aspectos teóricos e práticos* (pp. 187-197). Vozes.

Reppold, C.T., Zanini, D.S., & Noronha, A.P.P. (2019). O que é Avaliação Psicológica? In M.N. Baptista, M. Muniz, C.T. Reppold, C.H.S.S. Nunes, L.F. Carvalho, R. Primi, A.P.P. Noronha, A.G. Seabra, S.M. Wechsler, C.S. Hutz & L. Pasquali (orgs.), *Compêndio de Avaliação Psicológica* (pp. 15-28). Vozes.

Silvares, E.F.M., & Gongora, M.A.N. (2006). *Psicologia clínica comportamental: A inserção da entrevista com adultos e crianças*. Edicon.

Singer, P. (1998). *Ética prática* (2. ed.). Martins Fontes.

Wechsler, S.M. (2019). Ética na Avaliação Psicológica: Uma perspectiva internacional. In M.N. Baptista, M. Muniz, C.T. Reppold, C.H.S.S. Nunes, L.F. Carvalho, R. Primi, A.P.P. Noronha, A.G. Seabra, S.M. Wechsler, C.S. Hutz & L. Pasquali (orgs.), *Compêndio de Avaliação Psicológica* (pp. 152-159). Vozes.

Zaia, P., Oliveira, K.S., & Nakano, T.C. (2018). Análise dos processos éticos publicados no Jornal do Federal. *Psicologia: Ciência e Profissão, 38*(1), 8-21. https://dx.doi.org/10.1590/1982-3703003532016

3
Do lápis e papel à modalidade remota

Considerações sobre a Avaliação Psicológica em tempos de pandemia

Daniela S. Zanini
Pontifícia Universidade Católica de Goiás

Caroline Tozzi Reppold
Universidade Federal de Ciências da Saúde de Porto Alegre

Cristiane Faiad
Universidade de Brasília

Highlights
- A Avaliação Psicológica remota é diferente da Avaliação Psicológica mediada por computador.
- A Avaliação Psicológica remota aponta para a necessidade de novas competências do avaliador.
- Atualmente, são poucos os testes psicológicos aprovados pelo Satepsi para uso remoto.
- Algumas competências emergentes da Avaliação Psicológica se tornaram urgentes.

A Avaliação Psicológica é "um processo estruturado de investigação de fenômenos psicológicos, composto de métodos, técnicas e instrumentos, com o objetivo de prover informações à tomada de decisão, no âmbito individual, grupal ou institucional, com base em demandas, condições e finalidades específicas" (Conselho Federal de Psicologia [CFP], 2018a). Nesse sentido, demanda do profissional um conjunto de competências específicas (cf., p. ex., Nunes et al., 2012) que nem sempre é adquirida em sua completude na graduação de Psicologia, requerendo estudos e formação especializada posterior. A necessidade de um conhecimento aprofundado e especializado foi reconhecido, inclusive, pelo Conselho Federal de Psicologia que, em 2019, tornou a Avaliação Psicológica (AP) uma especialidade da Psicologia (CFP, 2019).

Como destacam Reppold, Zanini e Noronha (2019), a prática da Avaliação Psicológica envolve alguns aspectos que o avaliador deve observar em seu exercício profissional. São eles: a identificação da demanda; a seleção do melhor método, técnica ou instrumento para avaliar a demanda e executar seu plano de trabalho; o estabelecimento de um contrato de trabalho com o avaliando; o domínio do método, técnica ou instrumento selecionado; a análise e interpretação dos resultados obtidos em uma AP, de modo a integrar dados oriundos de diferentes fontes de informação; e, finalmente, a elaboração de um documento psicológico de acordo com a normativa vigente (atualmente, a Resolução CFP n. 6/2019 [CFP, 2019b]), que responda à demanda inicial e ofereça orientação psicológica para o avaliado e a quem mais de direito.

Cabe ressaltar que o domínio sobre métodos de Avaliação Psicológica deve ir além de conhecer as características ou conteúdos de testes específicos, mas envolve a compreensão da lógica psicométrica que fundamenta os estudos de evidências de validade, estimativa de precisão e normas de um teste psicológico. Ou ainda, do contexto em que os estudos de busca de evidências de validade foram conduzidos e das eventuais diferenças que novas formas de administração de um teste podem implicar, seus efeitos em seus resultados e na Avaliação Psicológica em geral.

Em todas essas etapas de um processo de Avaliação Psicológica, é necessária competência técnico-científica do avaliador e o conhecimento das normativas de sua profissão, a fim de saber selecionar instrumentos válidos para a população e para a demanda específica, reconhecidos e aprovados pelo Satepsi (cf. Resolução CFP n. 9/2018 [CFP, 2018a]), assim como selecionar e produzir adequadamente (em termos técnicos e éticos) o documento resultante da AP. Além disso, cabe destacar que todas as solicitações de uma Avaliação Psicológica estão diretamente relacionadas a um contexto específico. Assim, é fundamental observar aspectos referentes ao contexto que origina a demanda, além de possíveis fatores que podem interferir em suas especificidades (condicionantes históricos, sociais e contextuais).

É nesse sentido que nos cabe discutir demandas atuais da Avaliação Psicológica e a necessidade de se considerar a influência do momento histórico social que se vivencia, a fim de se produzir uma avaliação mais justa, ética e tecnicamente competente. O presente capítulo tem por objetivo lançar luz à discussão da transposição da Avaliação Psicológica em lápis e papel e presencial para a avaliação realizada por Tecnologias da Informação e Comunicação (TIC), comu-

mente denominada Avaliação Psicológica on-line ou remota. De forma mais específica, o capítulo pretende discutir a emergência (e urgência) de se desenvolver novas competências do avaliador para realização da AP mediada pelas TICs e, em consonância com as normativas da profissão, ponderar a influência de características individuais e do contexto social na realização e no resultado da AP remota e/ou em tempos de pandemia, problematizando algumas questões importantes envolvidas neste processo.

Desta forma, este capítulo pretende trazer algumas discussões presentes na área em relação à possibilidade de realização da AP mediada pelas TICs, sejam no formato on-line ou remoto. Essas considerações se fazem pertinentes frente ao cenário de rápido avanço científico e tecnológico das áreas da psicometria e da tecnologia da informação, observado nos últimos anos. Contudo, atualmente, tal debate passou a ser central diante de um fenômeno social mundial, que imediatamente impactou a vida, as relações e o trabalho das pessoas em todo planeta. Trata-se da pandemia decretada pela Organização Mundial de Saúde (OMS) em fevereiro de 2020 e a consequente política sanitária de distanciamento físico para diminuição da propagação do novo coronavírus e tentativa de controle da Covid-19. Essas medidas tiveram como efeito a necessidade de adaptar os serviços prestados em diferentes espaços com contato social para a modalidade remota, de modo que o contato social fosse evitado.

A emergência (e urgência) de novas competências para a Avaliação Psicológica na atualidade

Nas últimas décadas, a Psicologia, em geral, e a Avaliação Psicológica, em específico, experimentaram um desenvolvimento significativo. Sua aplicação se ampliou, ultrapassando os limites do consultório psicológico e alcançando diferentes contextos, propósitos e funções (Primi, 2018). Esse maior reconhecimento e aplicação da AP veio acompanhado do desenvolvimento tecnológico e científico, que subsidia métodos e técnicas avaliativas inovadoras. De fato, estudos demonstraram ser possível avaliar a personalidade, inteligência, entre tantos outros construtos, com relativa validade e confiabilidade por meios digitais, utilizando outras formas avaliativas que não apenas os clássicos instrumentos de Avaliação Psicológica em lápis e papel (p. ex., Kosinski et al., 2013).

Os usos destes métodos avaliativos em suas diferentes formas impactaram a vida das pessoas e da sociedade, em geral, de forma significativa, tendo implicações individuais e sociais, inclusive no âmbito político. Um exemplo disso foi o ocorrido no escândalo envolvendo a Cambridge Analytica e as eleições presidenciais, nos Estados Unidos em 2016, ou o Brexit, no Reino Unido (Primi, 2018), quando a empresa teve acesso ao perfil de usuários de uma rede social, sem anuência deles e, por meio dessas informações, traçou perfis e influenciou uma eleição presidencial.

Em conjunto, esses acontecimentos apontam que, para além do desenvolvimento tecnológico e científico, o pesquisador e, sobretudo, o profissional da área, devem estar atentos para as implicações éticas e consequências futuras de suas ações. A observância a tais questões já havia sido referida nos *Standards for Educational and Psychological Tests* (AERA, APA & NCME, 1999), que definem as *evidências baseadas nas consequências da testagem* como uma das cinco fontes de evidências a serem consideradas para indicar a validade de um teste psicológico. Es-

pecificamente, as evidências baseadas nas consequências da testagem referem-se à avaliação das implicações sociais, sejam elas intencionais ou não, do uso de determinado teste, de modo que se possa investigar se sua utilização está de acordo com a finalidade para a qual foi criado, se o teste é efetivamente útil (se seus resultados ajudam a definir estratégias terapêuticas ou políticas públicas, p. ex.), ou ainda, se seu uso, de alguma forma, fere princípios morais ou direitos humanos (AERA, APA & NCME, 2014; CFP, 2018; Primi et al., 2009). Afinal, o processo de avaliação pode trazer consequências individuais, sociais e profissionais para o avaliado, exigindo do profissional um olhar criterioso no processo avaliativo e seus resultados. Assim, sendo uma validade relativa ao contexto e às práticas de uso, as informações sobre tal são obtidas não no momento da construção dos instrumentos, mas após sua aplicação, demandando do pesquisador a responsabilidade por manter atualizado os estudos sobre o instrumento por ele elaborado e coerente com o contexto social. A validade consequencial, por sua natureza, traz ao debate uma perspectiva ética sobre a pertinência do uso dos instrumentos ou outras técnicas consideradas em uma avaliação, bem como sobre as implicações de seu uso para qualquer que seja o contexto.

Como pesquisadores e profissionais da área, não se pode negar o interesse gerado pela possibilidade de se extrapolar a Avaliação Psicológica para contextos e formatos diversos. Contudo, esse encantamento deve ser mitigado pelo senso de realidade que envolva a avaliação e análise de diferentes evidências de validade (incluindo a validade consequencial), mas também dos requisitos necessários para o bom desempenho de uma nova prática. Dessa forma, propõe-se que algumas questões sejam analisadas antes da simples extrapolação de uma nova prática ou um novo método, técnica e procedimento da pesquisa para a vida real. Dentre essas questões, e em relação especificamente à AP, destacam-se:

a) Quais competências são necessárias para o avaliador utilizar nessa nova prática (ou para utilizar o novo procedimento de AP)? Ponderar quais competências o avaliador deve possuir para utilizar a contento um novo método, técnica ou procedimento é fundamental, pois delas dependerá o resultado e eficácia do processo.

b) Os cursos de formação profissional atuais desenvolvem essas competências em seus profissionais? Uma vez identificadas quais competências são necessárias para o avaliador nessa nova prática de AP cabe avaliar se essas competências são desenvolvidas nos cursos de formação profissional de Psicologia. Se o curso de Psicologia permite o seu exercício e/ou treino e se capacita ao formando o nível de eficiência suficiente para realização desta atividade. Caso isso não seja realizado, quer porque se trate de uma competência emergente ou nova, quer porque se trate de uma competência específica, resta refletir sobre o tópico seguinte.

c) Existem outros modos de formação continuada que possibilitam o desenvolvimento dessas competências? Para além da disponibilidade de um novo instrumento ou qualquer outra técnica de Avaliação Psicológica, é necessária a possibilidade de realização de um treino eficiente nesta nova medida. Ou, ainda que se trate de um teste psicológico já existente no formato lápis e papel, sua transposição para a modalidade remota implicará em forma diferente de aplicação e, portanto, exigirá, além dos estudos prévios de

evidência de validade e normas, novo treino do avaliador para essa modalidade de aplicação. Em alguns casos, pode ser necessário treino inclusive com os recursos tecnológicos utilizados como apoio. Afinal, podemos aplicar uma mesma lógica quanto aos cuidados requeridos por uma avaliação presencial, quando o avaliador deve ater-se ao ambiente de aplicação e sua adequação à demanda.

Após refletir acerca dessas questões iniciais relativas ao avaliador, resta analisar alguns aspectos referentes às competências do avaliando. Saber reconhecer e identificar algumas características do avaliando e desse novo método, da técnica ou do procedimento que podem influenciar no processo de AP também deve ser uma competência fundamental do avaliador. Nesse sentido, deve-se perguntar:

d) Esse novo procedimento de AP pode ser aplicado a todas as pessoas ou deve-se restringir a um grupo específico? De forma mais específica, essa pergunta aponta para a busca de garantia de que se está avaliando o construto psicológico desejado e não a competência do avaliando em responder ao novo procedimento de coleta de dados (Zanini et al., no prelo). Garantir as condições ideais para responder aos métodos, técnicas e procedimentos da AP é responsabilidade do psicólogo, tanto em termos éticos, conforme elencado no Código de Ética Profissional do Psicólogo [Cepp] (CFP, 2005), como técnicos (CFP, 2010). Além disso, está associado a competências básicas já apontadas na literatura (Nunes et al., 2012).

Outro aspecto relevante é o reconhecimento e descrição das condições necessárias para a realização dessa modalidade de AP. Nesse sentido, cabe perguntar:

e) Quais as condições necessárias para o uso dessa nova prática? Em relação a este item, destaca-se que, embora essa seja uma competência que o avaliador deva ter, é também uma responsabilidade daquele que propõe o uso de uma nova prática assegurar suas evidências científicas e sua validade além de descrever minuciosamente as condições necessárias para essa nova modalidade de AP. Por exemplo, caso se esteja propondo um novo teste psicológico a ser aplicado de forma remota, cabe descrever se essa aplicação deve ser síncrona (atividade realizada ao vivo, com interação simultânea entre o aplicador e a pessoa avaliada) ou pode ser assíncrona (atividade que ocorre sem interação), além de muitas outras questões que precisam ser avaliadas, tais como: qual ferramenta deve ser utilizada como mediadora (computador, smartphone...), se a variação dessas ferramentas introduzem alterações nos resultados, os procedimentos de resposta (se deve ser respondido de forma seguida ou se permite pausas em sua aplicação e resposta), as condições para resposta do instrumento (é necessário estar em uma mesa ou pode-se responder sentado no sofá da sala), as condições do ambiente (a pessoa deve estar sozinha ao responder o instrumento ou a presença de pessoas que pode vir a interferir no desempenho no teste), a qualidade da internet (se há uma atividade síncrona prevista, uma internet que não sofra alterações de funcionamento pode vir a interferir na execução do instrumento). Esses aspectos já estão descritos na literatura atual acerca da possibilidade de realização de AP no formato remoto (cf., p. ex., CFP, 2020c; Marasca et al., 2020; Schneider et al., 2020) e são alguns exemplos de questionamentos possíveis que devem ser criteriosamente descritos no manual do instrumento que se está querendo propor, a fim de garantir um resultado válido.

Por fim, destacam-se as competências do avaliador em reconhecer a validade consequencial do uso dessa nova prática de AP. Nesse sentido, cabe responder às seguintes perguntas:

f) Quais aspectos éticos podem estar envolvidos na realização desta nova prática? – e, finalmente,

g) Quais as consequências éticas dessa nova prática?

Esta discussão está em consonância com o documento da American Psychology Association (2020) acerca das orientações aos profissionais psicólogos para realização de AP na modalidade remota. Uma das questões explicitadas é a necessidade de se praticar os procedimentos informatizados e remotos em situações simuladas antes de os realizar em situações reais com seus clientes; saber usar as tecnologias disponíveis; saber avaliar o impacto do tempo da sessão sobre o avaliando; saber lidar com as adversidades específicas dessa modalidade; e saber avaliar a interferência de variáveis socioeconômicas nessa modalidade de AP, pois pessoas menos favorecidas economicamente podem ter menor acesso a tecnologias e isso interferir no resultado (APA, 2020). Talvez seja necessário analisar até que ponto se tem, de fato, acesso à realidade da pessoa avaliada, de forma a responder adequadamente a todas essas questões. Nesse ponto, não se pode esquecer que, a depender do contexto avaliativo, variáveis como a presença de um ofensor (em um caso de violência, p. ex.) ou a intervenção de adultos (no processo avaliativo de uma criança), sem que tenhamos controle do ambiente e garantia de privacidade, certamente acabam por inviabilizar o processo.

Em conjunto essas reflexões apontam que o desenvolvimento de uma nova prática profissional não se trata apenas de uma transposição de um modelo para outro. Contudo, envolve o reconhecimento e consequente treino em novas competências para que se tenha uma prática ética e competente e um resultado da AP válido. Nesse sentido, embora a vivência da pandemia de Covid-19 tenha colocado em evidência a emergência e, sobretudo, a urgência de se trabalhar novas competências nos profissionais psicólogos, ressalta-se a necessidade de estudos sistemáticos e atenção às normativas da profissão.

Normativas para o trabalho psicológico remoto

Historicamente, as demandas para normatização dos serviços psicológicos por meio das Tecnologias de Informação e Comunicação (TICs) estiveram presentes nas discussões do Sistema Conselhos ainda nos anos de 1990 (cf. *Resolução comentada*, CFP, 2018b). Desde as primeiras discussões, diversos grupos de trabalhos (GTs) foram constituídos e resoluções publicadas, observando-se uma gradual ampliação do entendimento a favor da possibilidade dos serviços psicológicos mediados pelas TICs, em parte justificado pelas modificações sociais e tecnológicas. Assim, enquanto a primeira resolução relativa a esta temática, publicada em 1995, buscava normatizar o atendimento psicológico via telefone, vedando-o (cf. Resolução CFP n. 2/1995, art. 1º), ao longo dos anos subsequentes, esse entendimento e os recursos envolvidos para o serviço psicológico foram se modificando.

Nos anos de 2000, com a maior popularização da internet, o CFP publicou a Resolução n. 3/2000 e a Resolução n. 6/2000 que "regulamen-ta o atendimento psicoterapêutico mediado por computador" e "instituiu a Comissão Nacional de Credenciamento e Fiscalização dos Serviços de Psicologia pela Internet", respectivamente. De acordo com estas resoluções, o atendimento psicoterapêutico mediado pelo computador, por ser uma prática ainda não reconhecida pela Psicologia, poderia ser realizado experimentalmente no exercício profissional, desde que fossem garantidas algumas condições específicas (cf. Resolução CFP n. 3/2000, art. 1º). Entre essas condições estavam: ser parte de um projeto de pesquisa conforme critérios dispostos na Resolução n. 196/1996, do Conselho Nacional de Saúde do Ministério da Saúde ou legislação que venha a substituí-la, e resoluções específicas do Conselho Federal de Psicologia para pesquisas com seres humanos em Psicologia; Respeitar ao Código de Ética Profissional do Psicólogo; o psicólogo que esteja desenvolvendo pesquisa em atendimento psicoterapêutico mediado pelo computador tenha protocolo de pesquisa aprovado por comitê de ética em pesquisa reconhecido pelo Conselho Nacional de Saúde, conforme Resolução CNS n. 196/1996 ou legislação que venha a substituí-la; e o psicólogo pesquisador não receba, a qualquer título, honorários da população pesquisada; sendo também vedada qualquer forma de remuneração do usuário pesquisado, entre outros. Além disso, a Resolução n. 6/2000 ainda dispunha da necessidade de cadastro, no CFP, do site que abrigaria os atendimentos.

Em 2005, essa resolução foi substituída pela Resolução CFP n. 12/2005, cuja ementa "Regulamenta o atendimento psicoterapêutico e outros serviços psicológicos mediados por computador e revoga a Resolução CFP n. 3/2000". Nessa resolução, se manteve o entendimento de que o atendimento psicoterapêutico deveria ser de caráter experimental e, portanto, estar ligado a um projeto de pesquisa cadastrado em um comitê de ética em pesquisa (vinculado ao Conselho Nacional de Pesquisa [Conep]), sendo impossível a remuneração por esse serviço. Contudo, a Resolução apresenta, no segundo capítulo, a descrição de alguns serviços psicológicos possíveis de serem realizados por internet, desde que, entre outras coisas, tivessem cadastro com hiperlink, hiperligação ou outra forma de remissão automática, na forma de selo ou equivalente, desenvolvido e conferido pelo Conselho Federal de Psicologia e devidamente identificados em relação ao ano de sua concessão, prazo de validade, valor e a forma de pagamento expressos no site.

Em 2012, foi publicada uma nova Resolução sobre a temática (n. 11/2012), que "regulamenta os serviços psicológicos realizados por meios tecnológicos de comunicação a distância, o atendimento psicoterapêutico em caráter experimental e revoga a Resolução CFP n. 12/2005". Esse documento apresenta como mudanças, sobretudo, questões relacionadas à obtenção do registro e cadastro do site no Sistema Conselhos, à restrição dos serviços psicológicos a eventuais demandas (e não a uma prática recorrente) e à determinação de um limite máximo de 20 encontros (para os casos de orientações psicológicas, especificamente).

Além disso, já no título da ementa da Resolução CFP n. 11/2012 era expresso um novo entendimento, o de que "a realização de serviços psicológicos mediados por computador" (expresso nas ementas das resoluções anteriores) não é equivalente aos serviços psicológicos por meios tecnológicos de comunicação a distância (expresso na ementa da Resolução CFP n. 12/2005). Dessa forma, expressa-se o entendimento de que o computador é um recurso que pode ser usado em serviços psicológicos presenciais ou a distância, mas o que a resolução normatizava eram os serviços realizados a distância (e não mediados por computador). Nesse sentido, a Resolução CFP n. 11/2012 (CFP, 2012) apresentou, em seus "considerandos", o seguinte texto: "Considerando que os meios tecnológicos de comunicação e informação são entendidos como todas as mediações computacionais com acesso à internet, por meio de televisão a cabo, aparelhos telefônicos, aparelhos conjugados ou híbridos, ou qualquer outro modo de interação que possa vir a ser implementado". O documento indicava que o que torna um serviço de psicologia remoto não é o fato de utilizar computador, mas sim sua conexão com a internet e a possibilidade de o psicólogo não estar no mesmo espaço físico da pessoa que recebe este serviço.

Em conjunto, essas resoluções apresentavam uma abordagem inicial do Sistema Conselhos de reconhecimento quanto a uma nova forma de se fazer Psicologia e interagir socialmente, que demandava maiores estudos sobre a avaliação de sua eficácia e efetividade e sobre as condições técnicas e éticas envolvidas. As resoluções foram publicadas, então, nesta perspectiva, de regulamentar serviços psicológicos com caráter experimental e não psicoterapêutico, a fim de produzir dados para avaliação de sua eficácia.

Esse entendimento foi modificado a partir da publicação da Resolução CFP n. 11/2018, cuja ementa postula que "Regulamenta a prestação de serviços psicológicos realizados por meios de tecnologias da informação e da comunicação e revoga a Resolução CFP n. 11/2012". Essa resolução avança significativamente em relação ao atendimento por meio das Tecnologias da Informação e da Comunicação (TIC) em, ao menos, três pontos: (1) manter a diferenciação entre o uso do computador como ferramenta diferenciando-o do serviço psicológico a distância; (2) retirar a obrigatoriedade do cadastro de website para realização dos serviços psicológicos por meio das TICs, atrelando essa responsabilidade ao profissional psicólogo (cabe a ele a escolha da melhor ferramenta), de acordo com o Código de Ética Profissional; (3) vincular o uso de testes psicológicos nesta modalidade à aprovação do instrumento pelo Sistema de Avaliação de Testes Psicológicos do CFP (Satepsi), "com padronização e normatização específicas para tal fim".

De acordo com o artigo 2º da atual resolução que regulamenta os serviços psicológicos por meio das TICs (CFP, 2018b), o uso de testes psicológicos de forma remota é permitido. Porém, este deve estar aprovado no Satepsi para uso no formato on-line ou remoto, demonstrando, em seu manual, a padronização necessária para sua aplicação nessa modalidade, assim como o estudo específico de normas para esse contexto (item 3, descrito acima). Ou seja, não se trata apenas de extrapolar o uso de um teste psicológico que pode ser aplicado por computador para a modalidade remota, pois dizer que um instrumento pode ser aplicado no computador não é o mesmo que dizer que ele pode ser aplicado sem o acompanhamento presencial de um profissional psicólogo (item 1, descrito acima). A observação destas informações é de inteira responsabilidade do profissional psicólogo, e não mais depende da aprovação de um site como ocorria nas resoluções anteriores (item 2, descrito acima).

De fato, na versão comentada da Resolução CFP n. 11/2018, o Grupo de Trabalho (GT) postula que se trata de uma mudança de paradigma, pois antes:

> o paradigma da prestação de serviços era vinculado à existência de um website cadastrado. A Resolução CFP n. 11/2018 está embasada no fato de que as(os) profissionais de Psicologia serão responsáveis plenos pela adequação e pertinência dos métodos e técnicas na prestação de serviços, não havendo necessidade de vinculação a um website. Cada tecnologia utilizada deverá guardar coerência com o tipo de serviço prestado. A responsabilidade plena da(o) profissional de Psicologia é uma exigência estruturante do Código de Ética Profissional do Psicólogo (Cepp) para a prestação de todos os serviços de Psicologia. Nesse sentido, este documento foi produzido com o objetivo de estabelecer orientações para as(os) profissionais que tiverem interesse em oferecer esse tipo de serviço, desde que tecnicamente adequados, metodologicamente pertinentes e eticamente respaldado (Resolução comentada CFP n. 11/2018).

Complementarmente a Resolução CFP n. 11/2018, o CFP publicou, em 2019, a Nota Técnica n. 7/2019 que "Orienta psicólogas(os) sobre a utilização de testes psicológicos em serviços realizados por meio de tecnologias de informação e da comunicação". Nessa nota técnica, reafirma-se, de forma mais explícita, a diferença entre a aplicação informatizada (mediada por computador) e a aplicação on-line (ou seja, de acesso remoto ou a distância), e a necessidade de o psicólogo avaliar se, no manual do teste psicológico aprovado no Satepsi, existe padronização e normatização para uso no formato remoto. Para além disso, nessa nota técnica também se destaca a responsabilidade do psicólogo por todo processo de Avaliação Psicológica, inclusive quanto à garantia das condições adequadas para aplicação e guarda das respostas colhidas no processo de AP, de acordo com a Resolução CFP n. 9/2018 e com o Código de Ética Profissional.

A Avaliação Psicológica na modalidade remota

Conforme explicitado no tópico anterior, a prestação de serviços psicológicos no Brasil por meio das TICs foi reconhecida desde 2012 e reafirmada de forma mais abrangente em 2018. Desde então é possível, inclusive, o uso de testes psicológicos nesta modalidade desde que aprovado no Satepsi para tal modalidade (remota). Contudo, cabe destacar que o processo de AP é complexo e envolve mais do que a simples aplicação de testes psicológicos (Reppold et al., 2019), podendo envolver outras fontes de informação desde que reconhecidas cientificamente, sendo, por vezes, inclusive, prescindível o uso de testes psicológicos como fontes fundamentais.

De acordo com a Resolução CFP n. 9/2018, que "Estabelece diretrizes para a realização de Avaliação Psicológica no exercício profissional da psicóloga e do psicólogo, regulamenta o Sistema de Avaliação de Testes Psicológicos – Satepsi e revoga as resoluções n. 2/2003, n. 6/2004 e n. 5/2012 e notas técnicas n. 1/2017 e 2/2017", ao realizar Avaliação Psicológica, o psicólogo deve basear sua decisão, obrigatoriamente, em métodos, técnicas e instrumentos psicológicos reconhecidos cientificamente para uso na prática profissional do psicólogo, sendo esses denominados fontes fundamentais de informação. Porém, a depender do contexto, o psicólogo pode, ainda, recorrer a procedimentos e recursos auxiliares, denominados na Resolução como fontes complementares de informação (art. 2º).

São reconhecidos como fontes fundamentais de informação os testes psicológicos (aprovados pelo Satepsi), as entrevistas psicológicas e anamnese, e os protocolos ou registros de observação de comportamentos obtidos individualmente ou como processo grupal ou técnica de grupo. Em contrapartida, são fontes complementares as técnicas e instrumentos não psicológicos com respaldo científico, que respeitem a legislação da profissão (entre elas, o Código de Ética Profissional) e documentos técnicos, como protocolos ou relatórios multiprofissionais. De acordo com Rueda e Zanini (2018), a discriminação das fontes fundamentais e complementares de informação na realização da AP foi um dos grandes avanços desta resolução, aliado à ampliação do conceito de Avaliação Psicológica como algo maior do que a aplicação de teste psicológico. Dessa forma, essa resolução traz o entendimento, já expressado na literatura científica da área há algum tempo, de que o processo de Avaliação Psicológica compreende mais do que a testagem psicológica, embora esta possa ser considerada uma etapa importante.

Assim, ainda que os testes psicológicos sejam medidas válidas e confiáveis para se avaliar o comportamento humano e, em muitos contextos, sejam recomendados por oferecerem medidas objetivas e possíveis de comparação com o grupo, não se trata da única forma de se realizar AP. Outras modalidades de fonte de informação identificadas na Resolução CFP n. 9/2018 como fundamental podem ser utilizadas. A escolha do método, técnica e procedimento que melhor atende ou responde à demanda da AP é de responsabilidade do psicólogo que deverá, inclusive, obrigatoriamente justificar, de forma técnica e científica, sua escolha no documento psicológico a ser elaborado como resultado do processo de Avaliação Psicológica realizado (cf. Resolução CFP n. 6/2019). Esse mesmo compromisso está expresso na Resolução CFP n. 11/2018 em relação à responsabilidade ética e técnica do psicólogo ao prestar serviço psicológico na modalidade remota. Dessa forma, cabe ao profissional avaliar se o serviço prestado sofrerá interferências que comprometam sua qualidade científica ou o compromisso ético do profissional com a profissão ao ser realizado de forma remota.

Ainda cabe avaliar se possui as competências apontadas na seção anterior e considerar alguns aspectos apontados pela APA (2020) no processo de Avaliação Psicológica, tais como: a importância do monitoramento audiovisual durante toda a administração dos testes psicológicos a fim de garantir sua segurança e que as respostas tenham sido produzidas pelo avaliando; garantia de um ambiente seguro e livre de interferências; a importância do desenvolvimento de um relacionamento anterior com o avaliando.

Além desses aspectos na realização de uma AP remota, é importante avaliar aspectos relativos à competência da díade avaliador-avaliando com as ferramentas e recursos tecnológicos, e considerar as características do avaliando, o tipo de demanda, a interação da demanda com o ambiente e os métodos, técnicas e procedimentos a serem selecionados para a realização da AP (Zanini et al., 2020).

De forma mais específica, cabe observar aspectos como idade, nível sociocultural, experiência prévia com o avaliador, especificidade da demanda (se esta pode ser influenciada pela situação de estresse relativa à pandemia), condições de controle do ambiente para o bom desenvolvimento da AP e seleção dos melhores métodos, técnicas e procedimentos para levar a cabo uma AP remota. Observar esses aspectos e cuidar das possíveis interferências que podem promover sobre a AP é responsabilidade do psicólogo. A depender do nível de influência pode prejudicar o resultado do processo de AP. Nesses casos, a realização de AP remota pode converter-se em um comportamento antiético do psicólogo quer seja por não beneficiar o avaliando com seu trabalho quer seja por, inclusive, prejudicá-lo ao colocá-lo em risco ao produzir um resultado falseado, em condições questionáveis expondo-o a possíveis consequências danosas.

Assim, deve-se avaliar se é possível conduzir uma AP com qualidade técnica e ética utilizando-se das fontes fundamentais de informações (conforme preconizado na Resolução CFP n. 9/2018) e considerar todos esses aspectos no documento resultante da AP em formato remoto (Schneider, 2020) a fim de atender as normativas relativas à produção de documentos psicológicos (CFP, 2019).

De acordo com as diretrizes da International Test Commission (ITC), ao selecionar os métodos e técnicas a serem empregados em uma testagem, o psicólogo deve considerar também que o uso de instrumentos informatizados requer a avaliação prévia sobre a qualidade tecnológica dos recursos disponíveis (equipamentos), o controle das condições de testagem, a segurança dos dados coletados (caráter restrito ou não do material dos testes, privacidade da aplicação, proteção de dados e confidencialidade) e a qualidade psicométrica dos testes utilizados, sendo imprescindível que esses demonstrem evidências de validade, por meio de estudos científicos recentes.

Contudo, no contexto brasileiro, atualmente são poucos os testes psicológicos disponíveis no Satepsi para uso remoto. Em uma pesquisa realizada em julho de 2020 foram detectados apenas quatro instrumentos com estudos de normas e evidências de validade para uso no contexto remoto ou on-line. Esses testes estão identificados na página do Satepsi, na lista de testes em que o psicólogo pode usar, selecionando na busca textual o tipo de aplicação on-line. Ao proceder dessa maneira, tem-se a lista completa de todos os testes psicológicos aprovados com aplicação nesta modalidade. Neste caso, trata-se apenas de quatro instrumentos que atendem o preconizado na Resolução CFP n. 11/2018 e Nota Técnica n. 7/2019. Além disso, a consulta ao site do Satepsi em julho de 2020 revela que, na ocasião, dos 155 testes psicológicos considerados favoráveis para uso profissional, 23 eram administrados (aplicados) em versão informatizada, 64 testes tinham possibilidade de correção informatizada e 4 testes estavam aprovados como plataforma informatizada (ou seja, para aplicação e correção informatizada), mas não como remotos (on-line).

A partir disso, cabe ao psicólogo considerar se a demanda para realização da AP que está conduzindo pode ser respondida por meio destes quatro testes psicológicos. Caso não seja possível, cabe passar para a segunda reflexão; é possível realizar a AP prescindindo do uso de testes psicológicos e utilizando as outras fontes fundamentais (entrevista ou observação comportamental individual ou grupal)?

Caso o psicólogo opte por realizar a AP por meio de outras fontes fundamentais que não os testes psicológicos, é importante considerar se as demais modalidades de fontes fundamentais podem ser transferidas da modalidade presencial para a remota sem perda de qualidade ou interferência técnica e ética nos resultados da AP. Isto é, para a demanda que quero responder a observação comportamental de forma remota ficará prejudicada? Ou ainda, a entrevista pode sofrer alterações?

A partir dessas reflexões, não se pretende dizer da impossibilidade de realização da AP em contexto remoto. Busca-se destacar que, independentemente das adversidades vivenciadas, a busca por uma AP ética, comprometida e so-

bretudo de qualidade é fundamental. A atual situação social demandou esforços de adaptação de toda a sociedade e de diferentes setores de trabalho. O trabalho do psicólogo também se viu afetado e foi necessário pensar em novas formas de realização. Apesar disso, não podemos nos distanciar do fundamento de nosso trabalho que é a ciência e a observação sistemática dos fenômenos. Isso implica no estudo dos procedimentos adotados, na capacidade de replicação, validade e confiabilidade. Todos esses aspectos ainda carecem de mais estudos quando se trata de AP em contexto remoto.

O desenvolvimento de novas formas e recursos para AP é sempre bem-vindo. Contudo, deve ser sempre comprometida, derivada de estudos científicos prévios que comprovem sua eficácia, efetividade, validade consequencial e, sobretudo, sua qualidade técnica e ética.

O ensino da Avaliação Psicológica em formato não presencial

Um outro desafio imposto pelo momento que estamos vivenciando foi a necessidade de repensar a forma de ensino. Em pouco tempo, grande parte do sistema educacional de alguns países teve que adentrar uma lógica não presencial. É importante lembrar que não estamos tratando de ensino a distância – uma área consolidada na literatura e que já possui toda uma lógica de aprendizagem virtual, mas, sim, de um modelo de curso eminentemente presencial, sendo concebido de forma não presencial. O caráter presencial do curso de Psicologia está reforçado pela publicação das *Diretrizes Curriculares Nacionais para os Cursos de Graduação em Psicologia*, sendo a mais recente a publicada no dia 4 de dezembro de 2019 e aprovada pelo CNE/CES

1071/2019, a qual ainda aguarda homologação para ser implementada. Sendo assim, qualquer outra proposta retrata uma adaptação provisória e momentânea para o momento que estamos passando. Já quanto às ações de ensino a distância, mediadas por tecnologia, o documento identifica que devem ser "utilizadas com a finalidade de levar o estudante a compreender e utilizar as tecnologias digitais de forma crítica, reflexiva e ética, como recurso para acessar, disseminar e produzir conhecimento".

Porém, a pandemia também trouxe desafios na formação em Psicologia e a certeza de que competências, que eram tidas como emergentes ou futuras, subitamente passaram a ser exigidas de nossos alunos, professores e profissionais. Ou mesmo conteúdos que eram ministrados, embora sem tanta ênfase como, por exemplo, a construção de medidas informatizadas, passaram a se tornar centrais no processo de formação. Afinal, existem instrumentos suficientes para darem conta das demandas de ensino e prática, informatizados, para enfrentarmos esse momento? Nossas disciplinas ensinam a construir testes informatizados, além da forma de se avaliar a equivalência entre medidas de lápis, papel e medidas informatizadas? Como ensinar Avaliação Psicológica em formato remoto? Como pensar em disciplinas práticas sendo ministradas de forma não presencial, se não podemos divulgar material sobre testes psicológicos? Como ensinar técnicas interventivas que exigem atividades presenciais? Como ensinar Avaliação Psicológica, enquanto um processo complexo e que exige a aplicação de técnicas e métodos avaliativos diversificados? Assim passamos a construir um caminho de possibilidades, embora assumindo que nem tudo é passível de adaptação e que há competências que só serão formadas quando em ensino presencial.

Por isso algumas premissas foram construídas. Devemos evitar o ensino de testes psicológicos, no contexto da graduação, em formato remoto, pois exigem interação do docente e discente e, em atendimento ao nosso Código de Ética, não podem ser ensinados ou veiculados a não psicólogos (CFP, 2020c). Nem todo estágio é possível de ser realizado por meio das TICs, visto que essa prática se insere na construção de uma competência que exige experiência prévia e presencial do aluno, antes que vivencie teleatendimentos. E não se faz possível realizar Avaliação Psicológica em todo ou qualquer contexto no formato remoto (Schneider et al., 2020).

Contudo, ainda no campo do ensino, entendemos que algumas adaptações podem ser feitas, resguardando o aspecto ético e técnico. O docente ou a docente pode trabalhar os conteúdos programáticos de diferentes formas, como, por exemplo: (a) aspectos históricos da Avaliação Psicológica; (b) conceitos teórico-conceituais sobre a avaliação; (c) a descrição da aplicabilidade da avaliação em seus diferentes contextos; (d) o ensino de aspectos psicométricos da medida, por meio de instrumentos que não estejam indicados como aprovados no Satepsi; (e) uso de diferentes ferramentas digitais para a construção do conteúdo programático sobre Avaliação Psicológica. Desde a construção de situações-problemas ou casos práticos em aplicações síncronas ou assíncronas, como mediadas por recursos digitais. Alguns dos exemplos dessas ferramentas são o Go-Conqr (permite a construção de mapas mentais, *flashcards*, *slides*, fluxogramas); Jamboard (trata-se de um quadro branco interativo, que permite a construção conjunta de conteúdos e pode ser utilizado para pesquisas sobre diferentes temáticas); Powtoon (permite a criação de pequenos vídeos animados, em formato de cartoon e que podem, por exemplo, auxiliar o/a docente e discente a construírem dicas sobre boas práticas na Avaliação Psicológica) e tantas outras plataformas que podem ser utilizadas. Há uma série de vídeos e tutoriais que ensinam a utilizá-las; (f) uso de páginas interativas como, por exemplo, o ambiente gratuito construído pela American Psychological Association (https://opl.apa.org/experiments/index.html?#/Experiments). Apesar de ser todo configurado em língua inglesa, possui exemplos de testes de memória, atenção, dentre outras possibilidades que podem demonstrar aos alunos e alunas a lógica dos itens dos testes psicológicos. Outras possibilidades podem ser construídas, desde que princípios éticos e técnicos não sejam ultrapassados.

Considerações finais

O rápido avanço científico e tecnológico das áreas da Psicometria e da Tecnologia da Informação em conjunto com os desafios vivenciados na atualidade relativos à vivência da pandemia de Covid-19 e a consequente demanda por distanciamento físico para seu enfrentamento desafiaram a sociedade e os diferentes setores de trabalho. Em relação aos serviços prestados pela psicologia não foi diferente. A área de Avaliação Psicológica tampouco ficou imune, sofrendo pressões para adaptação de seus procedimentos para o contexto remoto.

Embora, no Brasil, os serviços psicológicos realizados por meios tecnológicos de comunicação a distância já fossem objeto de discussão na literatura (Primi, 2018) e no Sistema Conselhos, na prática, essas eram situações de trabalho não usuais para a maioria dos psicólogos em exercício profissional. Além disso, as ferramentas para sua aplicabilidade e disseminação em massa

ainda estavam por se desenvolver, assim como a explicitação das competências necessárias para que o profissional trabalhe nesta modalidade. Em suma, este capítulo discutiu algumas questões presentes na área em relação à possibilidade de realização da AP mediada pelas TICs ou em contexto remoto.

O presente texto também apresentou uma evolução histórica das normatizações dos serviços psicológicos mediados por TICs e seu impacto na disponibilidade de testes psicológicos reconhecidamente válidos para uso profissional por psicólogo em contexto remoto. Os dados demonstram que, de fato, há uma escassez destes instrumentos para essa modalidade, o que levanta a necessidade de realização de AP remota por meio de outras fontes fundamentais. Contudo, no capítulo também se discutiu se, para as demais modalidades de fontes fundamentais, a transposição de AP presencial para a AP remota não produziria interferências que, em alguns casos, poderiam, inclusive, invalidar o processo. Nesse sentido, este capítulo aponta para a necessidade de estudos sistemáticos que busquem avaliar a eficácia e validade do uso das diversas fontes de informações na modalidade remota e seus efeitos e validade consequencial na vida dos avaliandos.

Quanto ao processo de formação na graduação e complementar, de forma mais específica, apresentou algumas competências que seriam necessárias para se realizar uma AP em contexto remoto, ressaltando a necessidade de seu ensino e treino nos diferentes níveis de ensino de AP (graduação e pós-graduação). Muitos são os desafios que ora são apontados, como a necessidade de revisão de matrizes curriculares, com o acréscimo destas competências nas ementas de ensino de AP; a necessidade de que aqueles que ministram tais disciplinas também busquem se atualizar sobre conteúdos técnicos e, ao mesmo tempo, no conhecimento de ferramentas que possibilitem o repasse do conhecimento no formato remoto. Contudo, nos ancorando sempre nas normativas e na ética profissional, de forma que a atuação neste contexto remoto não nos permita transpor essas questões.

Referências

American Educational Research Association (AERA), American Psychological Association (APA), & National Council on Measurement in Education (NCME). (1999). *Standards for educational and psychological testing*. American Educational Research Association.

American Educational Research Association (AERA), American Psychological Association (APA), & National Council on Measurement in Education (NCME). (2014). *Standards for educational and psychological testing*. American Educational Research Association.

Brasil. (2019). *Revisão das Diretrizes Curriculares Nacionais (DCNs) dos cursos de graduação em Psicologia e estabelecimento de normas para o Projeto Pedagógico Complementar (PPC) para a formação de professores de Psicologia*. Ministério da Educação.

Conselho Federal de Psicologia. (2018). *Resolução CFP n. 9/2018*. Estabelece diretrizes para a realização de Avaliação Psicológica no exercício profissional da psicóloga e do psicólogo, regulamenta o Sistema de Avaliação de Testes Psicológicos – Satepsi e revoga as resoluções n. 2/2003, n. 6/2004 e n. 5/2012 e notas técnicas n. 1/2017 e 2/2017. https://site.cfp.org.br/wp-content/uploads/2018/04/Resolu%C3%A7%C3%A3o-CFP-n%C2%BA-09-2018-com-anexo.pdf

Conselho Federal de Psicologia. (2018). *Resolução CFP n. 11/2018*. Regulamenta a prestação de serviços psicológicos realizados por meio de tecnologias da informação e da comunicação e revoga a Resolução CFP n. 11/2012. https://site.cfp.org.br/wp-content/uploads/2018/05/RESOLU%C3%87%C3%83O-N%C2%BA-11-DE-11-DE-MAIO-DE-2018.pdf

Conselho Federal de Psicologia. (2019a). *Resolução CFP n. 6/2019*. Institui regras para a elaboração de documentos escritos produzidos pela(o) psicóloga(o) no exercício profissional e revoga a Resolução CFP n. 15/1996, a Resolução CFP n. 7/2003 e a Resolução CFP n. 4/2019. https://atosoficiais.com.br/cfp/resolucao-do-exercicio-profissional-n-6-2019-institui-regras-para-a-elaboracao-de-documentos-escritos-produzidos-pela-o-psicologia-o-no-exercicio-profissional-e-revoga-a-resolucao-cfp-no-15-1996-a-resolucao-cfp-no-07-2003-e-a-resolucao-cfp-no-04-2019?q=006/2019

Conselho Federal de Psicologia. (2019b). *Nota Técnica CFP n. 7/2019*. Substitui a Nota Técnica n. 5/2019. Orienta psicólogas(os) sobre a utilização de testes psicológicos em serviços realizados por meio de tecnologias de informação e da comunicação. www.crprj.org.br/site/wp-content/uploads/2019/10/Nota_0169199_Nota_Tecnica_CFP_07.2019.pdf

Conselho Federal de Psicologia. (2019c). *Resolução CFP n. 18/2019*. Reconhece a Avaliação Psicológica como especialidade da Psicologia e altera a Resolução CFP n. 13, de 14 de setembro de 2007, que institui a Consolidação das Resoluções relativas ao Título Profissional de Especialista em Psicologia. https://atosoficiais.com.br/cfp/resolucao-do-exercicio-profissional-n-18-2019-reconhece-a-avaliacao-psicologica-como-especialidade-da-psicologia-e-altera-a-resolucao-cfp-no-13-de-14-de-setembro-de-2007-que-institui-a-consolidacao-das-resolucoes-relativas-ao-titulo-profissional-de-especialista-em-psicologia

Conselho Federal de Psicologia. (2020a). *Resolução CFP n. 4, de 26 de março de 2020*. Dispõe sobre regulamentação de serviços psicológicos prestados por meio de Tecnologia da Informação e da Comunicação durante a pandemia de Covid-19. http://www.in.gov.br/en/web/dou/-/resolucao-n-4-de-26-de-marco-de-2020-250189333

Conselho Federal de Psicologia. (2020b, 30 mar.). *Nota Orientativa sobre ensino da Avaliação Psicológica em modalidade remota no contexto da pandemia de Covid-19*. https://site.cfp.org.br/nota-orientativa-sobre-ensino-da-avaliacao-psicologica-em-modalidade-remota-no-contexto-da-pandemia-de-covid-19/

Conselho Federal de Psicologia. (2020c). *Cartilha de boas práticas em Avaliação Psicológica em contexto de Pandemia.* https://site.cfp.org.br/wp-content/uploads/2020/08/clique-aqui.pdf

International Test Commission (2005). *International Guidelines on Computer-Based and Internet Delivered Testing.* [www.intestcom.org]

Kosinski, M., Stillwell, D., & Graepel, T. (2013). Private traits and attributes are predictable from digital records of human behavior. *Proceedings of the National Academy of Sciences, 110*(15), 5.802-5.805. https://doi.org/10.1073/pnas.1218772110

Marasca, A.R., Yates, D.B., Schneider, A.M.A., Feijó, L.P., & Bandeira, D.R. (2020, 5/jun.). Avaliação psicológica on-line: Considerações a partir da pandemia do novo coronavírus (Covid-19) para a prática e o ensino no contexto a distância. *Estudos de Psicologia, 37,* e200085. https://dx.doi.org/10.1590/1982-0275202037e200085

Nunes, M.F.O., Muniz, M., Reppold, C.T., Faiad, C., Bueno, J.M.H., & Noronha, A.P.P. (2012). Diretrizes para o ensino de Avaliação Psicológica. *Avaliação Psicológica, 11*(2), 309-316. http://pepsic.bvsalud.org/scielo.php?script=sci_arttext&pid=S1677-04712012000200016&lng=pt&tlng=pt

Organização Mundial de Saúde. (2020). *Folha Informativa Covid-19.* https://www.paho.org/bra/index.php?option=com_content&view=article&id=6101:covid19&Itemid=875

Primi, R. (2018). Avaliação Psicológica no século XXI: De onde viemos e para onde vamos. *Psicologia: Ciência e Profissão, 38*(spe), 87-97. https://doi.org/10.1590/1982-3703000209814

Primi, R., Muniz, M., & Nunes, C.H.S.S. (2009). Definições contemporâneas de validade de testes psicológicos. In C.S. Hutz (org.), *Avanços e polêmicas em Avaliação Psicológica* (pp. 243-265). Casa do Psicólogo.

Rueda, F.J.M., & Zanini, D.S. (2018). O que muda com a Resolução CFP n. 9/2018? *Psicologia: Ciência e Profissão, 38*(spe), 16-27. https://doi.org/10.1590/1982-3703000208893

Schneider, A.M.A., Marasca, A.R., Yates, D.B., Feijó, L.P., Rovinski, S.L., & Bandeira, D.R. (2020). *Boas Práticas para a Avaliação Psicológica on-line.* Geapap/UFRGS.

Zanini et al., (no prelo). Capítulo de livro feito pelo Ibap para Ana Vazquez.

4
Competências em Avaliação Psicológica

Alexandre José de Souza Peres
Universidade Federal de Mato Grosso do Sul

Highlights
- A formação em Avaliação Psicológica deve focar no desenvolvimento de competências.
- As competências em Avaliação Psicológica não se limitam a testagem e entrevistas.
- Psicometria e mensuração são conhecimentos fundamentais em Avaliação Psicológica.
- Agir de forma ética e culturalmente competente são competências transversais.

Para assumir a responsabilidade de conduzir um processo de Avaliação Psicológica (AP) é necessário que o psicólogo tenha desenvolvido uma série de competências. No Brasil, as diretrizes emanadas pelo Conselho Federal de Psicologia para a realização da AP (CFP, 2018a) a definem em seu artigo 1º como "um processo estruturado de investigação de fenômenos psicológicos, composto de métodos, técnicas e instrumentos, com o objetivo de prover informações à tomada de decisão, no âmbito individual, grupal ou institucional, com base em demandas, condições e finalidades específicas". Ao conduzir esse processo, os profissionais devem definir quais métodos, técnicas e instrumentos irão utilizar, desde que reconhecidos cientificamente para o uso na prática profissional. Em uma AP, deve-se adotar como fontes fundamentais de informação: (a) os testes psicológicos, os quais incluem escalas, inventários, questionários e métodos projetivos/expressivos; (b) as entrevistas psicológicas e a anamnese; e (c) protocolos ou registros de observação de comportamentos, obtidos individualmente ou por meio de processos ou técnicas de grupo. É também facultado aos profissionais o uso, como fontes complementares de informa-

ção, de técnicas e instrumentos não psicológicos, desde que respaldados cientificamente, além de documentos técnicos. Por fim, as diretrizes definem que o processo de AP deve ser devidamente registrado e comunicado oralmente e por meio de documentos dele decorrentes que, por sua vez, devem ser elaborados conforme as resoluções vigentes (CFP, 2019a).

Nessas diretrizes, pode-se identificar, facilmente, uma série de habilidades e conhecimentos exigidos para realizar uma AP: conhecer os fenômenos psicológicos que serão investigados em suas expressões individuais, grupais ou institucionais; conhecer as especificidades de sua área de atuação; investigar e compreender a demanda apresentada; identificar a finalidade da AP e as informações necessárias para a tomada de decisão que ocorrerá a partir dela; dominar os usos de testes e outros instrumentos e métodos de entrevista e observação; recolher, examinar e articular informações de fontes variadas de informação; descrever, registrar e comunicar os resultados da AP; planejar todo o processo; e refletir e agir considerando os aspectos éticos e técnicos envolvidos em cada etapa. Fica evidente que o avaliador psicológico precisa desenvolver competências que não o limitarão apenas a um mero aplicador de testes, métodos e técnicas. Portanto, para habilitar-se a realizar uma AP, cabe aos psicólogos apresentarem competências amplas, que permitam empregar de maneira intencional e integrada os diversos conhecimentos e habilidades relacionados à AP.

Nesse sentido, este capítulo tem como objetivo apresentar quais competências são exigidas do avaliador psicológico pelas principais diretrizes em AP brasileiras e estrangeiras. Antes de prosseguir, é necessário adentrar um pouco no construto competência. Esse construto é bastante difundido e utilizado de formas diversas e sob variadas perspectivas em diferentes correntes, domínios e disciplinas nas ciências sociais e humanas, como na Psicologia, nos campos do trabalho e das organizações e na educação. Uma competência requer, além da aprendizagem de teorias e técnicas, a organização, seleção e mobilização de diferentes recursos, como processos cognitivos, afetos, habilidades, valores e atitudes para o enfrentamento de situações-problemas, de maneira articulada, planejada e contextualizada. Por isso, ao ponderar sobre as competências exigidas para a realização da AP, é pertinente considerar o desenvolvimento de competências profissionais.

Desenvolvimento de competências profissionais

Segundo Le Boterf (2002), as competências não devem ser consideradas em termos de soma de saber, de saber fazer e de saber ser, mas como um conceito que permite pensar em termos da combinação de recursos. Um profissional, para enfrentar uma situação, resolver um problema ou tomar uma iniciativa, deve saber organizar os recursos que tem à sua disposição, além de simplesmente selecioná-los e mobilizá-los. Esteves (2009) sugeriu que essa concepção apresenta as competências como ligadas a recursos de origens diversas, mobilizados segundo redes operatórias em ação contextualizada e, portanto, distinta de uma capacidade específica, de uma *performance* ou de um saber-fazer genérico.

Uma abordagem de competências com essas características leva, entre outras consequências práticas importantes, à necessidade de se assegurar que o sujeito seja capaz de selecionar, combinar e mobilizar recursos face a uma situação-problema específica. Portanto, o desenvolvimento de competências supõe que o indivíduo não somente adquira recursos, como conhecimentos e habilidades, mas construa, a partir deles, combinações apropriadas à ação em situações específicas (Le Boterf, 2002).

Dos recursos mencionados, o conhecimento é apontado como componente essencial – embora as competências não devam ser reduzidas a ele. Para Esteves (2009), as concepções que envolvem conhecimentos e competências devem superar a visão dicotômica entre teoria e prática e "assumir que o conhecimento profissional é ou pode ser fundamento e resultado do exercício de competências, seja para os que se preparam para a profissão, seja para os profissionais já em exercício" (p. 43). Como defendem Marinho-Araújo e Almeida (2016), embora requeiram outros recursos (*e. g.*, pessoais, socioafetivos, ético-políticos), competências não se constituem sem saberes e conhecimentos.

Buscando reunir as diversas concepções de competências nos diferentes campos do conhecimento, Ardouin (2005, p. 45) propôs uma noção de competências como uma formalização de uma dinâmica complexa, de um conjunto estruturado de conhecimentos e saberes (saber-fazer, saber--ser, saber-agir, saberes sociais e culturais, saberes experimentais), mobilizados de maneira finalizada e operatória em um contexto particular. Essa noção deve levar em conta a ideia de competência como resultante da interação entre o indivíduo e o ambiente – ou seja, uma competência deve ser sempre avaliada contextualmente.

Le Boterf (2017) expandiu essa argumentação ao defender que ser um profissional competente requer mais do que ter competências e mobilizá-las, no sentido de que um profissional competente precisa implementar uma prática profissional com uma sequência de escolhas, decisões e ações, atuando como um agente em um processo. Para ele, a principal questão seria compreender o processo que um profissional implementa quando age com relevância e competência em uma situação. É essa compreensão que permitiria preparar profissionais para implementar esse processo com sucesso. Em linha semelhante, Marinho-Araújo e Almeida (2016) argumentam o seguinte:

> o desenvolvimento de um perfil profissional competente e comprometido com as demandas sociais é um processo longo, pois envolve a construção de uma história profissional, articulada às características pessoais e às especificidades do exercício profissional, requerendo o desenvolvimento de competências que permitam considerar e articular teorias, métodos e experiências no mapeamento e na resolução dos problemas no cotidiano social e laboral. Ao deparar com um problema, o indivíduo nem sempre tem, de antemão, sua solução ou todos os dados para uma tomada de decisão mais segura. É preciso construir um amplo conjunto de procedimentos que considere diferentes formas de saberes (acadêmicos, especializados, práticos, da experiência), algumas normas, regras e técnicas próprias

da profissão, assim como um sentido crítico e reflexivo que o leve a fazer escolhas e julgamentos profissionais de forma ética, segura e clara (p. 2).

Essa breve introdução ao campo do desenvolvimento de competências profissionais traz pelo menos dois apontamentos importantes para a temática das competências em AP. Primeiro, a formação em AP, em nível de graduação e pós-graduação, não deve se restringir à soma de conhecimentos e habilidades relacionados à área, pois esses precisarão ser articulados entre si na prática. Segundo, para que o profissional seja considerado competente, ele precisará mobilizar, combinar e transpor diferentes conhecimentos e habilidades de maneira coordenada, intencional e contextualizada. Por essas razões, identificar e descrever as competências exigidas para o exercício profissional da psicologia não é uma tarefa trivial e muitos esforços vêm sendo feitos nas últimas décadas em todo o mundo. A seguir, é apresentado um apanhado de algumas das principais referências sobre esse assunto encontradas na literatura internacional, e depois na brasileira, com ênfase na AP.

O que dizem a literatura e as diretrizes internacionais

Os *Standards for Educational and Psychological Testing* (AERA et al., 2014) são a principal referência sobre as diretrizes técnicas e éticas relacionadas aos fundamentos, desenvolvimento e usos de testes psicológicos e educacionais. Os *Standards*, ou padrões, foram publicados em sua primeira versão em 1966 e sua última revisão foi lançada em 2014, mas sua origem remonta a 1954, com a publicação pela APA (American Psychological Association) do *Technical Recom-*

mendations for Psychological Tests and Diagnostic Techniques. Como é amplamente difundido, esse documento é um dos pilares na organização das áreas de testagem e avaliação educacional e psicológica e influencia diretrizes emanadas por entidades de todo mundo, como as do nosso CFP (2018a).

De interesse mais direto a este capítulo, os Standards possuem 23 padrões, os Standards 9.1 a 9.23, relacionados aos direitos e responsabilidades de usuários de testes (*i. e.*, os profissionais responsáveis pela testagem), quanto à validade das interpretações, à disseminação de informações e à segurança dos testes e proteção de direitos autorais. Esses padrões referem-se a competências esperadas para o uso de testes e são encabeçadas pelo Standard 9.0 (AERA et al., 2014):

> Usuários de testes são responsáveis por conhecer as evidências de validade que fundamentam as interpretações pretendidas dos escores nos testes que eles usam, da seleção de testes até o uso dos escores, bem como as consequências positivas e negativas mais comuns do uso do teste. Os usuários de testes também devem ter responsabilidade legal e ética de proteger a segurança do conteúdo do teste e a privacidade do indivíduo que faz o teste, e devem fornecer informações pertinentes e oportunas aos indivíduos que fazem os testes e a outros usuários de teste com quem eles compartilham os escores (p. 142).

A International Test Commission (ITC), entidade internacional que reúne pesquisadores de vários países, elaborou diretrizes para a testagem psicológica e educacional relacionadas a diversas temáticas (2020), entre elas as *Diretrizes para o Uso de Testes: International Test Commission*, elaboradas em 2000 e traduzidas para o Brasil pelo Instituto Brasileiro de Avaliação Psicológica (Ibap) em 2003. Segundo a ITC (2003), o objetivo principal das Diretrizes é que o usuário de testes competente faça esse uso "de forma adequada, profissional e ética, estando atento às necessidades e direitos daqueles envolvidos no processo de avaliação, bem como às razões para utilizar os testes e o contexto no qual se realiza a testagem" (p. 10). A ITC complementa: "Este objetivo será alcançado ao certificar-se de que o usuário possui as competências [necessárias] para realizar o processo de testagem, assim como o conhecimento e a compreensão sobre os testes a fim de informar e realizar o processo de avaliação" (p. 10). As Diretrizes especificam conhecimentos e habilidades subjacentes às competências esperadas de todos os usuários de testes (ITC, 2003, pp. 14-16):

- Conhecimentos relevantes sobre: os procedimentos e princípios psicométricos básicos; as exigências técnicas dos testes (validade, precisão e padronização); os testes e a medida necessários à compreensão dos resultados; as teorias e modelos referentes aos construtos psicológicos úteis à seleção dos testes e à compreensão dos resultados; os principais testes e editoras.

- Conhecimento instrumental e habilidades relacionados: a instrumentos ou procedimentos de avaliação, incluindo avaliação informatizada; ao uso de testes que estão incluídos em uma bagagem básica de avaliação; aos construtos subjacentes aos resultados dos testes, de modo a permitir inferências válidas a partir dos resultados.

- Habilidades pessoais relacionadas à tarefa – desempenho, habilidades de comunicação oral e escrita e habilidades interpessoais suficientes para: preparação adequada do avaliando; administração do teste; confecção do laudo; comunicação e devolução dos resultados e interação com o avaliando e pessoas relevantes a ele.

• Conhecimento do contexto e habilidades: saber se e quando usar os testes; saber como integrar a testagem a outros métodos de avaliação; e conhecimento de questões profissionais, éticas e legais relacionadas à testagem.

• Habilidades para realização da tarefa: conhecimento das normas de conduta e práticas relacionadas à testagem, comunicação dos resultados, elaboração de relatórios e guarda do material e dos resultados; e conhecimento do contexto social, cultural e político em que o teste está sendo usado, bem como da forma como esses aspectos podem influenciar os resultados e suas interpretações.

• Habilidades para lidar com as contingências: saber como lidar com problemas, dificuldades e interrupções na rotina; e saber como lidar com as questões que o avaliando pode apresentar durante a testagem.

Essas Diretrizes da ITC (2003) foram divididas em duas seções: (1) responsabilidades para a utilização ética dos testes, com quatro diretrizes; e (2) práticas adequadas ao uso dos testes, com nove diretrizes. Cada diretriz, por sua vez, possui uma série de competências. A seguir, apresentam-se as diretrizes (sem as competências a elas subjacentes):

1 Responsabilidades para a utilização ética dos testes

1.1 Atuar de forma ética e profissional

1.2 Garantir o uso competente dos testes

1.3 Assumir responsabilidades no uso dos testes

1.4 Garantir segurança ao arquivar testes

1.5 Assegurar a confidencialidade dos resultados

2 Práticas adequadas no uso dos testes

2.1 Avaliar o potencial dos testes em uma situação de avaliação

2.2 Selecionar testes tecnicamente confiáveis para cada situação

2.3 Prestar a devida consideração aos vieses culturais

2.4 Preparar cuidadosamente as sessões de aplicação dos testes

2.5 Administrar os testes adequadamente

2.6 Corrigir e analisar os resultados dos testes corretamente

2.7 Interpretar os resultados dos testes adequadamente

2.8 Comunicar os resultados de forma clara para as pessoas envolvidas

2.9 Revisar a adequação do teste e sua utilização

Nos Estados Unidos, na década de 2000, com o envolvimento da APA (American Psychological Association), organizou-se grupos de trabalho com a finalidade de identificar e descrever as competências profissionais dos psicólogos, como a APA BEA Task Force on Assessment of Competence in Professional Psychology (Haverkamp, 2013), por exemplo. Desses esforços, dois relatórios relacionam-se ao tema deste capítulo: o Report of the Task Force on Test User Qualifications (DeMers et al., 2001; Turner et al., 2001), voltado à testagem psicológica; e o Competency Benchmarks (Fouad et al., 2009; Kaslow et al., 2009) voltado às competências profissionais do psicólogo no geral, incluindo a AP.

O Report of the Task Force on Test User Qualifications identificou as competências requeridas no uso de testes psicológicos e as utilizou na definição de diretrizes para a qualificação de usuários de testes (DeMers et al., 2001; Turner et al., 2001). Essas diretrizes foram separadas entre: (a) conhecimentos e habilidades centrais em Psicometria e mensuração que servem como fundamento para a maioria dos usos típicos de testes; e (b) qualificações específicas para o uso responsável de testes em contextos ou finalidades específicos (*e. g.*, trabalho, educação, aconselhamento de carreira e vocacional, saúde e forense). Quanto aos conhecimentos e habilidades centrais para os usuários de testes, o relatório incluiu os seguintes domínios (DeMers et al., 2001, pp. 17-32):

1) Psicometria e mensuração: estatísticas descritivas; escalas, escores e transformações; fidedignidade e erro de mensuração; e validade e significado de escores de testes.

2) Seleção de testes apropriados: uso intencionado para os escores do teste; métodos e procedimentos utilizados para desenvolver ou revisar o teste considerado para uso; variáveis dos testandos que podem moderar a validade e interpretação dos escores; adequação entre as características do teste e o uso pretendido pelo usuário (*e. g.*, construto mensurado, nível de dificuldade, validade, fidedignidade, vieses, normas, procedimentos de aplicação etc.); e outros requisitos e limitações do teste.

3) Procedimentos de aplicação de testes: direitos legais dos testandos; procedimentos padronizados de aplicação; procedimentos de atribuição de escores (correção); sigilo quanto aos materiais e informações do teste; e como reportar os resultados ao testando, cuidador ou terceiros, quando apropriado.

4) Equivalência de construto e possíveis vieses, considerando o uso de testes em grupos étnicos, raciais, culturais, de gênero, idade e linguísticos diversos.

5) Testagem de indivíduos com deficiência: aspectos legais; seleção de testes; adaptações apropriadas do teste e interpretação dos resultados do teste.

6) Experiência supervisionada em testagem.

O Competency Benchmarks, por sua vez, dedicou-se a encontrar marcadores referenciais acerca das competências profissionais a serem desenvolvidas em diferentes níveis de treinamento em psicologia (Fouad et al., 2009). Entre as 15 competências centrais identificadas no Competency Benchmarks (Fouad et al., 2009), o domínio da AP aparece como uma das competências funcionais requeridas para o efetivo exercício profissional (Haverkamp, 2013). Uma competência funcional, conforme definição adotada pelo grupo (Fouad et al., 2009), está relacionada às principais funções que um psicólogo irá desempenhar, exigindo a integração reflexiva de competências fundacionais na identificação e resolução de um problema (p. 6). Por sua vez, as competências fundacionais são aquelas relacionadas a conhecimentos, habilidades, atitudes e valores que servem como fundamento para as funções do psicólogo.

A competência relacionada à AP no Competency Benchmarks Document foi nomeada como Avaliação e Diagnóstico de Problemas, Capacidades e Questões Associados a Indivíduos, Grupos e/ou Organizações (Fouad et al., 2009). Essa competência inclui componentes essenciais e âncoras comportamentais relacionados a: mensuração e psicometria; métodos de avaliação; aplicação de métodos; diagnóstico; conceitualização e recomendações; e comunicação de achados. Para cada um desses elementos, o documento descreve três níveis de desenvolvimento profissional. No primeiro nível (*Readiness for Practicum*), o estudante observa e registra a prática de um profissional e assume responsabilidades limitadas – pode-se traçar um paralelo, não muito preciso, desse nível com nossos estágios supervisionados. No segundo nível (*Readiness for Internship*), há a prática profissional supervisionada – semelhante ao que ocorre em uma residência profissional. Por fim, o terceiro nível (*Readiness for Entry to Practice*) seria a prática autônoma.

A seguir, são descritos os componentes essenciais referentes a cada domínio dessa competência, do primeiro ao terceiro nível de desenvolvimento profissional (Fouad et al., 2009, pp. 16-18):

1) Mensuração e psicometria: (a) conhecimento básico dos fundamentos científicos, teóricos e contextuais da construção de testes e entrevistas; (b) seleciona instrumentos de medida para avaliação com atenção a questões de fidedignidade e validade; e (c) de forma autônoma, seleciona e implementa múltiplos métodos e formas de avaliação de forma responsiva e respeitosa aos diversos grupos e contextos individuais, de casais e familiares.

2) Métodos de avaliação: (a) conhecimento básico sobre aplicação e correção de instrumentos de medida tradicionais, modelos e técnicas, incluindo entrevista clínica e exame do estado mental; (b) consciência das forças e limitações de procedimentos de aplicação, correção e interpretação de instrumentos de medida tradicionais bem como de avanços tecnológicos relacionados; e, (c) de forma autônoma, compreende as forças e limitações de abordagens de diagnóstico e interpretação de resultados de múltiplas medidas para o diagnóstico e planejamento de tratamento.

3) Aplicação de métodos: (a) conhecimento sobre mensuração em diferentes domínios de funcionamento e cenários de prática; (b) seleciona instrumentos de medida e avaliação apropriados para responder questões diagnósticas; e, (c) de forma autônoma, seleciona e administra uma variedade de ferramentas de avaliação e integra os resultados para avaliar a questão apresentada de maneira acurada e apropriada ao local de prática e a ampla área de prática.

4) Diagnóstico: (a) conhecimento básico concernente à faixa entre comportamento normal e anormal (psicopatológico) no contexto de estágios do desenvolvimento humano e diversidade; (b) aplica conceitos de comportamento normal/anormal para formulação de casos e diagnóstico no contexto de estágios do desenvolvimento humano e diversidade; e (c) utiliza a formulação de casos e o diagnóstico para o planejamento da intervenção no contexto de estágios do desenvolvimento humano e diversidade.

5) Conceitualização e recomendações: (a) conhecimento básico sobre formulação de diagnóstico e conceitualização de casos; (b) utiliza abordagens sistemáticas para reunir dados para informar a tomada de decisão clínica; e (c) de forma autônoma e acurada, conceitualiza as múltiplas dimensões do caso com base nos resultados da avaliação.

6) Comunicação dos achados: (a) consciência de modelos escritos de relatório e notas de progresso; (b) escreve relatórios de avaliação e notas de progresso; e (c) comunicação escrita e verbal de resultados de forma clara, construtiva, precisa e conceitualmente apropriada.

Outro documento relevante para este capítulo é a *International Declaration on Core Competences in Professional Psychology* (Declaração Internacional de Competências Centrais na Psicologia Profissional), encabeçado pela *International Association of Applied Psychology* (IAAP) e pela *International Union of Psychological Science* (IUPsyS). De acordo com os autores (IAAP & IUPsyS, 2016), as competências listadas na Declaração seriam aquelas reconhecidas internacionalmente como base para entrada do psicólogo na profissão, considerando a diversidade dos modelos de educação e treinamento existentes nos diferentes países. Essa declaração (IAAP & IUPsyS, 2016) é especialmente relevante ao contexto brasileiro, pois ela está amplamente presente na nova proposição das *Diretrizes Curriculares Nacionais para os cursos de graduação em Psicologia* (Conselho Nacional de Educação [CNE], 2019), como explicita-se na próxima seção deste capítulo.

A Declaração (IAAP & IUPsyS, 2016) divide as competências entre 24 ligadas ao Comportamento Profissional (*e. g.*, atuar eticamente, atuar profissionalmente, relacionar-se apropriadamente com clientes e outros, trabalhar com a diversidade e demonstrar competência cultural, atuar com base em evidências e refletir sobre o próprio trabalho) e 14 competências ligadas a Atividades Profissionais (*e. g.*, estabelecer objetivos relevantes, conduzir Avaliação Psicológica, conduzir intervenções psicológicas, e comunicar-se efetiva e apropriadamente).

Dentre as competências profissionais listadas, pelo menos sete estão diretamente relacionadas à AP. Três delas foram listadas diretamente no grupo de competências denominado Conduz Avaliação (*assessment and evaluation*) Psicológica (p. 13): identificar necessidades de avaliação em indivíduos, grupos, famílias, comunidades, organizações ou na sociedade; selecionar, delinear ou desenvolver avaliações, utilizando métodos apropriados para os objetivos e propósitos da atividade; realizar avaliações incluindo administração, atribuição de escores, interpretação, devolutiva e relatório dos resultados. As quatro restantes foram retiradas do grupo Conduz Intervenções Psicológicas (p. 14): delinear, desenvolver e avaliar a utilidade e efetividade de intervenções psicológicas, utilizando métodos apropriados para os objetivos e propósitos da intervenção; integrar a avaliação a outras informações com conhecimento psicológico para guiar e desenvolver intervenções psicológicas; avaliar a utilidade e efetividade de suas próprias intervenções; e utilizar os resultados das avaliações para revisar e corrigir intervenções como necessário.

Por fim, destaca-se a experiência do grupo de trabalho em AP da *Competencies conference: Future directions in education and credentialing in professional psychology*, realizado nos Estados Unidos no início da década de 2000 (Krishnamurthy et al., 2004). O trabalho do grupo foi orientado por quatro questões, resumidas a seguir: (1) quais são os componentes das competências em AP, incluindo conhecimentos, habilidades, valores e atitudes; (2) quais são as experiências de educação e treinamentos críticas para o desenvolvimento dessas competências e como elas podem ser conceitualizadas em um *framework* desenvolvimental; (3) quais são as estratégias para avaliar as competências em AP em diferentes níveis de educação e treinamento; e (4) como avançar as estratégias para identificar, treinar e avaliar competências em AP.

As deliberações do grupo de trabalho levaram à identificação de oito competências em AP (Krishnamurthy et al., 2004, p. 732): (1) base nos fundamentos da teoria psicométrica; (2) conhecimento das bases científicas, teóricas, empíricas e contextuais da AP; (3) conhecimento, habilidades e técnicas para avaliar dimensões cognitivas, afetivas, comportamentais e da personalidade da experiência humana com referência a indivíduos e sistemas; (4) habilidade de avaliar os resultados de tratamentos/intervenções; (5) habilidade de avaliar criticamente os múltiplos papéis, contextos e relacionamentos nos quais estão inseridos clientes e psicólogos, e seu impacto recíproco; (6) habilidade de estabelecer, manter e entender o relacionamento profissional colaborativo que fornece um contexto para todas as atividades psicológicas, incluindo a AP; (7) um entendimento da relação entre avaliação e intervenção, da avaliação como uma intervenção, e do planejamento da intervenção; e (8) habilidades técnicas de avaliação.

Krishnamurthy et al. (2004, p. 732), definiram seis habilidades técnicas de AP: (a) identificação de problema ou objetivo e conceitualização de caso; (b) compreender e selecionar métodos apropriados de avaliação, incluindo tanto dados de testes quanto outros; (c) aplicação efetiva dos procedimentos de avaliação com clientes e os vários sistemas nos quais eles funcionam; (d) reunir dados de maneira sistemática; (e) integrar informações, inferências e análises; (f) comunicar os achados e desenvolver recomendações direcionadas aos problemas ou objetivos.

O que dizem a literatura e as diretrizes brasileiras

A literatura brasileira em AP conta com diversos trabalhos que abordaram a questão dos conhecimentos, habilidades e competências exigidas para realizar uma AP, seja de forma indireta ou direta. Neste capítulo, serão explorados os trabalhos que tratam dessa questão de forma mais direta, não aprofundando em outros importantes estudos na área da formação em AP. Ao leitor interessado nesse tema, recomendo o artigo de Gouveia (2018), que buscou fazer um diagnóstico da formação em AP, apontando desafios e discutindo diretrizes a partir da revisão de uma série de estudos nacionais.

O artigo de Gouveia (2018) também aborda a questão das competências em AP de maneira reflexiva. A primeira constatação apresentada no trabalho é que a definição das competências requeridas para a atuação em AP não acompanhou com a mesma eficiência a regulamentação da testagem psicológica, por exemplo. Esse fato também já havia sido mencionado por Noronha et al. (2010), que apontaram que há uma "falta de sistematização sobre o que seria essencial para uma formação adequada especificamente nessa área da psicologia" (p. 142). Constata-se que esse fato persiste em grande medida, uma vez que as competências elencadas nas resoluções do CFP ou outras produções nacionais não foram ainda sistematizadas e reunidas em um documento orientador para a formação profissional.

As competências em Avaliação Psicológica nos estudos brasileiros

O trabalho brasileiro que propôs mais diretamente diretrizes para formação em AP foi produzido com apoio do Ibap por Nunes et al. (2012) e publicado no periódico *Avaliação Psicológica*. Os autores propuseram diretrizes para o ensino de AP no Brasil, incluindo competências, disciplinas com seus respectivos conteúdos programáticos, estrutura de ensino (*e. g.*, infraestrutura, métodos, formação do docente etc.) e indicações de referências. Cabe destacar que a proposição de Nunes et al. não possui autoria institucional, ou seja, não é possível afirmar que é um documento do Ibap, mas sim uma proposição – de elevada relevância, ressalta-se – que contou com seu apoio.

Nunes et al. (2012) elencaram 27 competências básicas, ou mínimas, em AP a serem desenvolvidas pelo estudante de graduação em Psicologia. Trata-se, portanto, de uma proposição para esse nível de desenvolvimento profissional. Destaca-se que os autores não apresentaram definições conceituais dessas competências no documento. Quem avançou nesse sentido foi Muniz (2017), que, partindo do trabalho de Nunes et al. (2012), teceu explicações acerca da importância de 26 dessas competências – com exceção da competência 27. Muniz destaca que os aspectos cobertos pelas competências "envolvem o antes, o durante e o depois da realização de uma Avaliação Psicológica" (p. 110). As competências elencadas por Nunes et al. (2012, pp. 310-311) são as seguintes:

1) Conhecer os aspectos históricos da Avaliação Psicológica em âmbito nacional e internacional.

2) Conhecer a legislação pertinente à Avaliação Psicológica (resoluções do CFP, Código de Ética Profissional do Psicólogo, histórico do Sistema de Avaliação dos Testes Psicológicos (Satepsi) e as políticas do Conselho Federal de Psicologia para a Avaliação Psicológica).

3) Considerar os aspectos éticos na realização da Avaliação Psicológica.

4) Analisar se há condições de espaço físico adequadas para a avaliação e estabelecer condições suficientes para tal.

5) Ser capaz de compreender a Avaliação Psicológica enquanto processo, aliando seus conceitos às técnicas de avaliação.

6) Ter conhecimento sobre funções, origem, natureza e uso dos testes na Avaliação Psicológica.

7) Ter conhecimento sobre o processo de construção de instrumentos psicológicos.

8) Ter conhecimento sobre validade, precisão, normatização e padronização de instrumentos psicológicos.

9) Escolher e interpretar tabelas normativas dos manuais de testes psicológicos.

10) Ter capacidade crítica para refletir sobre as consequências sociais da Avaliação Psicológica.

11) Saber avaliar fenômenos humanos de ordem cognitiva, afetiva e comportamental em diferentes contextos.

12) Ter conhecimento sobre a fundamentação teórica de testes psicométricos e do fenômeno avaliado.

13) Saber administrar, corrigir, interpretar e redigir os resultados de testes psicológicos e outras técnicas de avaliação.

14) Selecionar instrumentos e técnicas de avaliação de acordo com objetivos, público-alvo e contexto.

15) Ter conhecimento sobre a fundamentação teórica de testes projetivos e/ou expressivos e do fenômeno avaliado.

16) Saber planejar uma Avaliação Psicológica de acordo com objetivo, público-alvo e contexto.

17) Planejar processos avaliativos e agir de forma coerente com os referenciais teóricos adotados.

18) Identificar e conhecer peculiaridades de diferentes contextos de aplicação da Avaliação Psicológica.

19) Saber estabelecer *rapport* no momento da avaliação.

20) Conhecer teorias sobre entrevista psicológica e conduzi-las com propriedade.

21) Conhecer teorias sobre observação do comportamento e conduzi-las adequadamente.

22) Identificar as possibilidades de uso e limitações de diferentes técnicas de Avaliação Psicológica, analisando-as de forma crítica.

23) Comparar e integrar informações de diferentes fontes obtidas na Avaliação Psicológica.

24) Fundamentar teoricamente os resultados decorrentes da Avaliação Psicológica.

25) Elaborar laudos e documentos psicológicos, bem como ajustar sua linguagem e conteúdo de acordo com destinatário e contexto.

26) Comunicar resultados decorrentes da Avaliação Psicológica aos envolvidos no processo, por meio de devolutiva verbal.

27) Realizar encaminhamentos ou sugerir intervenções de acordo com os resultados obtidos no processo de Avaliação Psicológica.

O documento *Report of the Task Force on Test User Qualifications* (DeMers et al., 2001), apresentado anteriormente neste capítulo, influenciou um conjunto de estudos brasileiros acerca das competências no uso de testes. Noronha et al. (2007) desenvolveram o Questionário de Competências para Avaliação Psicológica baseados neste documento e, posteriormente, uma série de estudos com estudantes universitários de psicologia foi realizada adotando esse questionário (Ambiel et al., 2017; Noronha et al., 2009; Rueda et al., 2009). O Questionário possui 20 itens, que são avaliados pelo respondente uma vez quanto à importância da atividade de AP e novamente quanto ao domínio que tem para realizá-la – totalizando 40 itens (Ambiel et al., 2017). Os estudos de estrutura fatorial do questionário (Rueda et al., 2009) apontaram como melhor solução aquela com dois fatores gerais com três domínios cada: aplicação da Avaliação Psicológica, construção de testes psicológicos e utilização de um teste na Avaliação Psicológica.

As competências em Avaliação Psicológica nos documentos oficiais brasileiros

Nos primeiros parágrafos deste capítulo, explorou-se como aparecem as competências em AP em duas resoluções mais recentes do CFP sobre essa temática (CFP, 2018a, 2019b). Além deles, há outros dois documentos do CFP relevantes para este capítulo: *Cartilha Avaliação Psicológica* (CFP, 2013) e a Resolução n. 18, de 5 de setembro de 2019 (CFP, 2019b).

Na *Cartilha* (CFP, 2013), são elencadas oito competências requeridas para realizar a AP, para que o trabalho seja bem fundamentado, de qualidade e apropriado (CFP, 2013, pp. 15-16): reconhecer o caráter processual da Avaliação Psicológica; conhecer a legislação referente à Avaliação Psicológica brasileira, dentre as quais as resoluções do CFP e o Código de Ética Profissional do Psicólogo; ter amplos conhecimentos dos fundamentos básicos da Psicologia, dentre os quais pode-se destacar: desenvolvimento, inteligência, memória, atenção, emoção, dentre outros, construtos avaliados por diferentes testes e em diferentes perspectivas teóricas; ter domínio do campo da psicopatologia, para poder identificar problemas graves de saúde mental ao realizar diagnósticos; ter conhecimentos de Psicometria, mais especificamente sobre as questões de validade, precisão e normas dos testes, e ser capaz de escolher e trabalhar de acordo com os propósitos e contextos de cada teste; ter domínio dos procedimentos para aplicação, levantamento e interpretação do(s) instrumento(s) e técnicas utilizados na Avaliação Psicológica, bem como ter condição de planejar a avaliação com maestria, adequando-a ao objetivo, público-alvo e contexto; elaborar documentos psicológicos decorrentes da Avaliação Psicológica; saber comunicar os resultados advindos da avaliação, por meio de entrevista devolutiva.

A Resolução n. 18, de 5 de setembro de 2019 (CFP, 2019b), que reconheceu a AP como especialidade da Psicologia, é o documento oficial mais extenso de identificação de competências relacionadas à AP. Destaca-se que essa Resolução é voltada ao nível de pós-graduação. A Resolução elenca 16 competências esperadas do especialista em AP (art. 3º):

1) Identificar, definir e formular questões relevantes ao processo de AP, vinculando-as às solicitações apresentadas e demandas identificadas.

2) Realizar o processo de AP fundamentando-se em modelos que definem os fenômenos e os construtos da ciência psicológica.

3) Escolher e usar métodos, técnicas e instrumentos de AP considerando sua pertinência frente a solicitações e demandas, adequando-as a requisitos técnicos.

4) Realizar processos de AP de ordem cognitiva, comportamental, social e afetiva em in-

divíduos, grupos, instituições, em diferentes contextos, com o uso de métodos, técnicas e instrumentos; elaborar documentos escritos decorrentes do processo de AP.

5) Considerar questões éticas envolvidas no processo de AP e atuar com respeito nas relações com clientes, usuários, colegas, público em geral, assim como na divulgação de documentos produzidos e materiais utilizados na avaliação, sempre garantindo a justiça e a proteção dos direitos humanos.

6) Ler e interpretar manuais técnicos e pesquisas sobre método, técnica e instrumento de AP.

7) Estabelecer *rapport* no momento da AP, planejar e realizar diferentes formas de entrevistas psicológicas, anamnese, protocolos, registros de observação de comportamentos obtidos individualmente, seja mediante processo grupal seja mediante técnicas de grupo, conforme Resolução n. 9, de 25 de abril de 2018.

8) Recorrer a procedimentos e recursos auxiliares, como fontes complementares de informação, a depender do contexto, conforme Resolução n. 9, de 25 de abril de 2018.

9) Analisar, descrever e interpretar o contexto das relações que podem influenciar as solicitações apresentadas e demandas identificadas.

10) Observar e levantar informações importantes relativas a solicitações apresentadas e demandas identificadas.

11) Avaliar criticamente os alcances e limites da AP, considerando os aspectos dinâmicos dos fenômenos e construtos psicológicos avaliados, assim como os determinantes socioculturais envolvidos.

12) Considerar, em sua prática profissional, os aspectos éticos e as demais normativas profissionais da área de AP.

13) Conhecer funções, origem, natureza e uso de testes projetivos e não projetivos na AP.

14) Selecionar métodos, técnicas e instrumentos de acordo com objetivos, público-alvo e contexto.

15) Identificar as possibilidades de uso e limitações de diferentes métodos, técnicas e instrumentos de AP, analisando-as de forma crítica.

16) Saber administrar, corrigir, interpretar e redigir os resultados de métodos, técnicas e instrumentos psicológicos, tendo capacidade crítica para refletir sobre as consequências sociais da AP.

As *Diretrizes Curriculares Nacionais para os cursos de graduação em Psicologia*, as DCNs de 2011 (Conselho Nacional de Educação [CNE], 2011), também elencam competências relacionadas à AP que se espera que os egressos desses cursos tenham desenvolvido ao longo do curso. As DCNs trazem uma lista de habilidades nas quais o desenvolvimento das competências básicas devem se fundamentar, entre as quais destaca-se (art. 9º): ler e interpretar comunicações científicas; utilizar métodos de investigação científica; planejar e realizar várias formas de entrevistas; descrever, analisar e interpretar relações entre contextos e processos psicológicos e comportamentais; e utilizar recursos da matemática, da estatística e da informática para a preparação das atividades profissionais. Já entre as competências elencadas nas DCNs, destaca-se:

• "O trabalho dos profissionais deve estar fundamentado na capacidade de avaliar, sistematizar e decidir as condutas mais ade-

quadas, baseadas em evidências científicas" (art. 4º, inciso II).

• "Os profissionais devem ser acessíveis e devem manter os princípios éticos no uso das informações a eles confiadas, na interação com outros profissionais de saúde e o público em geral" (art. 4º, inciso III).

• "Domínio de instrumentos e estratégias de avaliação e de intervenção quanto à competência para selecioná-los, avaliá-los e adequá-los a problemas e contextos específicos de investigação e ação profissional" (art. 5º, inciso III).

• "Identificar e analisar necessidades de natureza psicológica, diagnosticar, elaborar projetos, planejar e agir de forma coerente com referenciais teóricos e características da população-alvo" (art. 8º, inciso III).

• "Escolher e utilizar instrumentos e procedimentos de coleta de dados em Psicologia, tendo em vista a sua pertinência" (art. 8º, inciso V).

• "Avaliar fenômenos humanos de ordem cognitiva, comportamental e afetiva, em diferentes contextos" (art. 8º, inciso VI).

• "Realizar diagnóstico e avaliação de processos psicológicos de indivíduos, de grupos e de organizações" (art. 8º, inciso VII).

• "Elaborar relatos científicos, pareceres técnicos, laudos e outras comunicações profissionais, inclusive materiais de divulgação" (art. 8º, inciso XIII).

As DCNs de 2011 passaram por revisão e, em 2019, novas diretrizes foram aprovadas pelo CNE, e atualmente aguardam homologação pelo Ministério da Educação. Essa nova proposição de DCNs (CNE, 2019) distingue entre competências científicas e profissionais. Em relação ao primeiro grupo, destaca-se – sem prejuízo das demais – as seguintes competências mais diretamente relacionadas à AP (art. 8º, parágrafo 3º): resolver problemas empregando metodologias, métodos, teorias e conceitos científicos da Psicologia e das ciências afins; construir modelos de explicação de fenômenos humanos empregando noções ou conceitos científicos; utilizar adequadamente instrumentos, tecnologias e fontes de informação científicas; empregar os conhecimentos científicos para predizer os efeitos das ações e avaliar sua validade científica; selecionar, hierarquizar e interpretar informações, fazendo inferências a partir delas; e identificar a limitação dos modelos científicos e a historicidade das interpretações, demonstrando flexibilidade para mudar de perspectiva ou estratégia de trabalho quando uma análise cuidadosa assim o exigir.

As competências profissionais que constam na nova proposição para as DCNs (CNE, 2019) foram inspiradas na International Declaration on Core Competences in Professional Psychology (IAAP & IUPsyS, 2016) apresentada anteriormente neste capítulo. Do parágrafo 5º do artigo 8º da proposta de diretrizes, destaca-se o inciso VIII, que preconiza que a AP deve ser realizada por meio das seguintes competências (CNE, 2019):

> a) Identificar a necessidade de avaliações em indivíduos, grupos, famílias, comunidades, organizações ou sociedades.
> b) Utilizar os diversos métodos e estratégias de avaliação em Psicologia: entrevistas, observação, testes psicológicos, entre outros.
> c) Selecionar, planejar e desenvolver avaliações utilizando métodos apropriados aos objetivos e aos propósitos das atividades.
> d) Integrar métodos, análises, sínteses e interpretação dos dados coletados (p. 9).

Ainda inspirada na International Declaration on Core Competences in Professional Psychology (IAAP & IUPsyS, 2016), a nova proposição das DCNs também inclui a AP como fundamento para a realização de intervenções psicológicas e psicossociais, conforme inciso IX do parágrafo 5º do artigo 8º (CNE, 2019, pp. 9-10): planejar, integrando dados de avaliação, intervenções psicológicas com indivíduos, grupos, comunidades, organizações e sociedade; avaliar a utilidade e a eficácia das intervenções utilizando métodos apropriados; utilizar os resultados obtidos nas avaliações para revisar ou modificar as intervenções, quando pertinente.

Além disso, outras competências profissionais listadas também no parágrafo 5º estão diretamente relacionadas à AP, como, por exemplo (CNE, 2019, pp. 7-9): atuar eticamente; trabalhar respeitando a diversidade e mostrar competência cultural; avaliar a eficácia de suas atividades e da prestação dos serviços psicológicos; comunicar-se com diversos interlocutores visando a efetiva realização de suas atividades profissionais; elaborar registros documentais decorrentes da prestação de serviços psicológicos, tais como pareceres técnicos, laudos, relatórios e evolução em prontuários; fornecer informações compreensivas e objetivas sobre assuntos psicológicos para o público-alvo.

As DCNs não apenas influenciam a formulação dos Projetos Pedagógicos dos cursos de graduação, mas também o processo de avaliação externa oficial dos cursos, o Sistema Nacional de Avaliação da Educação Superior. O instrumento adotado para avaliação dos cursos é o Exame Nacional de Desempenho de Estudantes (Enade), composto por um questionário e por uma prova (o exame propriamente dito). A última edição do Enade de Psicologia foi em 2018 e a Matriz de Referência do Exame elencou uma série de competências e conhecimentos relacionados à AP para avaliação (Instituto Nacional de

Estudos e Pesquisas Educacionais Anísio Teixeira [Inep], 2018).

Das dez competências presentes na matriz, oito estão mais diretamente ligadas à AP (Inep, 2018, p. 14): avaliar, planejar e decidir condutas profissionais baseadas metodologicamente, levando em consideração o público-alvo; conduzir e relatar investigações científicas; elaborar pareceres técnicos, laudos e informes psicológicos; diagnosticar, planejar e intervir em processos educativos em diferentes contextos; diagnosticar, planejar e intervir em processos em diferentes contextos de trabalho; diagnosticar, planejar e intervir em processos de prevenção e promoção da saúde; diagnosticar, planejar e intervir em processos de apoio psicossocial à comunidade em situação de vulnerabilidade; avaliar e mediar processos grupais em diferentes contextos.

Já entre os conteúdos que compõem a matriz de referência, Processos de Avaliação Psicológica é o mais diretamente relacionado à AP. No entanto, há outros conteúdos também intimamente relacionados à AP, especialmente ao se considerar os diferentes contextos em que a AP pode ser realizada: fundamentos epistemológicos e históricos da psicologia; fundamentos, métodos e técnicas de investigação científica; processos psicológicos básicos; processos psicopatológicos; processos grupais; processos clínicos; processos educativos; processos de aprendizagem; bases biológicas do comportamento humano; e ética no exercício profissional.

Competências em Avaliação Psicológica no contexto da telepsicologia

Entre a década de 2000, quando a maioria dos trabalhos citados neste capítulo foram publi-

cados, e o momento em que este capítulo foi escrito, vivenciou-se um salto no desenvolvimento e na popularização da *internet* e das tecnologias de informação e comunicação. Nesse contexto, a telepsicologia ganhou muito espaço, com impactos sobre todos os processos ofertados nessa modalidade, inclusive na AP. Mais recentemente, a partir das consequências da triste ocorrência da emergência em saúde ocasionada pela pandemia de Covid-19, que levou à adoção massiva de medidas de distanciamento e isolamento social, a telepsicologia ganhou um novo e necessário impulso. Mas esse contexto requer do psicólogo outras competências além daquelas já identificadas para a realização da AP?

A prática da telepsicologia, no geral, requer conhecimentos e habilidades específicas. McCord et al. (2020) propuseram um modelo para essa prática, que inclui: habilidades administrativas (*e. g.*, verificar a identidade do cliente, realizar gravações dos serviços, realizar cobranças, garantir a segurança e a organização das informações etc.); conhecimentos de ética e legislação; competência multicultural; e habilidades técnicas (*e. g.*, conhecimento psicológico aplicado à telepsicologia, comunicação com o cliente e uso de equipamentos). McCord et al. (2020) também abordaram as habilidades específicas relacionadas à AP, psicoterapia, pesquisa e supervisão no contexto da telepsicologia.

Especificamente, em relação à AP na telepsicologia, a grande questão está em torno da transposição dos métodos, técnicas e instrumentos originalmente desenvolvidos para uso presencial. De fato, essa preocupação levou a APA (2013) a incluir em suas diretrizes para a telepsicologia a seguinte diretriz sobre testagem e avaliação: os psicólogos são encorajados a considerar as questões únicas que podem surgir com os instrumentos de testagem e as abordagens de avaliação projetadas para implementação presencial ao fornecer serviços de telepsicologia (p. 19). No Brasil, o CFP (2018b) foi mais direto, apenas instrumentos psicológicos padronizados e normatizados e aprovados pelo Sistema de Avaliação de Testes Psicológicos (Satepsi) para serem aplicados por meios tecnológicos da informação e comunicação podem ser adotados na telepsicologia.

Além dessa questão relacionada aos testes, Marasca et al. (2020) identificaram algumas outras habilidades específicas para a prática da AP em telepsicologia, tais como: avaliar a demanda e a pertinência de realizar o processo de AP em modalidade remota; avaliar os riscos e benefícios do processo; e garantir que o avaliando encontre-se em um ambiente adequado para a realização da AP. Marasca et al. (2020) também alertaram para a questão da garantia da segurança das informações nas diferentes etapas do processo.

Wright et al. (2020) elaboraram um guia com seis princípios, endossados e divulgados pela APA, específicos para a AP em telepsicologia durante a pandemia de Covid-19, que impôs uma série de contingências não planejadas – inclusive pelas diretrizes das associações profissionais de psicologia. Esses princípios incluem, entre outros, não colocar em risco a segurança dos testes e ser rigoroso quanto à qualidade dos dados coletados. Por exemplo, modificar os materiais e os procedimentos de testagem de forma indevida pode alterar a validade e fidedignidade do teste e enviesar ou mesmo inviabilizar a interpretação dos seus resultados. Wright et al. (2020) concluem seu guia com um princípio que resume bem os desafios da AP em telepsicologia, inclusive em cenários de pandemia: manter os mesmos padrões éticos de cuidado dos serviços tradicionais de AP.

Diante do exposto, pode-se concluir que as competências gerais exigidas para a realização da AP aplicam-se ao contexto da AP em telepsicologia, inclusive em cenários de emergência em saúde, como o caso da pandemia de Covid-19 que marcou o ano de 2020. A elas, articulam-se a transposição à telepsicologia dos conhecimentos e habilidades exigidos para realização da AP presencial no campo específico de atuação, considerando a grande diversidade profissional da psicologia (*e. g.*, escolar e educacional, organizacional e do trabalho, do trânsito, jurídica, do esporte, clínica, hospitalar, neuropsicologia etc.).

Uma proposta de sistematização

A partir do material revisado, apresento a seguir uma proposta de sistematização das competências profissionais relacionadas à AP. Um dos objetivos dessa proposição é o de encaminhar o encerramento do capítulo com uma amarração do que foi revisado, pensando em articular o grande volume de informações apresentando-as em um modelo mais simples. Além disso, objetiva-se também fomentar o debate acerca da identificação e da definição das competências mais relevantes para a AP e assim, quem sabe, estimular que uma força-tarefa nacional seja formada para dar conta desse empreendimento e dar sequência aos valorosos trabalhos nacionais já realizados. O modelo proposto é composto por três dimensões, representando os conhecimentos e habilidades fundamentais para o desenvolvimento de competências técnicas e transversais em AP:

1) Conhecimentos e habilidades fundamentais para a Avaliação Psicológica: fundamentos históricos, teóricos, empíricos e contextuais da AP; fundamentos legais e éticos

relacionados à AP; fundamentos teóricos da psicologia; fenômenos psicológicos em suas expressões individuais, grupais ou institucionais; estatística descritiva e inferencial; psicometria e mensuração; métodos, técnicas e instrumentos de AP (testagem, entrevistas e observação); escrita acadêmica/científica; especificidades da AP nos contextos profissionais e *settings*.

2) Competências técnicas: identificar necessidades de avaliação; identificar problemas ou objetivos e formular hipóteses; planejar uma AP considerando seus objetivos, público-alvo e contexto; selecionar instrumentos e técnicas apropriados; estabelecer *rapport*; aplicar de maneira efetiva instrumentos e técnicas; integrar e analisar dados obtidos em fontes variadas de informação e fazer inferências a partir deles; interpretar e fundamentar teoricamente os resultados da AP; conceitualizar casos; registrar os procedimentos realizados; elaborar recomendações a partir dos resultados da AP; comunicar os resultados de forma oral e por escrito.

3) Competências transversais: agir reflexivamente considerando os aspectos éticos da AP; compreender a AP como um processo; compreender a relação recíproca entre avaliação e intervenção; compreender a avaliação como intervenção; fazer uso crítico de métodos, técnicas e instrumentos, reconhecendo seus potenciais e limitações; analisar criticamente as consequências sociais da AP; atuar considerando o contexto e os determinantes socioculturais, históricos, econômicos e políticos da AP.

Considerações finais

Neste capítulo, privilegiou-se apresentar ao leitor as diretrizes mais atuais relacionadas às competências profissionais em AP. Sempre que possível, citou-se quais são as competências listadas nas diferentes produções nacionais e internacionais. O objetivo era oferecer um panorama mais fidedigno dos esforços direcionados à identificação dessas competências. Dos documentos internacionais revisados, uma parte dedicou-se às competências profissionais em psicologia de forma geral, incluindo a AP (Fouad et al., 2009; IAAP & IUPsyS, 2016), enquanto a outra dedicou-se exclusivamente aos testes e a seus usos (AERA et al., 2014; DeMers et al., 2001; ITC, 2003).

No Brasil, as DCNs (CNE, 2011, 2019), voltadas para o nível de graduação, abordam as competências em AP em meio a outras esperadas na formação do egresso dos cursos de Psicologia. Destacamos que, na proposição mais recente das DCNs (CNE, 2019), a área ganhou um enfoque maior e mais específico. Por sua vez, no Enade de Psicologia (Inep, 2018), oito das dez competências avaliadas pelo Exame estão diretamente vinculadas à AP. Já no âmbito do Ibap, há a lista de competências em AP, também em nível de graduação, proposta por Nunes et al. (2012). Por fim, no âmbito do CFP, temos a *Cartilha Avaliação Psicológica* (2013) e a Resolução n. 18, de 5 de setembro de 2019 (CFP, 2019b) – voltada para o psicólogo especialista em AP – que apresentou um elenco maior de competências. Além desses dois documentos, também podemos extrair competências da análise das diretrizes básicas para realização da AP (CFP, 2018a). Percebe-se, portanto, que há um movimento crescente na identificação dessas competências. Destaca-se, no entanto, que nenhum desses documentos apresenta definições constitutivas e operacionais das competências listadas, as contextualiza ou as articula em domínios ou níveis de desenvolvimento profissional, como o fazem, por exemplo, Fouad et al. (2009).

Diante desse quadro, para que diretrizes dessa natureza sejam frutíferas no sentido de efetivamente orientar a formação em AP, novos esforços são necessários para fazer avançar os trabalhos já iniciados no Brasil. Em minha opinião, pelo menos cinco aspectos justificam a continuidade de esforços nesse sentido.

Primeiramente, como argumentado por Gouveia (2018), para elaborar diretrizes eficazes é necessário decidir se o caminho para o trabalho em AP exigirá "uma formação que considere um currículo mínimo que capacite realizar avaliações irrestritamente" (p. 81) ou, por outro lado, exigirá uma formação com distintos níveis de atuação, desde um "currículo mínimo que qualificaria os psicólogos a usarem resultados de Avaliação Psicológica, e uma formação complementar, especializada, que abriria oportunidade para atuar de forma mais ampla e qualificada, inclusive na elaboração de testes e laudos em diversas áreas" (p. 81). Ainda não há uma resposta oficial a essa questão, mas o reconhecimento da especialidade em AP pelo CFP (2019b) parece indicar um passo rumo à segunda opção.

Segundo, os documentos oficiais do CFP e do CNE não apresentam com transparência quais são seus referenciais ou, se o fazem, não explicam por que eles foram adotados. Assim, é necessário adotar um *benchmarking* nacional e internacional para a definição dessas competências. Um *benchmarking* exemplar é o caso da Resolução n. 9, de 25 de abril de 2018 (CFP, 2018a), que adotou como referências para a definição de conceitos, princípios e procedimentos do Satepsi (Sistema de Avaliação de Testes Psicológicos), os Standards da APA (AERA et al., 2014) e as Diretrizes do ITC (2020), documentos internacionalmente reconhecidos e adotados por organizações públicas e privadas.

Terceiro, a definição das competências deve fundamentar-se em evidências, complementarmente aos estudos de *benchmarking* mencionados. Nesse sentido, imaginamos que esse esforço deva ser pautado em uma abordagem baseada em evidências (Arieli-Attali et al., 2019; Bornstein, 2017), adotando estudos de análise profissiográfica (Pasquali et al., 2010), por exemplo. Ou seja, é necessário fazer um mapeamento de competências pertinentes à AP, inclusive analisando quais características os avaliadores competentes apresentam.

Quarto, deve-se trabalhar com a perspectiva de construir um documento mais aprofundado. É necessário apresentar definições constitutivas e operacionais das competências, elencando os elementos que as compõem ou a elas se relacionam (e. g., habilidades e conhecimentos). Essas competências devem ser consideradas em termos de níveis de desenvolvimento profissional e, se possível, organizadas em dimensões, considerando como elas se articulam no processo de AP (e. g., Bornstein, 2017; Fouad et al., 2009; Kaslow et al., 2009). Esses elementos tornariam mais fácil sua compreensão pelo público que irá adotá-las e, assim, potencializaria sua aplicação. Como desdobramentos dos pontos três e quatro, entende-se que a identificação das competências deve ser realizada a partir de sua avaliação.

Por fim, a elaboração das diretrizes deve considerar também a literatura sobre desenvolvimento de competências profissionais, abundante na psicologia e na educação. Com isso, queremos dizer que é preciso considerar que para formarmos avaliadores competentes precisaremos investir em uma visão da AP como uma área transversal da Psicologia. Penso que seja necessário que a formação articule conhecimentos oriundos de diferentes disciplinas ao domínio de técnicas, métodos e instrumentos de AP, de forma eficiente, ética e contextualizada às diferentes demandas das variadas áreas de atuação profissional e às variáveis culturais, sociais e históricas que caracterizam o contexto do avaliando e da avaliação.

Referências

Ambiel, R.A.M., Barros, L.O., & Batista, H.H.V. (2017). Competências na Avaliação Psicológica de graduandos em psicologia: Análise do ensino e experiência em estágios. *Psicologia, Ensino & Formação, 8*(2), 3-13. https://dx.doi.org/10.21826/2179-5800201781313

American Educational Research Association (AERA), American Psychological Association (APA), & National Council on Measurement in Education (NCME). (2014). *Standards for educational and psychological testing.* American Educational Research Association.

American Psychological Association. (2013). *Guidelines for the practice of telepsychology.* https://www.apa.org/practice/guidelines/telepsychology

Ardouin, T. (2005). Pour une épistémologie de la compétence. In J. Astolfi (Ed.), *Savoirs en action et acteurs de la formation* (pp. 31-49). Presses Universitaires de Rouen et du Havre. https://books.openedition.org/purh/1856

Arieli-Attali, M., Ward, S., Thomas, J., Deonovic, B., & von Davier, A.A. (2019). The Expanded Evidence-Centered Design (e-ECD) for learning and assessment systems: A framework for incorporating learning goals and processes within assessment design. *Frontiers in Psychology, 10*, 1-17. https://doi.org/10.3389/fpsyg.2019.00853

Bornstein, R.F. (2017). Evidence-based psychological assessment. *Journal of Personality Assessment, 99*(4), 435-445. https://doi.org/10.1080/00223891.2016.1236343

Conselho Federal de Psicologia. (2013). *Cartilha Avaliação Psicológica.* http://satepsi.cfp.org.br/docs/cartilha.pdf

Conselho Federal de Psicologia. (2018). *Resolução CFP n. 9/2018.* Estabelece diretrizes para a realização de Avaliação Psicológica no exercício profissional da psicóloga e do psicólogo, regulamenta o Sistema de Avaliação de Testes Psicológicos – Satepsi e revoga as resoluções n. 2/2003, n. 6/2004 e n. 5/2012 e notas técnicas n. 1/2017 e 2/2017. https://site.cfp.org.br/wp-content/uploads/2018/04/Resolu%C3%A7%C3%A3o-CFP-n%C2%BA-09-2018-com-anexo.pdf

Conselho Federal de Psicologia. (2018b). *Resolução CFP n. 11/2018.* Regulamenta a prestação de serviços psicológicos realizados por meio de tecnologias da informação e da comunicação e revoga a Resolução CFP n. 11/2012. https://site.cfp.org.br/wp-content/uploads/2018/05/RESOLU%C3%87%C3%83O-N%C2%BA-11-DE-11-DE-MAIO-DE-2018.pdf

Conselho Federal de Psicologia. (2019). *Resolução CFP n. 6/2019.* Institui regras para a elaboração de documentos escritos produzidos pela(o) psicóloga(o) no exercício profissional e revoga a Resolução CFP n. 15/1996, a Resolução CFP n. 7/2003 e a Resolução CFP n. 4/2019. https://atosoficiais.com.br/cfp/resolucao-do-exercicio-profissional-n-6-2019-institui-regras-para-a-elaboracao-de-documentos-escritos-produzidos-pela-o-psicologa-o-no-exercicio-profissional-e-reovga-a-resolucao-cfp-no-15-1996-a-resolucao-cfp-no-07-2003-e-a-resolucao-cfp-no-04-2019?q=006/2019

Conselho Federal de Psicologia. (2019b). *Resolução CFP n. 18/2019.* Reconhece a Avaliação Psicológica como especialidade da Psicologia e altera a Resolução CFP n. 13, de 14 de setembro de 2007, que institui a Consolidação das Resoluções relativas ao Título Profissional de Especialista em Psicologia. https://atosoficiais.com.br/cfp/resolucao-do-exercicio-profissional-n-18-2019-reconhece-a-avaliacao-psicologica-como-especialidade-da-psicologia-e-altera-a-resolucao-cfp-no-13-de-14-de-setembro-de-2007-que-institui-a-consolidacao-das-resolucoes-relativas-ao-titulo-profissional-de-especialista-em-psicologia

Conselho Nacional de Educação. (2011). *Resolução CFP n. 5, de 15 de março de 2011*. Institui as Diretrizes Curriculares Nacionais para os cursos de graduação em Psicologia, estabelecendo normas para o projeto pedagógico complementar para a Formação de Professores de Psicologia. http://portal.mec.gov.br/index.php?option=com_docman&view=download&alias=7692-rces005-11-pdf&Itemid=30192

Conselho Nacional de Educação. (2019). *Parecer CNE/CES n. 1071/2019*. Revisão das Diretrizes Curriculares Nacionais (DCNs) dos cursos de graduação em Psicologia e estabelecimento de normas para o Projeto Pedagógico Complementar (PPC) para a Formação de Professores de Psicologia. http://portal.mec.gov.br/index.php?option=com_docman&view=download&alias=139201-pces1071-19&category_slug=dezembro-2019-pdf&Itemid=30192

DeMers, S.T., Turner, S.M., Andberg, M., Foote, W., Hough, L., Ivnik, R., Meier, S., Moreland, K., & Rey-Casserly, C.M. (2001). *Report of the task force on test user qualifications*. American Psychological Association. https://www.apa.org/science/programs/testing/qualifications.pdf

Esteves, M. (2009). Construção e desenvolvimento das competências profissionais dos professores. *Sísifo Revista de Ciências da Educação, 8,* 37-48. https://dialnet.unirioja.es/servlet/articulo?codigo=2951778

Fouad, N.A., Grus, C.L., Hatcher, R.L., Kaslow, N.J., Hutchings, P.S., Madson, M.B., Collins, F.L., Jr., & Crossman, R.E. (2009). Competency benchmarks: A model for understanding and measuring competence in professional psychology across training levels. *Training and Education in Professional Psychology, 3*(4, supl.), S5-S26. https://doi.org/10.1037/a0015832

Gouveia, V.V. (2018). Formação em Avaliação Psicológica: Situação, desafios e diretrizes. *Psicologia: Ciência e Profissão, 38*(spe), 74-86. https://doi.org/10.1590/1982-3703000208641

Haverkamp, B.E. (2013). Education and training in assessment for professional psychology: Engaging the "reluctant student". In K.F. Geisinger, B.A. Bracken, J.F. Carlson, J.-I.C. Hansen, N.R. Kuncel, S.P. Reise & M.C. Rodriguez (eds.), *APA handbook of testing and assessment in psychology: Vol. 2. Testing and assessment in clinical and counseling psychology* (pp. 63-81). American Psychological Association. https://doi.org/10.1037/14048-000

Instituto Nacional de Estudos e Pesquisas Educacionais Anísio Teixeira. (2018). *Portaria n. 447, de 30 de maio de 2018*. Dispõe sobre o componente específico da área de Psicologia do Enade 2018. http://download.inep.gov.br/educacao_superior/enade/legislacao/2018/portaria_n447_30052018_psicologia_enade2018.pdf

International Association of Applied Psychology & International Union of Psychological Science. (2016). *International Declaration on Core Competences in Professional Psychology*. https://www.iupsys.net/dotAsset/1fd6486e-b3d5-4185-97d0-71f512c42c8f.pdf

International Test Commission. (2003). *Diretrizes para o Uso de Testes: International Test Commission* (Instituto Brasileiro de Avaliação Psicológica, Trad.). International Test Commission. https://www.intestcom.org/files/guideline_test_use.pdf (Trabalho original publicado em 2000)

International Test Commission. (2020, 13 mai.). *Published Guidelines*. https://www.intestcom.org/page/5

Kaslow, N.J., Grus, C.L., Campbell, L.F., Fouad, N.A., Hatcher, R.L., & Rodolfa, E.R. (2009). Competency toolkit for professional psychology. *Training and Education in Professional Psychology, 3,* S27-S45. https://doi.org/10.1037/a0015833

Krishnamurthy, R., VandeCreek, L., Kaslow, N.J., Tazeau, Y.N., Miville, M.L., Kerns, R., Stegman, R., Suzuki, L., & Benton, S.A. (2004). Achieving competency in psychological assessment: Directions for education and training. *Journal of Clinical Psychology, 60*(7), 725-739. https://doi.org/10.1002/jclp.20010

Le Boterf, G. (2002). De quel concept de compétence avons-nous besoin? *Soins Cadres, 41,* 1-3. http://www.guyleboterf-conseil.com/images/Soins%20cadres.PDF

Le Boterf, G. (2017). Agir en professionnel compétent et avec éthique. *Éthique publique, 19*(1), 1-15. https://doi.org/10.4000/ethiquepublique.2934

Marasca, A.R., Yates, D.B., Schneider, A.M.A., Feijó, L.P., & Bandeira, D.R. (2020). Avaliação psicológica on-line: Considerações a partir da pandemia do novo coronavírus (Covid-19) para a prática e o ensino no contexto a distância. *Estudos de Psicologia, 37*, e200085. https://doi.org/10.1590/1982-0275202037e20008

Marinho-Araújo, C.M., & Almeida, L.S. (2016). Abordagem de competências, desenvolvimento humano e educação superior. *Psicologia: Teoria e Pesquisa, 32*(spe), 1-10. https://dx.doi.org/10.1590/0102-3772e32ne212

McCord, C., Bernhard, P., Walsh, M., Rosner, C., & Console, K. (2020). A consolidated model for telepsychology practice. *Journal of Clinical Psychology, 76*(2), 1.060-1.082. https://doi.org/10.1002/jclp.22954

Muniz, M. (2017). Competências e cuidados para a administração da Avaliação Psicológica e dos testes psicológicos. In M.R.C. Lins & J.C. Borsa (orgs.), *Avaliação Psicológica: Aspectos teóricos e práticos* (pp. 100-114). Vozes.

Noronha, A.P.P., Nunes, M.F.O., & Ambiel, R.A.M. (2007). Importância e domínios de Avaliação Psicológica: Um estudo com alunos de Psicologia. *Paidéia, 17*(37), 231-244. https://doi.org/10.1590/S0103-863X2007000200007

Noronha, A.P.P., Carvalho, L.F., Miguel, F.K., Souza, M.S., & Santos, M.A. (2010). Sobre o ensino de Avaliação Psicológica. *Avaliação Psicológica, 9*(1), 139-146. http://pepsic.bvsalud.org/scielo.php?script=sci_arttext&pid=S1677-04712010000100015&lng=pt&tlng=pt

Noronha, A.P.P., Rueda, F.J.M., Barros, M.V.C., & Raad, A.J. (2009). Estudo transversal com estudantes de Psicologia sobre conceitos de Avaliação Psicológica. *Psicologia Argumento, 27*(56), 77-86. https://periodicos.pucpr.br/index.php/psicologiaargumento/article/view/20077/19355

Nunes, M.F.O., Muniz, M., Reppold, C.T., Faiad, C., Bueno, J.M.H. & Noronha, A.P. (2012). Diretrizes para o ensino de Avaliação Psicológica. *Avaliação Psicológica, 11*(2), 309-316. http://pepsic.bvsalud.org/scielo.php?script=sci_arttext&pid=S1677-04712012000200016&lng=pt

Pasquali, L., Moura, C.F., & Freitas, L.C.O. (2010). Análise profissiográfica. In L. Pasquali, (org.). *Instrumentação psicológica – Fundamentos e práticas*. Artmed.

Rueda, F.J.M., Noronha, A.P.P., Raad, A., & Varandas, M. (2009). Cuestionario de Competencia en Evaluación Psicológica: Análisis de la Estructura Interna. *Interamerican Journal of Psychology, 43*(3), 618-626. http://pepsic.bvsalud.org/scielo.php?script=sci_arttext&pid=S0034-96902009000300022&lng=pt&nrm=iso&tlng=es

Turner, S.M., DeMers, S.T., Fox, H.R., & Reed, G.M. (2001). APA's guidelines for test user qualifications: An executive summary. *American Psychologist, 56*(12), 1.099-1.113. https://doi.org/10.1037/0003-066X.56.12.1099

Wright, A.J., Mihura, J.L., Pade, H., & McCord, D.M. (2020, 1 mai.). *Guidance on psychological tele-assessment during the Covid-19 crisis*. American Psychological Association. https://www.apaservices.org/practice/reimbursement/health-codes/testing/tele-assessment-covid-19

5
Alguns conceitos orientadores para profissionais do ensino de Psicologia

Marcelo Henrique Oliveira Henklain
Universidade Federal de Roraima

Patrícia Waltz Schelini
Universidade Federal de São Carlos

Highlights
- A função docente.
- O ensino de comportamentos profissionais.
- Condições que promovem o aprendizado.

Este capítulo possui a finalidade de apresentar conceitos orientadores para o trabalho docente de modo a auxiliar você, professor, a aproveitar ao máximo o que será debatido nos capítulos subsequentes desta obra. E quais são esses conceitos orientadores? Dentre muitos que poderiam ser úteis (*e. g.*, avaliação, *feedback*), selecionamos os conceitos mais básicos, a saber: professor, ensino e aprendizado. Afinal, qual o papel de um professor ou, melhor, o que caracteriza o seu trabalho? O que significa ensinar? O que significa aprender?

Uma questão adicional – e não menos importante – diz respeito aos critérios que usamos para tomar decisões educacionais. Seriam critérios baseados em evidências empíricas? Dito de modo mais claro, existe um conjunto de evidências empíricas que possa auxiliar nas escolhas profissionais dos professores? A resposta é afirmativa e, justamente por isso, é necessário discutir brevemente acerca do que sabemos até o momento sobre as práticas mais efetivas de ensino a partir das evidências empíricas disponíveis. Começaremos, então, pelos conceitos orientadores e discutiremos brevemente sobre as evidências acerca das práticas que produzem resultados melhores em termos de aprendizado.

Conceitos orientadores para a atuação docente

O primeiro aspecto a ser considerado pelo docente, que almeja aperfeiçoar o seu trabalho, é a identificação da sua função profissional. Tal identificação tem que ir além das metáforas disponíveis, que mais desviam a atenção do que designam claramente no que consiste a atuação do professor (cf. Gusso, 2013). Listamos a seguir alguns exemplos dessas metáforas que você já deve ter lido: "professor como agricultor – aquele que semeia o conhecimento no aluno ou que cuida do aluno para que floresça"; "professor como usina de energia elétrica ou antena – aquele que transmite conhecimento"; "professor como cozinheiro – aquele que nutre ou alimenta o estudante"; "professor como pastor – aquele que defende ou professa uma ideia"; "professor como bancário – que deposita informações no aluno"; entre outras.

Uma noção mais promissora da função docente é apresentada por Cortegoso e Coser (2013). As autoras defendem, em primeiro lugar, que o professor é o profissional que ensina e que o significado de ensinar não pode ser separado do conceito de aprender. Ensinar é preparar as condições para facilitar que o aprendizado ocorra. Se o professor trabalha e o aluno não aprende, então não houve ensino. Isso não quer dizer que a culpa tenha sido do professor, pois muitas variáveis que afetam o aprendizado não estão sob o seu controle. Por outro lado, a questão central é notar que não se pode falar em ensino quando o aprendizado não se efetiva. Outro ponto destacado pelas autoras, ao qual vamos nos deter um pouco mais, é que o professor não trabalha com um fenômeno etéreo ou abstrato, tais como ideias ou conteúdos. Professores trabalham com comportamento humano ou, também poderíamos denominar no caso do Ensino Superior, comportamentos profissionais.

O leitor pode ficar preocupado que o termo "comportamento" esteja restrito àquilo que uma pessoa faz e que possa ser publicamente observável. Contudo, o conceito de comportamento adotado por Cortegoso e Coser (2013) diz respeito a uma relação entre contexto antecedente, ações de uma pessoa biologicamente constituída e atravessada por uma história, e contexto subsequente. O uso do termo "comportamento" serve apenas ao propósito de enfatizar que, nessa relação, existe uma pessoa que age. Para tornar essa noção mais evidente, vamos detalhar os conceitos desses três componentes.

Contexto antecedente é tudo o que existe antes da ação da pessoa. Esse contexto pode ter

múltiplos significados. Pode ser apenas uma dica do que a pessoa deve ou não fazer, como um sinal de trânsito, ou pode ser algo que produza uma resposta fisiológica involuntária como um barulho que gera sobressalto. Em todo caso, só é contexto para uma pessoa aquilo que, de algum modo, pode afetá-la. A simples existência do ambiente físico pode não afetar a pessoa e, nesse sentido, não é contexto para ela. Alguns exemplos de contexto antecedente são: conhecimentos da pessoa, aspectos do ambiente como a presença do professor, normas que devem ser cumpridas, recursos para trabalhar etc.

As ações de uma pessoa dizem respeito àquilo que ela faz e incluem emoções, sentimentos, cognições e, inclusive, condutas publicamente observáveis. A noção nesse caso é que em todos os fenômenos psicológicos, mesmo que a pessoa esteja parada, dormindo, em silêncio, ou pensando, existe um ser que está agindo. Exemplos de ações com diferentes graus de complexidade são: estudar, ler, comentar a ideia de um autor, raciocinar, criticar, planejar, amar etc.

O contexto subsequente refere-se a resultados produzidos pelas ações da pessoa ou eventos que acontecem após a ação dela e que tem o poder de afetá-la. Novamente, a mera existência do evento não é chamada de contexto subsequente se não afetar a pessoa. Exemplos de contextos subsequentes são: estudar (ação) e, em seguida, obter boas notas (evento subsequente), consequências informativas sobre o desempenho discente apresentadas pelo professor, sucesso e/ou pouco esforço na resolução de um problema, maior clareza dos determinantes de uma demanda psicológica após realizar uma avaliação etc. Com efeito, não há motivos para uma preocupação com o conceito de comportamento, pois ele contempla as noções de sentimentos, cognições e condutas, abarcando todos os fenômenos tradicionalmente estudados em Psicologia (Todorov, 2007). Em todo caso, uma outra forma de se referir a esse fenômeno relacional que estamos explicando, o comportamento, é pensar que o professor trabalha com o desenvolvimento nos alunos de suas capacidades de atuar na realidade de modo que consigam transformá-la.

Retomando o que propõem Cortegoso e Coser (2013), com base no conceito apresentado, as autoras sustentam que o professor tem por objetivo ensinar comportamentos, isto é, criar as condições que facilitem o aprendizado de comportamentos. Nesse sentido, aprender tem o sentido de aquisição ou aperfeiçoamento de comportamentos. Em outras palavras, quando dizemos que um aluno aprendeu é porque ocorreu uma mudança no seu repertório, isto é, nas suas capacidades de atuar na realidade em que vive. Na educação, esperamos que essa mudança seja duradoura (Goulart et al., 2012).

Contudo, antes de dedicar-se a essa tarefa de ensinar, primeiro o docente precisa decidir quais comportamentos profissionais precisa ensinar. Essa decisão não pode ter como ponto de partida modismos ou apenas preferências pessoais do professor. Por isso, Cortegoso e Coser (2013) explicam que o trabalho docente deveria começar com um diagnóstico da realidade histórico-social na qual os estudantes vivem. Essa realidade possui problemas que, se atenuados ou resolvidos, favoreceriam uma vida com maior dignidade para as pessoas. Parte desses problemas requer, para a sua solução, o aprendizado de novas formas de se comportar ou de novas capacidades de atuar. Por exemplo, decisões organizacionais que impactam a vida dos trabalhadores podem ser muito injustas. Quando psicólogos atuam no contexto organizacional, a expectativa

é que suas avaliações, considerando aspectos sociais, históricos e econômicos orientem decisões mais justas e éticas. Assim, os comportamentos profissionais de avaliação que psicólogos aprendem na graduação em Psicologia ajudam a atenuar demandas da sociedade no contexto de trabalho. Essa é uma forma pela qual o trabalho de educadores pode impactar na sociedade.

Cortegoso e Coser (2013) esclarecem que uma vez feito o diagnóstico e identificado o comportamento profissional que, se aprendido pelo estudante, poderá ser útil para atenuar ou resolver demandas sociais, cabe ao professor caracterizar esse comportamento com o maior grau de especificidade possível. Isso significa identificar todos os seus aspectos distintivos: diante de que contextos antecedentes a pessoa deve agir e que aspectos devem ser levados em consideração pelo profissional ao agir, a que ações específicas nos referimos ao falar, por exemplo, de "pensar criticamente", e que resultados devem decorrer das ações envolvidas no pensamento crítico?

É fundamental que o docente perceba que a expressão "pensar criticamente", por si só, não deixa evidente o que um profissional deve fazer, quando, como e para quê. O que estamos ilustrando é um problema de falta de clareza, isto é, não sabemos a que exatamente estamos nos referindo ao falar em pensamento crítico. Ou ainda, que critérios usar para, enquanto docentes, atestar que o estudante atingiu o objetivo de aprendizado de pensar criticamente sobre, por exemplo, testes psicológicos. Por essa razão, é pertinente decompor o verbo mais geral (*e. g.*, pensar) em verbos mais específicos.

Essa ideia de decompor um verbo pode soar estranha, mas na verdade é algo comum para professores, pesquisadores e psicólogos da área de Avaliação Psicológica. Eles estão habituados a esse problema da clareza e, tipicamente, usam a estratégia da decomposição. Um exemplo clássico é a operacionalização de construtos como forma de objetivação de teorias psicológicas (Primi, 2018). Uma forma de interpretar o que significa operacionalizar seria dizer que se trata de decompor um conceito em termos dos atributos ou condutas observáveis que o compõem. A decomposição também é usada para lidar com equívocos conceituais. Por exemplo, para lidar com a confusão historicamente persistente sobre o que significa realizar Avaliação Psicológica, uma das alternativas é recorrer a verbos mais específicos. Ao fazer isso, fica mais evidente que quando se diz que um psicólogo está avaliando alguém, tal verbo se refere a mais ações profissionais do que apenas aplicar testes, como muitas vezes ainda se imagina (cf. os dados de Mendes et al., 2013).

Com base na *Cartilha Avaliação Psicológica* (Conselho Federal de Psicologia [CFP], 2013), é possível decompor o verbo "avaliar" em, pelo menos, outros quatro: (1) caracterizar demanda psicológica de indivíduo, grupo ou instituição; (2) investigar fontes de determinação da demanda com base em observação, entrevista e/ou testagem; (3) formular explicações para a demanda com base nos dados coletados e na ciência psicológica; e (4) decidir melhor curso de ação com base na explicação formulada e no código deontológico da profissão. Note que decompor amplia a clareza da comunicação, embora pudéssemos continuar perguntando a que se refere cada um dos quatro verbos acima. Segundo Cortegoso e Coser (2013), deveríamos avançar nesse processo até chegar a descrições tão específicas de comportamentos que, provavelmente, o aluno seria capaz de apresentá-los. O ensino, então, poderia começar por esses comportamentos mais simples, isto é, partindo do que o aluno

já sabe para o que ele precisa aprender com base nos objetivos de aprendizagem propostos.

Apesar da relevância que os detalhes técnicos possuem, o importante para este capítulo é apenas enfatizar que faz parte do trabalho docente descrever com o maior grau de clareza possível – e agora você já sabe o que isso significa – o que se espera que o estudante aprenda a fazer, isto é, o objetivo de aprendizagem que deve ser atingido até o final da disciplina (Cortegoso & Coser, 2013). Deve ficar claro, portanto, que o trabalho docente começa antes mesmo de entrar em sala de aula e continua após esse momento.

Em resumo, o professor deve estar apto a examinar a realidade e dela derivar comportamentos profissionais que, uma vez aprendidos pelo estudante, vão ajudá-lo a ser um profissional contributivo para a sua comunidade. A contribuição está na capacidade profissional de atenuar ou resolver demandas da sociedade, o que supera em muito a noção restrita de preparação para o mercado de trabalho (cf., p. ex., Botomé, 2000). Para ensinar comportamentos tão relevantes, o professor deve saber a que se refere quando afirma, por exemplo, que é importante que o aluno saiba "realizar Avaliação Psicológica", "pensar criticamente", "adotar postura ética", e assim por diante. Todas essas expressões são bonitas e poucas pessoas discordariam delas. A questão é saber o que significam em termos do que o estudante precisa fazer para que o professor saiba que ele aprendeu, por exemplo, a conduzir uma Avaliação Psicológica, pensar criticamente e agir com ética.

Tome como base o resumo feito no parágrafo anterior e isso ajudará a perceber o quão é necessário que o professor de Avaliação Psicológica possua formação consistente na área para poder ensinar. De outro modo, como ele poderia avaliar a realidade, identificar comportamentos relevantes de serem ensinados e como poderia compreendê-los com clareza se ele mesmo, professor, não tivesse adquirido tal repertório ou, pelo menos, sido exposto a tais comportamentos como parte de sua formação?[1]

Finalmente, Cortegoso e Coser (2013) descrevem um terceiro comportamento profissional que caracteriza a atuação do professor. Trata-se de arranjar condições de ensino para que o estudante aprenda, ou seja, para que ele se torne apto a agir, pensar, avaliar etc. de modos que não conseguia antes de ter sido ensinado. Arranjar condições de ensino pode envolver criar exercícios, dinâmicas, apresentações de *slides*, palestrar sobre determinado tema, passar um filme, levar um jogo para a sala de aula, formular perguntas para que os estudantes respondam, entre tantas outras possibilidades já existentes ou que podem vir a ser criadas. A ideia central é que o professor precisa favorecer que o estudante aja de tal modo que facilite a aquisição dos comportamentos profissionais que constituem o objetivo da disciplina.

Assim, não existe um método de ensino por excelência que sempre funcionará. Palestrar sobre um tema, como o conceito de inteligência, pode ser eficaz para que o estudante se torne apto a "identificar que, ao longo da história da Psicometria, múltiplas definições de inteligência foram desenvolvidas". Contudo, essa condição de ensino pode ser ineficaz se o que se espera é que o estudante se torne apto a

"explicar para outras pessoas os múltiplos conceitos de inteligência existentes". Nesse caso, um seminário colocaria o estudante em uma condição mais próxima do comportamento esperado, explicar, do que a condição de ouvinte de uma palestra.

Obviamente que não se trata apenas de levar o aluno a agir de certas formas em certas ocasiões, mas também fornecer consequências informativas sobre o que o estudante faz para que ele de fato aprenda os comportamentos definidos como objetivos (Gusso, 2013). As consequências informativas possuem a finalidade de selecionar comportamentos, tornando a sua recorrência mais provável e aumentando a sua força como parte do repertório do estudante. Consequências informativas também têm o papel de descrever o que o estudante pode fazer para aperfeiçoar um desempenho que ainda não atingiu o objetivo (Lamonato, 2011).

Os três comportamentos profissionais descritos caracterizam com maior clareza uma parte crucial do que está envolvido no trabalho docente, permitindo o abandono sem prejuízos das tradicionais metáforas sobre a sua atuação. Podemos, então, concluir esta seção afirmando que o professor é o profissional que, considerando as demandas da sociedade, propõe objetivos claros do que deve ser aprendido e cria condições para facilitar que tais objetivos sejam alcançados. Neste momento surge, então, a pergunta: afinal, o que sabemos sobre condições de ensino, métodos ou estratégias educacionais? Existem algumas que possuem maior probabilidade que outras para a promoção de aprendizagens? Se esse conhecimento existe, onde pode ser encontrado?

---

1. Segundo Buskist e Keeley (2018), o domínio de conteúdo é a qualidade mais importante de um professor segundo docentes de nível superior e universitários de diferentes culturas como Estados Unidos, China, Brasil, Canadá, Japão, Estônia, Colômbia e Alemanha.

Síntese de evidências empíricas existentes sobre condições promotoras de aprendizado

Revisões sistemáticas de literatura e metanálises são meios práticos de acessarmos o conhecimento científico disponível sobre determinado tema e, com isso, identificarmos direções promissoras de pesquisa e intervenção baseadas nas evidências empíricas disponíveis (Carvalho et al., 2019). Portanto, uma vez que queremos identificar quais práticas educacionais têm apresentado maior eficácia na promoção de aprendizagens, vamos recorrer a estudos dessa natureza. Especificamente, vamos apresentar resultados de duas revisões sistemáticas de metanálises, uma tratando da educação em seus diversos níveis (Hattie, 2015) e outra com dados apenas sobre o Ensino Superior (Schneider & Preckel, 2017).

Importa ressaltar que as conclusões de estudos dessa natureza precisam ser interpretadas com cautela por vários motivos. Por exemplo, não fica explícito que tipos de aprendizagens estão sendo favorecidas pelos métodos de ensino analisados nesses estudos. Seriam apenas aprendizagens relacionadas à aquisição de conceitos ou sobre como operar uma máquina ou mais complexas como avaliar a confiabilidade de uma informação? Note também que a eficácia de um método de ensino nesses estudos é inferida a partir de medidas que consideraram, basicamente, o desempenho de estudantes em provas, o que nem sempre é a medida mais adequada para os diferentes objetivos de aprendizagem que um professor pode propor. Além disso, boa parte dos dados são derivados de estudos nos Estados Unidos e na Europa. Existem menos informações a respeito de práticas de ensino testadas com populações da América Latina, por exemplo.

Finalmente, existem questões técnicas que poderiam ser avaliadas em um exame mais cuidadoso desses estudos, tais como: as metanálises selecionadas nas revisões incluíram todos os tipos de estudos (*e. g.*, livros, teses, artigos, matérias publicadas em revistas de ampla circulação)? Na condução dessas metanálises foram tomados cuidados para evitar vieses de publicação e vieses em função de amostras pequenas? Nas metanálises todos os tamanhos do efeito reportados foram acompanhados por intervalos de confiança? Outras inúmeras questões poderiam ser feitas.

Não obstante, mesmo com limitações, destacamos que os estudos que apresentaremos exemplificam alguns dos dados mais consistentes de que dispomos em educação para que tomemos decisões orientadas cientificamente no lugar de modismos ou achismos. Nesses estudos, o tamanho do efeito (TDE) é a estatística mais básica a partir da qual os métodos de ensino são avaliados e ranqueados. Segundo Espírito-Santo e Daniel (2015), o TDE sobre o qual vamos abordar pode ser definido como uma estimativa da magnitude da relação entre duas variáveis. No caso, uma variável é o método de ensino e a outra o aprendizado do aluno.

Hattie (2009) foi pioneiro no campo educacional na condução de revisões sistemáticas de metanálises. Em seu livro de 2009, *Aprendizagem visível*, o autor sintetizou os resultados de, aproximadamente, 800 metanálises envolvendo cerca de 52.637 estudos empíricos e 236 milhões de participantes, a partir dos quais foram identificadas e analisadas 138 variáveis. Algumas das variáveis com maior impacto (i. é, com maior TDE) sobre o aprendizado foram: objetivos de aprendizagem explícitos/compreensíveis, fornecimento de *feedback* para os estudantes, participação ativa dos estudantes no processo de ensino e tentativas reiteradas dos professores para aperfeiçoar o ensino realizado.

Com base em seus achados, Hattie (2015) sugeriu que existem políticas educacionais orientadas por dados sobre o que funciona melhor na educação em oposição às políticas da distração, que apenas nos distanciam da promoção de aprendizagens. O autor denominou essas políticas como políticas da perícia profissional compartilhada. O ponto central de sua proposta é que não existe uma única intervenção que, isoladamente, dê conta dos desafios educacionais. O que deve substituir essa noção equivocada de um método isolado é uma narrativa sobre práticas educacionais que geram resultados substantivos em termos de aprendizagem. Isso significa, genericamente, que cada ano de estudo deve corresponder a um ano de ganhos em termos de aprendizados. Na linguagem estatística, Hattie (2009, 2015) sugere que devemos atentar para intervenções cujo TDE seja, pelo menos, superior a 0,4.

Atente ao fato de que, segundo Hattie (2015), é essa noção de resultados, no sentido de um aprendizado que seja visível, e as estratégias de ensino que os promovem, que devem ser compartilhadas entre educadores. Por isso o autor fala de perícia profissional que precisa ser compartilhada, ou seja, professores deveriam parar de trabalhar isoladamente e começar a compartilhar entre si o que funciona. Isso requer, por exemplo, avaliar criticamente em que medida uma autonomia radical do docente para ensinar como bem entender repercute positivamente em termos de aprendizado. Por vezes, pode ser mais frutífero aprender com um colega e mudar de estratégia.

Nesse sentido, a perícia de um colega pode ser muito bem-vinda, no lugar de deixada de lado sob o argumento de que "não é assim que eu trabalho". Essa proposta de Hattie (2009, 2015) é coerente com os conceitos básicos que apresentamos porque coloca o aprendizado como o foco do processo educacional. Isso muda a perspectiva do ensino como um processo de transmissão de conhecimentos para um processo de desenvolvimento de aprendizagens que não se restringe a uma única forma como aulas expositivas, sejam presenciais ou remotas por videoaulas.

Apesar de as ideias de Hattie (2009, 2015) serem interessantes, os dados robustos e a pesquisa do autor ter continuado (*e. g.*, em 2017 já havia 252 variáveis analisadas), a verdade é que seus dados englobam diversos níveis educacionais. Seria importante examinar dados específicos sobre o Ensino Superior. É nesse sentido que o estudo de Schneider e Preckel (2017) é inovador e contributivo. Os autores conduziram uma revisão sistemática de metanálises sobre variáveis associadas à promoção de aprendizado no Ensino Superior. Essa revisão concentrou-se no exame de resultados de 38 metanálises, entre os anos de 1980 e 2014, sendo 23 delas conduzidas entre 2005 e 2014, sendo, portanto, mais recentes.

Foram analisados, aproximadamente, 3.330 TDE's, relativos a 105 variáveis oriundas de estudos que envolveram cerca de 1.920.239 estudantes. As variáveis foram organizadas em 11 categorias, divididas naquelas relativas ao trabalho docente (interação social, aprendizado significativo, avaliação, apresentação de informações, tecnologia, programas extracurriculares) e variáveis relacionadas às características do estudante (inteligência e desempenho anterior ao nível superior, estratégias pessoais relacionadas ao estudo, motivação, personalidade e contexto). As evidências mostraram que diversas variáveis relacionadas à atuação do professor podem ser relativamente fáceis de implementar e são efetivas.

Em uma análise global, existem mais variáveis em relação às quais o professor pode atuar, cujo impacto sobre aprendizagem vai de moderado a alto, do que aquelas relacionadas a características específicas do estudante. Com base nos seus achados, Schneider e Preckel (2017) apontaram algumas sugestões do que deve ser priorizado por professores como condições que favorecem o aprendizado:

1) Planejamento do ensino, envolvendo principalmente a definição e comunicação explícita/compreensível aos estudantes sobre os objetivos de aprendizagem.

2) Demonstração para o aluno da relação entre o que irá aprender e a importância disso para a sua vida.

3) Realização de avaliações periódicas e compatíveis com os objetivos de aprendizagem, envolvendo modalidades de avaliação pelos pares (p. ex.: estudantes em duplas avaliam o trabalho um do outro).

4) Cuidado em apenas avançar nos objetivos de aprendizagem quando a turma tiver dominado os pré-requisitos para a próxima etapa de ensino.

5) Fornecimento de *feedbacks* de qualidade e frequentes sobre o desempenho dos estudantes.

6) Estímulo à presença e participação dos estudantes nas atividades de ensino.

7) Realização de trabalhos em pequenos grupos nos quais cada membro tem um papel importante para a conclusão da atividade.

Com relação ao uso de Tecnologias da Informação e Comunicação (TICs) e o ensino on-line, cuja efetividade tem sido muito debatida no contexto de pandemia por Covid-19, não foram observadas diferenças significativas entre essa modalidade e o ensino presencial em termos de grau de eficácia sobre aprendizagem. Contudo, a união de práticas de ensino presencial e on-line (ensino híbrido) revelou ser mais eficaz para o aprendizado do que, por exemplo, o ensino presencial ou a distância isoladamente.

Verificou-se, também, a relevância para o aprendizado das variáveis componentes da categoria interação social: 60% dessas variáveis apresentou tamanhos de efeito altos, o que não foi equiparado por nenhuma das demais categorias. A categoria interação social nesse estudo de Schneider e Preckel (2017) referia-se a práticas docentes como a promoção de discussões em sala, a realização de perguntas abertas para que os estudantes respondessem, e a adoção de uma postura amigável e disponível para auxiliar o aluno.

Para o Ensino Superior, o estudo de Schneider e Preckel (2017) parece ser o mais abrangente e atual. Para os níveis de ensino que compõem a educação básica, provavelmente, o estudo de maior destaque sobre variáveis que efetivamente promovem aprendizado foi conduzido por Hattie (2009). Nota-se que os resultados de Schneider e Preckel corroboram os achados de Hattie, revelando uma interessante coerência em relação ao que mais tem demonstrado resultados positivos em termos de aprendizado.

Para finalizar este capítulo, destacamos que adaptações das condições de ensino para o contexto do chamado ensino remoto emergencial serão necessárias e são apontados alguns exemplos de como fazer isso ao longo deste livro em relação a cada disciplina de Avaliação Psicológica. Neste momento, queremos apenas lembrar que esse ensino de caráter emergencial foi proposto como uma forma de os educadores lidarem com a necessidade de realizar ensino que, pelo menos, minimize prejuízos e favoreça aprendizado, mesmo no contexto de distanciamento social em função da pandemia por Covid-19. Logo, não deve ser um ensino improvisado e sem um foco no aprendizado. Para uma discussão sobre ensino e gestão de instituições de Ensino Superior, sugerimos consultar Gusso et al. (no prelo). A seguir, apresentamos algumas sugestões baseadas em todos os conceitos e dados apresentados sobre práticas que podem ajudar o professor a desenvolver aprendizagens.

Algumas diretrizes básicas para desenvolver aprendizagens no Ensino Superior

Com base no que foi apresentado, indicamos algumas diretrizes que o professor deveria considerar ao realizar o seu trabalho na dimensão do ensino.

1) Descreva da forma mais explícita/compreensível possível os objetivos de aprendizagem da disciplina. Explícita/compreensível significa que as pessoas conseguem identificar sem erros a que você está se referindo. Tome cuidado com os falsos objetivos de aprendizagem como descrever o que você pretende fazer, "apresentar o conceito de validade", no lugar do comportamento que o aluno deve aprender, "definir o conceito de validade adotado pelo Conselho Federal de Psicologia".

2) Identifique por qual motivo é relevante que o estudante atinja esses objetivos.

3) Comunique para os alunos os objetivos de aprendizagem e sua relevância.

4) Crie avaliações que deixem explícita a relação entre o que está sendo esperado e os objetivos de aprendizagem que se almeja desenvolver. Seus critérios precisam ser explícitos e concretos para que sejam, então, mais compreensíveis.

5) Aplique uma avaliação para os alunos antes de começar a ensinar para descobrir o que eles já sabem.

6) Faça ajustes na sua disciplina a depender dos resultados dessa avaliação.

7) Realize avaliações ao longo da disciplina contemplando conjuntos de objetivos de aprendizagem altamente relacionados, evitando incluir muitos objetivos em uma só atividade avaliativa.

8) Lembre-se que avaliar não se resume a realizar provas, e que avaliar de forma inovadora não se restringe a pedir que o aluno atribua a si mesmo uma nota. Avalie a compatibilidade entre a tarefa avaliativa e o objetivo de aprendizagem. Você precisa, a partir da tarefa avaliativa, ser capaz de identificar se o comportamento/a capacidade de atuar na realidade, que é o seu objetivo de aprendizagem, foi alcançado(a) no grau que era necessário.

9) Faça ajustes na sua disciplina a depender dos resultados dessas avaliações.

10) Aplique uma avaliação final da disciplina para mostrar os ganhos alcançados pelos estudantes quando a primeira e a última avaliação são comparadas.

11) Se possível, avalie também a generalização ou transferência de aprendizagem, isto é, se os estudantes conseguem ter sucesso em atividades diferentes daquelas a partir das quais foram inicialmente ensinados ou avaliados.

12) Implemente uma atividade de ensino para cada objetivo de aprendizagem de modo que

a capacidade descrita no objetivo precise ser apresentada pelo estudante durante a realização da atividade.

13) Para cada atividade e avaliação realizada, forneça *feedbacks* indicando explicitamente o que o estudante fez de certo ou de errado, e o que pode fazer para melhorar.

14) Forneça suporte, em termos de recursos para o estudo (textos, vídeos, aulas etc.), aos estudantes com dificuldades.

15) Na medida do possível, só avance para novos objetivos de aprendizagem quando os objetivos pré-requisitos tiverem sido atingidos.

16) Organize as atividades de ensino de modo que o estudante evolua gradualmente em relação aos objetivos de aprendizagem. Para isso você precisa saber sobre quais conhecimentos são básicos e quais são mais complexos (no sentido de compostos por outros conhecimentos – aqui se aplica a noção de decomposição de comportamentos).

17) No início de cada etapa de ensino, revise os objetivos que foram trabalhados anteriormente e descreva os objetivos de aprendizagem que serão trabalhados na etapa que será iniciada.

18) Se usar *slides*, escreva pouco e não abuse de imagens ou animações, pois cada uma dessas variáveis pode desviar a atenção do estudante daquilo que é o principal. Esse desvio também se aplica a jogos ou atividades lúdicas. Por vezes, a atividade pode ser tão divertida que os objetivos de aprendizagem ficam de lado.

19) Se optar por trabalhos em equipe, defina pequenos grupos e, se possível, estabeleça tarefas para cada membro da equipe.

20) Para favorecer a leitura atenta de textos, você pode usar roteiros que precisem ser respondidos ou criar discussões das quais todos necessitem participar. Em qualquer cenário, só proponha atividades para as quais você possa fornecer algum *feedback*, mesmo que seja automático (pré-cadastrado, como pode ser feito em formulários on-line nos quais se insere o exercício e um *feedback*/gabarito após a resposta do aluno).

21) Lembre-se de que a interação social é importante, mas não se dá apenas presencialmente e não precisa ocorrer apenas no formato de aula tradicional. É possível interagir por textos e imagens, por exemplo, e a partir de plataformas como redes sociais e não apenas em uma videoconferência ou outra atividade síncrona.

22) De modo geral, no caso do ensino remoto, prefira atividades assíncronas para você não depender (tampouco o seu aluno) de variáveis como a qualidade da conexão no momento da sua aula.

23) No contexto de ensino remoto, é importante ter, pelo menos, um monitor da disciplina para auxiliá-lo em suas atividades e acompanhar os demais estudantes.

24) Avalie que acessibilidade, no contexto do ensino para pessoas com deficiência, significa remoção de barreiras físicas, atitudinais e de comunicação. Isso sugere que adaptações específicas serão necessárias, como uso de materiais escritos para pessoas com deficiência auditiva (se tiverem bom domínio do português) e a descrição de recursos audiovisuais para pessoas com deficiência visual. Procure na sua universidade as equipes especializadas para te auxiliar com esse assun-

to. A propósito, saiba que quanto maior a dificuldade do aluno, maior a relevância da clareza de objetivos e do planejamento cuidadoso de condições de ensino nas quais o estudante evolua gradualmente em relação a cada objetivo.

25) Antes de perguntar para alguém "qual a melhor plataforma para..." ou "qual a melhor tecnologia para...", certifique-se de que você deu conta do primeiro tópico desta lista, ou seja, saiba responder: "o que é esperado que o estudante seja capaz de fazer como resultado de ter cursado a minha disciplina?" Lembre-se do ensinamento do livro *Alice no país das maravilhas*: para quem não sabe aonde quer chegar, qualquer caminho serve e, se você caminhar bastante, chegará a algum lugar. Contudo, esse lugar pode não ser o objetivo de aprendizagem com alto valor social que era necessário.

Referências

Botomé, S.P. (2000). *Diretrizes para o ensino de graduação: O projeto pedagógico da Pontifícia Universidade Católica do Paraná*. Pontifícia Universidade Católica do Paraná.

Buskist, W., & Keeley, J.W. (2018). Searching for universal principles of excellence in college and university teaching. *New Directions for Teaching and Learning, 156*, 95-105. https://doi.org/10.1002/tl.20321

Carvalho, L.F., Pianowski, G., & Santos, M.A. (2019). Guidelines for conducting and publishing systematic reviews in Psychology. *Estudos em Psicologia, 36*, e180144, 1-14. http://dx.doi.org/10.1590/1982-0275201936e180144

Conselho Federal de Psicologia (2013). *Cartilha Avaliação Psicológica*. http://satepsi.cfp.org.br/docs/Cartilha-Avalia%C3%A7%C3%A3o-Psicol%C3%B3gica.pdf

Cortegoso, A.L., & Coser, D.S. (2013). *Elaboração de programas de ensino: Material autoinstrutivo*. Edufscar.

Espírito-Santo, H., & Daniel, F. (2015). Calcular e apresentar tamanhos do efeito em trabalhos científicos: As limitações do $p < 0,05$ na análise de diferenças de médias de dois grupos. *Revista Portuguesa de Investigação Comportamental e Social, 1*(1), 3-16. https://bit.ly/2KaVgFn

Goulart, P.R.K., Delage, P.E.G.A., Rico, V.V., & Brino, A.L. de F. (2012). Aprendizagem. In M.M.C. Hübner & M.B. Moreira (coord.), *Temas clássicos da psicologia sob a ótica da análise do comportamento* (pp. 20-41). Guanabara Koogan.

Gusso, H.L. (2013). *Avaliação da eficiência de um procedimento de apresentação semanal de consequências informativas ao desempenho de alunos em nível superior* [Tese de doutorado, Universidade Federal de Santa Catarina]. https://goo.gl/AAqvQM

Gusso, H.L., Archer, A.B., Luiz, F.B., Sahão, F.T., De Luca, G.G., Henklain, M.H.O., Panosso, M.G., Kienen, N., Beltramello, O., & Gonçalves, V.M. (no prelo). Ensino Superior em tempos de pandemia: Diretrizes à gestão universitária. *Revista Educação e Sociedade*. https://psyarxiv.com/by5xj/

Hattie, J. (2009). *Visible learning: A synthesis of over 800 meta-analyses relating to achievement*. Routledge.

Hattie, J. (2015). *What works best in education: The politics of collaborative expertise*. Pearson.

Lamonato, C. (2011). *Comportamentos profissionais de empregados em período de experiência objeto de avaliação de desempenho em uma agroindústria* [Dissertação de mestrado, Universidade Federal de Santa Catarina]. http://bit.ly/2GBhn7j

Mendes, L.S., Nakano, T.C., Silva, I.B., & Sampaio, M.H.L. (2013). Conceitos de Avaliação Psicológica: Conhecimento de estudantes e profissionais. *Psicologia: Ciência e Profissão, 33*(2), 428-445. https://doi.org/10.1590/S1414-98932013000200013

Primi, R. (2018). Avaliação Psicológica no século XXI: De onde viemos e para onde vamos. *Psicologia: Ciência e Profissão, 38*(spe), 87-97. https://doi.org/10.1590/1982-3703000209814

Schneider, M., & Preckel, F. (2017). Variables associated with achievement in higher education: A systematic review of meta-analyses. *Psychological Bulletin, 143*(6), 565-600. https://doi.org/10.1037/bul0000098

Todorov, J.C. (2007). A Psicologia como o estudo de interações. Psicologia: *Teoria e Pesquisa, 23*(spe), 57-61. http://bit.ly/2OmEqYU

Zanelli, J.C., Borges-Andrade, J.E., & Bastos, A.V.B. (2014). *Psicologia, organizações e trabalho.* Artmed.

6
O que ensinar na disciplina de Avaliação Psicológica I?

Katya Luciane de Oliveira
Universidade Estadual de Londrina

Monalisa Muniz
Universidade Federal de São Carlos

Amanda Lays Monteiro Inácio
Universidade São Francisco
Faculdade Tecnológica do Vale do Ivaí

Highlights
- Competências teóricas é o principal objetivo de Avaliação Psicológica I.
- O processo de Avaliação Psicológica deve ser priorizado na disciplina inicial dessa área.
- O desenvolvimento das competências básicas em Avaliação Psicológica está diretamente relacionado com a competência docente para esta área.

O presente capítulo tem por objetivo (a) contextualizar o ensino de Avaliação Psicológica I (AP I), (b) discutir seus objetivos e competências do avaliador para alcançá-los e (c) apresentar os conteúdos e as metodologias para atingi-los. Serão também tecidas considerações sobre como o docente poderá manejar suas aulas e metodologias de ensino, de modo que a formação oferecida por ele seja base para uma atuação com ética e respeito aos direitos humanos. Posto isso, ao final, espera-se que o docente seja instrumentalizado a ministrar sua disciplina, de modo que os conteúdos aqui tratados possam auxiliá-lo nessa importante jornada de ensino e formação de psicólogos. Desejamos que os propósitos para o alcance de uma educação de qualidade sejam atingidos à medida que se coloca em prática atividades adequadas para uma formação sustentada na ciência, na técnica e na ética.

Ressaltamos que o capítulo foi escrito concomitantemente à pandemia de Covid-19, a qual trouxe discussões sobre o ensino remoto emergencial e até mesmo sobre o ensino a distância, porém entendemos, conforme preconizam as *Diretrizes Curriculares Nacionais da Psicologia* (2010 e 2020, a serem homologadas) que o ensino nos cursos de Psicologia deve ser 100% presencial para que ocorra uma formação de qualidade. Diante disso, o texto está construído para o ensino presencial. Caso o docente opte, ou precise, devido a circunstâncias da pandemia, oferecer o ensino remoto emergencial ou o ensino a distância, sugerimos fortemente que faça a leitura dos documentos que discorrem sobre esse tipo de ensino na Psicologia, incluindo a Avaliação Psicológica. Dentre esses documentos, encontra-se a Nota Técnica n. 7/2019 que versa sobre a utilização de testes psicológicos em serviços realizados por meio de tecnologias de informação e da comunicação, a nota orientativa sobre ensino da Avaliação Psicológica em modalidade remota no contexto da pandemia de Covid-19 e a *Cartilha de boas práticas para a Avaliação Psicológica no contexto de pandemia* (CFP, 2020a e 2020b; Nota Técnica CFP n. 7/2019). Indicamos ainda a leitura atenta do capítulo 1 da presente obra, para uma visão contextual da questão e no mais, é importante que o docente acompanhe e contribua com as discussões acerca da temática do ensino on-line e sempre esteja fundamentado na prática ética.

Conceitos orientadores para a atuação docente

Partimos do pressuposto de que um docente deve ser antes de tudo uma pessoa que está em constante aprimoramento de seu ofício, quer seja pela atualização necessária das produções e avanços científicos da área, quer seja pelo engajamento ético social tão necessário a ser ensinado aos nossos discentes em suas atuações na área da Avaliação Psicológica. Sob essa perspectiva, autores como Bardagi et al. (2008) chamam a atenção para o cuidado necessário na implementação de uma formação mais ampla, de modo que o futuro profissional da psicologia possa ter uma visão que transpasse a ideia de um fazer clínico tradicional.

Por isso, Noronha et al. (2013) consideram que o psicólogo para atuar na área da Avaliação Psicológica deve manter um comportamento proativo no sentido de se aperceber das contradições, limitações e avanços da área, de modo que sua atuação se desvele com o desenvolvimento de projetos que envolvam transformações sociais.

Ao escreverem sobre a formação em Avaliação Psicológica, Nunes et al. (2012) observam que a oferta de formação em Avaliação Psicológica deve subsidiar os discentes com recursos para que no futuro profissional possa planejar, aplicar e interpretar de forma adequada a realidade observada, de tal modo que se desenvolva um raciocínio analítico e investigativo. Os autores argumentam que "as disciplinas de Avaliação Psicológica também cumprem um papel importante na formação acadêmica, que é o de promover o desenvolvimento do raciocínio em psicologia" (p. 309).

Sim, a Avaliação Psicológica demanda um processo de raciocínio investigativo, que é o principal na psicologia, pois tanto na ciência quanto na prática psicológica se busca prioritariamente, antes de pensar em ações interventivas, o entendimento sobre o ser humano, seu desenvolvimento, sua aprendizagem, seus comportamentos e suas relações intra e interpessoais. Essa compreensão deve ser buscada considerando os aspectos biológicos, históricos e sociais. A Avaliação Psicológica é a área que fornece o conhecimento, as metodologias e as ferramentas para que se consiga um maior desvendamento sobre o ser humano e, com isso, práticas interventivas mais adequadas podem ser elaboradas. No entanto, a avaliação deve ser contemplada em intervenções, uma vez que é necessário monitorar se a ação proposta está surtindo efeito. Resumindo, a psicologia, assim como ocorre na Avaliação Psicológica, trabalha com o raciocínio de verificação de hipóteses: analisa informações, delineia um caminho e verifica se está correto, caso esteja se prossegue, ao contrário, se analisa novamente, traça outro caminho e verifica.

Posto isso, a Avaliação Psicológica não contribui somente com o desenvolvimento do raciocínio em psicologia, mas sim com todas as práticas na psicologia. O avaliar, mesmo que minimamente, deve prescindir de qualquer ação do psicólogo. Então, apesar desse livro trabalhar com a perspectiva de um conjunto específico de disciplinas para o ensino de Avaliação Psicológica e este capítulo tratar da primeira disciplina, ressaltamos que nosso entendimento é o de que a Avaliação Psicológica é transversal na formação do psicólogo. Apesar de existirem as disciplinas específicas, a avaliação deve ser englobada e discutida em diversas outras disciplinas, por exemplo, Psicologia Social e do Trabalho, na qual se poderá integrar a avaliação nessa temática, apontando as especificidades inerentes a esse contexto. Os conteúdos a serem trabalhados neste e nos dois próximos capítulos abrangem elementos gerais para uma base em Avaliação Psicológica, mas cada contexto ou temática em que a Avaliação Psicológica é praticada possui suas especificidades.

Em tese, todo psicólogo deve saber realizar uma Avaliação Psicológica de qualidade dentro de sua área e temática de atuação. Isso também se aplica para o ensino, ou seja, espera-se que o professor psicólogo de Psicologia Social e do Trabalho, e outros das demais disciplinas, tenham competências para abordar a Avaliação Psicológica, cada um, em seu contexto. Não é necessário que ele demonstre conhecimentos aprofundados sobre Avaliação Psicológica e nem que seja um pesquisador da área, mas ter informações, por exemplo, sobre como proceder uma avaliação, as idiossincrasias dessa temática em relação à prática da Avaliação Psicológica e algumas ferramentas de avaliação se faz importante. Teoricamente, esse professor deveria ter tido uma formação básica e sólida de Avaliação Psicológica na graduação, e ao se enveredar para uma abordagem e contexto, aplicar, adequar e ampliar o conhecimento obtido para seu campo de atuação, tendo

a avaliação como um dos seus instrumentos contributivos para sua prática e/ou pesquisa.

Em relação ao professor que ensina nas disciplinas de Avaliação Psicológica, é muito importante que ele apresente um conhecimento mais aprofundado e atualizado sobre a teoria e a prática em Avaliação Psicológica, bem como proporcione ao aluno debates emergentes da área. A Avaliação Psicológica é muito dinâmica e acompanha as mudanças da sociedade. Como uma ilustração para essa afirmação, destacamos o grande crescimento nos últimos 15 anos nas políticas públicas, o que culminou em um aumento da demanda do profissional psicólogo nesse contexto, indicando a necessidade de repensar a Avaliação Psicológica, que sempre foi muito atrelada à análise de um indivíduo, para uma ampliação de conhecimentos a esse contexto que implica demandas pouco estudadas na área, incluindo análises grupais e institucionais. Cabe ao professor de Avaliação Psicológica, além de ter muito bem desenvolvidas as competências necessárias para se realizar uma Avaliação Psicológica, ser um estudioso da área, capaz de não somente transmitir o conhecimento, mas contribuir para o desenvolvimento, formando futuros profissionais com conteúdo atualizado, competências mínimas desenvolvidas (as que serão abordadas nos três capítulos sobre as disciplinas de Avaliação Psicológica) e bem orientados sobre a necessidade e o modo de obter uma continuidade na formação em Avaliação Psicológica.

No presente capítulo e na diretriz geral desta obra, cuidamos de assumir a terminologia Avaliação Psicológica I (a ser aqui tratada), II (capítulo seguinte) e III (capítulo subsequente). Contudo, a realidade indica que há variações no modo como as disciplinas que trabalham com conteúdos de Avaliação Psicológica são denominadas:

Psicodiagnóstico, Avaliação Psicológica I, II e III, Técnicas de Avaliação Psicológica I, II e III, Técnicas de Exame Psicológico I, II e III, Técnica e Exame de Aconselhamento Psicológico I, II e III, Psicometria e Técnicas Projetivas, Avaliação da Personalidade e Avaliação da Inteligência (Nakano & Alves, 2019).

Nos três capítulos sobre "O que ensinar na disciplina de Avaliação Psicológica", respectivamente I, II e III, assim como o seguinte sobre o estágio em Avaliação Psicológica, os conteúdos a serem abordados foram validados em uma reunião com os autores de todos esses capítulos. O documento elaborado por Nunes et al. (2012) foi a base para a construção dessa lógica entre os capítulos e a divisão em três disciplinas teóricas e uma de estágio. Sabemos que não há uma regra sobre a quantidade de disciplinas ofertadas durante a graduação em Psicologia e nem em relação ao conteúdo abordado em cada uma delas. No entanto, dentro do esperado para desenvolver competências mínimas para a realização de uma Avaliação Psicológica, sem prescindir da necessidade de uma formação continuada, elaboramos a presente proposta com três disciplinas e uma específica de estágio para utilizar e relacionar os conteúdos.

A proposta que contempla o que deve ser ensinado para desenvolver competências mínimas nas três disciplinas teóricas e uma prática, o estágio, surgiu, também, a partir das experiências dos autores como docentes e pesquisadores da área (a maior parte dos autores está nessa caminhada há mais de 15 anos). Somado a isso, tem-se os estudos empíricos sobre o ensino e a formação em Avaliação Psicológica (*e. g.*, Noronha, 2002; Padilha et al., 2007; Mendes et al., 2013; Ambiel et al., 2019) que apontam a escassez de disciplinas sobre Avaliação Psicológica, conse-

quentemente conteúdo insuficiente, e pesquisas sobre infrações éticas de profissionais psicólogos na realização de avaliações psicológicas (Anache & Reppold, 2010; Frizzo, 2004; Muniz, 2018; Zaia et al., 2018), para as quais os autores apontam a necessidade de uma melhor formação para minimizar uma atuação que infringe a ética.

Dessa forma, Avaliação Psicológica I foi configurada em uma disciplina com aspectos mais gerais que propiciam o conhecimento do processo de Avaliação Psicológica e variáveis importantes a serem consideradas. Para Avaliação Psicológica II se especificou a temática da inteligência por serem um construto central nas avaliações. No que concerne à Avaliação Psicológica III, outro construto fundamental para as avaliações, a personalidade, foi abordada trabalhando tanto as escalas (testes objetivos) quanto os métodos e técnicas expressivas/projetivas. Por fim, como mencionado anteriormente, o estágio tem o objetivo de contribuir para consolidar as aprendizagens em I, II e II, e desenvolver habilidades que são possíveis apenas com a prática. Assim, é importante o professor de Avaliação Psicológica fazer uso das informações desses capítulos e do livro no geral, como referências, mas que não esgotam as possibilidades do que e como trabalhar conteúdos em avaliação. Estimula-se ainda que o professor tenha posicionamento crítico a partir da proposta, implementando as informações aqui fornecidas com a finalidade de propiciar uma formação de maior qualidade e embasada na ciência psicológica.

Face às considerações trazidas, é possível compreender a importância do ensino da Avaliação Psicológica na formação do psicólogo. O conteúdo da Avaliação Psicológica I, conforme está proposto, deve ser entendido como o principal entre as demais disciplinas e o estágio. Todo conteúdo tem seu destaque dentro da avaliação, mas as informações abordadas na disciplina I são fundamentais para se trabalhar as demais disciplinas e estágios, pois nesse primeiro momento se possibilitará ao aluno informações para que desenvolva competências que são pilares para as demais desenvolvidas em disciplinas posteriores. Na sequência serão apresentados possíveis objetivos, competências e estratégias a serem contempladas na proposição de uma disciplina em Avaliação Psicológica I, de modo a auxiliar e aprimorar a prática do docente.

O que contemplar na disciplina de Avaliação Psicológica I?

As disciplinas de Avaliação Psicológica oferecidas nos cursos de formação de psicólogo, tanto em instituições públicas quanto privadas, devem apresentar condições necessárias para que o conteúdo seja ensinado de maneira apropriada. Dessa forma, tão importante quanto planejar os conteúdos fundamentais a serem ensinados, está a infraestrutura e os métodos de ensino que devem ser adequados à aprendizagem e à prática do discente (Noronha et al., 2013).

O foco da disciplina de Avaliação Psicológica I deve ser o de fundamentar os discentes nos princípios básicos dessa área que apresenta especificidades, apesar de ser transversal aos muitos outros conteúdos presentes no curso de Psicologia, conforme discutido na primeira parte deste capítulo. Ao final dessa disciplina, espera-se que o discente esteja pronto para aprofundar seus conhecimentos no que concerne à Avaliação Psicológica II (assunto a ser tratado no próximo capítulo).

Em âmbito internacional, Wechsler (2019) e Zaia et al. (2018) observaram que diversas associações produzem materiais e publicações que indicam a preocupação com os parâmetros éticos e técnicos para o ensino e a prática de Avaliação Psicológica. Associações como a American Psychological Association, American Educational Research Association, o National Council on Measurement in Education, o International Association of Applied Psychology, a International Union of Psychological Science e a International Test Commission têm se voltado direta ou indiretamente para regular e contribuir para o avanço desse assunto na área da Avaliação Psicológica. Em âmbito nacional temos como referências específicas da área o Instituto Brasileiro de Avaliação Psicológica – Ibap (entidade promotora do presente livro) e a Associação Brasileira de Rorschach e Métodos Projetivos – ASBRo, que têm atuado ativamente na produção de orientação e divulgação do conhecimento científico da área. Inclusive, o estudo de Nunes et al. (2012), é um documento chancelado pelo Ibap, elaborado por professores-pesquisadores membros de gestões das diretorias desse instituto, justamente com a finalidade de propor diretrizes para o ensino em Avaliação Psicológica.

No documento (Nunes et al., 2012) foram elencadas 27 competências (para a explicação de cada competência, cf. Muniz, 2017) a serem desenvolvidas durante a formação de graduação do profissional psicólogo: conhecer os aspectos históricos da Avaliação Psicológica em âmbito nacional e internacional; conhecer a legislação pertinente à Avaliação Psicológica (resoluções do Conselho Federal de Psicologia, Código de Ética Profissional do Psicólogo, histórico do Satepsi [Sistema de Avaliação dos Testes Psicológicos] e as políticas do CFP para a Avaliação Psicológica); considerar os aspectos éticos na realização da Avaliação Psicológica; analisar se há condições de espaço físico adequadas para a avaliação e estabelecer condições suficientes para tal; ser capaz de compreender a Avaliação Psicológica enquanto processo, aliando seus conceitos às técnicas de avaliação; ter conhecimento sobre funções, origem, natureza e uso dos testes na Avaliação Psicológica; ter conhecimento sobre o processo de construção de instrumentos psicológicos; ter conhecimento sobre validade, precisão, normatização e padronização de instrumentos psicológicos; saber escolher e interpretar tabelas normativas dos manuais de testes psicológicos; ter capacidade crítica para refletir sobre as consequências sociais da Avaliação Psicológica; saber avaliar fenômenos humanos de ordem cognitiva, afetiva e comportamental em diferentes contextos; ter conhecimento sobre a fundamentação teórica de testes psicométricos e do fenômeno avaliado; saber administrar, corrigir, interpretar e redigir os resultados de testes psicológicos e outras técnicas de avaliação; selecionar instrumentos e técnicas de avaliação de acordo com objetivos, público-alvo e contexto; ter conhecimento sobre a fundamentação teórica de testes projetivos e/ou expressivos e do fenômeno avaliado; saber planejar uma Avaliação Psicológica de acordo com objetivo, público-alvo e contexto; planejar processos avaliativos e agir de forma coerente com os referenciais teóricos adotados; identificar e conhecer peculiaridades de diferentes contextos de aplicação da Avaliação Psicológica; saber estabelecer *rapport* no momento da avaliação; conhecer teorias sobre entrevista psicológica e conduzi-las com propriedade; conhecer teorias sobre observação do comportamento e conduzi-las adequadamente; identificar as possibilidades de uso e limitações de diferentes técnicas de Avaliação Psicológica, analisando-as de forma crítica; comparar e integrar informações de diferentes fontes obtidas na Avaliação Psicológica; fundamentar teoricamente os resultados decorrentes da Avaliação Psicológica; elaborar laudos e documentos psicológicos, bem como ajustar sua linguagem e conteúdo de acordo com destinatário e contexto; comunicar resultados decorrentes da Avaliação Psicológica aos envolvidos no processo, por meio de devolutiva verbal; realizar encaminhamentos ou sugerir intervenções de acordo com os resultados obtidos no processo de Avaliação Psicológica.

Tendo como base essas 27 competências, serão analisados três estudos empíricos sobre conteúdos ministrados em disciplinas de Avaliação Psicológica para um parâmetro se o ensino está sendo satisfatório frente ao que é necessário para o desenvolvimento das competências. O trabalho conduzido por Noronha et al. (2013) teve a finalidade de verificar conteúdos e metodologias utilizadas em disciplinas de Avaliação Psicológica, sendo que 22 professores responderam a um questionário e dentre as categorias formuladas a partir das respostas se observou a presença de: 72,7% técnicas de Avaliação Psicológica (ensino de técnicas de entrevista, observação e testagem); 68,2% fundamentos teóricos dos testes (teorias básicas sobre os testes ensinados nas disciplinas); 63,3% ética na Avaliação Psicológica (princípios éticos e deontológicos da Avaliação Psicológica); 59,1% fundamentos da psicometria (padronização, normatização, validade, precisão e princípios estatísticos); 36,4% elaboração de documentos como laudos e relatórios; e 31,8% histórico da Avaliação Psicológica e/ou da psicometria (abrangendo histórico da construção dos testes). Quanto às metodologias: 86,4% aulas expositivas; 78,7% atividades práticas, incluindo a aplicação de testes, entrevistas, observações e realização de psicodiagnóstico; 68,2% atividades em grupo, categoria que reuniu os argumentos que citavam a realização de seminários, estudo dirigido, dentre outros; 45,5% aplicação simulada, que abarca a aplicação de testes entre os alunos da disciplina e atividades similares; e 31,8% elaboração de laudos, relatórios, entre outros.

O segundo estudo (Bardagi et al., 2015) teve como objetivo levantar o perfil de professores e disciplinas de Avaliação Psicológica. Para tanto, foi aplicado um questionário sobre conteúdos ensinados em Avaliação Psicológica, sendo que dos 93 participantes, apenas 47 responderam. Os resultados indicaram que os conteúdos mais abordados foram: elaboração de documentos psicológicos (78,7%), aspectos do psicodiagnóstico (72,3%) e fundamentos teóricos dos testes ensinados (72,3%), avaliação psicológica clínica (68,1%), entrevista diagnóstica (57,4%), psicometria clássica (53,2%), teoria da medida (36,2%), estatística (19,1%) e Teoria de Resposta ao Item (17%). Esses conteúdos haviam sido previamente listados para o participante assinalar. Uma das categorias era "outros conteúdos", e dentro dessa opção, respondida por 29% dos 47 professores, foram obtidos os conteúdos relacionado às características dos processos de avaliação psicológica em diversos contextos, como trânsito, hospitalar, escolar, jurídico, trânsito e neuropsicologia (17,1%); aspectos éticos na avaliação psicológica (12,8%); aplicação, correção e interpretação de testes psicológicos (10,6%); teorias da inteligência (6,4%); história da testagem psicológica (6,4%); e grafologia (2,1%) (aqui é importante destacar que grafologia não faz parte da ciência psicológica, então não deve ser utilizada como uma técnica psicológica e o profissional na condição de psicólogo não deve fazer uso da grafologia, se fizer estará infringindo a ética profissional do psicólogo). Sobre estraté-

gias de ensino, verificaram-se as atividades práticas e de supervisão utilizadas, e os dados apontaram, de forma decrescente, o uso de: correção e interpretação de resultados de testes (87,2%); apresentação de estudos de caso (78,7%); aplicação em sala de aula (74,5%) e fora da sala de aula (66,0%); realização de Avaliação Psicológica completa (53,2%); observação de processos de avaliação (31,9%); outros tipos de atividades práticas (17%) nas quais foram elencados exercícios de simulação de aplicação de instrumentos por observação em sala de espelho (8,5%), discussão de estudos de caso (6,4%), elaboração de documentos (6,4%), construção de instrumentos (2,1%) e levantamento de testes aprovados pelo Satepsi (2,1%).

A pesquisa de Ambiel et al. (2019) objetivou analisar as ementas sobre ensino de Avaliação Psicológica dos cursos de Psicologia no Brasil. A partir da análise de 125 ementas, os autores constataram as seguintes porcentagens referentes aos conteúdos ministrados: Avaliação Psicológica (processo, objetivo, prática) (17,3%); testes psicológicos (16,9%); ética e legislação (14,1%); aspectos teóricos de técnicas/construtos avaliados (12,5%); outras técnicas de Avaliação Psicológica (9,70); fundamentos de psicometria (9,2%); devolutiva, encaminhamento e documentos (7,8%); e história (2,7%). Ainda, 9,8% dos conteúdos não se encaixaram na categoria de análise que foi baseada no documento de Nunes et al. (2012).

Nos estudos supracitados não foram identificados quais conteúdos são ensinados em cada disciplina de Avaliação Psicológica. No entanto, é possível verificar que as pesquisas abrangeram professores e ementas que englobam disciplinas mais iniciais e finais de Avaliação Psicológica, incluindo o estágio. Apesar de não ser possível fazer uma comparação entre os estudos, pois são metodologias diferentes e com categorias de análises dos conteúdos, próximas, mas com especificidades, é notável que nas três pesquisas existem mais conteúdos relacionados ao ensino dos testes psicológicos (instrumentos, medida, teoria, estatística e psicometria).

Um dado curioso entre os trabalhos citados se refere ao conteúdo sobre ética em Avaliação Psicológica. No estudo de Noronha et al. (2012) a porcentagem foi de 63,3%, no de Bardagi et al. (2015) não foi uma categoria previamente elaborada, mas ao responder o item para especificar outros conteúdos, apenas 12,8% citaram essa temática. Já na pesquisa mais recente, de Ambiel et al. (2019), o índice foi de apenas 14,1%. Considerando que a ética é o pressuposto básico e mais importante da Avaliação Psicológica e de qualquer atuação do psicólogo, somado ao grande número de processos éticos relacionados à Avaliação Psicológica e às diversas resoluções dessa área que regem a prática do profissional do psicólogo no Brasil, é no mínimo curiosa essa constatação sobre o baixo índice de conteúdos acerca dessa temática.

Outra informação também surpreendente é o baixo índice relacionado ao conteúdo de ensino sobre a história da Avaliação Psicológica. Conhecer o histórico de qualquer temática é essencial para obter conhecimento sobre o assunto e um melhor entendimento sobre sua situação atual, bem como ser um parâmetro e instigar reflexões para o desenvolvimento da temática. Por exemplo, qual o motivo de muitas pessoas, até hoje, terem certa rejeição em relação à Avaliação Psicológica? A resposta é bem complexa, e envolve o mau uso do teste psicológico e a má-formação do psicólogo do que propriamente a finalidade da Avaliação Psicológica. Outra questão, por que desde 2003 no Brasil há resolução para indicar quais testes psicológicos podem ou não ser utilizados pelo profissional psicólogo? E mais, futuramente será compreendido que alguns testes psicológicos não devem ser restritos aos psicólogos? Estas e muitas outras questões para serem respondidas corretamente deverão ter como base dados da história da Avaliação Psicológica.

No mais, é impossível em uma ou duas disciplinas de Avaliação Psicológica conseguir abarcar decentemente todos esses conteúdos abrangidos nas pesquisas. Assim, tais conteúdos também são insuficientes para desenvolver as competências necessárias para a realização de uma Avaliação Psicológica com qualidade, como proposto no documento de Nunes et al. (2012), e com o qual concordamos. Diante da necessidade de auxiliar para uma melhor formação em Avaliação Psicológica, com conteúdos para cada disciplina, estrutura do ensino, entre outras informações, Nunes et al. (2012) fizeram uma primeira tentativa de diretrizes para o ensino da Avaliação Psicológica. Dessa forma, procurando contribuir com esse documento e para a formação, este capítulo e os próximos três foram elaborados cuidando de uma lógica de conhecimentos necessários e pré-requisitos entre um conteúdo e outro para ser ensinado, bem como atividades práticas e metodologias de ensino da Avaliação Psicológica.

Por meio das pesquisas de Noronha et al. (2012) e de Bardagi et al. (2015), verifica-se uma prevalência de práticas voltadas para: correção e interpretação de resultados de testes; realização de um processo de Avaliação Psicológica; aplicação de técnicas de entrevista e observação; e estudo de caso. Todas essas práticas são complexas e exigem vários conhecimentos que precisam ser aprendidos anteriormente. Desse modo, é importante que haja uma base de conhecimentos iniciais que auxiliarão, posteriormente, na compilação das informações, das técnicas, das metodologias e das formas diferentes de realizar um processo de Avaliação Psicológica. Ressalta-se que os conhecimentos para se efetivar uma Avaliação Psicológica, além dos específicos da área, demandam um saber oriundo de outras disciplinas da psicologia (p. ex., desenvolvimento humano, psicopatologia, personalidade, processos cognitivos, estatística, entre outras).

Para a disciplina de Avaliação Psicológica I, ao encontro do descrito no documento de Nunes et al. (2012) e contemplando um semestre com carga horária de 60 horas-aula, indicamos os seguintes conteúdos a serem abordados: história da Avaliação Psicológica; ética/resoluções na Avaliação Psicológica; processo de Avaliação Psicológica; e fundamentos dos testes psicológicos. Mas qual a importância de se trabalhar cada um desses temas em Avaliação Psicológica I, ressaltando que se trata de conhecimentos básicos que não esgotam a quantidade de informações em cada uma das temáticas e a necessidade de se atentar para atualizações das informações? O histórico da Avaliação Psicológica abrange tanto o cenário nacional quanto o internacional para se compreender o início, a importância, o desenvolvimento e as questões críticas a serem respondidas pela área. Em ética são trabalhadas (apresentadas e discutidas), em especial, as resoluções e as políticas do CFP, uma vez que se entende que a Ética em geral seria discutida em uma disciplina específica. Referente ao Processo de Avaliação Psicológica, este contempla o estudo dos passos e suas especificidades nesse processo, e as possíveis técnicas, métodos e testes a serem utilizados. Por fim, os fundamentos dos testes psicológicos, em função desses instrumentos apresentarem uma maior complexidade e exigirem conhecimentos relacionados à psicometria, é importante abordar a natureza e uso dos testes, e os fundamentos psicométricos básicos que os embasam, inclusive para possibilitar ao discente as informações gerais que subsidiam a leitura e o entendimento de um manual de teste psicológico, suas limitações e alcances.

Esses conteúdos irão iniciar os estudantes no vocabulário específico da área da Avaliação Psicológica e contemplar teoricamente o que, na sequência, será aplicado durante a prática da avaliação. Na realização de um processo de Avaliação Psicológica, o histórico irá contribuir para que o profissional psicólogo tenha bem sustentada a relevância dessa atividade para a sociedade e efetue um trabalho não alienado, mas consciente do compromisso e responsabilidade social da avaliação. Para que isso se concretize, não se pode prescindir da ética, a qual guiará os comportamentos a serem praticados na avaliação. Com esses dois pilares, história e ética, o processo de avaliação será conduzido a partir de todo o conhecimento necessário.

> A Avaliação Psicológica é um processo estruturado de investigação de fenômenos psicológicos, composto de métodos, técnicas e instrumentos, com o objetivo de prover informações à tomada de decisão, no âmbito individual, grupal ou institucional, com base em demandas, condições e finalidades específicas (Resolução CFP n. 9/2018, art. 1º).

Essa definição demonstra toda a complexidade de uma Avaliação Psicológica e que o psicólogo precisa compreender e desenvolver as competências necessárias para conduzir um processo utilizando as ferramentas psicológicas pertinentes e construindo cada passo dessa avaliação considerando as especificidades da população, demanda e recursos. Entre todas as ferramentas disponíveis, estão os testes psicológicos com seus mais variados tipos, formatos, características e objetivos, e que, para serem utilizados, há procedimentos sistematizados que não podem ser modificados, por isso a necessidade de um tópico específico para esses instrumentos largamente utilizados nas avaliações.

Na seção seguinte discorremos sobre a caracterização dos objetivos que deveriam contemplar as disciplinas de Avaliação Psicológica I. São especificadas, ainda, as competências profissionais que devem ser aprendidas nestas disciplinas.

Proposição de objetivos e competências de aprendizado da disciplina de Avaliação Psicológica I

A partir das quatro temáticas sugeridas para serem trabalhados os conteúdos de Avaliação Psicológica I, quais sejam, história da Avaliação Psicológica, ética/resoluções na Avaliação Psicológica, processo de Avaliação Psicológica e fundamentos dos testes psicológicos, a seguir, em cada temática, elencamos conteúdos mais específicos em formato de objetivos a serem tratados para desenvolver as competências (conhecimento e comportamentos) em cada conteúdo temático.

1 História da Avaliação Psicológica (abrangendo histórico da construção dos testes)

1.1 Contextualizar o histórico e apresentar a atualidade da Avaliação Psicológica internacionalmente, fazendo consistência com o marco histórico e atualidade da área no Brasil

1.2 Associar os históricos e as atualidades da Avaliação Psicológica nacional e internacional

1.3 Discutir os avanços alcançados e as limitações a serem superadas na área da Avaliação Psicológica no Brasil

2 Ética na Avaliação Psicológica

2.1 Discutir os princípios do Código de Ética Profissional do Psicólogo relacionados à Avaliação Psicológica

2.2 Apresentar as resoluções normativas gerais e específicas da área (apresentaremos as vigentes, conforme pode ser verificado na figura 2 que contempla o Plano de Ensino sugerido para Avaliação Psicológica I)

2.2.1 Resolução CFP n. 9/2018 (estabelece diretrizes para a realização de Avaliação Psicológica no exercício profissional da psicóloga e do psicólogo e regulamenta o Sistema de Avaliação de Testes Psicológicos – Satepsi)

2.2.2 Resolução CFP n. 16/2002 (trabalho do psicólogo na Avaliação Psicológica de candidatos à Carteira Nacional de Habilitação e condutores de veículos automotores)

2.2.3 Resolução CFP n. 18/2008 (concessão de registro e/ou arma de fogo)

2.2.4 Resolução CFP n. 8/2010 (atuação do psicólogo como perito e assistente técnico no Poder Judiciário)

2.2.5 Resolução CFP n. 17/2012 (atuação do psicólogo como Perito nos diversos contextos)

2.2.6 Resolução CFP n. 2/2016 (concursos públicos e processos seletivos)

2.2.7 Resolução CFP n. 11/2018 (regulamenta a prestação de serviços psicológicos realizados por meio de tecnologias da informação e da comunicação)

2.2.8 Resolução CFP n. 1/2019 (institui normas e procedimentos para a perícia psicológica no contexto do trânsito)

2.3 Apresentar notas técnicas vigentes e materiais elaborados pelo CFP para a área

2.4 Articular os preceitos dos direitos humanos ao ensino da prática de Avaliação Psicológica

2.5 Apresentar e instrumentalizar ao uso do Sistema de Avaliação dos Testes Psicológicos – Satepsi

2.6 Apresentar a Resolução CFP n. 6/2019 que institui regras para a elaboração de documentos escritos produzidos pela(o) psicóloga(o) no exercício profissional

2.6.1 Fazer ensaio sobre a escrita de documentos psicológicos, de modo a desenvolver um raciocínio analítico

2.6.2 Instrumentalizar o discente sobre o processo de Avaliação Psicológica e o seu produto em forma de documento escrito para que respeite o contexto social do avaliando, bem como os princípios dos direitos humanos

3 Processo de Avaliação Psicológica

3.1 Definir e caracterizar a Avaliação Psicológica e as competências do avaliador

3.2 Ensinar as etapas de um processo de Avaliação Psicológica

3.3 Abordar as especificidades do processo de Avaliação Psicológica considerando a demanda, população, contexto e recursos

3.4 Apresentar como se faz a integração dos dados obtidos na Avaliação Psicológica

3.5 Caracterizar os aspectos teóricos que fundamentam técnicas de observação como recurso avaliativo

3.6 Caracterizar os aspectos teóricos que fundamentam técnicas de entrevistas como recurso avaliativo

3.7 Caracterizar os aspectos teóricos que fundamentam as dinâmicas de grupo como recurso avaliativo

4 Fundamentos dos Testes Psicológicos

4.1 Definir e caracterizar teste psicológico

4.2 Discutir sobre o uso e função dos testes psicológicos na Avaliação Psicológica

4.3 Ensinar sobre os tipos de testes psicológicos, suas particularidades, limites e potencialidades

4.4 Ensinar sobre as diferenças e variações entre as provas psicológicas, tais como inventários, escalas, testes, dentre outros

4.5 Instrumentalizar nos conhecimentos teóricos que fundamentam as medidas psicológicas, explicando o conceito de construto

4.6 Possibilitar o conhecimento sobre construção e adaptação de testes, vantagens e desvantagens de cada situação

4.7 Ensinar os princípios das propriedades psicométricas dos testes psicológicos (precisão, validade, padronização e normatização), as definições, tipos e como atingir cada requisito

4.8 Ensinar a leitura para a compreensão de manuais de testes psicológicos e suas tabelas normativas

Diante das temáticas e objetivos trabalhados, é esperado que o conteúdo contribua para o desenvolvimento das seguintes competências, conforme proposto por Nunes et al. (2012):

1) Conhecer os aspectos históricos da Avaliação Psicológica em âmbito nacional e internacional.

2) Conhecer a legislação pertinente à Avaliação Psicológica (resoluções do CFP, Código de Ética Profissional do Psicólogo, histórico do Sistema de Avaliação dos Testes Psicológicos (Satepsi) e as políticas do Conselho Federal de Psicologia para a Avaliação Psicológica).

3) Considerar os aspectos éticos na realização da Avaliação Psicológica.

4) Ser capaz de compreender a Avaliação Psicológica enquanto processo, aliando seus conceitos às técnicas de avaliação.

5) Ter conhecimento sobre funções, origem, natureza e uso dos testes na Avaliação Psicológica.

6) Ter conhecimento sobre o processo de construção de instrumentos psicológicos.

7) Ter conhecimento sobre validade, precisão, normatização e padronização de instrumentos psicológicos.

8) Escolher e interpretar tabelas normativas dos manuais de testes psicológicos.

9) Ter capacidade crítica para refletir sobre as consequências sociais da Avaliação Psicológica.

10) Ter conhecimento sobre a fundamentação teórica de testes psicométricos (*e do fenômeno avaliado*).

11) Ter conhecimento sobre a fundamentação teórica de testes projetivos e/ou expressivos (*e do fenômeno avaliado*).

12) Saber planejar uma Avaliação Psicológica de acordo com objetivo, público-alvo e contexto.

13) Conhecer teorias sobre entrevista psicológica (*e conduzi-las com propriedade*).

14) Conhecer teorias sobre observação do comportamento (*e conduzi-las adequadamente*).

15) Identificar as possibilidades de uso e limitações de diferentes técnicas de Avaliação Psicológica, analisando-as de forma crítica.

Como pode ser observado, das 27 competências elencadas no documento das diretrizes para o ensino de Avaliação Psicológica (Nunes et al., 2012), 15 foram contempladas em Avaliação Psicológica I. No entanto, essas 15 devem ser mais bem desenvolvidas nas disciplinas seguintes da graduação e por um aperfeiçoamento contínuo. A título de exemplo, a competência "saber planejar uma Avaliação Psicológica" foi inicialmente desenvolvida a partir do conhecimento das etapas de um processo de avaliação, porém, um melhor manejo dessa prática ocorrerá após o conhecimento de novos contextos de avaliação, do estágio e também na vida profissional. Destaca-se que algumas competências descritas estão com uma parte em itálico e entre parênteses, isso significa que aquele elemento não foi abordado em Avaliação Psicológica I, pois seria um conteúdo condizente com Avaliação Psicológica II, III, estágio e/ou formação continuada e prática, como é o caso de "conduzir entrevistas com propriedade" que estará mais bem desenvolvida com a prática profissional e formação continuada.

Na sequência serão tratadas as condições de ensino e aprendizagem na disciplina de Avaliação Psicológica I. Serão tecidas considerações acerca de como os docentes poderiam abranger os conteúdos aqui apresentados.

Sugestões de condições de ensino para facilitar o aprendizado em Avaliação Psicológica I

A aula em um curso superior pode ser considerada uma ação de responsabilidade do docente ministrante daquela disciplina. Embora cada vez mais os currículos estejam enxutos, o momento de aula é de compartilhamento de conteúdos formais e não formais (Sá et al., 2017). O partilhar de experiência, sobretudo o afeto despendido nas relações professor-aluno e a possibilidade de interlocução entre os pares, são ações que fazem de uma aula um cenário singular e rico de realizações formativas.

Trata-se de um local que ocupa tempo e espaço determinado para o ensino de algum conteúdo. Um encontro marcado, que corre o risco de ser extinto fisicamente por conta das novas demandas de formação voltadas para as tecnologias da informação e comunicação. Dadas as suas especificidades, o ensino de Avaliação Psicológica ainda se mantém atrelado à forma tradicional, ou seja, presencial, da sala de aula. Os conteúdos de domínio conceituais, bem como o ensino de atividades práticas e interpretativas dependem muito da presença do professor e da interação entre os alunos de posse de diferentes materiais concretos. O docente com abordagens e estratégias metodológicas adequadas pode despertar o interesse do discente e, sobretudo, assegurar que o importante conteúdo da Avaliação Psicológica seja de fato ensinado e construído a cada interação com os alunos, conteúdo este que está transversal aos outros fazeres da psicologia. Por essa razão, discutir sobre as possíveis metodologias a serem empregadas nesse momento singular denominado "aula" é de suma importância.

O estudo de Noronha et al. (2013) indicou que a metodologia de ensino é um fator importante para que os comportamentos e os conteúdos sejam ensinados de forma adequada, de modo a oferecer uma formação comprometida socialmente. Os autores afirmaram que das metodologias de ensino mais empregadas pelos docentes participantes do estudo desenvolvido por eles foram: aulas expositivas; atividades em grupo (seminários, estudo dirigido, dentre outros); atividades práticas (aplicação de testes, técnicas de entrevistas, observações e processo avaliativo ou psicodiagnóstico); escrita de documentos; aplicação simulada de testes (com avaliandos colaboradores). Já na pesquisa de Bardagi et al. (2015) foram apontadas como atividades práticas e de supervisão: correção e interpretação de resultados de testes; apresentação de estudos de caso; aplicação dentro e fora da sala de aula; realização de Avaliação Psicológica completa; observação de processos de avaliação; e outros tipos de atividades práticas incluindo exercícios de simulação de aplicação de instrumentos por observação em sala de espelho, discussão de estudos de caso, elaboração de documentos decorrentes de Avaliação Psicológica, construção de instrumentos e levantamento de testes aprovados pelo Satepsi.

Todos esses métodos e estratégias de ensino são possíveis de serem realizados na disciplina de Avaliação Psicológica I, de acordo e adequando ao conteúdo ministrado e às competências que estão sendo desenvolvidas nesse primeiro momento. Assim, o ensino sobre como escrever um documento advindo da Avaliação Psicológica ou como aplicar, corrigir e interpretar resultados de testes são estratégias que contemplam outros conteúdos e competências a serem desenvolvidas em disciplinas posteriores de Avaliação Psicológica, então é um tipo de atividade não indicada para Avaliação Psicológica I. Entre a variedade de métodos e estratégias, sabe-se que a aula expositiva é a principal forma de ministrar as aulas de Avaliação Psicológica, o que também é corroborado pelos estudos anteriormente citados. Para a Avaliação Psicológica I, na qual há um conteúdo teórico predominantemente mais extenso, há uma tendência para o emprego das aulas expositivas.

Conforme afirmado anteriormente, a aula é um espaço singular no qual a interlocução professor-aluno encontra lugar físico e afetivo de existência. Assim, a aula expositiva deve apresentar um planejamento lógico dos conteúdos a serem trabalhados, com objetivos previamente estabelecidos para cada dia e apresentar início, desenvolvimento e fechamento. Para tanto, Madeira (2015) indica que os momentos da aula devem tanger sobre: o objetivo inicial da aula, seu desenvolvimento com base na metodologia programada para aquele dia e o fechamento, no qual é possível que o professor analise se os conteúdos foram suficientes e os objetivos atingidos com êxito. O autor elucida que o docente tem o papel de fazer com que o aluno reflita sobre novos conteúdos, lembra que ensinamos "algo que tenha utilidade, aplicabilidade ou algo que permeie a vida do aluno, sacudindo-o por dentro, fazendo-o pensar e rever suas opiniões. Quem deu a aula revisa os pontos essenciais, fazendo uma síntese e levando à consolidação da aprendizagem. É o fecho da aula" (p. 36.019).

Por essa razão, embora muitos docentes ainda apliquem a aula expositiva de forma tradicional, exercendo inclusive um papel de poder sobre os discentes, há aqueles que as tornam dinâmicas e atraentes. Por isso a aula expositiva quando bem planejada e pensada para despertar o interesse, de fato pode ser geradora de ideias que perdurarão pela vida. Com o emprego correto das palavras, postura corporal, tom de voz, bom humor e questionamentos produtivos, a aula ultrapassa o formato impessoal de apenas reproduzir informações retiradas de fontes científicas. Nessa perspectiva, Madeira (2015) arremata afirmando que "aula não é *show* de entretenimento, mas também não é velório" (p. 36.019).

Para todos os conteúdos de Avaliação Psicológica I, a aula expositiva é uma estratégia interessante, mas recomenda-se fortemente o emprego de estratégias diversificadas para o processo de ensino e aprendizagem. Pensando por temática, descrevemos a seguir algumas possibilidades. Contudo, salientamos que estas não se esgotam, já que a criatividade pode elaborar infinitas maneiras de ensinar, compartilhar e construir conhecimento.

História da Avaliação Psicológica

Além das aulas expositivas já citadas, uma estratégia a ser utilizada é a realização de atividades em grupos, nas quais é possível dividir a turma em pequenos grupos de modo com que cada grupo fique responsável por procurar um período específico da história nacional e internacional da Avaliação Psicológica. A partir das informações previamente levantadas, para o desenvolvimento da aula, os alunos podem construir, em uma cartolina ou mesmo digitalmente, um painel que represente uma linha do tempo da Avaliação Psicológica. O fechamento da aula seria a apresentação da sequência temporal elaborada. Para isso elenca-se algumas variáveis a serem pesquisadas e exploradas pelos alunos, como os autores da época, técnicas e instrumentos desenvolvidos, polêmicas enfrentadas e principais avanços. Outra possibilidade é a de cada grupo entrar em contato com autores expoentes no cenário nacional que representem diferentes períodos da história, realizando entrevistas a serem apresentadas posteriormente em sala de aula.

Ética em Avaliação Psicológica

Nessa temática é bastante propícia a realização de seminários, nos quais a sala é dividida em grupos e cada um apresenta uma resolução normativa do CFP. No entanto, pede-se para que não seja uma apresentação literal da resolução, mas algo desenvolvido com as principais informações, em formato digital utilizando ferramentas como vídeo, ilustrações, reportagens, entre outros. Também, a partir do conhecimento das resoluções, é possível trabalhar com casos que ilustrem comportamentos éticos e os que infringem a ética na realização de uma Avaliação Psicológica para que sejam discutidos com os alunos. Uma atividade interessante é fazer um debate com parte da sala defendendo e a outra acusando um profissional psicólogo fictício, que em função de determinados comportamentos foi denunciado. Nessa direção, o professor pode pensar em um ou dois casos, contextualizá-lo, fazer um pequeno histórico da situação e a partir disso solicitar que os alunos debatam suas opiniões mediante os papéis previamente estabelecidos (defensor e acusador). Especificamente sobre a resolução de documentos escritos, apesar de não se exigir nesse momento que os alunos saibam escrever, mas sim se apropriar das informações, é sugerido que se trabalhe com um estudo de caso, como o exposto na figura 1.

Processo de Avaliação Psicológica

Para esse tópico, trabalhar estudos de casos de processos completos de Avaliação Psicológica pode favorecer a aprendizagem. Nessa ocasião, o professor distribui casos (que podem ser diferentes ou não) entre os grupos de alunos e solicita que estes identifiquem os passos da Avaliação Psicológica, os métodos, técnicas e instrumentos utilizados, bem como os cuidados em relação à demanda, população, contexto e recursos (com base no conteúdo teórico já abordado). Ao final, cada grupo deve apresentar um posicionamento crítico frente ao caso, relatando o que poderia ter sido feito de diferente para melhorar o processo de avaliação. Para as técnicas de observação e entrevista uma atividade relevante é o *role-play*, que consiste em uma representação de papéis de modo que os próprios estudantes "atuam" como o avaliador e também como o avaliado. A atividade possibilita a participação ativa dos discentes como construtores do conhecimento, ocasionando um aumento do interesse, compreensão e integração com o conteúdo apresentado.

Caso a instituição possua um serviço-escola em que sejam realizadas avaliações psicológicas, as possibilidades aumentam, sendo possível propor a observação em sala de espelho para discussão subsequente. Outra opção, caso a instituição de ensino oferte tempo hábil para a disciplina de Avaliação Psicológica I, é que o docente monte um protocolo de ensino, no qual privilegie um processo de Avaliação Psicológica do início ao fim. Desse modo, o ensino ficaria mais completo e politicamente correto. Contudo, como as realidades de ensino diferem muito entre cursos privados e públicos, sugerimos que o docente sempre preze por fazer o melhor no momento do ensino, de modo a incutir em seus alunos um espírito ético e respeitoso, que considerem sempre a dignidade e a individualidade do ser humano.

Posto isto, o docente poderá instrumentalizar o discente ao planejamento do processo avaliativo: (a) planejamento do número de sessões;

(b) entrevistas iniciais com pais (no caso de criança), entrevistas iniciais com o avaliando; entrevistas com fontes secundárias como escola no caso de crianças, outros profissionais envolvidos como fonoaudiólogos, psiquiatras, cuidadores, dentre outros; (c) seleção dos instrumentos a serem empregados na avaliação e de técnicas e recursos como jogos, dinâmicas, dentre outros; (d) compilação dos dados; (e) escrita do documento; e (f) devolutiva. Salienta-se que este caminho é sugestivo, no sentido que o docente procurará adaptá-lo de acordo com a realidade que se apresenta em sua instituição. Lembrando que seguir os princípios normativos nas resoluções e notas técnicas da área são essenciais, bem como aqueles princípios inerentes aos direitos humanos, pois estes são inegociáveis em uma Avaliação Psicológica.

Fundamentos dos testes psicológicos

Nessa parte da disciplina, uma estratégia que ajuda bastante é fazer uso de testes psicológicos e seus respectivos manuais. Para exemplificar tipos de testes, suas funções, limitações e alcances, a sala pode ser dividida em grupos de modo que cada um fique com um tipo de teste. Cada grupo deve realizar uma análise para identificar as variáveis presentes no teste e ex-plicar por que se encaixam em cada uma delas e apresentar para a sala. Ainda, ao trabalhar os conceitos psicométricos, é possível pedir para os alunos, a partir da ficha de avaliação dos testes psicológicos contida na Resolução CFP n. 9/2018, que façam um parecer do teste. Pode-se ainda realizar uma leitura crítica de um manual específico demonstrando a importância de compreendê-lo de forma integral para que o instrumento seja utilizado adequadamente no processo de Avaliação Psicológica.

Conforme fora explorado, uma importante estratégia de ensino e aprendizagem em Avaliação Psicológica I é o estudo de caso, que aparece predominantemente em diversas das sugestões salientadas neste capítulo. Ele pode ser empregado de modo que o discente possa treinar o desenvolvimento do pensamento crítico avaliativo e também a fim de que compreenda todos os passos inerentes a um processo de Avaliação Psicológica, ou seja, contemplando seu início, meio e fim. Na sequência apresentaremos a figura 1, que diz respeito a dois modelos de estudo de caso ilustrativos. Ambos podem ser empregados para se trabalhar conteúdos inerentes à escrita de documentos psicológicos em observância à Resolução CFP n. 6/2019.

Figura 1
Estudos de caso

Caso 1 – P.

Demanda: Avaliação Psicológica para fins de esclarecimentos sobre dificuldades de aprendizagem escolares em uma criança de 8 anos de idade.

Procedimentos utilizados: Entrevista com a professora e com a mãe, entrevista lúdica com a criança, aplicação de testes psicológicos, a saber: Neupsilin Infantil – Instrumento de Avaliação Neuropsicológica Breve Infantil, Escala de Maturidade Mental Colúmbia, Matrizes Progressivas Coloridas de Raven, Bateria Psicológica de Atenção – BPA, Desenho da Figura Humana – DFH, Teste de Desempenho Escolar – TDE II.

Análise – Informações qualitativas: A professora relata que P. possui um bom relacionamento com os colegas e suas maiores dificuldades escolares se referem à dificuldade de concentração. A criança é assídua e a família é participativa em sua vida escolar. Na entrevista com a mãe, esta relata um desenvolvimento típico para a idade, sem a presença de episódios que indiquem hipóteses acerca de suas dificuldades de aprendizagem. Afirma que a criança se distrai com facilidade e que nas tarefas escolares com supervisão e auxílio, apesar das dificuldades, consegue fazer. Na entrevista lúdica a criança indicou apresentar um bom relacionamento com os colegas e sentir-se apoiada por sua família. Apresenta um discurso coerente e coeso com a realidade, onde afirma perceber suas dificuldades escolares, mas que se esforça para realizá-las. Afirma que a mãe frequentemente o ajuda nas tarefas e o pai participa quando está em casa, pois trabalha bastante.

Análise – Informações quantitativas: O resultado obtido pela criança no Neupsilin Infantil indicou dificuldades acentuadas em atenção, percepção e linguagem. Na Escala de Maturidade Mental Colúmbia apresentou um resultado padrão de idade de 150, com percentil 99. Isso significa que ele superou 99% das crianças de sua idade em termos de capacidade de raciocínio geral. O instrumento também avalia o índice de maturidade mental (IM) da criança, sendo que nesta medida obteve índice acima de sua idade cronológica. No teste das Matrizes Progressivas Coloridas de Raven, o avaliando apresentou capacidade intelectual geral não verbal no percentil 75, com desempenho classificado como "acima da média". Por sua vez, na Bateria Psicológica de Atenção – BPA, a classificação geral da atenção, bem como a atenção concentrada, dividida e alternada foram consideradas como "inferior", o que corrobora as queixas apresentadas pela professora e observadas também pela mãe de P. No teste do Desenho da Figura Humana – DFH, apresenta desempenho no percentil 20, o que indica que em termos de desenvolvimento geral está um pouco abaixo da média para a sua idade. Por fim, no Teste de Desempenho Escolar – TDE II, seu desempenho foi considerado satisfatório em habilidades aritméticas e de leitura, quando comparado a crianças da mesma série escolar. Na escrita seu desempenho ficou abaixo da média.

Conclusões: Os resultados do processo de Avaliação Psicológica indicam que P. apresenta desempenho acima da média em maturidade mental, habilidades cognitivas não verbais, assim como em sua capacidade percepto-motora. Suas dificuldades encontram-se relacionadas à atenção, em todos os seus subtipos. O desempenho no DFH aponta um *déficit* no desenvolvimento, o que precisa ser melhor investigado, considerando se tratar de um instrumento sensível aos aspectos culturais e emocionais.

Encaminhamentos: De acordo com os resultados encontrados, sugerem-se que a criança frequente aulas de reforço educativo, buscando melhorar as estratégias para organização das atividades escolares e a atenção. Uma avaliação fonológica seguida de atendimento psicopedagógico também auxiliaria na superação das dificuldades apresentadas.

Atividade: Mediante as informações apresentadas no caso P., realize uma análise crítica sobre o processo, os pontos positivos e negativos na condução e possíveis sugestões de melhoria para a avaliação realizada.

Resposta: A atividade não possui respostas previamente estabelecidas, mas deve trabalhar as especificidades do laudo psicológico, bem como despertar um raciocínio analítico sobre a configuração de todo o processo de avaliação.

Caso 2 – R.

Identificação: R., 9 anos de idade.

Demanda: Encaminhamento advindo do serviço de saúde (Posto de Saúde) para avaliação de suspeita de *déficit* de atenção em uma criança de 9 anos de idade.

Explicação do caso: R. é uma criança de 9 anos; trata-se de um menino de expressão franzida e desconfiado. Após agendamento no número de telefone deixado no encaminhamento, descobriu-se que o número era de uma vizinha próxima a casa da família, portanto, era um telefone de recados, pois a família não dispunha desse dispositivo. Na primeira sessão compareceu a mãe, dona J., que relata que R. sempre foi, segundo ela, "atrasado". Afirma que é um menino com gostos simples, como brincar na rua com os meninos da vizinhança e jogar bola. Em casa assiste um pouco de televisão à noite, pois a família possui apenas um aparelho e este horário, segundo ela, é o mais disputado porque todos querem assistir. Na casa moram, ela (32 anos), uma filha de 13 (anos), R. (9 anos), um bebê de (1 ano) e seu companheiro (que seria o pai do bebê) com quem convive há aproximadamente 6 anos. Para ela, a família possui uma boa relação. A filha mais velha trabalha de babá para uma vizinha no contraturno da escola e não apresenta problemas escolares. O marido é servente de pedreiro e passa o dia fora de casa. J. lava e passa roupas para fora de modo que consegue cuidar dos dois filhos menores. Relata que a família vive com o dinheiro justo para as despesas da casa e que procuram seguir os mandamentos. Quando questionada sobre quais mandamentos, diz que é uma família crente a Deus e que cria os filhos dentro dessa perspectiva religiosa, indicando que participam ativamente de uma congregação cristã evangélica. Quando questionada sobre o nascimento de R. relata que foi um período muito conturbado, pois o primeiro companheiro (pai da filha e de R.) era muito violento e usuário de drogas, durante a gravidez sofria com a situação do companheiro e diversas vezes sofreu episódios de violência como surras e empurrões. Relata que poucos dias antes de ter R., seu ex-companheiro a trancou para fora com a filha e passaram a noite toda na rua, pois não havia como entrar na casa. Afirma que somente conseguiu sair dessa situação quando o ex-companheiro foi assassinado (nesse ponto diz que não sabe se por motivo de pagamento de dívida de drogas, ou porque "mexia" com mulher casada). A gravidez foi tumultuada e seu trabalho de parto durou 48 horas. Ela diz que não sabe ao certo, mas acha que o filho passou do ponto de nascer, pois quando nasceu teve que ser aspirado e chegou a ficar "roxinho". Relata que os primeiros anos de R. foram tranquilos, não se recorda como ele andou, mas que demorou a falar, chegou a pensar se o menino tinha algum problema, pois falou próximo aos 4 anos de idade. No mais, não se lembra de nenhum episódio significativo. Quando perguntada se já levou R. há algum médico neurologista ou neuropediatra, relata que não se recorda nem a última vez que levou R. em médico, pois ele tem "saúde de ferro". Na entrevista com a professora de R., ela relata que o aluno sempre foi um menino tímido e calado, pronuncia algumas palavras de forma errada (alguns colegas dão risadas dele, por isso evita falar) e que não consegue acompanhar as tarefas. Problemas graves de relacionamento com os colegas não tem, mas acredita que R. irá reprovar este ano, pois não está acompanhando o conteúdo.

Procedimentos utilizados: Durante as sessões com R., foram realizadas entrevistas com a mãe, visita à escola, entrevista com a professora, aplicação de testes psicológicos específicos e emprego de dinâmicas lúdicas de entrevista e interação com a criança. Assim, concluiu-se que:

Trecho da conclusão do laudo psicológico: "Considerando que após a realização da avaliação foi possível evidenciar que a criança apresenta *deficit* de atenção, como durante a interação com a criança não fica expresso outros comportamentos que justifiquem seu *deficit* de atenção, bem como a timidez, não devemos descartar que a criança, possivelmente, apresenta comportamentos relacionados à timidez e introspecção muito em razão da repressão religiosa e moral que lhe é imposta pela doutrina religiosa escolhida pela família".

Atividade: Face ao que lhe foi apresentado, indique com base na Resolução CFP n. 6/2019 se a conclusão (esse trecho) ora apresentada pela psicóloga fere algum dispositivo da referida resolução. Justifique sua resposta com base no estudo da resolução.

Respostas: Artigo 5º – Princípios técnicos; artigo 7º – Princípios éticos. É possível problematizar a questão do contexto social, o processo gestacional; as questões do próprio desenvolvimento inicial da criança. Podem ainda se ater somente aos dispositivos previstos na Resolução ou ainda concordar que o posicionamento da profissional estava correto, de modo que, se for o caso, devem apresentar elementos que justifiquem a decisão. A ideia da atividade é trabalhar não somente os limites do conteúdo do laudo psicológico, mas também despertar um raciocínio analítico.

Na sequência apresentamos uma proposta de Plano de Ensino de Avaliação Psicológica I (fig. 2). Levou-se em consideração uma estimativa para uma disciplina de 60 horas, com 30 encontros de 2 horas-aula que compreende o tempo de 50 minutos cada. O plano é exequível, mas poderá ser readequado mediante a necessidade do docente e a proposta curricular da instituição de ensino.

Figura 2
Proposta de plano de ensino para a disciplina de AP I

Plano de ensino			
Avaliação Psicológica I			
Carga horária			**Pré-requisito**
Total	**Teórica**	**Prática**	Estatística
60	40	20	
Ementa			
Aspectos históricos da Avaliação Psicológica. Ética na Avaliação Psicológica. Processo de Avaliação Psicológica. Fundamentos dos Testes Psicológicos.			

Planejamento das atividades docentes			
Bloco Aulas	**Objetivos de aprendizado que devem ser alcançados pelos estudantes**	**CH**	**Condições de ensino promovidas pelo professor da disciplina**
1 e 2	Contextualizar o histórico e apresentar a atualidade da AP internacionalmente, fazendo consistência com o marco histórico e atualidade da área no Brasil.	2h T	Aula expositiva
3 e 4	Associar os históricos e as atualidades da Avaliação Psicológica nacional e internacional.	1h T	Aula expositiva +
		1h P	atividade em grupos para elaboração da linha do tempo em AP
5 e 6	Discutir os avanços alcançados e as limitações a serem superadas na área da AP no Brasil.	1h T	Aula expositiva +
		1h P	atividade em grupos para elaboração da linha do tempo em AP
7 e 8	Discutir os princípios do Código de Ética profissional do psicólogo relacionados à AP.	2h T	Aula expositiva
9 e 10	Resolução CFP n. 9/2018 e Resolução CFP n. 16/2002	1h T	Aula expositiva +
		1h P	debate entre grupos
11 e 12	Resolução CFP n. 18/2008 e Resolução CFP n. 8/2010	1h T	Aula expositiva +
		1h P	debate entre grupos
13 e 14	Resolução CFP n. 17/2012 e Resolução CFP n. 2/2016	1h T	Aula expositiva +
		1h P	debate entre grupos

15 e 16	Resolução CFP n. 11/2018 e Resolução CFP n. 1/2019	1h T 1h P	Aula expositiva + debate entre grupos
17 e 18	Apresentar notas técnicas vigentes e materiais elaborados pelo CFP para a área e articular os preceitos dos direitos humanos ao ensino da prática de Avaliação Psicológica.	2h T	Aula expositiva
19 e 20	Apresentar e instrumentalizar ao uso do Sistema de Avaliação dos Testes Psicológicos – Satepsi.	2h T	Aula expositiva
21 e 22	Apresentar a Resolução CFP n. 6/2019 que institui regras para a elaboração de documentos escritos produzidos pela(o) psicóloga(o) no exercício profissional.	2h T	Aula expositiva
23 a 26	Fazer ensaio sobre a escrita de documentos psicológicos, e instrumentalizar o discente sobre o processo de AP e o seu produto em forma de documento escrito.	4h P	Estudo de caso + Ensaio sobre a escrita de documentos psicológicos
27 e 28	Definir e caracterizar a Avaliação Psicológica e as competências do avaliador.	2h T	Aula expositiva
29 e 30	Ensinar as etapas de um processo de Avaliação Psicológica.	2h T	Aula expositiva
31 e 32	Abordar as especificidades do processo de Avaliação Psicológica considerando a demanda, população, contexto e recursos e apresentar como se faz a integração dos dados obtidos na AP.	2h T	Aula expositiva
33 e 34	Caracterizar os aspectos teóricos que fundamentam técnicas de observação como recurso avaliativo e caracterizar os aspectos teóricos que fundamentam técnicas de entrevistas como recurso avaliativo.	1h T 1h P	Aula expositiva + *Role-play*
35 e 36	Caracterizar os aspectos teóricos que fundamentam as dinâmicas de grupo como recurso avaliativo.	1h T 1h P	Aula expositiva + atividade dinâmica em grupos
37 e 38	Definir e caracterizar teste psicológico e Discutir sobre o uso e função dos testes psicológicos na AP.	2h T	Aula expositiva
39 e 40	Ensinar sobre os tipos de testes psicológicos, suas particularidades, limites e potencialidades.	2h T	Aula expositiva
41 e 42	Ensinar sobre as diferenças e variações entre as provas psicológicas, tais como inventários, escalas, testes, dentre outros.	2h T	Aula expositiva
43 e 44	Instrumentalizar nos conhecimentos teóricos que fundamentam as medidas psicológicas, explicando o conceito de construto.	2h T	Aula expositiva
45 e 46	Possibilitar o conhecimento sobre construção e adaptação de testes, vantagens e desvantagens de cada situação.	2h T	Aula expositiva
47 e 48	Ensinar os princípios das propriedades psicométricas dos testes psicológicos (precisão).	1h T 1h P	Aula expositiva + estudo dirigido em duplas
49 e 50	Ensinar os princípios das propriedades psicométricas dos testes psicológicos (validade).	1h T 1h P	Aula expositiva + estudo dirigido em duplas
51 e 52	Ensinar os princípios das propriedades psicométricas dos testes psicológicos (padronização).	1h T 1h P	Aula expositiva + estudo dirigido em duplas
53 e 54	Ensinar os princípios das propriedades psicométricas dos testes psicológicos (normatização).	1h T 1h P	Aula expositiva + estudo dirigido em duplas
55 e 56	Ensinar a leitura para a compreensão de manuais de testes psicológicos e suas tabelas normativas.	2h T	Aula expositiva
57 a 60	Ensinar a leitura para a compreensão de manuais de testes psicológicos e suas tabelas normativas.	4h P	Análise dos manuais

Avaliação

Provas e trabalhos

A média de aprovação será a adotada pela IES (6,0). As atividades avaliativas serão especificadas na sequência:

Primeiro bimestre

Prova individual (peso 1 – valendo 0,0 a 0,7). Debates (peso 1 – valendo de 0,0 a 3,0). Nota é produto da soma das duas atividades.

Segundo bimestre

Prova individual (peso 1 – valendo 0,0 a 0,7). Ensaio de escrita (peso 1 – valendo de 0,0 a 3,0). Nota é produto da soma das duas atividades.

Terceiro bimestre

Prova individual (peso 1 – valendo de 0,0 a 10,0).

Quarto bimestre

Estudo dirigido (peso 1 – valendo 0,0 a 0,4). Análise dos manuais realizada em duplas ou individualmente (peso 1 – valendo de 0,0 a 6,0).

Bibliografia

1 Básica

Baptista, M.N., Muniz, M., Reppold, C.T., Nunes, C.H.S.S., Carvalho, L.F., Primi, R., Noronha, A.P.P., Seabra, A.G., Wechsler, S.M., & Hutz, C.S. (orgs.). (2019). *Compêndio de Avaliação Psicológica*. Vozes.

Cohen, R.J., Swerdlink, M.E., & Sturman, E.D. (2014). *Testagem e Avaliação Psicológica*: Introdução a testes e medidas. Artmed.

Damásio, B.F.; & Borsa, J.C. (2018). *Manual de desenvolvimento de instrumentos psicológicos*. Vetor.

Hutz, C.S., Bandeira, D.R., Trentini, C.M., & Krug, J.S. (2016). *Psicodiagnóstico*. Artmed.

Lins, M.R.C.; & Borsa, J. (orgs.). (2017). *Avaliação Psicológica: Aspectos teóricos e práticos*. Vozes.

Urbina, S. (2007). *Fundamentos da testagem psicológica*. Artmed.

2 Complementar

Conselho Federal de Psicologia. (2001). *Resolução CFP n. 25/2001*. Define teste psicológico como método de avaliação privativo do psicólogo e regulamenta sua elaboração, comercialização e uso. https://www.legisweb.com.br/legislacao/?id=97730

Conselho Federal de Psicologia. (2002). *Resolução CFP n. 16/2002*. Dispõe acerca do trabalho do psicólogo na Avaliação Psicológica de candidatos à Carteira Nacional de Habilitação e condutores de veículos automotores. http://site.cfp.org.br/wp-content/uploads/2002/12/resolucao2002_16.PDF

Conselho Federal de Psicologia. (2003). *Resolução CFP n. 2/2003*. Define e regulamenta o uso, a elaboração e a comercialização de testes psicológicos e revoga a Resolução CFP n. 25/2001. http://site.cfp.org.br/wp-content/uploads/2003/03/resolucao2003_02_Anexo.pdf

Conselho Federal de Psicologia. (2003). *Resolução CFP n. 7/2003*. Institui o Manual de Elaboração de Documentos Escritos produzidos pelo psicólogo, decorrentes de Avaliação Psicológica e revoga a Resolução CFP n. 17/2002.

Conselho Federal de Psicologia. (2005). *Resolução CFP n. 10/2005*. Aprova o Código de Ética Profissional do Psicólogo. http://site.cfp.org.br/wp-content/uploads/2012/07/codigo_etica.pdf

Conselho Federal de Psicologia. (2007). *Resolução CFP n. 6/2007*. Institui o Código de Processamento Disciplinar. https://site.cfp.org.br/wp-content/uploads/2012/07/Resolução-CFP-n.-006-07_timbrada-e-alterada.pdf

Conselho Federal de Psicologia. (2008). *Resolução CFP n. 18/2008*. Dispõe acerca do trabalho do psicólogo na Avaliação Psicológica para concessão de registro e/ou porte de arma de fogo. http://site.cfp.org.br/wp-content/uploads/2008/12/resolucao2008_18.pdf

Conselho Federal de Psicologia. (2009). *Resolução CFP n. 7/2009*. Revoga a Resolução CFP n. 12/2000, publicada no DOU no dia 22 de dezembro de 2000, Seção I, e institui normas e procedimentos para a Avaliação Psicológica no contexto do Trânsito. http://site.cfp.org.br/wp-content/uploads/2009/08/resolucao2009_07.pdf

Conselho Federal de Psicologia. (2010). *Resolução CFP n. 8/2010*. Dispõe sobre a atuação do psicólogo como perito e assistente técnico no Poder Judiciário. http://site.cfp.org.br/wp-content/uploads/2010/07/resolucao2010_008.pdf

Conselho Federal de Psicologia. (2011). *Resolução CFP n. 9/2011*. Altera a Resolução CFP n. 7/2009, publicada no DOU, Seção 1, do dia 31 de julho de 2009. https://site.cfp.org.br/wp-content/uploads/2011/05/resolucao2011_009.pdf

Conselho Federal de Psicologia. (2012). *Resolução CFP n. 11/2012*. Regulamenta os serviços psicológicos realizados por meios tecnológicos de comunicação a distância, o atendimento psicoterapêutico em caráter experimental e revoga a Resolução CFP n. 12/2005. https://site.cfp.org.br/wp-content/uploads/2012/07/Resoluxo_CFP_nx_011-12.pdf

Conselho Federal de Psicologia. (2012). *Resolução CFP n. 17/2012*. Dispõe sobre a atuação do psicólogo como Perito nos diversos contextos. https://site.cfp.org.br/wp-content/uploads/2013/01/Resolu%C3%A7%C3%A3o-CFP-n%C2%BA-017-122.pdf

Conselho Federal de Psicologia. (2013). *Cartilha Avaliação Psicológica*. https://goo.gl/n1tUP3

Conselho Federal de Psicologia. (2016). *Resolução CFP n. 2/2016*. Regulamenta a Avaliação Psicológica em Concurso Público e processos seletivos de natureza pública e privada e revoga a Resolução CFP n. 1/2002. https://site.cfp.org.br/wp-content/uploads/2016/04/Resolução-002-2016.pdf

Conselho Federal de Psicologia. (2016). *Resolução CFP n. 7/2016*. Institui e normatiza a mediação e outros meios de solução consensual de conflitos nos processos disciplinares éticos no Sistema Conselhos de Psicologia, regulamentando a criação de Câmara de Mediação no âmbito das comissões de ética e alterando a Resolução CFP n. 6/2007 que institui o Código de Processamento Disciplinar. https://site.cfp.org.br/wp-content/uploads/2016/08/Resolução-007-2016-assinada.pdf

Conselho Federal de Psicologia. (2018). *Resolução CFP n. 11/2018*. Regulamenta a prestação de serviços psicológicos realizados por meio de tecnologias da informação e da comunicação e revoga a Resolução CFP n. 11/2012. https://site.cfp.org.br/wp-content/uploads/2018/05/RESOLU%C3%87%C3%83O-N%C2%BA-11-DE-11-DE-MAIO-DE-2018.pdf

Conselho Federal de Psicologia. (2018). *Resolução CFP n. 9/2018*. Estabelece diretrizes para a realização de Avaliação Psicológica no exercício profissional da psicóloga e do psicólogo, regulamenta o Sistema de Avaliação de Testes Psicológicos – Satepsi e revoga as resoluções n. 2/2003, n. 6/2004 e n. 5/2012 e notas técnicas n. 1/2017 e 2/2017. https://site.cfp.org.br/wp-content/uploads/2018/04/Resolu%C3%A7%C3%A3o-CFP-n%C2%BA-09-2018-com-anexo.pdf

Conselho Federal de Psicologia. (2018). *Resolução CFP n. 9/2018*. Estabelece diretrizes para a realização de Avaliação Psicológica no exercício profissional da psicóloga e do psicólogo, regulamenta o Sistema de Avaliação de Testes Psicológicos – Satepsi e revoga as resoluções n. 2/2003, n. 6/2004 e n. 5/2012 e notas técnicas n. 1/2017 e 2/2017. https://site.cfp.org.br/wp-content/uploads/2018/04/Resolu%C3%A7%C3%A3o-CFP-n%C2%BA-09-2018-com-anexo.pdf

Conselho Federal de Psicologia. (2019). *Resolução CFP n. 6/2019*. Institui regras para a elaboração de documentos escritos produzidos pela(o) psicóloga(o) no exercício profissional e revoga a Resolução CFP n. 15/1996, a Resolução CFP n. 7/2003 e a Resolução CFP n. 4/2019. https://atosoficiais.com.br/cfp/resolucao-do-exercicio-profissional-n-6-2019-institui-regras-para-a-elaboracao-de-documentos-escritos-produzidos-pela-o-psicologa-o-no-exercicio-profissional-e-revoga-a-resolucao-cfp-no-15-1996-a-resolucao-cfp-no-07-2003-e-a-resolucao-cfp-no-04-2019?q=006/2019

Muniz, M. (2018). Ética na Avaliação Psicológica: Velhas questões, novas reflexões. *Psicologia Ciência e Profissão, 38*(spe), 133-146. http://dx.doi.org/10.1590/1982-3703000209682

Wechsler, S.M., Hutz, C.S., & Primi, R. (2019). O desenvolvimento da Avaliação Psicológica no Brasil: Avanços históricos e desafios. *Avaliação Psicológica, 18*(2), 121-128. http://dx.doi.org/10.15689/ap.2019.1802.15466.02

Considerações finais

Este capítulo teve a pretensão de contribuir para a formação do futuro psicólogo que, em sua prática, fará uso da Avaliação Psicológica como um processo necessário para suas intervenções. A proposta aqui apresentada é uma sugestão do que e como o professor de Avaliação Psicológica pode ensinar na primeira disciplina a ser ministrada nessa temática. O professor que fizer uso das informações deste capítulo deve analisá-lo e aplicá-lo de acordo com sua realidade institucional. Entendemos que o conteúdo indicado para Avaliação Psicológica I não é estanque, perfazendo com que demais temáticas possam ser inseridas a depender dos recursos e tempo hábil do professor.

No mais, é importante destacar que todas as disciplinas de Avaliação Psicológica apresentadas neste livro contemplam um grupo de conteúdos necessários a serem aprendidos para que o futuro psicólogo desenvolva um repertório mínimo mas sólido a fim de dar continuidade ao desenvolvimento das competências por meio da formação continuada. Tal fato é imprescindível, uma vez que somente as disciplinas de graduação não conseguem abarcar todo o conhecimento e prática importantes para a realização de uma Avaliação Psicológica com exímia qualidade, possibilitando também um melhor preparo para este profissional, e caso queira, no futuro, também obter a Especialidade em Avaliação Psicológica pelo Conselho Federal de Psicologia (Resolução CFP n. 18/2019).

Referências

Ambiel, R.A.M., Zuanazzi, A.C., Sette, C.P., Costa, A.R.L., & Cunha, F.A. (2019). Análise das ementas de disciplinas de Avaliação Psicológica: Novos tempos, velhas questões. *Avaliação Psicológica, 18*(1), 21-30. https://dx.doi.org/10.15689/ap.2019.1801.15229.03

Anache, A.A., & Reppold, C.T. (2010). Avaliação Psicológica: Implicações éticas. In A.A. Santos, A.A. Anache, A.E. Villemor-Amaral, B.S.V. Welang, C.T. Reppold, C.H.S. Nunes et al. (orgs.), *Avaliação Psicológica: Diretrizes para a regulamentação da profissão* (pp. 57-86). Conselho Federal de Psicologia.

Bardagi, M.P., Bizarro, L., Andrade, A.M.J., Audibert, A., & Lassance, M.C.P. (2008). Avaliação da formação e trajetória profissional na perspectiva de egressos de um curso de Psicologia. *Psicologia: Ciência e Profissão, 28*(2), 304-315. https://doi.org/10.1590/S1414-98932008000200007

Bardagi, M.P., Teixeira, M.A.P., Segabinazi, J.D., Schelini, P.W., & Nascimento, E. (2015). Ensino de Avaliação Psicológica no Brasil: Levantamento com docentes de diferentes regiões. *Avaliação Psicológica, 14*(2), 253-260. https://doi.org/10.15689/ap.2015.1402.10

Conselho Federal de Psicologia. (2018). *Resolução CFP n. 9/2018*. Estabelece diretrizes para a realização de Avaliação Psicológica no exercício profissional da psicóloga e do psicólogo, regulamenta o Sistema de Avaliação de Testes Psicológicos – Satepsi e revoga as resoluções n. 2/2003, n. 6/2004 e n. 5/2012 e notas técnicas n. 1/2017 e 2/2017. https://site.cfp.org.br/wp-content/uploads/2018/04/Resolu%C3%A7%C3%A3o-CFP-n%C2%BA-09-2018-com-anexo.pdf

Conselho Federal de Psicologia. (2019). *Nota Técnica CFP n. 7/2019*. Orienta psicólogas(os) sobre a utilização de testes psicológicos em serviços realizados por meio de tecnologias de informação e da comunicação. http://satepsi.cfp.org.br/docs/NotaTecnicaCFP072019.pdf

Conselho Federal de Psicologia. (2019). *Resolução CFP n. 18/2019*. Reconhece a Avaliação Psicológica como especialidade da Psicologia e altera a Resolução CFP n. 13, de 14 de setembro de 2007, que institui a Consolidação das Resoluções relativas ao Título Profissional de Especialista em Psicologia. https://atosoficiais.com.br/cfp/resolucao-do-exercicio-profissional-n-18-2019-reconhece-a-avaliacao-psicologica-como-especialidade-da-psicologia-e-altera-a-resolucao-cfp-no-13-de-14-de-setembro-de-2007-que-institui-a-consolidacao-das-resolucoes-relativas-ao-titulo-profissional-de-especialista-em-psicologia

Conselho Federal de Psicologia. (2020a). *Cartilha de boas práticas para Avaliação Psicológica em contexto de pandemia*. https://site.cfp.org.br/cfp-lanca-cartilha-com-recomendacoes-para-avaliacao-psicologica-durante-a-pandemia-da-covid-19/

Conselho Federal de Psicologia. (2020b, 30 mar.). *Nota Orientativa sobre ensino da Avaliação Psicológica em modalidade remota no contexto da pandemia de Covid-19*. https://site.cfp.org.br/nota-orientativa-sobre-ensino-da-avaliacao-psicologica-em-modalidade-remota-no-contexto-da-pandemia-de-covid-19/

Frizzo, N.P. (2004). *Infrações éticas, formação e exercício profissional em psicologia* [Dissertação de mestrado, Universidade Federal de Santa Catarina]. https://repositorio.ufsc.br/xmlui/bitstream/handle/123456789/87647/213156.pdf?sequence=1&isAllowed=y

Madeira, M.C. (2015). Situações em que a aula expositiva ganha eficácia. In XII Congresso Nacional de Educação. *Formação e trabalho docente* (pp. 36.018-36.019). Curitiba.

Mendes, L.S., Nakano, T.C., Silva, I.B., & Sampaio, M.H.L. (2013). Conceitos de Avaliação Psicológica: Conhecimento de estudantes e profissionais. *Psicologia: Ciência e Profissão, 33*(2), 428-445. https://doi.org/10.1590/S1414-98932013000200013

Muniz, M. (2017). Competências e cuidados para a administração da Avaliação Psicológica e dos testes psicológicos. In M.R.C. Lins & J.C. Borsa (orgs.), *Avaliação Psicológica: Aspectos teóricos e práticos* (100-114). Vozes.

Muniz, M. (2018). Ética na Avaliação Psicológica: Velhas questões, novas reflexões. *Psicologia Ciência e Profissão, 38*(spe), 133-146. https://doi.org/10.1590/1982-3703000209682

Nakano, T.C., & Alves, R.J.R. (2019). Avaliação Psicológica no Brasil. In M.N. Baptista, M. Muniz, C.T. Reppold, C.H.S.S. Nunes, L.F. Carvalho, R. Primi, A.P.P. Noronha, A.G. Seabra, S.M. Wechsler, C.S. Hutz & L. Pasquali (orgs.), *Compêndio de Avaliação Psicológica* (pp. 122-132). Vozes.

Noronha, A.P.P., Castro, N.R., Ottati, F., Barros, M.V.C., & Santana, P.R. (2013). Conteúdos e metodologias de ensino de Avaliação Psicológica: Um estudo com professores. *Paidéia, 23*(54), 129-139. https://doi.org/10.1590/1982-43272354201315

Noronha, A.P.P., Ziviani, C., Hutz, C.S., Bandeira, D.R., Custódio, E.M., Alves, I.B., Alchieri, J.C., Borges, L.O., Pasquali, L., Primi, R., & Domingues, S. (2002). Em defesa da Avaliação Psicológica. *Avaliação Psicológica, 1*(2), 173-174. http://pepsic.bvsalud.org/scielo.php?script=sci_arttext&pid=S1677-04712002000200010

Nunes, M.F.O., Muniz, M., Reppold, C.T., Faiad, C., Bueno, J.M.H., & Noronha, A.P.P. (2012). Diretrizes para o ensino de Avaliação Psicológica. *Avaliação Psicológica, 11*(2), 309-316. http://pepsic.bvsalud.org/scielo.php?script=sci_arttext&pid=S1677-04712012000200016&lng=pt

Padilha, S., Noronha, A.P.P., & Fagan, C.Z. (2007). Instrumentos de Avaliação Psicológica: Uso e parecer de psicólogos. *Avaliação Psicológica, 6*(1), 69-76. http://pepsic.bvsalud.org/scielo.php?script=sci_arttext&pid=S1677-04712007000100009

Sá, E.F., Quadros, A.L., Montimer, E.F., Silva, P.S., & Talim, S.L. (2017). As aulas de graduação em uma universidade pública federal: Planejamento, estratégias didáticas e engajamento dos estudantes. *Revista Brasileira de Educação, 22*(70), 626-650. https://doi.org/10.1590/s1413-24782017227032

Wechsler, S.M. (2019). Ética na Avaliação Psicológica: Uma perspectiva internacional. In M.N. Baptista, M. Muniz, C.T. Reppold, C.H.S.S. Nunes, L.F. Carvalho, R. Primi, A.P.P. Noronha, A.G. Seabra, S.M. Wechsler, C.S. Hutz & L. Pasquali (orgs.), *Compêndio de Avaliação Psicológica* (152-159). Vozes.

Zaia, P., Oliveira, K.S., & Nakano, T.C. (2018). Análise dos processos éticos publicados no Jornal do Federal. *Psicologia: Ciência e Profissão, 38*(1), 8-21. https://doi.org/10.1590/1982-3703003532016

7
O que ensinar na disciplina de Avaliação Psicológica II?

Marcelo Henrique Oliveira Henklain
Universidade Federal de Roraima

Patrícia Waltz Schelini
Universidade Federal de São Carlos

Highlights
- Disciplina de Avaliação Psicológica II com ênfase na inteligência.
- Objetivos de uma disciplina de Avaliação Psicológica II.
- Facilitadores do aprendizado: exemplos de atividades.
- Proposta de um plano de ensino de Avaliação Psicológica II.

Este capítulo possui duas finalidades: (a) propor objetivos de aprendizado para a disciplina de Avaliação Psicológica II (APII), e (b) apresentar recursos que auxiliem o professor a alcançá-los. A leitura deste texto não exime o professor de buscar uma capacitação consistente em Avaliação Psicológica para que, então, esteja apto a ministrar a disciplina. O capítulo tem o potencial de beneficiar docentes que, conhecendo a Avaliação Psicológica, desejem refletir sobre e aperfeiçoar as suas práticas de ensino.

Em um primeiro momento, apresentaremos uma espécie de exame dos objetivos que devem compor a disciplina de APII. Na sequência, passaremos à descrição desses objetivos. Por fim, indicaremos alguns recursos que poderão auxiliar docentes a aperfeiçoarem o arranjo de condições de ensino em APII, sendo que, neste momento, também faremos algumas considerações sobre adaptações das condições de ensino para o contexto do chamado ensino remoto emergencial. Ele foi proposto como uma forma de os educadores lidarem com a necessidade de realizar um ensino que, pelo menos, minimize prejuízos e favoreça o aprendizado, mesmo no contexto de distanciamento social em função da pandemia por Covid-19 (para uma discussão sobre ensino e gestão de instituições de Ensino Superior, cf. Gusso et al., no prelo).

O que contemplar na disciplina de Avaliação Psicológica II?

Afinal, por qual motivo é importante saber realizar avaliações psicológicas? Por que adquirir essa habilidade permite ao psicólogo atenuar ou resolver demandas da sociedade? O motivo é que o psicólogo não possui respostas prontas. Logo, ele precisa de um conhecimento do sujeito, grupo ou instituição que o procura para melhor compreender a demanda e, assim, decidir de forma fundamentada por uma intervenção.

O psicólogo que não sabe avaliar coloca em risco o seu cliente, reduzindo as próprias chances de identificar intervenções apropriadas que ajudem na solução de problemas. E como poderia ser diferente? Se o psicólogo não buscou conhecer o problema e a pessoa diante de si, qualquer acerto que tenha alcançado – se alcançar – terá sido mero acaso.

A formação nas disciplinas de Avaliação Psicológica está diretamente relacionada com a preparação necessária para que o psicólogo tenha uma atuação ética, cientificamente orientada e com alta probabilidade de ser efetiva. A disciplina de Avaliação Psicológica I, nesse contexto, deve capacitar o aluno a definir o que é avaliar, a identificar a importância desse processo e os contextos em que pode ocorrer, a descrever os processos que compõem uma avaliação e, entre outros comportamentos, deve servir como uma oportunidade para a aquisição de um repertório básico sobre psicometria. No limite, o mínimo esperado de um estudante de Psicologia é que consiga compreender o vocabulário técnico da Avaliação Psicológica ao final da disciplina de API.

Essa compreensão significa, por exemplo, estar apto a ler o manual de um teste de modo que consiga julgar se um instrumento possui evidências psicométricas favoráveis para determinado uso. Significa também ser capaz de ler um artigo e avaliar em que medida as evidências são suficientes para sustentar que determinada intervenção foi ou não efetiva, condição para decidir se passará a adotá-la em sua prática profissional. Assim, seria possível dizer que em Avaliação Psicológica I existe uma preocupação de que o estudante adquira um repertório conceitual.

A disciplina de APII, por sua vez, consiste em uma oportunidade de ampliação desse repertório técnico básico, que poderia ser brevemente ilustrado por verbos como definir, caracterizar, descrever, relacionar, identificar, diferenciar e assim por diante. Não obstante, APII deve ir além, incluindo o início da aquisição de comportamentos profissionais para a atuação em contexto aplicado. Ou seja, trata-se de aprender como agir enquanto profissional quando for preciso iniciar uma avaliação.

Mais especificamente, significa saber como proceder tecnicamente diante de uma pessoa que apresente uma queixa de dificuldade em estudar, por exemplo. O problema é que o tempo no curso de graduação é limitado. Não há como capacitar o psicólogo a agir diante de todas as situações que possam aparecer em todos os contextos de atuação da Psicologia. Como o professor pode selecionar o que ensinar em APII?

Muitas pesquisas em Avaliação Psicológica, considerando que o tempo de graduação é escasso, têm se preocupado em propor o que deve ser aprendido em uma graduação e quais fenômenos psicológicos são cruciais de serem estudados e que o psicólogo deve, minimamente, saber avaliar (*e. g.*, Muniz, 2017; Gouveia, 2018; Ambiel et al., 2019). Um dos principais estudos nesse sentido foi desenvolvido por Nunes et al. (2012). Os autores propõem diretrizes para a capacitação em Avaliação Psicológica e identificam dois fenômenos psicológicos básicos: personalidade e inteligência. Eles são básicos porque estão associados a muitos outros fenômenos estudados em Psicologia.

De modo genérico, o termo "personalidade" parece ser usado por psicólogos para referir-se às características distintivas de cada pessoa em termos de seus padrões de cognições, sentimentos e condutas (Banaco et al., 2012). A personalidade se refere a como nos comportamos, especialmente, aquilo que fazemos com certa regularidade. De modo geral, podemos entender que as teorias da personalidade, por sua vez, estão ocupadas em categorizar conjuntos de padrões de comportamento e razões que justificam que uma pessoa se comporte de determinada forma.

A partir da definição apresentada, nota-se porque o estudo da personalidade é tão básico e precisa ser contemplado nas disciplinas de Avaliação Psicológica. Ocorre que caracterizar o jeito de ser de uma pessoa e explicar por que ela age como age, consiste no núcleo do empreendimento científico abraçado pela Psicologia (Andrade, 2008). A inteligência, por sua vez, não é menos importante, sendo, aliás, compreendida como um dos componentes da personalidade humana (cf. Pasquali, 2005).

Genericamente, a inteligência pode ser compreendida como um conjunto de habilidades que estariam associadas à capacidade de adaptação e sobrevivência, envolvendo comportamentos de planejar como lidar com determinadas situações, resolver problemas e aprender (Campos et al., 2019). Esse conceito parece ser usado para falar de ações bem-sucedidas em situações que envolvem algum grau de novidade e que requerem algum grau de esforço da pessoa para que obtenha sucesso. Em um exame conceitual sobre a inteligência, Oliveira-Castro e Oliveira-Castro (2001) concluíram que esse termo tem uma função adverbial na linguagem, ou seja, tem a função de modificar ou conferir maior precisão a outras palavras que estejam fazendo referência ao modo como as pessoas se comportam. Esses pesquisadores explicam que:

> [...] descrevemos como inteligentes aquelas ações desempenhadas com sucesso e que representam exercício de alguma habilidade da pessoa, no sentido de saber como realizar algo muito bem. [...] o uso típico do conceito envolve um desempenho bem-sucedido em situações com algum tipo de novidade, pois a mera repetição de ações já estabelecidas dificilmente seria descrita como inteligente (Oliveira-Castro & Oliveira-Castro, 2001, p. 259).

É importante lembrar que o sucesso ou fracasso em uma tarefa depende de critérios, os quais, muitas vezes, são estabelecidos socialmente. Isso significa que o que é ou não considerado sucesso pode variar ao longo do tempo. Não obstante, a noção de inteligência tem alto grau de utilidade e funciona como um resumo relativo às habilidades de uma pessoa em determinadas circunstâncias. Dizer que João é inteligente para Matemática fornece, pelo menos, duas informações: (a) que no passado João foi bem-sucedido em atividades de Matemática e que elas continham algum aspecto de novidade. João não obteve sucesso por mero acaso, chute ou por colar de alguém. Ele apresentou um desempenho consistente nessa disciplina; (b) provavelmente, se João for novamente exposto a uma prova de Matemática, ele voltará a apresentar um bom desempenho. Assim, avaliar a inteligência nos leva a outra questão central para a Psicologia relacionada à nossa adaptação à vida, incluindo atributos como a velocidade e a qualidade dessa adaptação.

Os conceitos brevemente apresentados de personalidade e inteligência devem ter sido suficientes para mostrar por que são básicos para a Psicologia e, assim, justificar que o psicólogo precisa, no mínimo, ter adquirido comportamentos profissionais para avaliar personalidade e inteligência. Em relação à disciplina de Avaliação Psicológica II sugere-se o ensino em relação à inteligência. Na seção seguinte discorremos sobre a caracterização dos comportamentos profissionais que devem ser aprendidos em APII, considerando o construto inteligência.

Proposição de objetivos de aprendizado da disciplina de Avaliação Psicológica II

Nunes et al. (2012) sugerem o seguinte conteúdo programático para APII:

1 Fundamentação teórica de testes psicométricos para a avaliação cognitiva/intelectual

2 Instrumentos psicológicos para avaliação de fenômenos humanos de ordem cognitiva/intelectual, em diferentes contextos e para diferentes públicos-alvo

3 Administração, correção, interpretação e redação de resultados de testes psicológicos e outras técnicas de avaliação cognitiva/intelectual

Com relação a esses itens propomos, partindo do estudo supracitado e das considerações sobre a avaliação da inteligência feitas por Campos et al. (2019), que o professor deve criar condições de ensino para favorecer o aprendizado dos comportamentos profissionais que se seguem. Além disso, deve, por meio de condições de avaliação do desempenho acadêmico, evidenciar que o estudante se tornou apto a apresentar tais comportamentos, a saber:

1 Descrever o conceito de inteligência a partir de seus aspectos nucleares, tais como relação com fenômenos e processos sociais, eficácia, novidade, adaptação e aprendizado

2 Caracterizar contribuições teóricas de Alfred Binet ao estudo da inteligência

2.1 Descrever como foi realizado o primeiro cálculo do Quociente de Inteligência (QI), tal como incorporado na Escala Stanford-Binet

2.2 Caracterizar as contribuições de Lewis Terman ao estudo do QI tendo por base a escala desenvolvida por Alfred Binet e Théodore Simon

2.3 Descrever como o cálculo do QI é realizado atualmente

2.4 Descrever como o conceito e avaliação da inteligência propostos por Binet ainda influenciam teorias e testes atuais

2.5 Identificar argumentos favoráveis e desfavoráveis às teses de Binet sobre inteligência

3 Caracterizar contribuições teóricas de Charles Spearman ao estudo da inteligência, especialmente à corrente psicométrica

3.1 Caracterizar o conceito de fator G

3.2 Descrever como o conceito de fator G ainda influencia teorias atuais sobre inteligência

3.3 Identificar argumentos favoráveis e desfavoráveis à tese do fator G

4 Caracterizar contribuições teóricas de Raymond Cattell ao estudo da corrente psicométrica da inteligência

4.1 Caracterizar o conceito de inteligência fluida

4.2 Caracterizar o conceito de inteligência cristalizada

4.3 Descrever como os conceitos de inteligência fluida e cristalizada ainda influenciam teorias atuais sobre inteligência

4.4 Identificar argumentos favoráveis e desfavoráveis à teoria de Cattell

5 Caracterizar contribuições teóricas de John Horn ao estudo da corrente psicométrica da inteligência

5.1 Caracterizar os conceitos de processamento visual e auditivo

5.2 Caracterizar os conceitos de memória de curto e longo prazos

5.3 Caracterizar os conceitos de velocidade de processamento e de decisão

5.4 Caracterizar o conceito de conhecimento quantitativo

5.5 Descrever como os conceitos de Horn ainda influenciam teorias atuais sobre inteligência

5.6 Identificar argumentos favoráveis e desfavoráveis à teoria de Horn

6 Caracterizar contribuições teóricas de John Carroll ao estudo da corrente psicométrica da inteligência

6.1 Caracterizar a teoria dos três estratos

6.2 Descrever como os conceitos de Carroll ainda influenciam teorias atuais sobre inteligência

6.3 Identificar argumentos favoráveis e desfavoráveis à teoria de Carroll

7 Caracterizar o Modelo Cattell-Horn-Carroll (CHC), desenvolvido por Kevin McGrew e Dawn Flanagan a partir de contribuições de Spearman, Cattell, Horn e Carroll

7.1 Caracterizar o Modelo CHC

7.2 Identificar tarefas que operacionalizam os diferentes atributos da inteligência previstos no Modelo CHC

7.3 Descrever como os conceitos do Modelo CHC ainda influenciam teorias atuais sobre inteligência

7.4 Identificar argumentos favoráveis e desfavoráveis ao Modelo CHC

8 Identificar instrumentos com parecer favorável pelo Satepsi para medida da inteligência

8.1 Identificar modelos de inteligência adotados por esses instrumentos

9 Caracterizar processos cognitivos básicos segundo a perspectiva teórica da Psicologia Cognitiva e estratégias de mensuração

9.1 Caracterizar atenção

9.2 Caracterizar percepção

9.3 Caracterizar categorização

9.4 Caracterizar memória

9.5 Caracterizar linguagem

9.6 Caracterizar raciocínio lógico

9.7 Relacionar as habilidades intelectuais descritas pela corrente psicométrica, em especial pelo Modelo Cattell-Horn-Carroll, aos processos cognitivos

10 Caracterizar a crítica às explicações tautológicas baseadas em resultados de instrumentos de inteligência

10.1 Definir o conceito de tautologia

10.2 Identificar explicações tautológicas baseadas em testes de inteligência (exemplo, a criança tem dificuldades de aprendizado porque não é inteligente, e sabe-se que não é inteligente porque tem dificuldades de aprendizado)

10.3 Descrever consequências adversas das explicações tautológicas em termos do sucesso de uma Avaliação Psicológica (p. ex., o psicólogo não fica atento aos condicionantes históricos e sociais, bem como às práticas de ensino adotadas na escola, possivelmente relacionadas às dificuldades de aprendizado) (cf. Patto, 1997)

11 Analisar teste de inteligência aprovado pelo Satepsi a partir do seu manual (*e. g.*, WISC-IV, Matrizes Progressivas Coloridas de Raven, G-36 e G-38, BPR-5)

11.1 Avaliar evidências psicométricas disponíveis para o instrumento cujo manual foi analisado

11.1.1 Identificar limitações do instrumento e possíveis usos

11.2 Registrar as principais informações para a aplicação, correção e interpretação da medida estudada

12 Aplicar teste de inteligência cujo manual foi estudado em contexto de treino

12.1 Corrigir o instrumento aplicado

12.2 Interpretar os resultados do instrumento aplicado

13 Planejar Avaliação Psicológica da inteligência em contexto clínico envolvendo coleta de dados com cliente adulto por meio de testagem e entrevista

13.1 Definir o objetivo da avaliação como a caracterização da inteligência do cliente ou do seu perfil cognitivo

13.2 Planejar sessão para estabelecimento de *rapport* e contrato de trabalho com o cliente e realização de anamnese

13.2.1 Caracterizar comportamentos envolvidos no estabelecimento de *rapport*

13.2.2 Formular estratégia de *rapport* com base na caracterização feita e em informações como idade do cliente, local e tempo da avaliação

13.2.3 Redigir cláusulas do contrato de trabalho seguindo os preceitos éticos de respeito, justiça, beneficência e nos direitos humanos

13.2.4 Selecionar itens para a realização da anamnese

13.3 Planejar sessão para aplicação da técnica de entrevista e testagem

13.4 Selecionar itens para a entrevista considerando características como idade, local de realização da avaliação, tempo disponível e objetivo

13.5 Selecionar medida de inteligência a ser utilizada considerando aprovação do Satepsi, domínio do manual do teste e características como idade, domínio da linguagem, local de realização da avaliação, tempo disponível e objetivo

13.6 Planejar sessão para aplicação do teste psicológico selecionado

14 Conduzir processo de Avaliação Psicológica da inteligência

14.1 Conduzir primeira sessão envolvendo apresentação do contrato de trabalho, estabelecimento de *rapport* e aplicação da anamnese

14.2 Aplicar teste de inteligência segundo padrões previstos no manual do instrumento

14.3 Aperfeiçoar entrevista com base nos resultados do teste de inteligência

14.4 Aplicar entrevista desenvolvida

14.4.1 Corrigir medida de inteligência segundo padrões previstos no manual do instrumento

14.4.2 Interpretar resultados da medida de inteligência segundo padrões previstos no manual do instrumento e de forma compatível com outros dados disponíveis sobre a pessoa avaliada

14.5 Redigir interpretação dos resultados obtidos observando as normas do Código de Ética Profissional do Psicólogo (CFP, 2005), a Resolução CFP n. 9/2018 sobre Avaliação Psicológica e as diretrizes da Resolução CFP n. 6/2019 sobre documentos escritos produzidos por psicólogos

14.6 Planejar sessão de encerramento da Avaliação Psicológica com devolutiva

14.6.1 Comunicar resultados decorrentes do processo avaliativo para o cliente

14.7 Realizar encaminhamentos necessários ao término do processo avaliativo com base nos resultados obtidos e nas orientações do professor de modo que, por exemplo, casos cuja gravidade requeira atendimento especializado não fiquem sem a devida atenção profissional

Importa destacar que, no objetivo 13, propusemos, como objetivo mínimo, o aprendizado de como realizar uma Avaliação Psicológica da inteligência com adultos. Essa escolha foi tomada considerando que os estudantes têm mais acesso a adultos, os próprios colegas de curso e de universidade, do que a crianças e adolescentes. Além disso, os procedimentos éticos com adultos são mais simples do que com outras populações, o que tende a facilitar o manejo da disciplina pelo docente e o alcance dos objetivos por parte dos estudantes. Contudo, se o professor tiver razões para optar por uma Avaliação Psicológica da inteligência com crianças, por exemplo, ou se tiver condições de desenvolver as duas avaliações, seria importante incluir, no caso de crianças e adolescentes, os seguintes comportamentos-objetivo: (a) Planejar sessão para estabelecimento de contrato de trabalho e realização de anamnese com os pais ou responsáveis; (b) Realizar sessão de definição do contrato de trabalho e anamnese; (c) Planejar sessão de estabelecimento de *rapport* e observação da criança/adolescente; (d) Realizar sessão de observação do cliente, envolvendo estabelecimento do *rapport*.

Foram apresentados 14 comportamentos gerais, alguns deles decompostos em comportamentos mais específicos para aumentar o grau de clareza sobre o que deve ser aprendido. Ao todo foram descritos 74 comportamentos profissionais. A pergunta que surge é se essa caracterização é suficiente para dizer o que um estudante de Psicologia precisa aprender em APII. Essa é uma questão a ser avaliada tanto em termos teóricos quanto empíricos por pesquisadores e professores de Avaliação Psicológica. De todo modo, a presente caracterização amplia a clareza sobre os comportamentos profissionais que devem ser aprendidos por estudantes de Psicologia e ilustra o tipo de conhecimento que um professor deveria ter antes de pensar em planejar condições de ensino e de avaliação.

Sugestões de condições de ensino para facilitar o aprendizado em Avaliação Psicológica II

As aulas expositivas podem ser recursos úteis para apresentar muita informação, sobretudo, de natureza conceitual e histórica em um curto espaço de tempo, bem como para relacionar informações e apresentar vantagens e desvantagens de teorias. Contudo, é fundamental que o professor crie exercícios que permitam aos estudantes efetivamente caracterizar, descrever e identificar processos, pois a aula expositiva por si só não garante o desenvolvimento desses comportamentos.

Nesses exercícios é fundamental que os estudantes recebam consequências informativas sobre o seu desempenho. Quanto menor o espaço de tempo entre a realização da atividade e o acesso à consequência, melhor. Uma ideia é criar tarefas em formulários on-line, como o Google Formulários ou a ferramenta de questionários do

Moodle, que permitem a exibição de *feedbacks* para as respostas fornecidas tão logo o estudante faça o envio das suas respostas.

Para o caso específico do Google Formulários, a figura 1 exibe um item no qual o comportamento avaliado é o de "identificar instrumento de inteligência com evidência favorável de validade da estrutura interna". Um erro está sendo simulado de modo a mostrar que não só a resposta errada foi indicada, como também é possível fornecer uma explicação por escrito sobre o motivo que fez a alternativa escolhida ser a errada. Também poderia ser fornecido *feedback* em caso de acerto, explicando o que torna a alternativa escolhida correta e a outra errada.

Aliás, o professor pode vincular ao formulário videoaulas que complementem algum conceito ou que permitam que o estudante revise informações que foram apresentadas em sala de aula, caso ele tenha cometido muitos erros. Para a gravação das videoaulas sugerimos que o docente comece apenas gravando a tela do seu computador com *slides* e sua voz. O intuito aqui é proteger a imagem do docente de eventuais usos indevidos e lidar com casos nos quais o professor sinta-se desconfortável de colocar vídeos seus na internet.

Para a gravação da tela do computador e do áudio, sugerimos o uso do software gratuito OBS Studio (do inglês, Open Broadcaster Software), disponível para Windows, Mac e Linux sob a licença GNU General Public License v2.0 (consultar em https://obsproject.com/pt-br/download). Os vídeos produzidos podem ser armazenados gratuitamente no YouTube a partir de uma conta que o docente possua no Gmail, também necessária para a criação de formulários no Google. Os vídeos colocados no YouTube não precisam ficar visíveis para quaisquer usuários na internet. Eles podem ser configurados como "Não listados" para que só possam ser acessados por quem tiver o link fornecido pelo professor.

Figura 1

Exemplo de estratégia para favorecer o desenvolvimento de comportamentos conceituais na disciplina de Avaliação Psicológica II

Visualização dos resultados

X Possuo dois testes que medem inteligência: TIA e TIB. Ambos medem 0/1 inteligência cristalizada e fluida, e possuem apenas 4 itens, sendo dois de cada fator: F1 com Itens 1 e 2; F2 com Itens 3 e 4. As cargas fatoriais, que precisam estar acima de 0,3, foram as seguintes para o TIA: F1 --> Item 1 = 0,3; Item 2 = 0,29; Item 3 = 0,4; Item 4 = 0,5; F2 --> Item 1 = 0,4; Item 2 = 0,5; Item 3 = 0,6; Item 4 = 0,7. As cargas do TIB foram: F1 --> I1 = 0,45; I2 = 0,7; I3 = 0,28; I4 = 0,1; F2 --> I1 = 0,2; I2 = 0,1; I3 = 0,8; I4 = 0,74. Qual desses dois instrumentos apresentou evidência favorável de validade de construto segundo a Análise Fatorial? *

⦿ TIA ✕

◯ TIB

Resposta correta

⦿ TIB

Feedback

O TIB é a resposta correta porque ele atingiu os padrões de carga fatorial esperados. Os itens que não foram pensados para o Fator 1 não podem carregar nele como ocorreu no TIA. Também não pode ocorrer de os itens que deveriam carregar não apresentarem carga fatorial maior ou igual a 0,3. Agora é normal que itens que não deveriam carregar seja no Fator 1 ou no Fator 2 apresentem carga fatorial abaixo de 0,3.

A leitura também é útil e importante para o psicólogo. Inclusive, ela poderá servir de subsídio para que o profissional redija documentos com melhor fundamentação. É preciso, porém, avaliar se o volume de leitura não é superior ao que os alunos conseguem gerenciar considerando as demais disciplinas que possuem. Esse cuidado é especialmente importante no caso do de ensino remoto emergencial. Textos mais diretos e com exemplos podem ser preferíveis a depender do comportamento a ser desenvolvido. Materiais com exercícios são especialmente interessantes.

Um texto recente e bastante informativo para a caracterização dos diversos modelos sobre inteligência foi produzido por Campos et al. (2019, consultar informações completas sobre o texto na lista de referências). Para o desenvolvimento de um repertório crítico em relação ao conceito de inteligência, sugerimos também Pasquali (2005) e Oliveira-Castro e Oliveira-Castro (2001).

Outra sugestão é a aquisição do livro "Avaliação Psicológica da Inteligência e da Personalidade", organizado por Cláudio Hutz, Denise Bandeira e Clarissa Trentini, publicado pela Artmed. Esse livro faz parte de uma coleção dessa editora sobre Avaliação Psicológica que tem sido utilizada com sucesso por professores de graduação.

Em relação a instrumentos para uso na disciplina, um dos mais relevantes no que diz respeito à avaliação da inteligência é o WISC-IV (Kaufman et al., 2016), para crianças e adolescentes, e o WAIS para adultos. Como as Escalas Wechsler são de difícil aquisição pelos seus custos, uma alternativa é que o professor utilize uma aplicação do WAIS, por exemplo, e forneça aos alunos os protocolos de respostas para que eles exercitem a avaliação das respostas dadas por um participante real a cada subteste, bem como pratiquem a interpretação dos resultados. Uma alternativa

mais econômica, embora com objetivos bastante distintos das Escalas Wechsler, é a Bateria de Provas de Raciocínio (BPR-5, ver informações completas na lista de referências).

Considerando que o professor não poderá disponibilizar materiais relativos aos testes, de forma a impedir que um conteúdo restrito a psicólogos e estudantes de Psicologia seja compartilhado indevidamente, como poderá proceder em situação de pandemia, na qual o ensino remoto é a única alternativa segura? Claro que no ensino presencial também não há garantias de sigilo em relação aos testes porque os alunos podem filmar as aulas e tirar fotos do material apresentado, sem que haja um controle do professor. Contudo, o controle sobre o material é muito menor em uma realidade de ensino remoto. Para minimizar tais situações, os alunos devem ser lembrados sobre as questões éticas, o professor pode inserir nos *slides* da aula marcas d'água para indicar que o material não deve ser compartilhado ou distribuído, podem ser utilizadas plataformas criptografadas e senhas de acesso com validade por um período restrito (Marasca et al., 2020). Ressalta-se que a totalidade de itens de um teste nunca deve ser disponibilizada.

Alternativamente, apenas durante a pandemia, o professor pode realizar aulas com instrumentos para uso em contexto de pesquisa e cujos itens estão disponíveis em artigos. Um exemplo de instrumento nesse sentido foi desenvolvido por Schelini e Wechsler (2005). Em seguida, com o retorno do ensino presencial, o professor poderia, então, complementar as horas da disciplina com os instrumentos inicialmente citados e que são fundamentais para a adequada formação profissional.

Descrevemos a seguir um modelo de estudo de caso que poderia ser utilizado na disciplina de APII para auxiliar no alcance do objetivo de "planejar Avaliação Psicológica da inteligência [...]". A finalidade desse estudo de caso seria auxiliar o estudante a identificar questões a considerar em um processo avaliativo de modo que pense em tais aspectos ao planejar as avaliações que irá conduzir. A figura 2 exibe a descrição dos casos que os estudantes receberão, bem como a explicação de cada caso.

Figura 2
Estudo de caso

Caso 1 – Cliente: Rafael

Queixa. Rafael chegou a sua clínica e quando você perguntou como poderia ajudá-lo, ele respondeu: "Tenho me sentido muito triste ultimamente. Não tenho mais vontade de fazer nada. Tudo o que antes eu gostava parece que não importa mais... Para piorar, não consigo dormir direito ou comer como antes. Recentemente, o RH da minha empresa aplicou um teste de atenção nos colaboradores e meu percentil, que eu não entendi bem o que era, foi de 30. Só sei que é baixo, bem menor do que aquele que alcancei quando passei no processo seletivo da empresa. O que pode ser tudo isso?"

Explicação do caso 1. Rafael conheceu sua esposa, Clara, quando ambos tinham 18 anos. Ele foi o primeiro namorado dela e vice-versa. Um ano após o início do namoro, Clara engravidou de Rafael porque, aparentemente, a camisinha estourou. Diante do ocorrido, os dois decidiram se casar. O casamento não era o que Rafael desejava, mas ele sentiu-se obrigado a isso porque em casa seus pais o haviam ensinado desde pequeno a "fazer o que fosse possível" para agir de modo correto. Os pais eram militares e bem rígidos em relação a regras, além de proteger Rafael de modo excessivo para que não sofresse ou se expusesse a riscos. Clara também não sonhava com um casamento naquele momento da vida, mas soube lidar melhor com tudo o que tinha acontecido mantendo atividades de que gostava e sem deixar de lado as suas aspirações profissionais. Rafael, porém, que já não era muito competente socialmente, resolveu dedicar-se exclusivamente à sua família (Clara e Luís, seu filho com 10 anos atualmente) e ao trabalho, primeiro como estudante de contabilidade e, mais tarde, ao emprego como analista administrativo de uma empresa multinacional. Ele abandonou outros interesses e sonhos. Clara nunca cobrou essa postura de Rafael, mas foi o jeito dele para lidar com a situação e com a culpa que sentia pela gravidez não planejada. Com o passar do tempo, Rafael e Clara começaram a brigar muito. Eram problemas normais de todo casal, mas para Rafael tinha um aspecto adicional: Clara representava para ele o que havia dado de errado em sua vida pessoal, o que havia saído fora do planejamento. Rafael não era muito de falar dos seus sentimentos ou de pedir o que precisava ou de encontrar soluções por meio do diálogo. Ele vivia uma condição aversiva em casa, mas que era suportável em função da sua tarefa de criar seu filho, de observar a regra de manter-se casado e porque no trabalho tudo corria muito bem. Contudo, ocorreu uma mudança na vida de Rafael há seis meses, antes de ele procurar um psicólogo: a empresa ofereceu para ele o cargo de gerente administrativo. O seu trabalho técnico era muito reconhecido por todos na empresa. Inclusive, o resultado do teste de atenção que realizou ao entrar para o cargo de analista era sempre lembrado, pois ficou no percentil 90 e atenção é fundamental para um contador. Assim, quando a oportunidade de um cargo com maior responsabilidade surgiu, os diretores e o RH não tiveram dúvidas: indicaram Rafael para o cargo de gerente do departamento financeiro. Rafael não gostou muito da ideia porque ele teria que lidar com pessoas e, ele sabia, que esse não era o "forte" dele. Vale lembrar que ele não é competente socialmente, apresentando um padrão passivo nas relações interpessoais. Não obstante, a pressão de Clara e dos pais de Rafael foi grande para que ele aceitasse o novo emprego, que pagava muito melhor. Por fim, foi o que ele fez. O resultado foi desastroso: ele não conseguia gerenciar pessoas, sofria com isso e não podia mais, como gerente, realizar o bom trabalho a que estava habituado. Essa condição fez do trabalho um ambiente aversivo e diminuiu drasticamente as fontes de obtenção de reforçadores de Rafael, tornando-o mais sensível aos problemas dentro de casa e na vida de modo geral. O início dos sintomas descritos por Rafael se deu lentamente ao longo desse processo. Tais sintomas tornaram-se marcantes quando ele começou a ter sérias dificuldades de relacionamento com o seu filho, Luís. O menino tinha um padrão comportamental de birras bem estabelecido e, ao perder a atenção do pai, que chegava esgotado da empresa, começou a apresentar uma modificação do comportamento de birra para um padrão mais agressivo de enfrentamento em relação ao pai, o que favoreceu o estabelecimento do quadro depressivo de Rafael. Nesse contexto, Rafael não conseguia mais ajudar o filho a estudar Matemática e ainda dizia para a criança que o estudo não era garantia de nada, pois ninguém controla a vida e o pior sempre pode acontecer.

Caso 2 – Cliente: Luís

Queixa. Luís, criança com 10 anos de idade, foi encaminhada para o serviço de apoio psicológico da sua escola por apresentar, historicamente, um padrão comportamental de birra e, nos últimos seis meses, de agressividade. Quando Luís é contrariado ele fica com uma expressão de choro e se a sua vontade não é satisfeita ele começa a chorar alto podendo, às vezes, jogar-se no chão até que a sua vontade seja atendida. As professoras já desistiram de tentar conversar com ele. Os pais foram chamados na escola. A mãe diz que não sabe o que fazer e o pai fica ou diz que conversará com o filho. Na última vez que os pais foram chamados, agora para tratar do problema com a agressividade, só a mãe compareceu à escola. Ao conversar com Luís e perguntar por que ele havia sido encaminhado para conversar com a psicóloga, ele só respondeu: "Não sei tia, acho que é porque bati na Cláudia quando ela não quis me emprestar o caderno dela". Finalmente, o caso de Luís tem preocupado muito a coordenação pedagógica porque, junto da agressividade, apareceu um quadro de baixo desempenho escolar e Luís tem chances de reprovar de ano. Uma psicóloga aplicou o WISC-IV no Luís para testar o seu desempenho intelectual e ficou assustada com o baixo desempenho obtido no subteste de Aritmética, cujo percentil foi de 10. Luís afirmou que não sabia como responder a maioria das questões e, quando a psicóloga insistiu, ele deu um tapa nos materiais do teste que estavam sobre a mesa.

Explicação do caso 2. Luís tem 10 anos de idade e, desde pequeno, aprendeu que para satisfazer uma vontade basta fazer com que o pai se sinta culpado – então ele faz "cara" de choro ou diz que está triste ou sofrendo. Com a mãe essa tática não funciona muito bem, mas Clara não suporta quando o filho começa a chorar alto ou gritar – nesses casos, mesmo ela acaba cedendo. Ao observar o pai, de quem gosta muito, Luís percebe que ele não é muito de falar e que tem vontades satisfeitas sem precisar pedir, basta que mostre que está contrariado ou que demonstre que está prestes a desistir de algo ou que ficou triste. A verdade é que Clara, justamente por reconhecer o esforço do marido e saber do seu jeito calado, busca adivinhar o que ele quer, pois sabe que se não for assim ele sempre terminará sem fazer o que realmente deseja. Isso a deixa triste e, por vezes, irritada, mas sempre que consegue acaba aceitando esse jeito de ser do marido. Todos os dias ao chegar em casa, Rafael brinca com Luís ou vê televisão com ele. Nessas horas, sempre acontece algum pequeno conflito entre pai e filho que é resolvido com o Rafael fazendo a vontade de Luís. Para Luís essa relação é perfeita e ele fica ansioso esperando a chegada do pai ou quaisquer contatos com o pai. Inclusive, uma das atividades que os dois realizam juntos é estudar e realizar as tarefas da escola, especialmente, matemática, pois Rafael, na qualidade de contador, tem facilidade com números. O problema é que, nos últimos seis meses, Rafael tem chegado mais tarde em casa, sentindo-se exausto ou irritado. Isso tem reduzido significativamente o tempo que o pai dedica a Luís, seja de carinho ou de estudo. Foi ao longo desse processo que Luís começou a chutar o pai na hora do jantar para chamar a sua atenção. Rafael então prestava atenção e brigava com o filho, ao que Clara explicava: "ele apenas quer que você brinque com ele". O pai sentia-se culpado e dava atenção para o menino, só que cada vez mais com o olhar distante e não como era antes. Luís começou a ficar triste. Em relação aos estudos, Rafael, mesmo que culpado, dizia que estava sem cabeça e quando o filho insistia muito, Rafael dizia que os estudos não valiam a pena. Essa rotina repetiu-se muitas vezes até que começaram a aparecer reclamações da escola sobre Luís apresentar comportamentos agressivos e baixo desempenho escolar.

Para essa atividade, cujo material está descrito na figura 2, estamos considerando uma turma de 40 estudantes que poderia ser dividida da seguinte forma: (a) quatro grupos, G1, G2, G3 e G4, cada um com nove integrantes. Dois grupos teriam acesso apenas ao caso 1 (G1 e G2) e os outros dois apenas ao caso 2 (G3 e G4); (b) sobrariam quatro estudantes para formar duas duplas, D1 e D2, sendo que uma delas ficaria com o caso 1 (D1) e a outra com o caso 2 (D2). O objetivo dos quatro grupos deve ser, por meio de entrevista, identificar o mais rápido possível a explicação do caso que receberam.

Ocorre que os grupos devem receber apenas as queixas dos seus respectivos casos. Apenas os estudantes que compõem as duplas D1 e D2 e o professor possuem queixas e explicações. Junto com o docente, as duplas devem se preparar para representar, no caso da D1, o Rafael, e no caso da D2, o Luís. Essa representação é apenas no sentido de, conhecendo o caso, apontar uma resposta compatível com o mesmo – não se trata, portanto, de simular o comportamento de uma criança em sala de aula, por exemplo, ou de chorar para simular atitudes do Rafael.

A mecânica da atividade é a seguinte: após realizado sorteio para definir a ordem de fala dos grupos, um membro de cada grupo, na sua vez, deve ler a pergunta que formularam em conjunto – aquela que acreditam poder revelar mais sobre o caso que precisam avaliar. A dupla responsável pelo caso deve fornecer uma resposta para a pergunta do tipo "sim", "não" ou "irrelevante" em relação ao caso. Após a pergunta de um grupo, segue o próximo conforme ordem definida no sorteio. As perguntas e as respostas podem ser ouvidas por todos. Não obstante, o docente notará que os alunos, geralmente, não descobrirão facilmente, exceto após algumas rodadas, a relação de parentesco entre os clientes dos dois casos e as variáveis históricas e atuais responsáveis pelos seus comportamentos. Nesse processo, os estudantes identificarão perguntas mais adequadas, interpretações mais coerentes e, especialmente, os condicionantes históricos e sociais que subjazem aos resultados apresentados em um teste psicológico.

Em um contexto de ensino remoto emergencial, o professor pode adaptar a atividade proposta. Podem ser criados grupos no WhatsApp para cada equipe poder debater rapidamente sobre as melhores questões. Em uma videoconferência, em plataformas como o Zoom, Skype, Microsoft Teams, Google Meet, Discord ou Conferência Web, todos os alunos podem estar conectados. O professor, enquanto *host* e responsável pela criação da sala virtual, pode abrir o microfone de alunos específicos em função do momento de cada grupo para falar ou das duplas que precisam responder. As informações podem ser repassadas para os alunos pelo WhatsApp ou na própria sala de aula virtual.

Ao final desta seção, apresentamos uma proposta de plano de ensino para a disciplina de APII. O professor deve ficar atento para ajustar o plano proposto às suas necessidades, recursos e realidade nas dimensões educacional e social. A figura 3 exibe modelo de plano de ensino para duas aulas semanais, com duas horas de duração.

Figura 3

Proposta de plano de ensino para a disciplina de APII

Plano de ensino			
Avaliação Psicológica II			
Carga horária			Pré-requisitos
Total	Teórica	Prática	Estatística
60	40	20	Avaliação Psicológica I

Ementa

Modelos teóricos e impactos sobre a medida da inteligência baseados nas contribuições de Alfred Binet, Lewis Terman, Charles Spearman, Raymond Cattell, John Horn, John Carroll, Kevin McGrew e Dawn Flanagan. Modelo teórico da Psicologia Cognitiva para o estudo e mensuração da atenção, percepção, categorização, memória, linguagem e raciocínio. Testes psicológicos aprovados pelo Satepsi para medida da inteligência e de processos cognitivos. Limites e possibilidades de uso de medidas de inteligência e cognição. Explicação tautológica no uso de resultados de testes de inteligência ou cognitivos e impactos sociais. Aplicação, correção e interpretação de testes de inteligência ou cognitivos. Boas práticas no planejamento e condução de Avaliação Psicológica da inteligência.

Planejamento		
Aula	Objetivos de aprendizado que devem ser alcançados pelos estudantes	Condições de ensino promovidas pelo professor da disciplina
1	Esta aula possui objetivos que são pré-requisitos para a participação na disciplina. Ao final dela, o estudante deverá ser capaz de: • Agir em sala de aula em conformidade com as regras de conduta definidas pelo docente. • Identificar o próprio repertório em relação aos objetivos da disciplina. • Organizar as próprias condições de estudo de modo compatível com as exigências da disciplina e com o seu repertório em relação aos objetivos de aprendizado.	• Apresentação do contrato pedagógico nos *slides*. • Condução de técnica de dinâmica de grupo para promover a apresentação pessoal de todos. • Apresentação do plano de ensino nos *slides*. • Aplicação de Pré-teste para medida do repertório de entrada dos estudantes por meio informatizado ou via papel e lápis. • Entrega de relatório individual para os alunos com os resultados da medida do repertório de entrada (após a aula).
2	1) Descrever o conceito de inteligência a partir de seus aspectos nucleares.	• Palestra sobre o tema envolvendo interação com os estudantes. • Realização de atividade para que os estudantes apresentem o comportamento-objetivo e recebam *feedback* automático: Preenchimento de Formulário 1 do Google. • Indicação de leitura para casa: texto 1.

3	2) Caracterizar contribuições teóricas de Alfred Binet ao estudo da inteligência.	• Palestra. • Formulário 2 e texto 2.
4	3) Caracterizar contribuições teóricas de Charles Spearman ao estudo da inteligência.	• Palestra. • Formulário 3 e texto 2.
5	4) Caracterizar contribuições teóricas de Raymond Cattell ao estudo da inteligência.	• Palestra. • Formulário 4 e texto 2.
6	5) Caracterizar contribuições teóricas de John Horn ao estudo da inteligência.	• Palestra. • Formulário 5 e texto 2.
7	6) Caracterizar contribuições teóricas de John Carroll ao estudo da inteligência.	• Palestra. • Formulário 6 e texto 2.
8	7) Caracterizar a Teoria de Cattell-Horn-Carroll (CHC).	• Palestra. • Formulário 7 e texto 2.
9	8) Identificar instrumentos com parecer favorável pelo Satepsi para medida da inteligência.	• Palestra • Atividade: no formulário 8 o estudante verá uma lista com todos os testes disponíveis no Satepsi com ou sem parecer favorável, bem como instrumentos que não estão no site. O aluno deverá selecionar apenas os testes de inteligência com parecer favorável. Para isso deverá consultar o Satepsi. O *feedback* será automático.
10	9) Caracterizar processos cognitivos básicos segundo a perspectiva teórica da Psicologia Cognitiva e estratégias de mensuração.	• Palestra. • Formulário 9 e texto 3.
11	10) Caracterizar a crítica às explicações tautológicas baseadas em resultados de instrumentos de inteligência.	• Palestra. • Debate envolvendo todos sobre exemplos de explicações tautológicas e como evitá-las na Psicologia. A base será a palestra e a leitura, em equipes de alunos, do texto 4. • Indicação de simulado para ser realizado em casa como revisão para a Medida de Aprendizado.
12	Objetivos de 1 a 10.	• Realização de Medida de Aprendizado sem consulta.
13		• Correção da Medida de Aprendizado em sala e esclarecimento de dúvidas. • Realização de orientações para os estudantes com dificuldades[2].
14	11) Analisar teste de inteligência aprovado pelo Satepsi a partir do seu manual.	• Palestra. • Leitura, em equipes, do manual do teste com base em roteiro de estudos, ambos fornecidos pelo docente.
15 16	12) Aplicar teste de inteligência cujo manual foi estudado em contexto de treino.	• Organização da turma para a aplicação do teste. • Correção com esclarecimento de dúvidas.

2. Estudantes com dificuldades de aprendizado podem se beneficiar da ajuda de tutores, de colegas de sala com mais facilidade na disciplina, de videoaulas que o professor tenha preparado, de simulados e de novos textos, diferentes daqueles já indicados antes da Medida de Aprendizado.

17	13) Planejar Avaliação Psicológica da inteligência em contexto clínico.	• Palestra.
		• Atividade A: Redação do contrato de trabalho para orientar o que será dito ao cliente.
		• Atividade B: Identificação do cliente.
18		• Atividade C: Planejamento de estratégia para estabelecimento de *rapport*.
		• Esclarecimento coletivo de dúvidas.
19		• Atividade D: Elaboração da anamnese.
		• Atividade E: Seleção de teste de inteligência indicado pelo docente.
		• Esclarecimento coletivo de dúvidas.
20		• Atividade F: Elaboração de entrevista.
		• Esclarecimento coletivo de dúvidas.
21	14) Conduzir processo de Avaliação Psicológica da inteligência.	• Atividade G: Realização da primeira sessão.
22		• Esclarecimento coletivo de dúvidas.
23		• Atividade H: Aplicação, correção e interpretação do teste de inteligência.
		• Atividade I: Aperfeiçoamento da entrevista.
24		• Esclarecimento coletivo de dúvidas.
25		• Atividade J: Condução da entrevista.
		• Atividade K: Elaboração da devolutiva.
26		• Esclarecimento coletivo de dúvidas.
27		• Atividade L: Realização da devolutiva.
28		• Esclarecimento coletivo de dúvidas.
29	Objetivos 11 a 14.	• Entrega de relatório das atividades desenvolvidas.
30		• Entrega dos relatórios corrigidos e apresentação das notas finais.
		• Realização de orientações para os estudantes com dificuldades.
31	Esta aula possui objetivos que são importantes para a motivação e orientação dos estudantes em relação às próximas disciplinas.	• Condução de técnica de dinâmica de grupo para encerramento da disciplina.
		• Orientações apenas para os estudantes que estiverem em recuperação.

Avaliação

1 **Presença:** deve ser maior ou igual a 75%.

2 **Formulários e Simulado (FS):** a realização de cada um valerá 10 pontos, totalizando 100.

3 **Medida de Aprendizado (MA):** valerá 100 pontos.

4 **Relatório da Avaliação Psicológica (RAP):** valerá 100 pontos.

$$\text{Nota final} = \frac{(FS\times1)+(MA\times2)+(RAP\times3)}{6}$$

Recuperação: Data: a definir. Modalidade: prova objetiva. Conteúdo: todo.

Bibliografia

1 Básica

Texto 1
Pasquali, L. (2005). Inteligência: um conceito equívoco. In R. Primi (org.), *Temas em Avaliação Psicológica* (pp. 119-126). Casa do Psicólogo.

Texto 2
Campos, C.R., Zaia, P., & Primi, R. (2019). Avaliação Psicológica da inteligência. In M.N. Baptista, M. Muniz, C.T. Reppold, C.H.S.S. Nunes, L.F. Carvalho, R. Primi, A.P.P. Noronha, A.G. Seabra, S.M. Wechsler, C.S. Hutz & L. Pasquali (orgs.), *Compêndio de Avaliação Psicológica* (pp. 349-363). Vozes.

Texto 3
Eysenck, M.W. & Keane, M.T. (2017). Manual de Psicologia Cognitiva. ArtMed.

Texto 4
Patto, M.H.S. (1997). Para uma Crítica da Razão Psicométrica. *Psicologia USP*, *8*(1), 47-62. http://dx.doi.org/10.1590/S0103-65641997000100004

2 Complementar

Conselho Federal de Psicologia. (2013). *Cartilha Avaliação Psicológica*. https://goo.gl/n1tUP3

Conselho Federal de Psicologia. (2018). *Resolução CFP n. 9/2018*. Estabelece diretrizes para a realização de Avaliação Psicológica no exercício profissional da psicóloga e do psicólogo, regulamenta o Sistema de Avaliação de Testes Psicológicos – Satepsi e revoga as resoluções n. 2/2003, n. 6/2004 e n. 5/2012 e notas técnicas n. 1/2017 e 2/2017. https://site.cfp.org.br/wp-content/uploads/2018/04/Resolu%C3%A7%C3%A3o-CFP-n%C2%BA-09-2018-com-anexo.pdf

Conselho Federal de Psicologia. (2019). *Resolução CFP n. 6/2019*. Institui regras para a elaboração de documentos escritos produzidos pela(o) psicóloga(o) no exercício profissional e revoga a Resolução CFP n. 15/1996, a Resolução CFP n. 7/2003 e a Resolução CFP n. 4/2019. https://atosoficiais.com.br/cfp/resolucao-do-exercicio-profissional-n-6-2019-institui-regras-para-a-elaboracao-de-documentos-escritos-produzidos-pela-o-psicologa-o-no-exercicio-profissional-e-revoga-a-resolucao-cfp-no-15-1996-a-resolucao-cfp-no-07-2003-e-a-resolucao-cfp-no-04-2019?q=006/2019

Oliveira-Castro, J.M., & Oliveira-Castro, K.M. (2001). A função adverbial de "inteligência": Definições e usos em Psicologia. *Psicologia: Teoria e Pesquisa*, *17*(3), 257-264.

Rabelo, L.Z., & De Rose, J.C. (2015). É possível fazer uma análise comportamental da inteligência? *Revista Brasileira de Análise do Comportamento, 11*(1), 80-92.

Considerações finais

Com base no que foi exposto, sugerimos que a disciplina de APII poderia incluir, de forma geral, a fundamentação teórica de testes históricos e atuais, enfatizando, assim, a corrente psicométrica, desde a concepção do fator geral até os modelos multifatoriais, como o Modelo Cattell-Horn-Carroll (CHC). Para além da corrente psicométrica do estudo da inteligência, também é importante caracterizar habilidades cognitivas como atenção, percepção, categorização, memória, linguagem e raciocínio. Tal fundamentação colabora com a compreensão do que cada teste avalia, proporcionando adequadas conclusões dos escores por eles gerados e à própria escolha de um instrumento a partir do que se pretende avaliar.

A prática sempre é facilitadora da aprendizagem, de modo que o professor de APII pode estimular a realização de leituras orientadas de manuais de testes com o objetivo de os alunos identificarem os conceitos teóricos subjacentes, a população para a qual se destinam os instrumentos, suas características psicométricas, a forma de aplicá-los e avaliar as respostas obtidas; o planejamento de uma Avaliação Psicológica voltada à compreensão intelectual/cognitiva; aplicação e avaliação de respostas obtidas pelos testes; redação de relatórios e preparação de devolutivas.

Destacamos, por fim, que o preparo da disciplina envolve a constante necessidade de atualização, de envolvimento com novas concepções e modelos teóricos e de apropriação do trabalho do Conselho Federal de Psicologia por meio do

Satepsi. Esperamos que este capítulo possa ter contribuído com a sua reflexão sobre objetivos e práticas de ensino em APII e que forneça parte do estímulo necessário para que docentes persistam aperfeiçoando o seu trabalho de modo que possamos capacitar psicólogos com alto grau de excelência.

Referências

Ambiel, R.A.M., Zuanazzi, A.C., Sette, C.P., Costa, A.R.L., & Cunha, F.A. (2019). Análise de ementas de disciplinas de Avaliação Psicológica: Novos tempos, velhas questões. *Avaliação Psicológica*, *18*(1), 21-30. https://doi.org/10.15689/ap.2019.1801.15229.03

Andrade, J.M. (2008). *Evidências de validade do inventário dos cinco grandes fatores de personalidade para o Brasil* [Tese de doutorado, Universidade de Brasília].

Banaco, R.A., Vermes, J.S., Zamignani, D.R., Martone, R.C., & Kovac, R. (2012). Personalidade. In M.M.C. Hübner & M.B. Moreira (coord.), *Temas clássicos da psicologia sob a ótica da análise do comportamento* (pp. 144-153). Guanabara Koogan.

Buskist, W., & Keeley, J.W. (2018). Searching for universal principles of excellence in college and university teaching. *New Directions for Teaching and Learning, 156*, 95-105. https://doi.org/10.1002/tl.20321

Campos, C.R., Zaia, P., & Primi, R. (2019). Avaliação Psicológica da inteligência. In M.N. Baptista, M. Muniz, C.T. Reppold, C.H.S.S. Nunes, L.F. Carvalho, R. Primi, A.P.P. Noronha, A.G. Seabra, S.M. Wechsler, C.S. Hutz & L. Pasquali (orgs.), *Compêndio de Avaliação Psicológica* (pp. 349-363). Vozes.

Conselho Federal de Psicologia. (2005). *Resolução CFP n. 10/2005*. Aprova o Código de Ética Profissional do Psicólogo. http://site.cfp.org.br/wp-content/uploads/2012/07/codigo_etica.pdf

Conselho Federal de Psicologia. (2013). *Cartilha Avaliação Psicológica*. http://satepsi.cfp.org.br/docs/

Cartilha-Avalia%C3%A7%C3%A3o-Psicol%C3%B3gica.pdf

Conselho Federal de Psicologia. (2018). *Resolução CFP n. 9/2018*. Estabelece diretrizes para a realização de Avaliação Psicológica no exercício profissional da psicóloga e do psicólogo, regulamenta o Sistema de Avaliação de Testes Psicológicos – Satepsi e revoga as resoluções n. 2/2003, n. 6/2004 e n. 5/2012 e notas técnicas n. 1/2017 e 2/2017. https://site.cfp.org.br/wp-content/uploads/2018/04/Resolu%C3%A7%C3%A3o-CFP-n%C2%BA-09-2018-com-anexo.pdf

Conselho Federal de Psicologia. (2019). *Resolução CFP n. 6/2019*. Institui regras para a elaboração de documentos escritos produzidos pela(o) psicóloga(o) no exercício profissional e revoga a Resolução CFP n. 15/1996, a Resolução CFP n. 7/2003 e a Resolução CFP n. 4/2019. https://atosoficiais.com.br/cfp/resolucao-do-exercicio-profissional-n-6-2019-institui-regras-para-a-elaboracao-de-documentos-escritos-produzidos-pela-o-psicologa-o-no-exercicio-profissional-e-revoga-a-resolucao-cfp-no-15-1996-a-resolucao-cfp-no-07-2003-e-a-resolucao-cfp-no-04-2019?q=006/2019

Cortegoso, A.L., & Coser, D.S. (2013). *Elaboração de programas de ensino: Material autoinstrutivo*. Edufscar.

Gouveia, V. (2018). Formação em Avaliação Psicológica: Situação, desafios e diretrizes. *Psicologia: Ciência e Profissão*, *38*(spe), 74-86. https://doi.org/10.1590/1982-3703000208641

Gusso, H.L. (2013). *Avaliação da eficiência de um procedimento de apresentação semanal de consequências informativas ao desempenho de alunos em nível superior* [Tese de doutorado, Universidade Federal de Santa Catarina]. https://goo.gl/AAqvQM

Gusso, H.L., Archer, A.B., Luiz, F.B., Sahão, F.T., De Luca, G.G., Henklain, M.H.O., Panosso, M.G., Kienen, N., Beltramello, O., & Gonçalves, V.M. (no prelo). Ensino Superior em tempos de pandemia: Diretrizes à gestão universitária. *Revista Educação e Sociedade.*

Kaufman, A.S., Raiford, S.E., & Coalson, D.L. (2016). *Intelligence testing with WISC IV.* Willey & Sons.

Lamonato, C. (2011). *Comportamentos profissionais de empregados em período de experiência objeto de avaliação de desempenho em uma agroindústria* [Dissertação de mestrado, Universidade Federal de Santa Catarina]. http://bit.ly/2GBhn7j

Marasca, A.R., Yates, D.B., Schneider, A.M.A., Feijó, L.P., & Bandeira, D.R. (2020). Avaliação psicológica on-line: Considerações a partir da pandemia do novo coronavírus (Covid-19) para a prática e o ensino no contexto a distância. *Estudos de Psicologia Campinas, 37* (e200085), 1-11. https://doi.org/10.1590/1982-0275202037e200085

Mendes, L.S., Nakano, T.C., Silva, I.B., & Sampaio, M.H.L. (2013). Conceitos de Avaliação Psicológica: Conhecimento de estudantes e profissionais. *Psicologia: Ciência e Profissão, 33*(2), 428-445. https://doi.org/10.1590/S1414-98932013000200013

Muniz, M. (2017). Competências e cuidados para a administração da Avaliação Psicológica e dos testes psicológicos. In M.R.C. Lins & J.C. Borsa (orgs.), *Avaliação Psicológica: Aspectos teóricos e práticos* (pp. 100-114). Vozes.

Nunes, M.F.O., Muniz, M., Reppold, C.T., Faiad, C., Bueno, J.M.H., & Noronha, A.P.P. (2012). Diretrizes para o ensino de Avaliação Psicológica. *Avaliação Psicológica, 11*(2), 309-316. http://bit.ly/2RzHZY6

Oliveira-Castro, J.M., & Oliveira-Castro, K.M. (2001). A função adverbial de "inteligência": Definições e usos em psicologia. *Psicologia: Teoria e Pesquisa, 17*(3), 257-264.

Pasquali, L. (2005). Inteligência: Um conceito equívoco. In R. Primi (org.), *Temas em Avaliação Psicológica* (pp. 119-126). Casa do Psicólogo.

Patto, M.H.S. (1997). Para uma crítica da razão psicométrica. *Psicologia USP, 8*(1), 47-62. https://doi.org/10.1590/S0103-65641997000100004

Primi, R. (2018). Avaliação Psicológica no século XXI: De onde viemos e para onde vamos. *Psicologia: Ciência e Profissão, 38*(spe), 87-97. https://doi.org/10.1590/1982-3703000209814

Primi, R., & Almeida, L.S. (2000). *BPR-5: Bateria de Provas de Raciocínio: Manual técnico.* Casa do Psicólogo.

Schelini, P.W., & Wechsler, S. (2005). Bateria multidimensional de inteligência infantil: Desenvolvimento de instrumento. *Psico-USF, 10*(2), 129-139. https://doi.org/10.1590/S1413-82712005000200004

Todorov, J.C. (2007). A psicologia como o estudo de interações. *Psicologia: Teoria e Pesquisa, 23*(spe), 57-61. http://bit.ly/2OmEqYU

8
O que ensinar na disciplina de Avaliação Psicológica III?

Lucila Moraes Cardoso
Universidade Estadual do Ceará

Fabiano Koich Miguel
Universidade Estadual de Londrina

Highlights
- Recomenda-se o ensino de avaliação da personalidade na disciplina Avaliação Psicológica III.
- Os instrumentos indicados para ensino envolvem inventários de autorrelato e métodos projetivos.
- A formação e a experiência prévia do docente são fundamentais para a condução da disciplina.

Neste capítulo objetiva-se (a) abordar estratégias para o ensino de avaliação da personalidade na disciplina Avaliação Psicológica III, (b) discutir as competências a serem desenvolvidas no ensino dos inventários de autorrelato e métodos projetivos para avaliação da personalidade e (c) expor sugestões de conteúdos, métodos e estratégias avaliativas para facilitar o aprendizado dos inventários de autorrelato e métodos projetivos. Espera-se que, ao término da leitura deste capítulo, o professor tenha a oportunidade de refletir sobre sua prática e que possa ter novas ideias criativas para facilitar o processo de aprendizagem dos alunos. Tem-se a esperança de que, a partir de uma formação qualificada, os docentes e os futuros profissionais da psicologia possam contribuir para o desenvolvimento de uma prática de Avaliação Psicológica ética, responsável e comprometida com os princípios de justiça e proteção dos direitos humanos na Avaliação Psicológica.

A formação inicial para graduação em Psicologia, assim como em outras áreas do saber, é regulamentada pelo Ministério da Educação, que orienta sobre os princípios, fundamentos e condições de oferta, bem como procedimentos para o planejamento, a implementação e a avaliação dos cursos. No caso da Psicologia, essa regulamentação é feita por meio das Diretrizes Curriculares Nacionais (DCNs; Conselho Nacional de Educação/Câmara de Educação Superior, 2011). Ainda que seja um documento fundamental para a estruturação dos cursos de Psicologia, não cabe às DCNs indicar quais disciplinas devem estar contidas nas matrizes curriculares e, muito menos, qual seria o conteúdo mínimo de cada disciplina. Daí a importância de sugestões como de Nunes et al. (2012) e Muniz (2017) no sentido de auxiliar os docentes das disciplinas de Avaliação Psicológica e, no caso deste capítulo, mais especificamente sobre avaliação da personalidade.

Tal como nos outros capítulos sobre "O que ensinar na disciplina de Avaliação Psicológica?", a organização deste seguirá a estrutura de um plano de ensino e, ao final, será apresentada uma sugestão de plano de ensino. Antes, contudo, é preciso explicitar que todo o conteúdo trata de sugestões baseadas na experiência prévia dos autores. Cabe ao docente refletir sobre as estratégias ora descritas e, se for o caso, adequá-las à sua realidade de ensino. A formação e a experiência prévia do docente são fundamentais para que se possa compreender e conduzir o ensino dessa área de modo contextualizado e crítico, evitando um aprendizado tecnicista. Assim, defende-se que essa disciplina seja lecionada por um profissional que tenha formação específica na área de Avaliação Psicológica e intimidade com a avaliação da personalidade.

O que contemplar na disciplina de Avaliação Psicológica III?

Ao pensar na ementa da disciplina é importante abranger, com frases curtas e objetivas, os pontos essenciais sobre aspectos de avaliação da personalidade a serem abordados durante a disciplina. Baseados numa disciplina com carga horária de 60h/aula durante um semestre letivo, sugerimos os seguintes conteúdos: o construto personalidade e a importância da avaliação da personalidade; fundamentos teóricos, psicométricos e práticos dos instrumentos de autorrelato e métodos projetivos para avaliação da personalidade; administração, correção/codificação e interpretação de instrumentos para avaliação da personalidade; avaliação da personalidade em crianças, adolescentes e adultos em diferentes contextos; elaboração de laudos psicológicos.

Há diversas formas de avaliar a personalidade conforme diferentes modelos teóricos, tais como as teorias fatoriais de personalidade, as teorias psicodinâmicas, avaliação de transtornos de personalidade e os métodos projetivos (Hutz et al., 2018). Assim, considera-se que a disciplina Avaliação Psicológica III deve ser iniciada com uma discussão sobre o construto personalidade e

a importância de sua avaliação, fundamentando tanto a teoria que dá subsídio para construção dos instrumentos psicológicos quanto os estudos psicométricos que sustentam os mesmos.

No que diz respeito ao construto personalidade, é importante que a multiplicidade de concepções teóricas em Psicologia seja debatida. É bastante provável que os graduandos já tenham tido conhecimento em outras disciplinas do curso de como as abordagens teóricas entendem a personalidade (*e. g.*, Psicanálise, Análise do Comportamento etc.), portanto a disciplina Avaliação Psicológica III pode ser um espaço para revisar e integrar os conhecimentos sobre as teorias de personalidade. Dentre as convergências teóricas que podem ser elencadas, a personalidade pode ser entendida como um conjunto de aspectos predominantemente afetivos relacionados à interação com o meio, e que tendem a se manifestar com maior frequência (*e. g.*, algumas pessoas são reconhecidas como mais amistosas, outras mais briguentas; algumas mais preocupadas e ansiosas, outras mais tranquilas; e assim por diante).

Ao se resgatar as diversas conceituações de personalidade, recomenda-se que pelo menos os seguintes tópicos sejam abordados: a diferenciação entre traços (características mais presentes e relativamente estáveis) e estado (características apresentadas em situações mais pontuais e dependentes do contexto); a diferenciação entre abordagem disposicional (personalidade como reflexo de estruturas mentais, portanto internas) e abordagem situacional (personalidade como comportamentos eliciados pela situação em que se insere); e o desenvolvimento da personalidade (comunicando que já há um corpo sólido de pesquisas demonstrando que a personalidade é mais maleável ao longo da infância, tendendo a se manter menos alterável na idade adulta). Esses tópicos também contribuem para a importância da avaliação do construto, uma vez que a personalidade é um dos aspectos mais importantes da vida psicológica. Além disso, frequentemente a atuação da psicóloga diz respeito a compreender e trabalhar com a personalidade. Por exemplo, na clínica, aspectos da personalidade podem estar relacionados ao sofrimento psíquico; no trabalho, aspectos da personalidade podem predizer melhor envolvimento com o cargo e com os colegas; na saúde, aspectos da personalidade se relacionam com melhor adesão ao tratamento médico; e assim por diante.

Não é objetivo deste capítulo fazer a discussão sobre esses temas teóricos, mas indicar a pertinência de trazer esse debate aos estudantes. Desse modo, indica-se que além dos livros e artigos sobre Avaliação Psicológica, consulte-se livros de introdução à Psicologia que costumam abordar personalidade e outros processos psicológicos básicos numa ótica mais generalista (Gazzaniga et al., 2018; Nolen-Hoeksema et al., 2018).

A partir dessa base, é possível que os graduandos aprendam o manuseio dos instrumentos de modo mais crítico e atento às orientações uniformizadas no manual para administração, codificação e interpretação, seja nos instrumentos de autorrelato, seja nos métodos projetivos. Destaca-se aqui que, ao tratar dos instrumentos de avaliação da personalidade, sugere-se que a expressão "correção do teste" seja substituída por "codificação do teste". O termo corrigir pressupõe que haja uma forma correta de responder à tarefa, o que é uma particularidade de testes de inteligência e desempenho cognitivo, mas não de personalidade. Há, nos testes de

personalidade, respostas que indicam adaptação mais ou menos adequada, mas não se trata necessariamente de algo a ser endireitado ou corrigido. Já o termo codificação expressa a ideia de que as respostas do examinando serão transformadas em um código comum que permita interpretação posterior.

Outro ponto essencial recomendado à ementa são as especificidades da avaliação da personalidade nas diferentes fases do desenvolvimento. Compreende-se que a idade é um fator que interfere no modo como as pessoas se constituem, isto é, na dinâmica de personalidade e funcionamento psíquico da pessoa. Além disso, é consenso entre os especialistas da área que a idade da pessoa avaliada é um fator que interfere na avaliação desde o contrato inicial de trabalho até o modo como será conduzida a entrevista de devolutiva.

Por fim, sugere-se também que seja abordada nessa disciplina a elaboração de laudos psicológicos. Pressupõe-se que esse assunto já tenha sido introduzido na disciplina Avaliação Psicológica I, ao se abordar sobre aspectos éticos e a elaboração de documentos escritos. Ainda assim, considerando-se a relevância desse conteúdo e o número elevado de processos éticos envolvendo inadequada elaboração de laudos psicológicos (Zaia et al., 2018), defende-se que esse conteúdo seja trabalhado ao longo de toda formação. Ademais, como será visto adiante, acredita-se que, para além da compreensão da estrutura do laudo psicológico, é preciso desenvolver o raciocínio clínico para produzir este documento. As possibilidades de integrar os resultados de diferentes instrumentos, conforme proposta prática que será descrita adiante, seria uma maneira de aperfeiçoar essas habilidades e competências.

Objetivos, conteúdo programático e competências de aprendizado da disciplina Avaliação Psicológica III

Os objetivos usualmente são descritos com verbos no infinitivo e apresentados de modo a manter uma coerência com a ementa e conteúdo programático. Pensando na disciplina Avaliação Psicológica III, foram listados objetivos que têm como foco a instrumentação e reflexão crítica sobre o processo desse tipo de avaliação.

1) Fornecer ao aluno uma visão crítica e contextualizada sobre a avaliação da personalidade e de suas técnicas.

2) Enfatizar a importância de o aluno conhecer o construto avaliado pelo instrumento e sua fundamentação teórica.

3) Preparar e instrumentalizar o aluno para realizar processos de avaliação da personalidade em crianças, adolescentes e adultos em diferentes contextos.

4) Fornecer subsídios para que o aluno reconheça a importância das avaliações quantitativa e qualitativa e valorize a integração de ambas, sempre que possível.

5) Capacitar o aluno a avaliar criticamente, selecionar e utilizar os instrumentos de avaliação da personalidade.

6) Oferecer oportunidade de administração, codificação e interpretação dos resultados de alguns instrumentos para avaliação da personalidade.

7) Enfatizar o respeito aos princípios éticos nas práticas da área de Avaliação Psicológica.

8) Preparar o aluno para relacionar-se com o outro de modo a propiciar o desenvolvimento de vínculos interpessoais.

9) Proporcionar condições para que o aluno aperfeiçoe a elaboração de laudos psicológicos.

No conteúdo programático, é possível detalhar os temas, conceitos e assuntos em unidades a serem trabalhadas no decorrer do semestre. Esse planejamento é importante para que o professor possa distribuir os conteúdos de maneira equitativa e acompanhar o andamento dos estudantes, verificando a eventual necessidade de ajustes no cronograma (*e. g.*, deter-se por mais tempo em um tema). É natural que os professores se identifiquem mais com um determinado assunto ou conjunto de instrumentos de Avaliação Psicológica devido à sua própria experiência e bagagem teórica. Ainda assim, é importante que a formação do graduando possa ser o mais diversificada possível e, portanto, recomenda-se que todos os conteúdos possam ser pensados independentemente dos apreços do professor. A seguir é sugerido um conteúdo programático para a disciplina de Avaliação Psicológica III.

1 Avaliação da personalidade

1.1 O conceito de personalidade e características avaliadas

1.2 Importância da avaliação da personalidade

1.3 Avaliação da personalidade em crianças, adolescentes e adultos

2 Fundamentos teóricos e práticos dos inventários de autorrelato para avaliação da personalidade

2.1 Teorias psicológicas que embasam a utilização de inventários de autorrelato

2.2 Benefícios e limitações dos inventários de autorrelato

2.3 Inventários de autorrelato: padronização, normatização, validade e precisão

2.4 Administração e interpretação dos inventários de autorrelato para avaliação da personalidade

3 Fundamentos teóricos e práticos dos métodos projetivos para avaliação da personalidade

3.1 Os conceitos de projeção, apercepção e percepção na investigação psicológica

3.2 Características, uso e classificação dos métodos projetivos

3.3 Métodos projetivos: padronização, normatização, validade e precisão

3.4 Administração e interpretação dos métodos projetivos para avaliação da personalidade

4 Avaliação multimétodos em diferentes contextos

4.1 Integrando os dados na avaliação multimétodos

4.2 Contextos da avaliação da personalidade

A partir desses objetivos e conteúdos programáticos, espera-se que nas disciplinas Avaliação Psicológica II e III, que abordam os fenômenos psicológicos básicos de inteligência e personalidade, sejam desenvolvidas e aprimoradas as seguintes competências propostas por Nunes et al. (2012) e detalhadas por Muniz (2017).

1) Analisar se há condições de espaço físico adequadas para a avaliação e estabelecer condições suficientes para tal.

2) Saber avaliar fenômenos humanos de ordem cognitiva, afetiva e comportamental em diferentes contextos.

3) (*Ter conhecimento sobre a fundamentação teórica de testes psicométricos*) e do fenômeno avaliado.

4) Saber administrar, corrigir, interpretar e redigir os resultados de testes psicológicos e outras técnicas de avaliação.

5) Selecionar instrumentos e técnicas de avaliação de acordo com objetivos, público-alvo e contexto.

6) (*Ter conhecimento sobre a fundamentação teórica de testes projetivos e/ou expressivos*) e do fenômeno avaliado.

7) Planejar processos avaliativos e agir de forma coerente com os referenciais teóricos adotados.

8) Identificar e conhecer peculiaridades de diferentes contextos de aplicação da Avaliação Psicológica.

9) Saber estabelecer *rapport* no momento da avaliação.

10) (*Conhecer teorias sobre entrevista psicológica*) e conduzi-las com propriedade.

11) (*Conhecer teorias sobre observação do comportamento*) e conduzi-las adequadamente.

12) Comparar e integrar informações de diferentes fontes obtidas na Avaliação Psicológica.

13) Fundamentar teoricamente os resultados decorrentes da Avaliação Psicológica.

14) Elaborar laudos e documentos psicológicos, bem como ajustar sua linguagem e conteúdo de acordo com destinatário e contexto.

Além disso, assim como afirmaram as autoras do capítulo 4 deste livro, tem-se a compreensão de que as 15 competências citadas por elas são aperfeiçoadas ao longo de todas as disciplinas de Avaliação Psicológica. Destaca-se, inclusive, que nas competências aqui citadas de número 3, 6, 10 e 11 consta uma parte em itálico e entre parênteses, pois espera-se que esses elementos já tenham sido abordados em Avaliação Psicológica I e sejam complementados nas disciplinas Avaliação Psicológica II e III. Ao analisar a distribuição das 27 competências em Avaliação Psicológica a serem desenvolvidas ao longo da formação básica do psicólogo de acordo com Nunes et al. (2012), tem-se que ficam pendentes a serem desenvolvidas no estágio em Avaliação Psicológica, duas competências, a saber:

1) Comunicar resultados decorrentes da Avaliação Psicológica aos envolvidos no processo, por meio de devolutiva verbal.

2) Realizar encaminhamentos ou sugerir intervenções de acordo com os resultados obtidos no processo de Avaliação Psicológica.

Sugestões de condições de ensino para facilitar o aprendizado em Avaliação Psicológica III

É pertinente que, no método, chamado por alguns autores de metodologia, constem tanto estratégias usuais à maioria das disciplinas, tais como aulas expositivas e dialogadas e a análise de textos lidos previamente pelos alunos para serem discutidos em sala de aula, quanto estratégias específicas às particularidades da área de Avaliação Psicológica. Defende-se aqui a leitura do manual e o manuseio dos testes psicológicos como tática mais efetiva para possibilitar sua aprendizagem. Desse modo, considera-se altamente recomendável que os graduandos tenham a oportunidade de realizar atividades práticas de

administração dos instrumentos, bem como sejam estimulados a ler os estudos psicométricos para refletir sobre a adequação de uso desses estudos. Ademais, frente a uma realidade em que as tecnologias de informação e comunicação estão cada vez mais presentes, é importante que os estudantes também sejam apresentados a testes psicológicos que possam ser aplicados de maneira informatizada.

Quanto à prática de administrar o teste em voluntários, há diversas maneiras de serem conduzidas. Alguns professores optam por simular uma administração individual ou coletiva de instrumentos nos alunos, para que posteriormente eles codifiquem e interpretem seus próprios resultados. Outros professores dividem as turmas em grupos menores, por vezes, duplas ou trios e os alunos simulam a aplicação uns nos outros. E há ainda os professores que preferem que os graduandos simulem a administração numa pessoa externa ao contexto de sala de aula. Cada uma dessas alternativas possui vantagens e desvantagens e devem ser ponderadas pelos professores as que mais se adequam a sua realidade de ensino.

A proposta de administrar um instrumento individual ou coletivamente em todos os alunos tem como vantagem o fato de que o professor simula uma administração real, possibilitando que os estudantes vejam como seria uma atuação profissional, ao invés de ficarem apenas no plano teórico e da imaginação. Essa prática possibilita que os graduandos confirmem ou refutem a compreensão que tiveram da explicação teórica. Além disso, é uma estratégia que requer menos tempo e pode ser conduzida mesmo com grupos maiores de estudantes por sala.

No caso da administração coletiva em que posteriormente os estudantes codificarão seus próprios testes, é importante que o teste seja escolhido com cautela na medida em que os estudantes irão obter resultados de um teste que tecnicamente revela dados sobre suas características de personalidade e nem sempre estão prontos para lidar com isso. Desse modo, é preciso explicitar que o fato de se tratar de uma situação de aprendizagem e não de avaliação propriamente dita, por si só, pode interferir na motivação às respostas e nos resultados do teste e relembrar que o uso de um único teste não corresponde a uma avaliação da personalidade. Havendo situações que fogem das especificações do manual, por exemplo um número de estudantes maior do que o indicado para aplicação coletiva, sugere-se que essas circunstâncias sejam explicitadas e feita uma discussão sobre como essas situações podem interferir no desempenho do respondente.

A proposta de os alunos administrarem uns nos outros pode ser interessante na medida em que os estudantes teriam que manusear o material do teste e, com isso, naturalmente, poderiam surgir mais dúvidas e curiosidades sobre o instrumento. Também é uma atividade passível de ser feita em sala de aula independentemente do número de estudantes. Tem como principal limite a impossibilidade de o professor acompanhar a simulação de todos os alunos ao mesmo tempo, inviabilizando que sejam identificados possíveis deslizes na compreensão. Além disso, algumas duplas ou trios podem terminar a atividade mais rapidamente do que outras. Para evitar esse tipo de inconveniente, uma estratégia seria desenvolver a atividade por etapas, parando de tempos em tempos para rever instruções e discutir sobre o que está acontecendo. Além disso, incentivamos que, na medida do possível, o professor possa contar com a participação de monitores em sala de aula.

A proposta de aplicação em um voluntário externo à sala de aula tem como principal vantagem o fato de ser uma simulação mais próxima de como seria uma situação real. Os graduandos tendem a sentir que estão diante de uma tarefa importante, que exige responsabilidade, e por isso buscam se preparar com antecedência, lendo os manuais e tirando suas dúvidas com os professores. Uma desvantagem seria o tempo de planejamento e correção do trabalho, na medida em que o professor precisaria articular o uso das salas do serviço de psicologia das Instituições de Ensino Superior (IES), teria que ter uma quantidade significativa de material de um mesmo teste psicológico para viabilizar o uso por diferentes estudantes ao mesmo tempo e teria que ter disponibilidade de tempo para corrigir o relatório em que os alunos detalhariam como foi a administração, codificação e interpretação do teste.

Caso a instituição de ensino tenha sala de espelho, também seria possível o docente acompanhar os estudantes por meio desta sala. Entretanto, essa modalidade requer mais atenção e tempo do docente, dos estudantes e de um voluntário. Além disso, é comum que os estudantes se sintam mais expostos, e por vezes ansiosos, com a ideia de serem observados pelo professor e colegas.

Em nossa prática com a disciplina Avaliação Psicológica III, sugerimos que, à aplicação em voluntário externo, os graduandos formem duplas e façam duas administrações de testes. Na primeira, um aluno da dupla administra um instrumento de autorrelato e o outro observa. A dupla deve produzir e entregar um relatório com os detalhes de como foi a administração do teste e incluir o protocolo do teste codificado, bem como a sua interpretação em forma de síntese. Na segunda administração, o graduando que atuou como observador administra um método projetivo e o que aplicou passa a ser observador. Novamente, a dupla entrega um relatório com os detalhes de como foi a administração do teste, com a codificação e interpretação do material. Como sugestão adicional a essa atividade poderia ser solicitado que os graduandos, ao final, elaborassem um laudo psicológico integrando os dados coletados por meio da entrevista e observação.

Essa última modalidade é uma prática que vem se tornando cada vez menos frequente, dado o tempo disponível para as aulas e a impossibilidade de o docente dedicar tantas horas extras para acompanhar as duplas de estudantes. Não obstante, nas instituições em que isso é possível, percebe-se uma aprendizagem mais rica e considerada positiva pelos estudantes. Quando há uma carga horária maior dedicada à Avaliação Psicológica é até possível praticar um processo mais extenso, incluindo entrevistas iniciais e devolutiva ao final. Infelizmente, percebe-se que essa possibilidade vem diminuindo na maioria dos cursos de graduação.

Não obstante, no caso de o docente adotar essa prática, recomenda-se, por questões éticas, que use um Termo de Consentimento Livre e Esclarecido (TCLE) para situação de aprendizagem, explicando ao voluntário sobre essa situação e a possibilidade ou não de se receber uma devolutiva. Caso seja de interesse do docente, há um exemplo de TCLE na figura 1. No que tange à falta de devolutiva, uma possibilidade interessante é que o voluntário seja graduando do curso de Psicologia de semestres que ainda não tenha cursado disciplinas de Avaliação Psicológica e que não tenha proximidade com os alunos que irão realizar a atividade. Desse modo, o voluntário terá, pelo menos, a possibilidade de ter uma experiência que lhe servirá como exemplo

relacionado à aplicação de testes, o que potencialmente lhe será útil adiante.

Outra estratégia altamente recomendada trata dos estudos de casos. Os docentes podem usar casos que eles mesmos tenham atendido ou supervisionado, facilitando para tirar dúvidas específicas que os estudantes possam perguntar sobre aquela avaliação. Caso essa modalidade não seja possível, recomenda-se utilizar casos relatados em livros. Há diversos livros que expõem estudos de casos em seus capítulos, a exemplo, o livro de Yates et al. (2019), que descreve diversos estudos de casos em diferentes períodos do desenvolvimento humano, e o de Barroso et al. (2015) que aborda a prática de Avaliação Psicológica em diferentes contextos.

Há, também, diferentes modos de usar os estudos de casos como estratégia de aprendizagem. Alguns professores apresentam um caso novo a cada conteúdo ministrado, exemplificando em detalhes uma técnica de avaliação da personalidade usada no caso selecionado. Outros professores usam um único caso como exemplo e o aprofundam ao longo da disciplina, detalhando o mesmo caso ao longo do semestre letivo. Há ainda os professores que organizam a sala em grupos menores de alunos, sendo que cada grupo de estudantes recebe um caso diferente para estudar e, ao longo do semestre letivo, vão recebendo os trechos do estudo de caso referente a cada uma das etapas do processo avaliativo.

Uma alternativa para uso dessas estratégias em que o graduando recebe o material ao longo do semestre seria ele precisar realizar alguma tarefa referente ao caso antes de o professor lecionar o conteúdo teórico; por exemplo, criar roteiro de entrevista antes de ter a aula teórica sobre condução de entrevista. Essa prática tende a aguçar a curiosidade dos graduandos.

Figura 1

Exemplo de TCLE para situação de aprendizagem

(Usar papel timbrado da IES)

TERMO DE CONSENTIMENTO LIVRE E ESCLARECIDO

Prezado(a) Sr (a),

Estamos realizando uma atividade para aprendizagem da administração e da análise de alguns instrumentos de avaliação psicológica. Essa atividade está inserida na disciplina (inserir nome da disciplina) do curso de Psicologia da (inserir nome e sigla da IES) e conta com a orientação da professora responsável pela disciplina Profa. (inserir titulação e nome da professora), CRP (inserir número do CRP).

Esclarecemos que todas as informações fornecidas durante a atividade serão utilizadas apenas para aprendizagem dos graduandos do curso de psicologia, respeitando o sigilo das informações e da identidade de quem as forneceu.

Caso concorde em participar, por favor, preencha e assine a ficha abaixo.

Atenciosamente,

(Espaço para assinatura da professora)
(Inserir nome da professora)
Curso de Psicologia
(inserir nome e sigla da IES)

Eu, _____, RG: _____, concordo em participar voluntariamente da atividade acadêmica proposta pela disciplina (inserir nome da disciplina), do curso de Psicologia da (inserir sigla da IES), sob a supervisão da Profª. (inserir titulação e nome da professora). Estou ciente de que é uma atividade didática para aprendizagem dos alunos do referido curso e que, portanto, não haverá retorno de qualquer resultado. Também tenho ciência que a atividade não envolve nenhum risco, que os dados obtidos serão mantidos em sigilo e que, caso eu queira, poderei solicitar o término da mesma a qualquer momento, antes ou durante a realização. Ademais, reconheço que este termo é assinado em duas vias. Uma via ficará em meu poder e a outra com os alunos responsáveis pela atividade.

_____ _____ ___/___/___
Assinatura do Voluntário   Local   Data

Além disso,

(   ) Autorizo o uso sigiloso das respostas para pesquisa   (   ) Não autorizo o uso sigiloso para pesquisa.

Declaro que obtive de forma apropriada e voluntária o Consentimento Livre e Esclarecido desta pessoa para a participação nesta atividade.

_____ _____ ___/___/___
Assinatura do aluno 1   Local   Data

_____ _____ ___/___/___
Assinatura do aluno 2   Local   Data

Uma estratégia menos comum, mas também interessante, pode ser a utilização de vídeos para exemplificar situações de avaliação com testes psicológicos. A disponibilidade de Datashow vem aumentando nas instituições, facilitando com que o docente possa passar vídeos ilustrando os diversos passos do processo, seja no *rapport* com a pessoa a ser avaliada, seja nas instruções ou durante a aplicação. Utilizar vídeos prontos pode ser interessante, pois permite mostrar situações específicas da avaliação (*e. g.*, momentos importantes da instrução, erros que o aplicador possa ter cometido, especificidades que fogem da padronização etc.). Além disso, é possível parar os vídeos em momentos críticos para que se possa iniciar uma discussão com os estudantes.

Apesar dos benefícios dessa estratégia, há um grande limitador, que é o acesso a esses tipos de vídeos. Por questões óbvias de sigilo e direito autoral, não há um repositório de vídeos de aplicações que o docente possa ter acesso e utilizar. Contudo, em instituições onde há disponibilidade para desenvolvimento de projetos de ensino, essa pode ser uma possibilidade para o docente. Ao criar um projeto dessa natureza, o docente pode convidar estudantes para representarem psicólogas(os) e avaliandos, elaborando roteiros de procedimentos e situações importantes para serem apresentadas durante o ensino daquelas técnicas.

Deve-se enfatizar que o material de apoio na disciplina (seja vídeos, estudos de casos, material impresso) deve ser utilizado com o máximo de cuidado pelo docente. Com o avanço das Tecnologias de Informação e Comunicação (TICs) no ensino, há facilidade para transmissão de materiais entre os estudantes. Contudo, se não houver controle do acesso ao material, vídeos ou apresentações sobre estudos de caso e testes psicológicos podem acabar sendo divulgados indiscriminadamente. Por isso, caso o docente utilize esse tipo de material digital, recomenda-se não repassar aos estudantes, mas utilizar apenas em sala de aula de seu próprio computador.

Sobre a avaliação e referências da disciplina Avaliação Psicológica III

Uma possibilidade de atividade avaliativa seria atribuir nota às atividades de administração, codificação e interpretação dos testes, bem como a produção do laudo psicológico. Destaca-se a vantagem dessa prática em relação às tradicionais provas usadas para avaliação discente na medida em que essas são mais próximas da prática do psicólogo no contexto de Avaliação Psicológica, evitando a ansiedade do estudante preocupado em "decorar" algum conteúdo.

Reconhece-se ainda assim que, em muitas IES, os docentes são obrigados a fazer avaliações tradicionais, por meio de provas e, por vezes, com questões objetivas tal qual as que são usadas no Exame Nacional de Desempenho dos Estudantes (Enade). Não se pode deixar de fazer uma crítica ao ensino engessado em que os professores são obrigados a seguir uma estrutura padronizada por um gestor, que muitas vezes desconhece as especificidades da Psicologia e, em especial, da área de Avaliação Psicológica. A crítica que se faz aqui não se limita ao uso de provas objetivas para avaliar o conhecimento na área de Avaliação Psicológica e sim a um processo de engessamento do ensino que muitas vezes chega a ser contraditório. Cita-se, como exemplo dessa contrariedade, o fato de que, atualmente, há um modismo e valorização das metodologias ativas de ensino, sem que a instituição passe a, de fato, adotar um modelo de gestão e concepção acadêmica baseado nos princípios das metodologias ativas. Desse modo, professores são incentivados a usar as estratégias de metodologias ativas em salas de aulas, mas os graduandos são avaliados por meio de provas objetivas, que geralmente são elaboradas por um responsável pela disciplina e aplicadas nas diversas unidades de um determinado grupo educacional distribuído em território nacional.

No caso de o docente realizar provas para mensurar o aprendizado dos graduandos, incentiva-se que adotem uma linguagem objetiva, com vocabulário pertinente aos conteúdos, habilidades e competências a serem avaliadas, de modo que permita uma compreensão do processo de aprendizagem dos alunos. No caso da Avaliação Psicológica, destaca-se que é pertinente que se mensure as habilidades dos graduandos sobre os conhecimentos e a competência para utilizá-los eficientemente. Assim, sugerem-se questões baseadas em situações hipotéticas ou reais em que o graduando tenha que tomar decisões sobre a condução de processos avaliativos. Uma alternativa à demanda de elaborar questões seria o professor organizar um banco de questões de concursos públicos, Enade, título de especialista em Avaliação Psicológica, entre outras, para usar em suas atividades avaliativas. Além disso,

sempre que possível, utilizar também atividades práticas (como a codificação de testes ou laudos de estudos de casos, mencionados anteriormente) para complementar o senso de domínio das habilidades desenvolvidas nos estudantes.

Ao tratar das referências bibliográficas, destaca-se que elas devem estar em consonância com o plano de ensino e com a biblioteca da IES de modo que os graduandos possam ter acesso ao referencial sugerido pelo professor. Felizmente, no caso da Avaliação Psicológica, muito conteúdo pode ser encontrado em artigos científicos disponíveis gratuitamente em periódicos nacionais, mesmo conteúdo teórico básico, como definições de avaliação, testes e métodos de psicometria. Em outras áreas da Psicologia, tais conteúdos básicos costumam ser encontrados apenas em livros, dificultando a consulta. Portanto, o material teórico de Avaliação Psicológica pode ser facilmente divulgado entre os estudantes. Já os manuais de testes são predominantemente em versão impressa, e, como mencionado anteriormente, deve-se tomar o cuidado de não fazer cópias e de os deixar guardado em testotecas sobre a responsabilidade do professor e/ou funcionário do serviço testotecas, evitando divulgação indevidamente.

Para finalizar o debate sobre o planejamento do ensino, na figura 2, é exposta uma proposta de plano de ensino da disciplina de Avaliação Psicológica III. Essa sugestão seguiu as diretrizes comentadas no decorrer deste capítulo e, como informado anteriormente, pode ser adotada na íntegra ou parcialmente, cabendo ao professor verificar o que se adequa a sua realidade profissional.

Figura 2
Proposta de plano de ensino para a disciplina de AP III

Plano de ensino			
Avaliação Psicológica III			

Carga horária			Pré-requisito
Total	**Teórica (T)**	**Prática (P)**	Estatística
60h	40h	20h	Avaliação Psicológica I e II

Ementa

O construto personalidade e a importância de sua avaliação da personalidade. Fundamentos teóricos, psicométricos e práticos dos instrumentos de autorrelato e métodos projetivos para avaliação da personalidade. Administração, correção/codificação e interpretação de instrumentos para avaliação da personalidade. Avaliação da personalidade em crianças, adolescentes e adultos em diferentes contextos. Elaboração de laudos psicológicos.

Planejamento das atividades docentes			
Bloco Aulas	**Objetivos de aprendizado que devem ser alcançados pelos estudantes**	**CH**	**Condições de ensino promovidas pelo professor da disciplina**
1 e 2	O conceito de Personalidade e características avaliadas	2h T	Aula expositiva
3 e 4	Importância da avaliação da personalidade	2h T	Aula expositiva
5 e 6	Avaliação da personalidade em crianças, adolescentes e adultos	2h T	Aula expositiva
7 e 8	Fundamentos teóricos e práticos dos inventários de autorrelato para avaliação da personalidade	2h T	Aula expositiva
9 e 10	Teorias psicológicas que embasam a utilização de inventários de autorrelato	2h T	Aula expositiva
11 e 12	Benefícios e limitações dos inventários de autorrelato	2h T	Aula expositiva
13 e 14	Inventários de autorrelato: padronização, normatização, validade e precisão	2h T	Aula expositiva
15 e 16	Orientações para administração e interpretação de inventários de autorrelato	1h T 1h P	Aula expositiva + Ensaio para administração do instrumento
17 e 18	Orientações para administração e interpretação de inventários de autorrelato	2h P	Ensaio para administração do instrumento
19 e 20	Análise e interpretação de inventários de autorrelato	2h P	Análise do instrumento administrado
21 e 22	Análise e interpretação de inventários de autorrelato	2h P	Análise do instrumento administrado
23 a 24	Elaboração da síntese de inventários de autorrelato	2h P	Análise do instrumento administrado
25 e 26	Prova 1º bimestre	2h T	Atividade avaliativa
27 e 28	Devolutiva dos relatórios (explicitar pontos a melhorar)	2h T	
29 e 30	Fundamentos teóricos e práticos dos métodos projetivos	2h T	Aula expositiva

31 e 32	Os conceitos de projeção, apercepção e percepção na investigação psicológica	2h T	Aula expositiva
33 e 34	Características, uso e classificação dos métodos projetivos	2h T	Aula expositiva
35 e 36	Métodos projetivos: padronização, normatização, validade e precisão	2h T	Aula expositiva
37 e 38	Administração e interpretação de métodos projetivos	1h T 1h P	Aula expositiva + Ensaio para administração do instrumento
39 e 40	Administração e interpretação de métodos projetivos	2h P	Ensaio para administração do instrumento
41 e 42	Administração e interpretação de métodos projetivos	2h P	Ensaio para administração do instrumento
43 e 44	Análise e interpretação de métodos projetivos	2h P	Análise do instrumento administrado
45 e 46	Análise e interpretação de métodos projetivos	2h P	Análise do instrumento administrado
47 e 48	Elaboração de síntese de métodos projetivos	2h P	Análise do instrumento administrado
49 e 50	Avaliação multimétodo em diferentes contextos	2h T	Aula expositiva + debate em sala
51 e 52	Devolutiva dos relatórios (explicitar avanços)	2h T	Aula expositiva + debate em sala
53 e 54	Integrando os dados na avaliação multimétodo	2h T	Aula expositiva + elaboração de análise do laudo
55 e 56	Contextos de avaliação da personalidade	2h T	Aula expositiva + debate em sala
57 a 58	Contextos de avaliação da personalidade	2h T	Aula expositiva + debate em sala
59 a 60	Encerramento do semestre letivo	2h T	

Avaliação

• A avaliação da aprendizagem será contínua, mediante a participação nas discussões e nas práticas de administração dos instrumentos. Serão realizadas quatro atividades, sendo duas por bimestre.

1º bimestre:

Trabalho em dupla: administração e relatório descritivo da administração de um inventário de autorrelato com síntese interpretativa (valendo 0,0 a 7,0).

Individual: prova (valendo 0,0 a 3,0).

2º bimestre:

Trabalho em dupla: administração e relatório descritivo da administração de um método projetivo com síntese interpretativa (valendo 0,0 a 7,0).

Elaboração de um laudo psicológico fictício integrando os achados dos dois instrumentos administrados (valendo 0,0 a 3,0).

• A presença deverá ser maior ou igual a 75%.

Referências

1 Básica

Baptista, M.N., Muniz, M., Reppold, C.T., Nunes, C.H.S.S., Carvalho, L.F., Primi, R., Noronha, A.P.P., Seabra, A.G., Wechsler, S.M., & Hutz, C.S. (orgs.). (2019). *Compêndio de Avaliação Psicológica*. Vozes.

Hutz, C.S., Bandeira, D.R., & Trentini, C.M. (2018). *Avaliação Psicológica da inteligência e da personalidade*. Artmed.

Lins, M.R.C., & Borsa, J.C. (2017). *Avaliação Psicológica: Aspectos teóricos e práticos*. Vozes.

2 Complementar

Conselho Federal de Psicologia. (2019). *Resolução CFP n. 6/2019 comentada*. Conselho Federal de Psicologia.

Hutz, C.S., Bandeira, D.R., Trentini, C.M., & Krug, J.S. (2016). *Psicodiagnóstico*. Artmed.

Lins, M.R.C., Muniz, M., & Cardoso, L.M. (2018). *Avaliação Psicológica infantil*. Hogrefe.

Villemor-Amaral, A.E., & Werlang, B.S.G. (2008). *Atualizações em métodos projetivos para Avaliação Psicológica*. Casa do Psicólogo.

Considerações sobre o ensino remoto de Avaliação Psicológica III

Nos últimos anos, diversas instituições de Ensino Superior têm investido em educação a distância ou estratégias complementares de ensino remoto, o que se intensificou a partir de 2020 devido à pandemia de Covid-19. Enquanto a maior parte das disciplinas teóricas da Psicologia demonstrou ser mais facilmente adaptável à situação remota, disciplinas que envolvem atividades práticas como Avaliação Psicológica tornaram-se um desafio para os docentes. A modalidade remota não apenas impossibilita exercícios como aplicação em outras pessoas ou colegas, como também dificulta a apresentação de testes e outros materiais para avaliação. Por exemplo, algumas instituições adotaram o ensino assíncrono, com o docente gravando vídeos sobre as aulas (na modalidade on-line) ou então encaminhando textos e apostilas sobre o conteúdo (na modalidade sem internet). No caso da Avaliação Psicológica, esse procedimento pode incorrer em falta ética, uma vez que poderia facilitar a divulgação indevida de material exclusivo de psicólogas (Conselho Federal de Psicologia, 2005), além de ferir os direitos autorais dos editores.

Uma possível solução seria a utilização de plataformas on-line com alto investimento em segurança, de maneira que apenas os estudantes da disciplina pudessem ter acesso e houvesse mecanismos para impedir download ou cópias do material exposto (Marasca et al., 2020). Mesmo com esse nível de cautela, ainda assim a solução é longe de ser perfeita, por três principais motivos. Primeiro, mesmo esses métodos de segurança não são 100% eficazes, sendo possível, por exemplo, gravar com o celular o que está sendo transmitido na tela do computador. Segundo, nem todas as instituições podem investir em uma plataforma deste tipo. Terceiro, nem todos os estudantes possuem recursos para acompanhar as aulas nesta modalidade.

Dessa forma, possivelmente a melhor solução para ensino remoto de Avaliação Psicológica seria a modalidade híbrida, isto é, com algumas atividades remotas e algumas atividades presenciais. No caso específico de situações de risco à saúde como a Covid-19, tais atividades presenciais não poderiam ocorrer com todos os estudantes simultaneamente, sendo necessário dividir em turmas menores e horários diferentes para evitar aglomeração e possível contaminação. Essa modalidade também está longe do ideal, pois uma disciplina de Avaliação se desenvolve com maior fluidez quando o docente pode apresentar conteúdo teórico e material prático ao mesmo tempo. Por exemplo, em uma aula teórica sobre o fenômeno projetivo, seria interessante já apresentar algumas manchas de Rorschach ou pranchas do Teste de Apercepção Temática (TAT) para ilustrar o conteúdo que está sendo abordado, evitando que fique muito abstrato ou distante. Portanto, na modalidade híbrida, ainda há necessidade de adaptação dos conteúdos para que se possa alternar momentos remotos e momentos presenciais sem prejuízo do conhecimento e assegurando que o ensino dos testes ocorra de forma presencial.

Por fim, o docente deve estar atento às publicações do Conselho Federal de Psicologia. Discussões acontecem frequentemente e novas resoluções ou notas técnicas podem ser publicadas, instruindo sobre como proceder com o ensino de testes psicológicos.

Referências

Baptista, M.N., Muniz, M., Reppold, C.T., Nunes, C.H.S.S., Carvalho, L.F., Primi, R., Noronha, A.P.P., Seabra, A.G., Wechsler, S.M., & Hutz, C.S. (orgs.). (2019). *Compêndio de Avaliação Psicológica*. Vozes.

Barroso, S.M., Scorsolini-comin, F., & Nascimento, E. (2015). *Avaliação Psicológica: Da teoria às aplicações*. Vozes.

Conselho Federal de Psicologia. (2005). *Resolução CFP n. 10/2005*. Aprova o Código de Ética Pro-

Considerações finais

Mais uma vez, destaca-se que os recursos comentados neste capítulo só fazem sentido se o professor tiver uma formação específica em Avaliação Psicológica e afinidade com a avaliação da personalidade, conhecimentos esses que o possibilite conduzir e ensinar esses processos de modo crítico e contextualizado. Nesse sentido, reforçamos a importância da formação continuada, seja por meio de cursos, participação em congressos, e atualização constante por meio de leitura de livros e artigos científicos. A área de Avaliação Psicológica tem se desenvolvido muito nos últimos anos e é importante que os professores possam repassar aos alunos essa dinamicidade.

Em uma situação ideal, entende-se que Avaliação Psicológica é transversal, ou seja, outros docentes deveriam mencionar a sua utilização em outras disciplinas, como prática do profissional de Psicologia em diferentes contextos. Infelizmente, enquanto isso não ocorre, as disciplinas de Avaliação Psicológica tendem a ser o único espaço em que o estudante pode desenvolver o conhecimento desses instrumentos. O docente deve estar atento ao perigo de tratar a disciplina como tecnicista e buscar apresentar a utilização de testes de maneira contextualizada e como parte do processo maior de Avaliação Psicológica.

fissional do Psicólogo. http://site.cfp.org.br/wp-content/uploads/2012/07/codigo_etica.pdf

Conselho Federal de Psicologia. (2018). *Resolução CFP n. 9/2018*. Estabelece diretrizes para a realização de Avaliação Psicológica no exercício profissional da psicóloga e do psicólogo, regulamenta o Sistema de Avaliação de Testes Psicológicos – Satepsi e revoga as resoluções n. 2/2003, n. 6/2004 e n. 5/2012 e notas técnicas n. 1/2017 e 2/2017. https://site.cfp.org.br/wp-content/uploads/2018/04/

Resolu%C3%A7%C3%A3o-CFP-n%C2%BA-09-2018-com-anexo.pdf

Conselho Federal de Psicologia. (2019). *Resolução CFP n. 6/2019 comentada*. https://site.cfp.org.br/wp-content/uploads/2019/09/Resolu%C3%A7%C3%A3o-CFP-n-06-2019-comentada.pdf

Conselho Nacional de Educação. (2011). *Resolução CFP n. 5, de 15 de março de 2011*. Institui as Diretrizes Curriculares Nacionais para os cursos de graduação em Psicologia, estabelecendo normas para o projeto pedagógico complementar para a Formação de Professores de Psicologia. http://portal.mec.gov.br/index.php?option=com_docman&view=download&alias=7692-rces005-11-pdf&Itemid=30192

Gazzaniga, M., Heatherton, T., & Halpern, D. (2018). *Ciência psicológica*. Artmed.

Hutz, C.S., Bandeira, D.R., & Trentini, C.M. (2018). *Avaliação Psicológica da inteligência e da personalidade*. Artmed.

Hutz, C.S., Bandeira, D.R., Trentini, C.M., & Krug, J.S. (2016). *Psicodiagnóstico*. Artmed.

Lins, M.R.C., & Borsa, J.C. (orgs.). (2017). *Avaliação Psicológica: Aspectos teóricos e práticos*. Vozes.

Lins, M.R.C., Muniz, M., & Cardoso, L.M. (2018). *Avaliação Psicológica infantil*. Hogrefe.

Marasca, A.R., Yates, D.B., Schneider, A.M.A., Feijó, L.P., & Bandeira, D.R. (2020). Avaliação psicológica on-line: Considerações a partir da pandemia do novo coronavírus (Covid-19) para a prática e o ensino no contexto a distância. *Estudos de Psicologia, 37*, e200085. https://doi.org/10.1590/1982-0275202037e200085

Muniz, M. (2017). Competências e cuidados para a administração da Avaliação Psicológica e dos testes psicológicos. In M.R.C. Lins & J.C. Borsa (eds.), *Avaliação Psicológica: Aspectos teóricos e práticos* (pp. 100-114). Vozes.

Nolen-Hoeksema, S., Fredrickson, B.L., Loftus, G.R., & Lutz, C. (2018). *Introdução à psicologia: Atkinson & Hilgard*. Cengage Learning.

Nunes, M.F.O., Muniz, M., Reppold, C.T., Faiad, C., Bueno, J.M.H., & Noronha, A.P.P. (2012). Diretrizes para o ensino da Avaliação Psicológica. *Avaliação Psicológica, 11*(2), 309-316. http://pepsic.bvsalud.org/pdf/avp/v11n2/v11n2a16.pdf

Villemor-Amaral, A.E., & Werlang, B.S.G. (2008). *Atualizações em métodos projetivos para Avaliação Psicológica*. Casa do Psicólogo.

Yates, D.B., Silva, M.A., & Bandeira, D.R. (2019). *Avaliação Psicológica e desenvolvimento humano: Casos clínicos*. Hogrefe.

Zaia, P., Oliveira, K.S., & Nakano, T.C. (2018). Análise dos processos éticos publicados no jornal do Conselho Federal de Psicologia. *Psicologia: Ciência e Profissão, 38*(1), 8-21. https://doi.org/10.1590/1982-3703003532016

9
Estágio supervisionado em Avaliação Psicológica

Alcances e limitações

Amanda Lays Monteiro Inácio
Universidade São Francisco
Faculdade Tecnológica do Vale do Ivaí

Gracielly Terziotti de Oliveira
Faculdade Tecnológica do Vale do Ivaí
Faculdade Teológica Sul Americana

Highlights

- O estágio supervisionado possibilita que os conteúdos teóricos sejam experienciados no cotidiano da profissão, trazendo importantes contribuições para a formação discente.
- Em Avaliação Psicológica, o estágio supervisionado impulsiona o desenvolvimento do raciocínio em psicologia, implicando a necessidade de integração dos conhecimentos de diferentes áreas do saber e de distintas fontes de informação.
- A pandemia de Covid-19 trouxe consigo uma série de problemáticas sobre o ensino de Psicologia, e a própria aplicabilidade dos estágios supervisionados. Essas questões devem ser amplamente debatidas com as instituições de Ensino Superior, juntamente à categoria profissional e aos estudantes.

Diferentes indicadores educacionais evidenciam o aumento no número de vagas e matrículas em Instituições de Ensino Superior (IES) nos últimos anos. No Brasil, dados do Instituto Nacional de Estudos e Pesquisas (Inep) (2019) referentes ao Censo realizado em 2017 corroboram tal afirmativa, de modo que os ingressantes somavam na época um número de 3.226.249 estudantes de graduação, o que representa um crescimento de 8,1% em relação ao ano anterior. No que se refere ao curso de Psicologia, este encontrava-se em sétimo lugar entre os 20 maiores cursos em número de matrículas (249.956 matriculados), com predominância do sexo feminino (80,5%).

Os dados retratados coincidem com uma diversidade de estudos que abarcam a heterogenei-dade dos estudantes que hoje integram o Ensino Superior, quer seja no que se refere à idade, gênero e nível socioeconômico, como, ainda, em relação às experiências anteriores e projetos profissionais para o futuro (Porto & Soares, 2017). Ademais, há que se destacar que o aumento está ligado às exigências do mercado de trabalho e, somado a isso, tem-se a relevância da formação de nível superior para o desenvolvimento psicossocial dos indivíduos (Santos et al., 2019; Soares & Del Prette, 2015).

Para que a formação dos estudantes de graduação abarque o desenvolvimento de competências e habilidades básicas que contribuirão para uma atuação profissional com qualidade, ética e técnica tem-se a necessidade de que esta contemple conteúdos teóricos e práticos. No que concerne à prática, o currículo dos cursos pode e deve abarcar dentre as disciplinas obrigatórias o chamado estágio supervisionado. Em Psicologia, os estágios são ofertados em diferentes vertentes, sendo uma delas a Avaliação Psicológica. Ao considerar que a Avaliação Psicológica é a única área privativa do psicólogo (CFP, 2011), torna-se essencial o investimento adequado na formação dos estudantes, a fim de que estes a executem com primazia. Esse objetivo é evidenciado pelas normativas dispostas pelo Conselho Federal de Psicologia (CFP) e pelas orientações fornecidas pelo Instituto Brasileiro de Avaliação Psicológica (Ibap) (Ambiel et al., 2017; Noronha & Reppold, 2010). Além disso, outros documentos buscam orientar o ensino da Avaliação Psicológica em Psicologia, tal como as diretrizes elaboradas por Nunes et al. (2012), com base nas resoluções do CFP e do Código de Ética Profissional do Psicólogo.

Nos capítulos anteriores, foi discorrido sobre o que ensinar nas disciplinas de Avaliação Psicológica I, II e III. Com base nesse alicerce teórico, o presente capítulo trata da continuidade dos aprendizados oriundos dessas disciplinas, de forma prática por meio dos estágios supervisionados, mais precisamente, aqueles que se referem à Avaliação Psicológica dentro do curso de Psicologia. Para abordar a temática, os assuntos foram divididos em quatro categorias, a saber, "Regulamentação dos estágios"; "O estágio supervisionado: competências e habilidades"; "Considerações sobre o estágio em Avaliação Psicológica em uma instituição de ensino particular"; "Alcances e limitações frente ao cenário da pandemia". Com isso, espera-se contribuir com as questões inerentes à prática em Avaliação Psicológica juntamente com o relato de uma

experiência de estágio supervisionado durante a pandemia de Covid-19. O tema em questão é bastante atual e, longe de trazer respostas, nos impulsiona a pensar ainda mais enquanto categoria profissional nos desafios e rumos da Avaliação Psicológica e suas contribuições durante os estágios para formação profissional dos estudantes de Psicologia.

Regulamentação dos estágios

A lei regulamentadora dos estágios no Brasil, desde o nível fundamental na modalidade profissional da educação de jovens e adultos até a educação superior, é a Lei n. 11.788, de 25 de setembro de 2008. Nela, o estágio faz parte do projeto pedagógico do curso e visa o aprendizado de competências relativas à profissão, assim como permite uma contextualização do que é aprendido, integrando a formação do discente. Em seu segundo artigo e em conformidade com a determinação das Diretrizes Curriculares Nacionais (DCNs) atuais dos cursos de graduação em Psicologia, as quais orientam a organização e estruturação dos currículos de Psicologia no país, todas as IES são providas de autonomia para elaborar o projeto pedagógico do curso e devem incluir os estágios obrigatórios como um dos requisitos para a obtenção de diploma. Por sua vez, os estágios não obrigatórios caracterizam-se como atividades opcionais e complementares à formação, dessa maneira não há obrigatoriedade no cumprimento para compor a carga horária específica do curso (Ministério da Educação [MEC], 2011).

Ainda segundo as DCNs atuais, os estágios devem contabilizar pelo menos 15% da carga horária total do curso (MEC, 2011). Contudo, de acordo com as novas DCNs já aprovadas em

2019, ainda não homologadas, esse percentual deverá ser reajustado para no mínimo 20% e no máximo 25%, visando que os estágios sejam inseridos no máximo a partir do 3º semestre da graduação (MEC, 2019), para garantir uma maior interação da teoria com a prática (CFP, 2018a).

Sobre isso, a Lei dos Estágios prevê a necessidade de um professor orientador vinculado à instituição de ensino e por um supervisor na parte concedente, quando o estágio é realizado externo à instituição de ensino. Dessa maneira, garante-se que os graduandos sejam subsidiados com formação, reflexão, direcionamentos e avaliação do seu desempenho para o cumprimento desse requisito para aprovação e obtenção de um diploma, aproximando a teoria da prática em um momento histórico-cultural que a cobrança pela formação profissional é cada vez maior e mais exigida no mercado de trabalho (MEC, 2011).

As DCNs atuais (MEC, 2011) esclarecem que os estágios supervisionados contribuem com a consolidação e a articulação das competências a serem desenvolvidas durante o curso, garantindo a vivência do discente em situações e locais que possam favorecer o aprimoramento de conhecimentos, habilidades e atitudes ligadas à prática profissional do psicólogo. No documento atual, assim como nas DCNs que aguardam homologação, os estágios supervisionados se dividem em dois níveis de complexidade, sendo eles os estágios supervisionados obrigatórios básicos e estágios supervisionados obrigatórios específicos. Os estágios básicos são os primeiros que os discentes realizam, pois visam desenvolver as competências e habilidades do núcleo comum. Já os estágios específicos, se apresentam mais para o final do curso, pois objetivam aprofundar as práticas integrativas dentro de cada

ênfase do currículo (MEC, 2011, 2019; Peixoto et al., 2014).

Cabe citar os documentos elaborados pelo Conselho Federal de Psicologia (CFP) que se aplicam ao campo de estágio em Avaliação Psicológica. Nesse sentido, o Código de Ética Profissional do Psicólogo tem como objetivo "delinear para a sociedade as responsabilidades e deveres do psicólogo, oferecer diretrizes para a sua formação e balizar os julgamentos das suas ações, contribuindo para o fortalecimento e ampliação do significado social da profissão" (CFP, 2005, p. 6). Dessa maneira, em seu artigo 17, evidencia que é papel do psicólogo, docente ou supervisor "esclarecer, informar, orientar e exigir dos estudantes a observância dos princípios e normas contidas neste Código" (CFP, 2005, p. 14).

Quanto à formação profissional pode-se também destacar três princípios fundamentais específicos, o I, II e VI que devem balizar o trabalho do docente supervisor e do discente estagiário:

> I – A(O) psicóloga(o) baseará o seu trabalho no respeito e na promoção da liberdade, da dignidade, da igualdade e da integridade do ser humano, apoiado nos valores que embasam a Declaração Universal dos Direitos Humanos.

> II – A(O) psicóloga(o) trabalhará visando promover a saúde e a qualidade de vida das pessoas e das coletividades e contribuirá para a eliminação de quaisquer formas de negligência, discriminação, exploração, violência, crueldade e opressão. [...]

> VI – A(O) psicóloga(o) zelará para que o exercício profissional seja efetuado com dignidade, rejeitando situações em que a Psicologia esteja sendo aviltada (CFP, 2005, p. 7).

Ao realizar uma Avaliação Psicológica, obrigatoriamente o discente deverá seguir, além do

Código de Ética do Profissional Psicólogo, a Resolução n. 9/2018, que regulamenta as diretrizes para a realização da Avaliação Psicológica no exercício da profissão. Ao emitir documentos dessa prática, como um laudo psicológico (supervisionado pelo docente), precisará contemplar ainda a Resolução CFP n. 6/2019 e a Resolução CFP n. 1/2009, essas dispõem respectivamente sobre a elaboração de documentos escritos produzidos pela(o) psicóloga(o) no exercício profissional e sobre o registro documental decorrente de serviços psicológicos.

O estágio supervisionado: competências e habilidades

Estudos evidenciam que as aprendizagens mais significativas são aquelas que envolvem algum tipo de experiência concreta e de experimentação ativa, implicando assim no envolvimento direto do indivíduo com atividades reais do cotidiano. O contato prolongado permite ao sujeito descobrir as exigências e especificidades da profissão, como manejar as situações, quais os agentes implicados no processo, o que gosta e o que não gosta de executar e quais as habilidades necessárias para obter sucesso nas tarefas inerentes à prática (Vieira et al., 2011).

No contexto acadêmico, as vivências práticas ocorrem por meio do estágio, uma oportunidade educativa que integra o currículo dos cursos e permite que os conteúdos teóricos sejam experienciados no cotidiano da profissão. As atividades desenvolvidas nesse contexto possibilitam que o estudante se aproprie das metodologias de trabalho inerentes à sua profissão, adquirindo as experiências necessárias para cumprir suas atribuições com competência e atuar no mercado de trabalho com uma menor probabilidade de incertezas e erros (Colombo & Ballão, 2014).

Ademais, o exercício da prática permite o desenvolvimento de competências rumo à identidade profissional, tais como autoconhecimento, autonomia, responsabilidade e engajamento em situações de trabalho. O desenvolvimento acadêmico que transcende a sala de aula encontra-se atrelado, também, à função desempenhada pelo supervisor de estágio, um profissional da área que direciona os estudantes e auxilia na correspondência dos conhecimentos teóricos com as vivências práticas (Colombo & Ballão, 2014; Oliveira et al., 2017).

Em Psicologia, as DCNs para os cursos de graduação em Psicologia evidenciam a necessidade de que a teoria esteja alinhada com a prática profissional, com ênfase no importante papel desempenhado pelo estágio na medida em que permite a experiência concreta, sustentada e amparada pela orientação de um profissional experiente. Tal assertiva vai ao encontro das proposições relativas à Avaliação Psicológica, que, enquanto processo estruturado e complexo de investigação dos fenômenos psicológicos que exige rigor e preparo técnico para ser realizado nos diferentes campos de atuação, necessita do aporte teórico e também da experiência prática para o desenvolvimento das habilidades e competências no discente (CFP, 2018b; Nunes et al., 2012).

Conforme destacado por Borsa e Segabinazi (2017), a formação e a qualificação dos profissionais que atuam em Avaliação Psicológica ainda apresenta lacunas importantes. Um exemplo disso são as pesquisas que versam sobre o ensino descontextualizado de testes, ou uso de bibliografia desatualizada, e a escassez de disciplinas de Avaliação Psicológica na graduação em Psicologia (Alchieri & Bandeira, 2002; Ambiel et al., 2019; Noronha & Alchieri, 2004). Somado a isso, há que se contemplar os estudos que incidem sobre as infrações éticas cometidas pelos profissionais durante o processo de Avaliação Psicológica (Muniz, 2018; Zaia et al., 2018) em que as autoras discutem a necessidade de uma formação qualificada para minimizar práticas não éticas.

Diante do exposto, as principais formas de melhorar a qualidade do exercício profissional vinculado à Avaliação Psicológica dizem respeito, principalmente, à formação oferecida ao longo da graduação em Psicologia e ao aprimoramento da formação complementar e continuada na área, sendo esta última tanto para os docentes que lecionam nas disciplinas e estágios quanto aos alunos interessados na temática (Borsa & Segabinazi, 2017; Noronha & Reppold, 2010). Em síntese, a prática da Avaliação Psicológica requer um percurso formativo específico e atualizado, sendo que este se inicia ao longo da graduação, nas disciplinas teóricas e estágios práticos, e deve estender-se durante toda a trajetória profissional.

Visando contribuir com diretrizes para o ensino de Avaliação Psicológica no Brasil, Nunes et al. (2012) elaboraram uma proposta de conteúdos desejáveis para as disciplinas de avaliação ao longo do curso de Psicologia. O documento em questão encontra-se dividido em quatro partes, que seguem: (1) Competências em Avaliação Psicológica; (2) disciplinas e conteúdos programáticos respectivos; (3) estrutura de ensino e (4) referências indicadas para as disciplinas da área. Apesar de todos os conteúdos dispostos serem imprescindíveis ao ensino de Avaliação Psicológica, o presente capítulo abordará de forma mais específica a segunda parte, "disciplinas e conteúdos programáticos respectivos", na qual encontra-se o estágio supervisionado.

Conforme sabemos, cada IES possui sua própria organização curricular e, por conta disso, a disposição das disciplinas de Avaliação Psicoló-

gica acaba sendo heterogênea, tanto em relação à quantidade de disciplinas e conteúdos ofertados quanto no que concerne às nomenclaturas empregadas para tratar desses conteúdos. Nessa direção, o documento de Nunes et al. (2012) integra seis disciplinas e conteúdos programáticos relacionados que possibilitariam, segundo as autoras, uma aprendizagem efetiva da Avaliação Psicológica. Desse total, a sexta parte contempla o chamado Estágio Supervisionado em Avaliação Psicológica, que abarca o seguinte conteúdo programático: prática do processo de Avaliação Psicológica; planejamento de Avaliação Psicológica; entrevista psicológica; observação do comportamento; testes psicológicos; comparação e integração de informações de diferentes fontes obtidas na Avaliação Psicológica; laudos e documentos psicológicos; devolutiva verbal de resultados decorrentes da Avaliação Psicológica (Nunes et al., 2020, p. 312).

Com base no conteúdo programático disposto para o estágio supervisionado em Avaliação Psicológica, verifica-se o foco no desenvolvimento das competências necessárias à sua aplicabilidade nos diversos contextos em que esta pode ocorrer. Ademais, cabe ressaltar que é ao longo dos estágios que o discente terá a oportunidade de planejar a avaliação, escolher os instrumentos e técnicas condizentes com o que se pretende avaliar, treinar a habilidade de observar, entrevistar e aplicar os materiais pertinentes. Além disso, desenvolverá, também, a capacidade de integrar as informações obtidas por diferentes fontes, o que resultará na confecção do laudo psicológico (confeccionado com base na Resolução CFP n. 6/2019), a ser apresentado e discutido durante a devolutiva às partes interessadas.

Em face ao exposto, constata-se que o estágio supervisionado em Avaliação Psicológica possibilita o desenvolvimento do raciocínio em Psicologia, implicando a necessidade de integração dos conhecimentos advindos de diferentes disciplinas e, ao mesmo tempo, necessitando de um olhar cuidadoso e atento às especificidades do sujeito ou grupo avaliado. A atuação prática possibilitada pelo estágio em Avaliação Psicológica permite, ainda, o desenvolvimento mais aprofundado das competências e habilidades que poderão auxiliar o futuro profissional em sua atuação em diferentes contextos. Assim, "o ensino de Avaliação Psicológica não deve se resumir ao ensino de técnicas isoladas de outros contextos da psicologia. Ao contrário, deve proporcionar ao estudante experiências teórico-práticas que resultem no desenvolvimento de competências para uma atuação autônoma e responsável" (Nunes et al., 2012, p. 309).

Considerações sobre o estágio em Avaliação Psicológica em uma instituição de ensino particular

Aqui será discorrido sobre um modelo de estágio em Avaliação Psicológica, que não se esgota em si, por retratar a realidade de uma disciplina curricular de uma instituição de ensino particular do interior de um estado do sul do Brasil, com base na experiência das autoras deste capítulo durante o primeiro semestre do ano de 2020. O estágio foi implementado dentro do sétimo período, após os estudantes já terem concluído as disciplinas de Avaliação Psicológica I, II e III, as quais tratam resumidamente em suas ementas sobre a definição, desenvolvimento do psicodiagnóstico e noções de psicometria, principais teorias e instrumentos da inteligência na abordagem psicométrica e principais teorias e instrumentos objetivos e expressivos/projetivos para avaliação da per-

sonalidade. Os princípios básicos para formulação de relatório e integração dos resultados de aplicação de instrumentos de medida foram abordados nas disciplinas II e III. Dessa maneira, os estudantes do sétimo período já haviam realizado o percurso inerente aos aspectos éticos, confecção de documentos, escolha e aplicação de instrumentos e demais técnicas em Avaliação Psicológica, similar aos conteúdos abordados em Avaliação Psicológica I, II e III da proposta deste livro.

A disciplina do estágio em questão, denominada como "Estágio Supervisionado em Psicologia e Processos de Avaliação Diagnóstica I e II", traz uma ementa única, com o seguinte conteúdo: "Estágio supervisionado em vivência de processos de Avaliação Psicológica nos contextos educacional, clínico, hospitalar e organizacional". Essa ementa permite maior abrangência das demandas dentro do Núcleo de Psicologia da referida instituição de ensino.

A matriz curricular do curso de Psicologia nessa instituição define que o estágio em Avaliação Psicológica deve acontecer em dois semestres consecutivos, a saber, sétimo e oitavo, como duas disciplinas distintas. Por se tratar de uma prática supervisionada, os alunos são divididos em dois grupos, dispostos com cerca de 15 integrantes cada, sendo que para cada um dos grupos há um supervisor responsável que é especialista na área, além de um horário definido para supervisão, que corresponde a 3 horas-aula por semana.

A grade curricular é distribuída de forma que os discentes possam realizar os atendimentos, estudos e correção dos respectivos instrumentos e técnicas, além da elaboração do laudo psicológico em um dia da semana específico. Desse modo, tem-se um total de dois dias da semana dedicados para o estágio supervisionado em Avaliação Psicológica ao longo do sétimo e oitavo períodos do curso, cada um deles com 3 horas-aula. Também é programado um revezamento entre os supervisores de um semestre para outro, a fim de que os estudantes possam ter diferentes experiências na formação. Na sequência, serão explanados mais detalhadamente os conteúdos inerentes aos estágios I e II e, depois, apresentada a nova organização disposta para o Estágio I diante do cenário de pandemia.

No Estágio I é realizada a retomada de algumas questões teóricas sobre a Avaliação Psicológica, assim como é apresentado o funcionamento do serviço-escola e seus respectivos documentos (termo de consentimento adulto e infantil, termo de compromisso do estagiário, ficha de controle interno, ficha de anamnese). Após esse aporte inicial, os alunos agendam e realizam as triagens em duplas conforme a fila de espera do referido serviço. Nessa ocasião não há uma escolha direcionada ao tipo de demanda ou a necessidade de Avaliação Psicológica, pois o público que se inscreve para atendimento no serviço-escola é bastante heterogêneo. Ressalta-se que os estagiários são instruídos e treinados, por meio de *role-plays*, para realizarem, preferencialmente, a triagem em até duas sessões, mas informam ao usuário que ele poderá ser contatado em caso de necessidade e que a partir daquele momento já estará na lista para atendimento subsequente.

Com a triagem realizada, as duplas precisam confeccionar o relato de sessão para ser entregue e discutido com o supervisor sobre os possíveis encaminhamentos daquele caso, assim como preenchem o documento para registro junto ao prontuário do paciente no serviço-escola. O documento de relato de sessão é semiestruturado e contém as questões da anamnese, bem como um espaço para explanação dissertativa do histórico do indivíduo e impressões dos estagiários. Nesse momento inicial do estágio, cada dupla precisa realizar ao menos duas triagens de dois casos diferentes, sendo indicado pelo supervisor que a escolha seja por faixas etárias distintas.

Com a realização das triagens, o supervisor e os estagiários selecionam os casos em que se entende que haverá benefício ou que necessitam evidentemente da Avaliação Psicológica, sendo que, para essa distribuição, a dupla de alunos que realizou a triagem tem preferência para continuar com o caso. São realizadas em média 6 sessões de 50 minutos no caso de crianças e de 3 a 4 sessões no caso de adolescentes e adultos. Contudo, como se sabe, esse número pode variar a depender das especificidades do caso. As sessões podem ocorrer de forma única, ou seja, 50 minutos por semana, ou de forma estendida, nunca ultrapassando mais de 2 sessões seguidas, visto que o processo em si é bastante complexo. Ademais, a orientação é de que a avaliação iniciada no primeiro semestre se encerre nele próprio.

Após a escolha do caso, o avaliando é chamado para uma entrevista mais detalhada, que contemple os dados da anamnese e triagem anteriormente realizadas. Nessa etapa é discutido em supervisão sobre os procedimentos, instrumentos e técnicas necessárias a partir de cada demanda específica. Como os atendimentos são realizados semanalmente, para a apresentação do caso na supervisão, cada dupla confecciona um relato da sessão e o expõe na supervisão. As demais etapas inerentes ao processo de Avaliação Psicológica, tais como análise e correção dos instrumentos e técnicas empregadas, integração dos dados e elaboração do laudo psicológico, são delineadas também em supervisão e construídas em grupo, com a contribuição dos estudantes e do supervisor para fomentar a construção do raciocínio clínico aos futuros profissionais. Cabe destacar que, apesar da organização feita no início de cada processo de Avaliação Psicológica, o supervisor orienta os estagiários a analisar os passos programados a cada nova informação obtida, sendo possível e pertinente modificar a dinâmica proposta sempre que necessário.

O Estágio II, por sua vez, consiste na realização de outros dois processos de Avaliação Psicológica, que incluem a confecção de seus respectivos laudos psicológicos, com os encaminhamentos necessários para cada caso. Nessa ocasião não são feitas novas triagens e, assim, os estagiários escolhem casos já destinados ao processo de Avaliação Psicológica que aguardam na lista de espera do serviço-escola. Também é orientado pelo supervisor que sejam escolhidos casos de indivíduos com faixas etárias distintas, com o objetivo de proporcionar aos estagiários experiências mais ampliadas do processo de Avaliação Psicológica, seja ele com crianças, adolescentes, adultos e/ou idosos, que, como sabemos, possuem suas especificidades. Além disso, é mantida a mesma organização de supervisão, grupos com cerca de 15 estudantes e avaliações realizadas em duplas.

Espera-se que a soma dos dois períodos letivos com o alinhamento teórico e prático em Avaliação Psicológica, integrando triagens e três avaliações supervisionadas, possibilite o desenvolvimento das habilidades e competên-

cias inerentes à Avaliação Psicológica, com uma atuação ética e comprometida com a realidade social de cada indivíduo. Desta feita, é importante mencionar que os discentes concluem a graduação com um total de três disciplinas teóricas, ministradas no quarto, no quinto e no sexto períodos, respectivamente, e duas disciplinas de estágio específico previstas inicialmente para acontecer no sétimo e oitavo períodos. Destaca-se ainda que essa realidade condiz com a organização dos três capítulos teóricos do presente livro, que versam sobre Avaliação Psicológica I, II e III, finalizando com o estágio supervisionado.

Em face à disposição dos conteúdos teóricos e práticos, pode-se relembrar a vantagem apontada por Ambiel et al. (2019), em que se espera que a partir do meio-curso o discente esteja mais preparado para compreender a complexidade do processo de Avaliação Psicológica e mais bem embasado teoricamente para dar início aos conteúdos da prática. Em relação à média de disciplinas encontrada por esses mesmos autores (média de quatro por curso), percebe-se que os discentes desta instituição têm acesso a uma formação adequada dentro da prática da Avaliação Psicológica, sendo que, por se tratar de um estágio específico, todos os alunos obrigatoriamente realizam as referidas disciplinas.

Até o presente momento foi apresentada a organização do conteúdo programático proposta para o estágio supervisionado em Avaliação Psicológica I e II em uma instituição particular de ensino. A fim de explanar melhor o conteúdo elucidado, organizou-se a tabela 1, apresentada na sequência.

Tabela 1

Organização do conteúdo programático da disciplina de estágio durante o primeiro e segundo semestres para o sétimo período da graduação em Psicologia

Semestre I	Conteúdo programático
1º bimestre	• Apresentação da disciplina e questões éticas que norteiam a prática em Avaliação Psicológica. • Entrevista de Anamnese/estudo dos documentos do serviço-escola. • Análise dos instrumentos de avaliação. • Triagem 1 (infantil). • Triagem 2 (adulto). • Avaliação bimestral realizada por meio do relato, preenchimento e descrição das triagens.
2º bimestre	• Questões norteadoras da prática em Avaliação Psicológica e elaboração de documentos psicológicos com base nas resoluções do CFP n. 9/2018 e n. 6/2019. • Processo de Avaliação Psicológica completo (1 caso). • Avaliação bimestral realizada por meio de notas parciais oriundas dos relatos de sessão e da confecção e entrega do laudo psicológico com base na Resolução CFP n. 6/2019.
Semestre II	**Conteúdo programático**
1º bimestre	• Questões norteadoras da prática em Avaliação Psicológica e elaboração de documentos psicológicos com base nas resoluções do CFP n. 9/2018 e n. 6/2019. • Processo de Avaliação Psicológica completo (1 caso). • Avaliação bimestral realizada por meio de notas parciais oriundas dos relatos de sessão e da confecção e entrega do laudo psicológico com base na Resolução CFP n. 6/2019.
2º bimestre	• Processo de Avaliação Psicológica completo (1 caso). • Avaliação bimestral realizada por meio de notas parciais oriundas dos relatos de sessão e da confecção e entrega do laudo psicológico com base na Resolução CFP n. 6/2019.

Fonte: As próprias autoras.

Conforme pode ser observado na tabela 1, o estágio se inicia por meio da retomada de alguns aspectos da Avaliação Psicológica, sobretudo aqueles mais voltados para a prática profissional e os aspectos éticos. Também foram selecionados para discussão a organização de funcionamento do serviço-escola e a Resolução CFP n. 6/2019, que versa sobre a emissão de documentos psicológicos. Em síntese, os estágios I e II contam com a realização de duas triagens e três casos de Avaliação Psicológica.

Mediante os temas propostos, foram escolhidas como referências básicas e complementares para a disciplina de estágio as resoluções do CFP n. 9/2018, n. 6/2019, o *Código de Ética do Profissional Psicólogo*, a *Cartilha Avaliação Psicológica* (CFP, 2013) e alguns capítulos dos livros que compõem a Coleção Avaliação Psicológica da Artmed. Os títulos dos livros em ordem de publicação: *Psicometria* (Hutz et al., 2015), *Psicodiagnóstico* (Hutz et al., 2016), *Avaliação da inteligência e da personalidade* (Hutz et al., 2018), *Avaliação Psicológica nos contextos de saúde e hospitalar* (Hutz et al., 2019), *Avaliação Psicológica no contexto forense* (Hutz et al., 2020), *Avaliação Psicológica no contexto organizacional* (Hutz et al., 2020). Segundo os próprios organizadores a ideia dessa coleção surgiu perante a necessidade de atualizar as publicações da área e dar seguimento às produções da autora Jurema Alcides Cunha (Hutz et al., 2016).

Os alunos possuem acesso a todos os materiais por meio da biblioteca on-line da instituição, o que contribui com uma formação atualizada. Assim, para a discussão sobre a definição do psicodiagnóstico, a importância de uma teoria para embasar a avaliação, o uso dos instrumentos, avaliação da demanda, cuidados técnicos no início do psicodiagnóstico e entrevista de anamnese, foram escolhidos os seis primeiros capítulos do livro *Psicodiagnóstico*, de Hutz et al. (2016).

Conforme evidenciado, o estágio supervisionado possui oportuna relevância à formação dos estudantes, possibilitando o exercício da prática profissional por meio da vivência de situações que se aproximam da realidade vivenciada *a posteriori* pelo futuro profissional (Colombo & Ballão, 2014). Contudo, o contexto atual vivenciado durante a escrita deste capítulo, que versa sobre a pandemia de Covid-19, que será mais bem explorada no tópico subsequente, implicou a necessidade de uma reorganização do conteúdo programático elaborado para a disciplina. A instituição de ensino optou pela continuidade das aulas de forma remota. Quanto ao Estágio Supervisionado em Psicologia e Processos de Avaliação Diagnóstica I, a opção mais viável foi ministrar todo o conteúdo teórico a fim de que os estudantes não fossem prejudicados pela paralisação das atividades presenciais.

Por conseguinte, além dos conteúdos teóricos relativos ao primeiro bimestre, também foram ministradas remotamente as aulas teóricas organizadas para o segundo bimestre do estágio e para o Estágio Supervisionado em Psicologia e Processos de Avaliação Diagnóstica II, que versavam, principalmente, sobre as questões norteadoras da prática em Avaliação Psicológica e elaboração de documentos psicológicos com base nas resoluções do CFP n. 9/2018 e n. 6/2019. Após a finalização de todo o conteúdo teórico, o estágio em questão teve suas atividades suspensas. Posteriormente, a instituição de ensino, juntamente com o Núcleo Docente Estruturante (NDE), do qual as docentes da disciplina de estágio também fazem parte, optou pela efetiva suspensão do estágio no ano letivo de 2020. A ideia é que este seja retomado a partir do nono semestre, tendo como base a proposição de que, nessa ocasião, a pandemia já terá tomado novos rumos que possibilitem a execução das práticas previstas sem a configuração de riscos aos estudantes e indivíduos avaliados e proporcionando o desenvolvimento das habilidades e competências previstas.

De modo análogo à alteração dos conteúdos da disciplina e, posteriormente, à sua suspensão, também foi realizada a antecipação de outras disciplinas teóricas para o oitavo período (segundo semestre de 2020). A justificativa foi a prerrogativa de uma melhor divisão da carga horária para esses discentes nos próximos semestres por meio da implantação de um Plano Especial de Matriz Curricular (PEMC), o qual é complementar ao Projeto Pedagógico de Curso (PPC) especificamente para o momento de excepcionalidade devido à pandemia de Covid-19.

Alcances e limitações frente ao cenário da pandemia

Wang, Horby, Hayden e Gao (2020) relatam que os primeiros casos de pneumonia com risco de vida foram relatados em Wuhan, na China, em dezembro de 2019. Desde então, o crescente aumento no número de casos dessa doença infecciosa vem sendo destaque em todo o mundo. O avanço da Covid-19 foi declarado em 30 de janeiro de 2020 como uma Emergência de Saúde Pública de Importância Internacional (Espii) pela Organização Mundial da Saúde (OMS). Até 13 de julho de 2020, na última publicação da OMS, havia no mundo 12.768.307 casos confirmados da doença, 566.654 mortes e 216 países, áreas ou territórios afetados (Organização Mundial da Saúde, 2020).

No Brasil o primeiro caso de Covid-19 foi oficialmente registrado no dia 26 de fevereiro de 2020 no estado de São Paulo. Na mesma época havia outros 20 casos monitorados em sete estados e 59 descartados (Ministério da Saúde, 2020a). Atualmente a transmissão no país já é considerada comunitária, de modo que os dados disponibilizados pelo Ministério da Saúde em 13 de julho de 2020 contabilizam 1.884.967 casos confirmados no país e 72.833 mortes. As regiões mais afetadas são, respectivamente, Norte, Nordeste, Sudeste, Centro-Oeste e Sul, com base nos dados de incidência e mortalidade para cada 100 mil habitantes (Ministério da Saúde, 2020b).

Mediante a incidência e crescente propagação da pandemia, o Ministério da Saúde definiu medidas a serem adotadas pelas diversas instâncias da sociedade, sendo a principal delas o Distanciamento Social Ampliado (DAS). Desse modo, a população nos mais diversos setores econômicos precisa permanecer em suas residências enquanto durar a medida decretada pelos gestores locais. O objetivo do DAS é evitar que haja um aumento considerável no número de casos, de modo que faltem os insumos de saúde e também que o sistema fique sobrecarregado, o que impediria que toda a população contaminada pudesse ser atendida satisfatoriamente (Ministério da Saúde, 2020c).

No que concerne ao cenário educacional, com o objetivo de amenizar os prejuízos causados pela pandemia e, consequentemente, pelo DAS, o Ministério da Educação publicou/deliberou várias portarias, sendo a última a Portaria n. 544, de 16 de junho de 2020. O documento autoriza a substituição temporária das aulas presenciais em instituições de Ensino Superior que integrem o sistema federal de ensino por aulas em meios digitais enquanto durar a situação da Covid-19 e revoga as portarias que tratavam anteriormente do assunto (MEC, 2020a). Nesse sentido, as demais instituições de ensino básico e superior integrantes dos sistemas estaduais ou municipais também optaram inicialmente pela suspensão das aulas presenciais, a fim de conter a propagação da doença.

A portaria em questão, n. 544/2020, autoriza a execução da substituição até 31 de dezembro de 2020 e também trata das práticas de estágios e atividades que exigem laboratórios especializados. O parágrafo terceiro afirma que as práticas devem obedecer às Diretrizes Nacionais Curriculares aprovadas pelo Conselho Nacional de Educação (CNE). Além disso, as atividades devem possuir planos de trabalho específicos, aprovados no âmbito institucional, conforme descrito no parágrafo quarto (MEC, 2020a).

Vale destacar que, anteriormente a isso, a Portaria n. 343, de 17 de março de 2020 (revogada pela posterior), vedava em seu artigo terceiro a realização de práticas profissionais de estágios e de laboratório (MEC, 2020b). Diante desse panorama, a Comissão Consultiva em Avaliação Psicológica (CCAP) do Conselho Federal de Psicologia, juntamente com as entidades representativas da área e que integram o Fórum de Entidades Nacionais da Psicologia Brasileira (FENPB), a saber, Instituto Brasileiro de Avaliação Psicológica (Ibap), Associação Brasileira de Rorschach e Método Projetivos (ASBRo) e Instituto Brasileiro de Neuropsicologia e Comportamento (IBNec) elaboraram uma Nota Orientativa com sugestões para as(os) profissionais que necessitam realizar adequações na sua prática de ensino, ofertando componentes curriculares da área de Avaliação Psicológica na modalidade remota. A nota também reforça as orientações sobre atendimentos on-line durante a pandemia de Covid-19 e assegura o indeferimento das atividades de estágio supervisionado em Psicologia na modalidade a distância, incluindo-se aqueles relacionados à AP. Tal prerrogativa baseia-se, sobretudo, nas premissas elucidadas pelo Código de Ética Profissional do psicólogo (CFP, 2020a).

Especificamente no caso da Psicologia, vale ressaltar o papel do CFP juntamente com a Associação Brasileira de Ensino de Psicologia (Abep) por meio da realização de seminários virtuais para discussões com a categoria profissional, assim como reuniões com coordenadoras(es) de curso, orientadoras(es), supervisoras(es) e discentes de Psicologia. O objetivo foi problematizar os possíveis impactos e consequências que poderiam surgir, tanto em relação à educação remota realizada em caráter emergencial quanto em relação à possível adequação dos estágios e prática em Psicologia também por essa modalidade. Na sequência, efetivou-se o Seminário Nacional Formação em Psicologia no Contexto da Covid-19, visando discutir as consequências e os desdobramentos do ensino remoto na formação de Psicologia, tendo como referência a Portaria n. 544/2020 do MEC.

No que tange às ações do CFP, até a escrita do presente capítulo o último documento disponibilizado diz respeito à *Cartilha de boas práticas em Avaliação Psicológica em contextos de pandemia*, organizada pela CCAP juntamente com as entidades representativas da área e que integram o FENPB, a saber, Ibap, ASBRo e IBNec (CFP, 2020b). Nela, há menções à importância da construção da cartilha, fundamentação normativa e documentos de referência, prática profissional remota e ao ensino de Avaliação Psicológica. No que concerne a esse último tópico, o documento evidencia a necessidade de ajustes nas práticas de ensino, assegurando os aspectos éticos e técnicos que norteiam o ensino e a prática na avaliação. Nessa direção, há também menção aos estágios em Avaliação Psicológica, com a indicação de que "As políticas do governo e as orientações das entidades em resposta à crise da Covid-19 estão mudando rapidamente, por isso, recomendamos que, no tocante às atividades de estágio em Avaliação Psicológica, a psicóloga e o psicólogo estejam atentos às orientações do CFP e da Associação Brasileira de Ensino de Psicologia (Abep)" (CFP, 2020b, p. 31).

Face às conjecturas apresentadas, evidencia-se a complexa situação que permeia o Ensino Superior atualmente, visto que a execução das atividades práticas nas IES ainda se encontra em debate e os diferentes documentos e orientações já disponibilizados até a escrita do presente capítulo ainda discutem a temática. Nessa ocasião, tornam-se necessários os debates e as novas organizações curriculares por parte das IES a fim de que os estágios, se viabilizados, possam oferecer com garantia os benefícios aos quais se destinam, sobretudo ultrapassando as limitações e problemáticas que podem, porventura, ocorrer durante a pandemia de Covid-19.

A saída em realizar as práticas mediadas pelas Tecnologias da Informação e Comunicação (TICs), seja de forma síncrona ou assíncrona, não devem prescindir a garantia de condições ambientais e materiais, além dos requisitos de sigilo, privacidade e confidencialidade no caso dos atendimentos em Psicologia, bem como a própria capacitação e qualificação dos discentes e docentes para atuar e supervisionar remotamente. Além disso, na área da Avaliação Psicológica há consenso apenas sobre a possibilidade da realização de entrevistas por meio das TICs, o que compromete de forma substancial o processo inerente a uma avaliação, que, como sabemos, demanda de uma série de recursos não disponíveis de forma on-line (tais como observação, normatização e padronização de instrumentos, entre outros), para que seja realizada de forma ética e responsável. Desta feita, há que se considerar que a promoção dos estágios em Avaliação Psicológica de forma remota é inviável, pois não permite a garantia das irrefutáveis condições que precedem sua realização.

Considerações finais

Sabemos que o presente capítulo não encerra e nem esgota todas as reflexões sobre as práticas relacionadas aos estágios dentro da formação em psicologia. Sua proposta consiste em apresentar a prática realizada em uma instituição de ensino privada dentro da área da Avaliação Psicológica. Partindo disso, considera-se que, além da relevância do estágio para o objetivo de uma for-

mação profissional mais condizente com a realidade a ser exercitada posteriormente, a prática possibilita o exercício real da teoria aprofundada sistematicamente ao longo da graduação.

Ademais, na atualidade, a pandemia de Covid-19 trouxe importantes questões que, longe de serem respondidas, trazem inquietações e exigem que a temática seja pensada sob diferentes prismas. Nesse novo contexto que se apresenta, não se deve perder de vista que o exercício da prática profissional deve pautar-se nos aspectos éticos, técnicos e contextuais, trazendo benefícios aos envolvidos e priorizando o desenvolvimento das competências e habilidades condizentes com a profissão, sempre de forma associada aos pressupostos do CFP e entidades afins.

Por fim, em face às importantes mudanças que impulsionam a Psicologia a repensar suas práticas e adentrar em novos contextos, aponta-se para a necessidade de estudos futuros que abarquem a temática do estágio supervisionado. Espera-se que estes possam envolver, também, a percepção dos supervisionados, tal como no estudo produzido por Peixoto et al., (2014), os quais sabiamente alertam que o maior cuidado é em relação a esse novo profissional que está sendo formado e irá reproduzir em sua prática os saberes articulados entre a teoria e prática que ocorrem dentro da graduação.

Referências

Alchieri, J.C., & Bandeira, D.R. (2002). O ensino da Avaliação Psicológica no Brasil. In R. Primi (org.), *Temas em Avaliação Psicológica* (pp. 35-39). Instituto Brasileiro de Avaliação Psicológica.

Ambiel, R.A.M., Barros, L.O.B., & Batista, H.H.V. (2017). Competências na Avaliação Psicológica de graduandos em Psicologia: Análise do ensino e experiência

em estágios. *Psicologia: Ensino & Formação, 8*(2), 3-13. https://dx.doi.org/10.21826/2179-5800201782313

Ambiel, R.A.M., Zuanazzi, A.C., Sette, C.P., Costa, A.R.L., & Cunha, F.A. (2019). Análise de ementas de disciplinas de Avaliação Psicológica: Novos tempos, velhas questões. *Avaliação Psicológica, 18*(1), 21-30. https://dx.doi.org/10.15689/ap.2019.1801.15229.03

Borsa, J.C., & Segabinazi, J.D. (2017). A formação em Avaliação Psicológica no Brasil. In M.R.C. Lins & J.C. Borsa (orgs.), *Avaliação Psicológica: Aspectos teóricos e práticos* (pp. 198-209). Vozes.

Brasil. (2008). *Lei pública n. 11.788*. http://www.planalto.gov.br/ccivil_03/_ato2007-2010/2008/lei/l11788.htm

Colombo, I.M., & Ballão, C.M. (2014). Histórico e aplicação da legislação de estágio no Brasil. *Educar em Revista, 53*, 171-186. http://revistas.ufpr.br/educar/article/viewFile/36555/23133

Conselho Federal de Psicologia. (2005). *Resolução CFP n. 10/2005*. Aprova o Código de Ética Profissional do Psicólogo. http://site.cfp.org.br/wp-content/uploads/2012/07/codigo_etica.pdf

Conselho Federal de Psicologia. (2009). *Resolução CFP n. 1/2009*. https://site.cfp.org.br/wp-content/uploads/2009/04/resolucao2009_01.pdf

Conselho Federal de Psicologia. (2010). *Resolução CFP n. 5/2010*. https://site.cfp.org.br/wp-content/uploads/2010/03/resolucao2010_005.pdf

Conselho Federal de Psicologia. (2011). *Ano da Avaliação Psicológica: Textos geradores*. http://satepsi.cfp.org.br/docs/anodaavaliacaopsicologica_prop8.pdf

Conselho Federal de Psicologia. (2013). *Cartilha Avaliação Psicológica*. http://satepsi.cfp.org.br/docs/Cartilha-Avalia%C3%A7%C3%A3o-Psicol%C3%B3gica.pdf

Conselho Federal de Psicologia. (2018a). *Ano da formação em psicologia: Revisão das diretrizes curriculares nacionais para os cursos de graduação em Psicologia*. https:/site.cfp.org.br/wp-content/uploads/2018/07/RELAT%C3%93RIO-FINAL-REVIS%C3%83O-DAS-DIRETRIZES-CURRICULARES-NACIONAIS-PARA-OS-CURSOS-DE-GRADUA%C3%87%C3%83O-EM-PSICOLOGIA.pdf

Conselho Federal de Psicologia. (2018b). *Resolução CFP n. 9/2018*. http://satepsi.cfp.org.br/docs/Resolu%C3%A7%C3%A3o-CFP-n%C2%BA-09-2018-com-anexo.pdf

Conselho Federal de Psicologia. (2019). *Resolução CFP n. 6/2019*. Institui regras para a elaboração de documentos escritos produzidos pela(o) psicóloga(o) no exercício profissional e revoga a Resolução CFP n. 15/1996, a Resolução CFP n. 7/2003 e a Resolução CFP n. 4/2019. https://atosoficiais.com.br/cfp/resolucao-do-exercicio-profissional-n-6-2019-institui-regras-para-a-elaboracao-de-documentos-escritos-produzidos-pela-o-psicologa-o-no-exercicio-profissional-e-revoga-a-resolucao-cfp-no-15-1996-a-resolucao-cfp-no-07-2003-e-a-resolucao-cfp-no-04-2019?q=006/2019

Conselho Federal de Psicologia. (2020b). *Cartilha de boas práticas para Avaliação Psicológica em contextos de pandemia*. https://site.cfp.org.br/wp-content/uploads/2020/08/clique-aqui.pdf

Conselho Federal de Psicologia. (2020b, 30 mar.). *Nota Orientativa sobre ensino da Avaliação Psicológica em modalidade remota no contexto da pandemia de Covid-19*. https://site.cfp.org.br/nota-orientativa-sobre-ensino-da-avaliacao-psicologica-em-modalidade-remota-no-contexto-da-pandemia-de-covid-19/

Hutz, C.S., Bandeira, D.R., & Trentini, C.M. (orgs.). (2015). *Psicometria*. Artmed.

Hutz, C.S., Bandeira, D.R., & Trentini, C.M. (orgs.). (2018). *Avaliação Psicológica da inteligência e da personalidade*. Artmed.

Hutz, C.S., Bandeira, D.R., Trentini, C.M., & Krug, J.S. (orgs.). (2016). Psicodiagnóstico. Artmed.

Hutz, C.S., Bandeira, D.R., Trentini, C.M., & Remor, E. (orgs.). (2019). *Avaliação Psicológica nos contextos de saúde e hospitalar*. Artmed.

Hutz, C.S., Bandeira, D.R., Trentini, C.M., & Vazquez, A.C.S. (orgs.). (2020). *Avaliação Psicológica no contexto organizacional e do trabalho*. Artmed.

Hutz, C.S., Bandeira, D.R., Trentini, C.M., Rovinski, S.L.R., & Lago, V.M. (orgs.). (2020). *Avaliação Psicológica no contexto forense*. Artmed.

Instituto Nacional de Estudos e Pesquisas Educacionais Anísio Teixeira. (2019). *Resumo técnico: Censo da educação superior 2017*. http://download.inep.gov.br/educacao_superior/censo_superior/resumo_tecnico/resumo_tecnico_censo_da_educacao_superior_2017.pdf

Ministério da Educação. (2011). *Resolução CFP n. 5/2011*. Institui as Diretrizes Curriculares Nacionais para os cursos de graduação em Psicologia, estabelecendo normas para o projeto pedagógico complementar para a Formação de Professores de Psicologia. http://portal.mec.gov.br/index.php?option=com_docman&view=download&alias=7692-rces005-11-pdf&Itemid=30192

Ministério da Educação. (2019). *Revisão das Diretrizes Curriculares Nacionais (DCNs) dos cursos de graduação em Psicologia e estabelecimento de normas para o Projeto Pedagógico Complementar (PPC) para a formação de professores de Psicologia*. http://portal.mec.gov.br/index.php?option=com_docman&view=download&alias=139201-pces1071-19&category_slug=dezembro-2019-pdf&Itemid=30192

Ministério da Educação. (2020a). *Portaria n. 544, de 16 de junho de 2020*. http://www.in.gov.br/en/web/dou/-/portaria-n-544-de-16-de-junho-de-2020-261924872

Ministério da Educação. (2020b). *Portaria n. 343, de 17 de março de 2020*. http://www.in.gov.br/en/web/dou/-/portaria-n-343-de-17-de-marco-de-2020-248564376

Ministério da Saúde. (2020a). *Brasil confirma primeiro caso da doença*. https://www.saude.gov.br/noticias/agencia-saude/46435-brasil-confirma-primeiro-caso-de-novo-coronavirus

Ministério da Saúde. (2020b). *Covid-19 no Brasil*. https://susanalitico.saude.g.ov.br/extensions/covid-19_html/covid-19_html.html

Ministério da Saúde. (2020c). *Saúde define critérios de distanciamento social com base em diferentes cenários*. https://www.saude.gov.br/noticias/agencia-saude/46666-ministerio-da-saude-define-criterios-de-distanciamento-social

Muniz, M. (2018). Ética na Avaliação Psicológica: Velhas questões, novas reflexões. *Psicologia, Ciência e Profissão, 38*(spe), 133-146. https://doi.org/10.1590/1982-3703000209682

Noronha, A.P., & Alchieri, J.C. (2004). Conhecimento em Avaliação Psicológica. *Estudos de Psicologia, 21*(1), 43-52. https://doi.org/10.1590/S0103-166X2004000100004

Noronha, A.P.P., & Reppold, C.T. (2010). Considerações sobre a Avaliação Psicológica no Brasil. *Psicologia, Ciência e Profissão, 30*, 192-201. https://doi.org/10.1590/S1414-98932010000500009

Nunes, M.F.O., Muniz, M., Reppold, C.T., Faiad, C., Bueno, J.M.H., & Noronha, A.P.P. (2012). Diretrizes

para o ensino de Avaliação Psicológica. *Avaliação Psicológica, 11*(2), 309-316. http://pepsic.bvsalud.org/pdf/avp/v11n2/v11n2a16.pdf

Oliveira, K.L., Inácio, A.L.M., & Lúcio, P.S. (2017). Serviço de Avaliação Psicológica no contexto judiciário: Um relato de estágio. *Psicologia: Ensino & Formação, 8*(2), 63-74. https://doi.org/10.21826/2179-58002017826374

Organização Mundial da Saúde. (2020). *Coronavirus disease (Covid-19) outbreak situation*. https://www.who.int/emergencies/diseases/novel-coronavirus-2019

Peixoto, A.C.A., Silvares, E.F.M., Rocha, M.M., Monteiro, N.R.O., & Pereira, R.F. (2014). A percepção de estagiários em diferentes IES do Brasil sobre a supervisão. *Psicologia: Ciência e Profissão, 34*(3), 528-539. https://doi.org/10.1590/1982-3703001482013

Porto, A.M.S., & Soares, A.B. (2017). Diferenças entre expectativas e adaptação acadêmica de universitários de diversas áreas do conhecimento. *Análise Psicológica, 34*(1), 13-24. https://doi.org/10.14417/ap.1170

Santos, A.A.A., Ferraz, A.S., & Inácio, A.L.M. (2019). Adaptação ao Ensino Superior: Estudos no Brasil In L.S. Almeida (org.), *Estudantes do Ensino Superior: Desafios e oportunidades* (pp. 65-98). Associação para o Desenvolvimento da Investigação em Psicologia da Educação.

Soares, A.B., & Del Prette, Z.A.P. (2015). Habilidades sociais e adaptação à universidade: Convergências e divergências dos construtos. *Análise Psicológica, 33*(2), 139-151. https://doi.org/10.14417/ap.911

Vieira, D.A., Caires, S., & Coimbra, J.L. (2011). Do Ensino Superior para o trabalho: Contributo dos estágios para inserção profissional. *Revista Brasileira de Orientação Profissional, 12*(1), 29-36. http://pepsic.bvsalud.org/scielo.php?script=sci_arttext&pid=S1679-33902011000100005

Wang, C., Horby, P.W., Hayden, F.G., & Gao, G.F. (2020). A novel coronavirus outbreak of global health concern. *The Lancet, 395*(10223), 470-473. https://doi.org/10.1016/s0140-6736(20)30185-9

Zaia, P., Oliveira, K.S., & Nakano, T.C. (2018). Análise dos processos éticos publicados no Jornal do Federal. *Psicologia: Ciência e Profissão, 38*(1), 8-21. https://doi.org/10.1590/1982-3703003532016

10
Especialidade e formação continuada em Avaliação Psicológica

Caroline Tozzi Reppold
Universidade Federal de Ciências da Saúde de Porto Alegre

Ana Paula Porto Noronha
Universidade São Francisco

Highlights

- A Avaliação Psicológica é reconhecida internacionalmente como área científica e profissional.
- No Brasil, diversos avanços ocorreram na área da Avaliação Psicológica nos últimos anos, inclusive no âmbito do ensino e da pesquisa.
- Um dos avanços mais importantes foi o reconhecimento da especialidade de Avaliação Psicológica pelo Conselho Federal de Psicologia.
- A Resolução CFP n. 18/2019 tem potencial de qualificação da formação continuada, tanto no âmbito da pós-graduação *stricto sensu* quanto *lato sensu*.

Nos últimos tempos, os avanços no campo da Avaliação Psicológica (AP) são diversos e culminaram com o reconhecimento da área como uma especialidade do Conselho Federal de Psicologia. Nesse caminho, destacam-se os avanços no campo da produção científica e da qualificação profissional. O presente capítulo trata sobre a formação continuada na área da AP, abordando principalmente a especialização nessa área, o ensino na graduação e na pós-graduação *stricto* e *lato sensu*.

A Avaliação Psicológica é uma especialidade internacionalmente reconhecida. Na Europa e nos Estados Unidos, a European Association for Psychological Assessment, a International Test Commission, a Division 5 (Quantitative and Qualitative Method) da American Psychological Association (APA), a Section IX (Assessment Psychology) of the Society of Clinical Psycholo-

gy (APA Division 12) e a Buros Institute of Mental Measurements são exemplos de entidades científicas ou acadêmicas interessadas em promover a qualificação das práticas profissionais e o conhecimento científico relacionado à área da Avaliação Psicológica, estimular a cooperação internacional em projetos de pesquisa e organizar diretrizes sobre o uso científico e ético de instrumentos psicológicos.

O alto número de periódicos científicos específicos sobre AP é outro aspecto que ilustra o reconhecimento da área. Cite-se os periódicos *European Journal of Psychological Assessment, International Journal of Testing, Psychological Assessment, Journal of Personality Assessment, Journal of Psychoeducational Assessment, Journal of Applied Measurement, Assessment, Psychometrika,* e o *Applied Psychological Measurement.* Essas publicações divulgam resultados de investigações empíricas e/ou discussões teóricas oriundos, em sua maioria, de grupos de pesquisas que desenvolvem suas atividades em programas internacionais de pós-graduação que legitimam a Avaliação Psicológica como área de estudo e linha de pesquisa.

No Brasil, o reconhecimento da Avaliação Psicológica como uma especialidade regulamentada pelo Conselho Federal de Psicologia é fato recente, datado de 2019 (CFP, 2019). Contudo, era um pleito do Instituto Brasileiro de Avaliação Psicológica (Ibap) e da Associação Brasileira de Rorschach e outros Métodos Projetivos (ASBRo) de longa data (Bandeira, 2011; Noronha & Reppold, 2010; Reppold, 2011; Wechsler et al., 2019), que contava com o apoio de grupos interinstitucionais de pesquisa em Avaliação Psicológica registrados na Associação Nacional de Pós-graduação e Pesquisa em Psicologia (Anpepp). Uma das ações realizadas por essas entidades, em conjunto com pesquisadores da área e com membros da Comissão Consultiva em Avaliação Psicológica/CFP, nessa força-tarefa foi a elaboração de um documento, endereçado ao Sistema Conselhos de Psicologia, expondo os argumentos da classe a favor do título de especialista em AP. Nesse, constava que o pedido de reconhecimento do título era feito,

> considerando a demanda social pelos serviços em Avaliação Psicológica e o benefício para a sociedade da prestação de serviços de qualidade pelos psicólogos; considerando os efeitos positivos da existência da especialidade em Avaliação Psicológica e antecipando ganhos para a Psicologia enquanto profissão, em especial, pelo impacto positivo nos currículos da graduação, no fomento da formação especializada, na carreira dos profissionais, no fomento da conduta ética, para o benefício da sociedade, assim cumprindo o papel primor-

dial do Conselho Federal de Psicologia; considerando a amplitude da Avaliação Psicológica, visto as diversas áreas e propósitos particulares de aplicação desse conhecimento, a grande diversidade instrumental de procedimentos e a abrangência teórica e metodológica com fundamento em todas as áreas da Psicologia; considerando a existência de um conjunto de conhecimentos e competências profissionais que diferenciam os especialistas dos não especialistas e requerem formação específica; considerando a necessidade de formação adicional para desenvolver as competências específicas que a formação de uma graduação generalista não pode abranger plenamente; considerando a necessidade de reconhecimento dos profissionais que se aprofundam e se dedicam ao estudo de temas específicos da Avaliação Psicológica; considerando a necessidade de aprimoramento da conduta ética decorrente da falta de conhecimento dos métodos e técnicas de Avaliação Psicológica e das particularidades do contexto em que elas se aplicam, visando diminuir a incidência de processos éticos nos conselhos regionais; considerando, em consonância com o contexto mundial da Psicologia, o reconhecimento internacional da especialidade, evidenciado pelo número de associações, de instituições de ensino e pesquisa e de periódicos dedicados à Avaliação Psicológica; considerando o reconhecimento da Avaliação Psicológica em âmbito nacional, nos mais diversos meios, entre os quais figuram as instituições acadêmicas, as associações científicas, os órgãos de fomento, instituições públicas e a iniciativa privada (Ibap, ASBRo, CCAP & GTs AP/Anpepp, 2015, comunicação pessoal, p. 6-7).

No documento, os pesquisadores argumentavam ainda que a área de AP: era representada no país por meio de duas entidades científicas (Ibap e ASBRo), integrantes do Fórum Nacional de Entidades da Psicologia (FENPB), que realizavam regularmente congressos científicos temáticos há vários anos; era reconhecida pela Coordenação de Aperfeiçoamento de Pessoal de Nível Superior (Capes) e pelo Conselho Nacional de Desenvolvimento Científico e Tecnológico (CNPq); já era considerada pelo CFP em grupos de trabalho e comissões que requeriam psicólogos considerados especialistas no tema [p. ex.: integrantes da CCAP e os pareceristas *ad hoc* do Satepsi], e era representada na Anpepp por grupos de trabalho que desenvolviam atividades científicas inerentes ao escopo da AP.

De fato, são diversos os cientistas nacionais que desenvolvem estudos dentro de linhas de pesquisas concernentes à AP. Uma consulta à Plataforma Lattes revelava que, em março de 2020, 257 pesquisadores doutores cadastrados, que tinham bolsa Produtividade de Pesquisa do CNPq, declaravam atuar na área da AP. No XVII Simpósio de Pesquisa e Intercâmbio Científico da Anppep, realizado em 2018, eram cinco os grupos de trabalho que investiam especificamente no aprofundamento teórico-científico de técnicas e instrumentos de AP, somando 81 pesquisadores. O Catálogo de Laboratórios de Avaliação Psicológica no Brasil, organizado recentemente pelo Ibap (Silva-Filho et al., no prelo), demonstra que hoje são 46 os laboratórios de pesquisa da área em funcionamento em universidades brasileiras, tendo sido mais de dois terços desses implementados após 2001, data da publicação da Resolução CFP n. 25/2001. Nessa resolução, o CFP definia teste psicológico como método de avaliação privativo do psicólogo e regulamentava sua elaboração, comercialização e uso, designando critérios mínimos de qualidade que um teste deveria apresentar e estabelecendo um prazo máximo de 10 anos para que os testes

apresentassem novos estudos de evidência, sob a pena deste instrumento ser excluído da relação de testes em condições de comercialização e uso.

Assim, nas duas últimas décadas foram muitos os avanços na área da AP no Brasil (Cardoso & Silva-Filho, 2018; Noronha & Reppold, 2010; Primi, 2018; Reppold & Noronha, 2018; Reppold et al., 2019). Destacam-se a criação da *Revista Avaliação Psicológica*, em 2002, periódico oficial do Ibap que já, até 2020, publicou 18 volumes e 52 números, totalizando 627 artigos e 68 resenhas ou notas técnicas; o crescente número de artigos científicos nacionais, publicados ao longo desse tempo, envolvendo AP e/ou testes psicológicos (Barroso, 2010; Joly et al., 2007; Lima et al., 2019; Mansur-Alves et al., 2016; Santos et al., 2015; Wechsler et al., 2019) e a elevada quantidade de teses e dissertações relacionadas à área desenvolvidas por alunos de PPG (Joly et al., 2010; Reppold & Noronha, 2018). Os dados observados em março de 2020 no *Catálogo de Teses* da Capes mostram que, desde 2010, somente na área da Psicologia, foram 1.294 teses publicadas relacionadas à Avaliação Psicológica. Os achados mostram o possível impacto das políticas do CFP com o Satepsi na produção científica oriunda da pós-graduação *stricto sensu*. Em 2003, foram publicadas 62 teses relacionadas à AP; em 2008, esse número foi de 112 teses (Capes, 2020).

Sobre os artigos publicados, um levantamento das publicações nacionais relacionadas à área da AP (Santos et al., 2015) demonstrou que, no período entre 2003 e 2012, eram predominantes os estudos empíricos para o desenvolvimento de instrumentos e busca de evidências de validade. O contexto de aplicação desses testes era, em sua maioria, os campos da Psicologia Clínica, Psicologia da Saúde e Psicologia Escolar. Esses dados vão ao encontro do levantamento bibliográfico realizado por Mansur-Alves et al. (2016). As autoras separaram os artigos que tinham como descritores "Avaliação Psicológica", "testes psicológicos" e/ou "construção/adaptação de instrumentos psicológicos" considerando dois períodos (1993 a 2002 e de 2003 a 2014). Os resultados evidenciaram o aumento da quantidade e qualidade das publicações na área após 2003, bem como em uma maior variedade de contextos e testes psicológicos utilizados nas pesquisas publicadas. Os achados indicam, segundo as autoras, o impacto positivo do Satepsi para a área de AP.

As consequências positivas das políticas do CFP para a Avaliação Psicológica desde 2001 se estendem por muitas instâncias (Anache & Correa, 2010; Gouveia, 2018; Primi, 2018; Primi & Nunes, 2010; Reppold et al., 2019; Wechsler et al., 2019). Em resumo, essas políticas referem-se à implementação de um sistema contínuo de avaliação dos testes psicológicos (Satepsi) que envolve (a) a regulamentação da área, (b) a análise dos requisitos mínimos que um teste psicológico precisa apresentar, (c) a elaboração de listas dos testes considerados favoráveis ou desfavoráveis para uso profissional e (d) a divulgação dessas informações à comunidade e a organização de ações educativas na área da AP (CFP, 2003, 2018). O artigo publicado por Reppold e Noronha (2018) apresenta uma descrição detalhada do impacto dos 15 anos do Satepsi na AP brasileira. Na análise, as autoras demonstram que as melhorias promovidas se referem, sobretudo, à formação continuada do psicólogo, à qualificação dos testes psicológicos, ao resgate da credibilidade da área e à construção de um conjunto de saberes técnicos e éticos que devem ser respeitados quando da realização de práticas avaliativas.

Quanto à qualificação dos instrumentos psicológicos ora disponíveis para exercício profissional, os dados demonstram que os avanços foram muitos e estão estreitamente associados à expansão dos grupos de pesquisa e dos estudos de pós-graduação relacionados à AP no país. Os dados expostos por Noronha, Primi e Alchieri (2005) indicavam que somente 28,8% dos instrumentos comercializados no país até 2003 apresentavam informações sobre seus parâmetros psicométricos. Hoje todos os testes disponíveis preenchem critérios mínimos de qualidade relacionados a evidências de validade, estimativa de precisão e normas de interpretação, ainda que nesse momento sejam poucos os testes disponíveis que apresentem estudos de equivalência para aplicação remota e, no contexto de distanciamento social, é desejável o empenho dos pesquisadores e editoras em desenvolver tais estudos. O levantamento publicado por Cardoso e Silva-Filho (2018) ilustra como o aumento do número de instrumentos qualificados foi exponencial:

> Segundo Primi e Nunes (2010), no primeiro relatório do CFP, em 2004, havia 106 testes avaliados, sendo 51 desfavoráveis (48,1%). Em 2010, foi reduzido em 12% o número de testes desfavoráveis. Dos 210 testes na lista, 76 estavam desfavoráveis (36,2%), 113 favoráveis (53,8%) e 21 em processo de análise (10%). Em dezembro de 2015, o número de testes favoráveis aumentou para 158 (Reppold, Serafini, Ramires & Gurgel, 2017a) e 18 meses depois, em julho de 2017, totalizava 173 instrumentos favoráveis (Reppold, Serafini, Gurgel & Kaiser, 2017b; Reppold et al., 2017c). Em fevereiro de 2018, esse número atingiu 180 instrumentos com parecer favorável. (...) Dos 180 instrumentos disponíveis aos profissionais em fevereiro de 2018, 41 deles, ou 22,78%, receberam parecer favorável

em 2003, na época em que foi implantado o Satepsi. Nos últimos 15 anos quase quadruplicou a quantidade de testes aprovados disponíveis aos profissionais, evidenciando uma produção constante por parte dos pesquisadores brasileiros (Cardoso & Silva-Filho, 2018, p. 43).

Cite-se que a maioria dos testes atualmente disponíveis são instrumentos nacionais, elaborados/investigados por pesquisadores acadêmicos e seus alunos orientandos, em uma estreita relação entre a produção científica, a formação continuada e o exercício profissional. Frente a todas essas evidências de expansão da área, cientistas da AP no Brasil e no mundo (Bandeira, 2018; Gouveia, 2018; Primi, 2018; Reppold, Hutz, Almeida, Elosua & Wechsler, no prelo) têm respaldado essa análise, enaltecendo os avanços nacionais. Nessa linha, Wechsler et al. (2019, p. 121) apontam que "a Avaliação Psicológica no Brasil atingiu um considerável nível de maturidade, podendo ser considerada como um exemplo para outras nações da América do Sul".

Esse progresso e maturidade devem se aprofundar ainda mais nos próximos anos, com a promulgação da Resolução CFP n. 18/2019, que estabelece a especialidade em Avaliação Psicológica, em especial considerando o potencial de qualificação da formação continuada. Embora o CFP e as associações científicas (como Ibap e ASBRo) não tenham ingerência sobre as diretrizes curriculares estabelecidas para os cursos de graduação ou pós-graduação em Psicologia, há evidências que as ações realizadas pelas entidades impactam também o ensino na área de AP. Os artigos de Bardagi et al. (2015) e Gouveia (2018) demonstram que os currículos acadêmicos têm investido em modelos de ensino de AP menos tecnicistas e mais integrativos, abordando temas outrora poucas vezes lecionados nas

disciplinas da área, como *elaboração de documentos psicológicos*, *fundamentos teóricos dos testes ensinados* e *Avaliação Psicológica clínica*, por exemplo. Nessa discussão, destaca-se a relevância de uma das ações propostas pelo Ibap em 2012 em prol da qualificação do ensino: a publicação de um artigo científico com diretrizes aos professores da área e coordenadores de curso sobre boas práticas na AP em âmbito acadêmico, incluindo sugestões de conteúdos a seres considerados nas disciplinas (Nunes et al., 2012). No documento, são abordadas as competências mínimas relacionadas à prática da AP a serem desenvolvidas pelos alunos; sugestões de disciplinas e conteúdos programáticos alinhados às competências esperadas; orientações à estrutura de ensino (infraestrutura, métodos de ensino e formação docente; sugestão de referências bibliográficas a serem indicadas nas disciplinas da área. Todas essas orientações, de pesquisadores e entidades, reforçam a importância de que psicólogos e estudantes de psicologia desenvolvam competências para se manter atualizados quanto à produção científica, às novas técnicas disponíveis e às normativas que regem o exercício profissional. Além disso, consigam ter autonomia e capacidade crítica de fazer uma análise técnica dos recursos que dispõem, avaliando os melhores recursos a serem utilizados em cada caso e ponderando se as evidências obtidas a partir das avaliações psicológicas realizadas são fundamentadas cientificamente.

Nesse sentido, a qualificação da formação continuada, seja para fins acadêmicos (por meio de programas de pós-graduação *stricto sensu*) ou para atuação profissional (por meio de cursos de especialização *lato sensu*) tem grande potencial em melhorar as práticas profissionais realizadas pelos psicólogos que atuam *na ponta*, nos diversos contextos em que a Psicologia se insere, em âmbito público ou particular. Isso pode se dar por meio da qualificação e ampliação dos recursos disponíveis (no caso *stricto sensu*), ou da ampliação dos conhecimentos técnicos e teóricos que embasam as práticas e interpretações dos psicólogos durante seu exercício, e viabilizam a reflexão das consequências, limitações e possibilidades de seu trabalho.

Considerações finais

Estudos mostram que o fazer da Psicologia frequentemente se renova por novas práticas, novos contextos e novas demandas (Costa et al., 2009; Hutz & Reppold, 2018; Marques, 2013; Muniz, 2018; Primi, 2018; Rafalski & Andrade, 2015; Reppold & Almeida, 2019; Reppold & Gurgel, 2017; Reppold, Gurgel & Almeida, 2018; Suárez & Wechsler, 2019). Assim, conhecer os limites e avanços da área instrui os psicólogos a agir com mais propriedade, segurança e efetividade, principalmente quando envolvem ações interdisciplinares. O estudo de Gastaud, Feil, Merg e Nunes (2014) ilustra, no contexto clínico, como a AP pode auxiliar os pais a se engaja-

rem no tratamento de suas crianças, diminuindo as chances de abandono terapêutico e da ocorrência de práticas coercitivas parentais, demonstrando haver uma associação entre a realização de Avaliação Psicológica antes da psicoterapia e a permanência dos pacientes em tratamento. O estudo avaliou prontuários de 2.106 crianças atendidas em ambulatórios de saúde mental e concluiu que as crianças que haviam realizado triagem psicológica antes de iniciar a psicoterapia apresentavam 65% mais chance de aderir ao tratamento e 44% menos chance de abandoná-lo do que crianças que não haviam realizado Avaliação Psicológica.

Nessa perspectiva, a especialidade em AP é mais um passo importante para que tenhamos, como afirma Bandeira (2011), não apenas "instrumentos válidos", mas "psicólogos válidos". Atentos às suas práticas, fundamentados em teorias e evidências científicas e cientes que a avaliação é um processo amplo e dinâmico, mediado pelas condicionantes sociais, culturais e biológicas, que só faz sentido se contextualizado e compreendido, em todas suas etapas, pelos envolvidos nesse processo.

Referências

Anache, A., & Corrêa, F. (2010). As políticas do Conselho Federal de Psicologia para a Avaliação Psicológica. In Conselho Federal de Psicologia (org.), *Avaliação Psicológica: Diretrizes na regulamentação da profissão* (pp. 19-30). CFP.

Bandeira, D.R. (2011). Repensando a formação em Avaliação Psicológica no Brasil. In Conselho Federal de Psicologia (org.), *Ano da Avaliação Psicológica: Textos geradores* (pp. 129-132). CFP.

Bandeira, D.R. (2018). A controvérsia do uso dos testes psicológicos por psicólogos e não psicólogos.

Psicologia: Ciência e Profissão, 38(spe), 159-166. https://doi.org/10.1590/1982-3703000208860

Bardagi, M.P., Teixeira, M.A.P., Segabinazi, J.D., Schelini, P.W., & Nascimento, E. (2015). Ensino da Avaliação Psicológica no Brasil: Levantamento com docentes de diferentes regiões. *Avaliação Psicológica, 14*(2), 253-260. https://doi.org/10.15689/ap.2015.1402.10

Barroso, S.M. (2010). Avaliação Psicológica: Análise das publicações disponíveis na SciELO e BVS-Psi. *Fractal: Revista de Psicologia, 22*(1), 141-154. https://doi.org/10.1590/S1984-02922010000100011

Capes. (2020). *Catálogo de Teses da Capes*. https://catalogodeteses.capes.gov.br

Cardoso, L.M., & Silva-Filho, J.H. (2018). Satepsi e a qualidade técnica dos testes psicológicos no Brasil. *Psicologia: Ciência e Profissão, 38*(spe), 40-49. https://doi.org/10.1590/1982-3703000209112

Conselho Federal de Psicologia. (2003). *Resolução CFP n. 2/2003*. Define e regulamenta o uso, a elaboração e a comercialização de testes psicológicos e revoga a Resolução CFP n. 25/2001. http://site.cfp.org.br/wp-content/uploads/2003/03/resolucao2003_02_Anexo.pdf

Conselho Federal de Psicologia. (2018). *Resolução CFP n. 9/2018*. Estabelece diretrizes para a realização de Avaliação Psicológica no exercício profissional da psicóloga e do psicólogo, regulamenta o Sistema de Avaliação de Testes Psicológicos – Satepsi e revoga as resoluções n. 2/2003, n. 6/2004 e n. 5/2012 e notas técnicas n. 1/2017 e 2/2017. https://site.cfp.org.br/wp-content/uploads/2018/04/Resolu%C3%A7%C3%A3o-CFP-n%C2%BA-09-2018-com-anexo.pdf

Conselho Federal de Psicologia. (2019c). *Resolução CFP n. 18/2019*. Reconhece a Avaliação Psicológica como especialidade da Psicologia e altera a Resolução CFP n. 13, de 14 de setembro de 2007, que institui a Consolidação das Resoluções relativas ao Título Profissional de Especialista em Psicologia. https://atosoficiais.com.br/cfp/resolucao-do-exercicio-profissional-n-18-2019-reconhece-a-avaliacao-psicologica-como-especialidade-da-psicologia-e-altera-a-resolucao-cfp-no-13-de-14-de-setembro-de-2007-que-institui-a-consolidacao-das-resolucoes-relativas-ao-titulo-profissional-de-especialista-em-psicologia

Costa, F.S., Bandeira, D.R., Trentini, C., Brilmann, M., Friedman, R., & Nunes, M.A. (2009). Considerações acerca da Avaliação Psicológica das comorbidades psiquiátricas em obesos. *Psicologia em Estudo, 14*(2), 287-293. https://doi.org/10.1590/S1413-73722009000200009

Gastaud, M.B., Feil, C.F., Merg, M.G., & Nunes, M.L.T. (2014). Avaliação Psicológica como fator protetor à interrupção de tratamento na psicoterapia psicanalítica de crianças: Dados empíricos. *Psicologia: Reflexão e Crítica, 27*(3), 498-503. https://doi.org/10.1590/1678-7153.201427310

Gouveia, V.V. (2018). Formação em Avaliação Psicológica: Situação, desafios e diretrizes. *Psicologia: Ciência e Profissão, 38*(spe), 74-86. https://doi.org/10.1590/1982-3703000208641

Hutz, C.S., & Reppold, C.T. (2018). *Intervenções em psicologia positiva aplicadas à saúde*. Leader.

Ibap, ASBRo, CCAP, & GTs AP/Anpepp (2015) (comunicação pessoal). *A Avaliação Psicológica e a promoção da Psicologia como ciência e profissão: Argumentações a favor do título de especialista em Avaliação Psicológica*.

Joly, M.C.R.A., Berberian, A.A., Andrade, R.G., & Teixeira, T.C. (2010). Análise de teses e dissertações em Avaliação Psicológica disponíveis na BVS-PSI Brasil. *Psicologia: Ciência e Profissão, 30*(1), 174-187. https://doi.org/10.1590/S1414-98932010000100013

Joly, M.C.R.A., Silva, M.C.R.D., Nunes, M.F.O., & Souza, M.S.D. (2007). Análise da produção científica em painéis dos congressos brasileiros de Avaliação Psicológica. *Avaliação Psicológica, 6*(2), 239-252.

Lima, T.H., Cunha, N.B., & Suehiro, A.C.B. (2019, 3 jun.). Produção científica em Avaliação Psicológica no contexto escolar/educacional. *Psicologia Escolar e Educacional, 23*, e178897. https://doi.org/10.1590/2175-35392019018897

Mansur-Alves, M., Silva, R.S., & Fernandes, S.C.A. (2016). Impact of the Psychological Testing Assessment System (Satepsi) for scientific publications in psychological assessment. *Psico-USF, 21*(1), 179-188. https://doi.org/10.1590/1413-82712016210115

Marques da Silva, E.Z. (2013). Psicologia jurídica: Um percurso nas varas de família do Tribunal de Justiça do Estado de São Paulo. *Psicologia: Ciência e Profissão, 33*(4), 902-917. https://doi.org/10.1590/S1414-98932013000400010

Muniz, M. (2018). Ética na Avaliação Psicológica: Velhas questões, novas reflexões. *Psicologia: Ciência e Profissão, 38*(spe), 133-146. https://doi.org/10.1590/1982-3703000209682

Noronha, A.P.P., Primi, R., & Alchieri, J.C. (2005). Instrumentos de avaliação mais conhecidos/utilizados por psicólogos e estudantes de Psicologia. *Psicologia: Reflexão e Crítica, 18*(3), 390-401. https://doi.org/10.1590/S0102-79722005000300013

Noronha, A.P.P., & Reppold, C.T. (2010). Considerações sobre a Avaliação Psicológica no Brasil. *Psicologia, Ciência e Profissão, 30*(spe), 192-201. https://doi.org/10.1590/S1414-98932010000500009

Nunes, M.F.O., Muniz, M., Reppold, C.T., Faiad, C., Bueno, J.M.H., & Noronha, A.P.P. (2012). Diretrizes para o ensino de Avaliação Psicológica. *Avaliação Psicológica, 11*, 309-316.

Primi, R. (2010). Avaliação Psicológica no Brasil: Fundamentos, situação atual e direções para o futuro. *Psicologia: Teoria e Pesquisa, 26*(spe), 25-35. https://doi.org/10.1590/S0102-37722010000500003

Primi, R. (2018). Avaliação Psicológica no século XXI: De onde viemos e para onde vamos. *Psicologia: Ciência e Profissão, 38*(spe), 87-97. https://doi.org/10.1590/1982-3703000209814

Rafalski, J.C., & Andrade, A.L. (2015). Prática e formação: Psicólogos na peritagem em porte de arma de fogo. *Psicologia: Ciência e Profissão, 35*(2), 599-612. https://doi.org/10.1590/1982-370301472013

Reppold, C., Hutz, C., Almeida, L., Elosua, P., & Wechsler, S. (no prelo). Perfil dos psicólogos brasileiros que utilizam testes psicológicos: Áreas e instrumentos utilizados. Aceito para publicação na *Revista Psicologia: Ciência e Profissão*.

Reppold, C., Serafini, A., Gurgel, L., & Kaiser, V. (2017b). Avaliação de aspectos cognitivos em adultos: Análise de manuais de instrumentos aprovados. *Avaliação Psicológica, 16*(2), 137-144. https://doi.org/10.15689/AP.2017.1602.03

Reppold, C., Serafini, A., Gurgel, L., Magnan, E., Damion, M., Kaiser, V., & Almeida, L. (2018). Análise de manuais de testes psicológicos aprovados pelo Satepsi para avaliação de adultos. *Psicologia. Teoria e Prática, 20*, 100-120. http://dx.doi.org/10.5935/1980-6906/psicologia.v20n3p100-120

Reppold, C., Serafini, A., Ramires, D., & Gurgel, L. (2017a). Análise dos manuais psicológicos aprovados pelo Satepsi para avaliação de crianças e adolescentes no Brasil. *Avaliação Psicológica, 16*(1), 19-28. https://doi.org/10.15681/ap.2017.1601.03

Reppold, C.T. (2011). Qualificação da Avaliação Psicológica: Critérios de reconhecimento e validação a partir dos direitos humanos. In Conselho Federal de Psicologia (org.), *Ano da Avaliação Psicológica: Textos geradores* (pp. 21-28). Conselho Federal de Psicologia.

Reppold, C.T., & Almeida, L. (2019). *Psicologia positiva: Educação, saúde e trabalho*. Cerpsi.

Reppold, C.T., & Gurgel, L. (2017). Instrumentos psicológicos informatizados. In M.R.C. Lins & J.C. Borsa (orgs.), *Avaliação Psicológica: Aspectos teóricos e práticos* (pp. 78-89). Vozes.

Reppold, C.T., & Noronha, A.P.P. (2018). Impacto dos 15 Anos do Satepsi na Avaliação Psicológica brasileira. *Psicologia: Ciência e Profissão, 38*(spe), 6-15. https://doi.org/10.1590/1982-3703000208638

Reppold, C.T., Gurgel, L., & Almeida, L.S. (2018). Intervenções de psicologia positiva no contexto da psicologia escolar. In T.C. Nakano (org.), *Psicologia positiva aplicada à educação* (pp. 7-18). Vetor.

Reppold, C.T., Zanini, D., & Noronha, A.P.P. (2019). O que é Avaliação Psicológica? In M.N. Baptista, M. Muniz, C.T. Reppold, C.H.S.S. Nunes, L.F. Carvalho, R. Primi, A.P.P. Noronha, A.G. Seabra, S.M. Wechsler, C.S. Hutz & L. Pasquali (orgs.), *Compêndio de Avaliação Psicológica* (pp. 15-28). Vozes.

Santos, A.M., Anache, A.A., & Santana, R.C. (2015). Overview of Brazilian scientific production in Psychological Evaluation. *Psico-USF, 20*(3), 547-559. https://doi.org/10.1590/1413-82712015200315

Silva-Filho, J.H., Martins, H.M., & Silva, A.G.B. (no prelo). *Catálogo dos Laboratórios de Avaliação Psicológica do Brasil*. Instituto Brasileiro de Avaliação Psicológica.

Suárez, J.T., & Wechsler, S.M. (2019). Identificação de talento criativo e intelectual na sala de aula. *Psicologia Escolar e Educacional, 23*, e192483. https://doi.org/10.1590/2175-35392019012483

Wechsler, S.M., Hutz, C.S, & Primi, R. (2019). O desenvolvimento da Avaliação Psicológica no Brasil: Avanços históricos e desafios. *Avaliação Psicológica, 18*(2), 121-128. https://dx.doi.org/10.15689/ap.2019.1802.15466.02

Parte II

11
Quais estratégias e metodologias de ensino podem ser utilizadas para ensinar Avaliação Psicológica na graduação?

Marcela Mansur-Alves
Universidade Federal de Minas Gerais

Thatiana Helena de Lima
Universidade Federal da Bahia

Highlights

- A Avaliação Psicológica é tida como uma das possibilidades de ênfase para o curso de Psicologia.
- A formação em Avaliação Psicológica é extremamente diversa para os cursos de graduação.
- O ensino de Avaliação Psicológica pode ser pensado por meio de competências básicas.
- Estratégias para o ensino de Avaliação Psicológica são apresentadas sem que se esgotem as possibilidades.
- A seleção das estratégias mais adequadas dependerá de inúmeros fatores e especificidades da disciplina, do curso e da instituição.

Estado da arte

Os docentes da área de Avaliação Psicológica (AP), assim como em outras, podem possuir dificuldades com relação a como ensinar a disciplina na universidade. Essa dificuldade, às vezes, se dá pela grande quantidade de alunos em sala de aula ou por não possuir um espaço, como um serviço de psicologia, por exemplo, não possibilitando que os discentes façam avaliações psicológicas sozinhos. Diante disso, este capítulo tem como objetivo, pensando numa formação eficiente, apresentar algumas possibilidades de atividades que o professor pode incluir no plano de aula para ajudar no desenvolvimento da disciplina.

A formação em Psicologia, assim como em outros cursos do Ensino Superior, tem sido motivo de discussão há tempos na comunidade acadêmica, desde sua implementação no Brasil (Primi, 2010). Dentre os muitos aspectos discutidos para se chegar a uma decisão sobre como deve ser e o que deve conter para uma formação eficaz está a grade curricular do curso. Ela é composta pelas disciplinas essenciais para um curso generalista que seja capaz de proporcionar ao aluno conhecimento suficiente para atuar no campo prático da profissão.

As Diretrizes Curriculares Nacionais (DCNs) (Brasil, 2019[3]), especificamente para o curso de Psicologia, indicam que a formação do psicólo-

---

3. Está disponibilizado na página do Ministério da Educação o parecer referente à proposta das novas Diretrizes Curriculares Nacionais. No entanto, mesmo com parecer favorável, elas carecem ainda da homologação.

go deve estar pautada em habilidades de caráter científico e profissional. O currículo deve seguir um núcleo comum, em que se deve desenvolver, no aluno, as competências básicas que definem o perfil do profissional de Psicologia, assegurando a qualidade de sua prática, tendo uma fortalecida base teórico-metodológica, sempre priorizando o compromisso com o aperfeiçoamento constante da ciência e da profissão. Também deve ser composto por ênfases, pelo menos duas, que devem tratar da escolha de um subconjunto de competências, dentre as que compõem o núcleo comum da formação, e que devem ser alcançadas ao término do curso.

As discussões para a área da Avaliação Psicológica, sobre o que deve ser ensinado ao aluno em sala de aula para que ele seja competente na área, não são muito diferentes. Estudiosos da área apontam para propostas pedagógicas, com componentes curriculares que deveriam compor a formação em Avaliação Psicológica nas universidades (Ambiel et al., 2018; Bardagi et al., 2015; Borsa, 2016; Brandão, 2007; Bueno & Peixoto, 2018; Gouveia, 2009; Gouveia, 2018; Mendes et al., 2013; Moura, 2017; Noronha et al., 2004, 2007, 2008, 2010, 2013; Paula et al., 2007; Primi, 2010). Nas novas DCNs, a Avaliação Psicológica é tida como uma das possibilidades de ênfase para o curso de Psicologia. Para isso, deve se considerar os processos de Avaliação Psicológica, implicando o agrupamento de competências que se referem à utilização e à elaboração de diversos recursos, estratégias e instrumentos de observação e avaliação adequados para o entendimento de um diagnóstico em diferentes áreas de atuação profissional (avaliação individual, grupal, social, educacional, entre outras). No entanto, é difícil encontrar uma universidade que possua essa área como ênfase. Em algumas instituições não há, ao

menos, componentes curriculares que atendam as demandas necessárias para uma formação sólida e competente na área (Gouveia, 2018; Noronha et al., 2008).

Exemplo do que foi dito anteriormente está no estudo de Noronha et al. (2008), em que foram analisadas as ementas de 14 universidades dos seguintes estados: Rio Grande do Sul, Paraná, Minas Gerais, Paraíba, Sergipe, Tocantins, Mato Grosso do Sul e São Paulo. Primeiro, os autores pontuam que não há concordância no que se refere à nomenclatura utilizada nas disciplinas pelas universidades. Na sequência, citam que os conteúdos das ementas também são muito diversos, havendo disciplinas, por exemplo, que sozinhas possuem muito conteúdo. Por fim, demonstram que algumas universidades possuem poucas disciplinas na área da avaliação, acarretando um ensino superficial.

Finelli et al. (2015) analisaram 767 matrizes de cursos de Psicologia dos 26 estados brasileiros e do Distrito Federal e observaram uma variação de 974 horas a 9.700 horas por curso. Especificamente, para a carga horária de Avaliação Psicológica encontraram que são disponibilizadas de 36 horas a 640 horas, com média de 257,11 horas, o que corresponde a mais ou menos 4 disciplinas de 60/68 horas. Concluem que, para uma atribuição que é específica do psicólogo, é pouco para a capacitação do estudante.

Em 2012, Nunes et al. propuseram, em uma nota técnica, diretrizes para o ensino de Avaliação Psicológica. Essas diretrizes estão separadas em quatro partes, a saber: parte 1 – competências em Avaliação Psicológica, em que são descritas 27 competências básicas que o aluno deve ser capaz de desenvolver durante o curso de graduação; parte 2 – disciplinas e conteúdos programáticos, na qual são propostas cinco disciplinas de Avaliação Psicológica e um estágio supervisionado na área; parte 3 – estrutura de ensino, em que apresentam qual a infraestrutura, métodos de ensino, formação do docente e orientações importantes; e, por fim, parte 4 – referências indicadas para as disciplinas da área, composta por uma lista das principais publicações na área. Trata-se de uma nota técnica que pode ser boa norteadora para a criação de novos cursos, bem como na reestruturação curricular dos cursos já existentes no que se refere ao ensino de Avaliação Psicológica.

Saber o que deve constar no currículo do curso para que se tenha uma formação eficiente na área de Avaliação Psicológica é importante, mas alguns docentes não sabem como ou quais estratégias podem utilizar no ensino dessas disciplinas. Muitas vezes as salas de aula lotadas não possibilitam algumas atividades como, por exemplo, cada um dos alunos atender um caso no serviço de psicologia (se houver na universidade).

Muitos dos estudos encontrados sobre a formação em Avaliação Psicológica tratam da história, dos problemas apresentados, do currículo, de possibilidades futuras, mas não indicam quais seriam as possíveis estratégias que podem ser utilizadas a fim de ajudar o docente no planejamento do ensino, principalmente da parte prática da(s) disciplina(s). Com isso, o objetivo do presente capítulo é apresentar alguns métodos e algumas estratégias para o ensino de avaliação, com propostas práticas para o ensino de Avaliação Psicológica na graduação em Psicologia.

Metodologias e estratégias para ensino da Avaliação Psicológica na graduação

Como apresentado na seção anterior, o ensino de AP na graduação é permeado por inúmeros desafios atuais com suas raízes na história

ria de consolidação da AP no país. Dentre esses desafios, incluem-se: a desmistificação acerca do trabalho do profissional na área de Avaliação Psicológica na atualidade e a diferenciação entre testagem e avaliação; a falta de sistematização sobre o que seria essencial como conteúdo mínimo para uma formação adequada. Acrescente-se a estes a variação de carga horária e o conteúdo das disciplinas na área de AP entre os vários cursos de Psicologia no país, além das questões referentes ao planejamento de conteúdos que desenvolvam o pensamento crítico dos discentes (Nunes et al., 2012).

Considerando que a Avaliação Psicológica é a única atribuição exclusiva de psicólogos no Brasil, faz-se necessário um treinamento, teórico-conceitual e aplicado, consistente, ético e crítico. As metodologias e estratégias de ensino devem preparar o discente para observar manifestações verbais e não verbais dos fenômenos psicológicos, prestar atenção ao que é dito e àquilo que não é apenas intenção. Precisa, ainda, aprender a planejar um processo de avaliação, pensando em seus objetivos, público-alvo e contexto e a utilizar testes psicológicos, com boas propriedades psicométricas e de maneira ética; deve desenvolver a habilidade de integrar informações, a capacidade interpretativa (coerente com os referenciais teóricos adotados), a escrita para a produção dos documentos. Ademais, devem ser oferecidas oportunidades de aprendizado e treinamento para estabelecimento de contato com os clientes, condução de entrevistas (iniciais e devolutivas), criação de contrato de trabalho e cobrança de honorários. Não obstante, é necessário que os discentes em formação conheçam as principais resoluções que afetam a prática de AP no Brasil, que se encontram disponíveis no site do Conselho Federal de Psicologia (https://atosoficiais.com.br/cfp), além de aprenderem a consultar de forma adequada o Sistema de Avaliação de Testes Psicológicos (Satepsi). Nesse sentido, os docentes de Avaliação Psicológica encontram-se sempre às voltas com o desafio de criar oportunidades de aprendizagem que cumpram os critérios técnico-científicos da área, mas que também sejam instigadoras, criativas, motivadoras e, por que não, inovadoras.

Esta seção visa contribuir com o processo de ensino-aprendizagem na área de AP, apresentando algumas propostas de atividades e exercícios didáticos que podem ser utilizadas por professores de Avaliação Psicológica. O conteúdo exposto aqui foi elaborado tendo como base a experiência das autoras do capítulo com a docência no Ensino Superior e as trocas realizadas entre elas e colegas docentes de AP. Destacamos que essas são algumas das possibilidades existentes para o ensino de conteúdo e desenvolvimento das competências básicas de um profissional que atua na área de AP. Não pretendemos, portanto, esgotar as possibilidades de trabalhos e estratégias didático-pedagógicas. Nosso objetivo é oferecer um material de apoio e consulta adicional aos docentes da área. Outras estratégias e trabalhos didáticos com foco na observação comportamental, realização de entrevistas, escolha de instrumentos e construção de documentos, para ensino de AP, em cursos de graduação, são apresentados, em detalhes, por Barroso, Fortunato e Reghim (2015). Nos parágrafos a seguir, algumas possibilidades de atividades serão explicitadas, algumas mais gerais e reflexivas, outras direcionadas a conteúdos mais específicos. Para cada uma delas será dada uma breve descrição do objetivo e da maneira de operacionalizá-la em sala de aula.

1 Estudo de casos

Objetivo

Exercitar o aprendizado do uso aplicado de testes psicológicos, bem como a diferenciação entre fontes fundamentais e complementares de informação em um processo de Avaliação Psicológica. Desenvolver o raciocínio clínico ao integrar informações provenientes de vários instrumentos e fontes de informação.

Exemplos de uso

a) Montar um plano de Avaliação Psicológica para a demanda descrita a seguir com hipóteses diagnósticas.

Descrição geral da demanda: Guilherme[4] tem 9 anos de idade. Vive com a mãe, o padrasto e a irmãzinha de sete meses. A mãe é diarista e o padrasto é pedreiro. Os dois possuem segundo grau completo. A mãe relata que o menino não consegue manter a atenção por muito tempo em uma mesma atividade. Por exemplo, segundo ela, ele não consegue assistir a um filme de uma hora e meia de uma só vez. Aproximadamente a cada quinze minutos, ele precisa parar e se ocupar com outras atividades. A professora também relata que ele não consegue ouvir a explicação da matéria e que se distrai com qualquer estímulo irrelevante, como, por exemplo, o barulho da queda de uma folha de papel.

Informações provenientes da entrevista preliminar com a mãe: Guilherme tem muitas dificuldades para dormir. Ele costuma dormir poucas horas durante a noite e acorda muito facilmente. Ela também relata que ele tem medo de dormir sozinho no escuro. Segundo ela, isso pode estar

---

4. Caso e nome fictícios.

relacionado à história de agressões por parte do pai, que sempre acontecia durante a noite. A mãe, a professora e os funcionários da escola relatam que o estado emocional de Guilherme varia muito. Há dias em que ele está alegre, comunicativo e brincalhão. No entanto, há outros dias em que ele permanece apático, sem energia.

Informações provenientes do relatório encaminhado pela escola: as professoras informam que desde o primeiro ano do Ensino Fundamental Guilherme apresenta muitas dificuldades de aprendizagem. Segundo elas, ele não consegue fazer a maioria das atividades sem ajuda. Não consegue fazer cópias ou interpretar textos simples corretamente, além de apresentar um desempenho em matemática um pouco abaixo do restante da turma. É sempre mais lento do que os colegas em atividades que envolvam resolução de problemas, compreensão de instruções e leitura e interpretação de texto. Além de algumas trocas de letras regulares na escrita, como "V" por "F", "J" por "X". No início do processo de alfabetização, escrevia espelhado e até hoje sua letra apresenta padrão irregular e é, por vezes, ilegível. A professora de português afirma que o aluno se recusa a realizar exercícios no quadro e leituras em voz alta para toda a turma. Segundo a escola, a mãe afirma sempre acompanhar os deveres de casa do filho e que desde pequeno incentivava a leitura de livros de história infantil e bulas de remédio.

b) Montar um processo seletivo para a situação descrita abaixo.

Uma empresa de consultoria em Avaliação Psicológica foi solicitada por uma empresa farmacêutica que possui filiais em diversos países a selecionar três funcionários com perfis empreendedores, para um mesmo time, para o atuar na área de inovação e desenvolvimento. Quais as características psicológicas importantes a serem observadas nos indivíduos e no time empreendedor? Como montar esse processo seletivo dentro do corpo de funcionários da empresa?

2 Criação de uma testoteca[5]

Objetivo

Consolidar os conceitos teóricos básicos de psicometria por meio da criação de um esboço de manual de um instrumento em processo de validação. Assim, a atividade deve favorecer a identificação e interpretação de evidências psicométricas e outras informações fundamentais de um instrumento psicológico. Ademais, a atividade poderia favorecer a compreensão mais aprofundada das informações disponíveis sobre um instrumento, uma vez que demanda habilidades de leitura para a escrita e comunicação a terceiros.

Como implementar a atividade?

Em primeiro lugar, dividir a turma em grupos. Esses grupos deverão fazer uma busca em bases de dados eletrônicas, em bancos de teses/dissertações e sites de laboratórios de Avaliação Psicológica nacionais a fim de identificar instrumentos psicológicos em processo de adaptação/validação. Uma vez encontrando esses instrumentos, cada grupo poderá ficar responsável por apenas um, o grupo deverá entrar em contato

---

5. Esta atividade de ensino de psicometria foi desenvolvida pelo Prof.-Dr. Marcelo H.O. Henklain, da Universidade Federal de Roraima, e nos foi gentilmente cedida para descrição neste capítulo. Maiores informações sobre a atividade podem ser obtidas entrando em contato por correio eletrônico com o professor (henklain.marcelo@gmail.com).

com o seu autor ou seus autores pedindo acesso para criação da testoteca e explicando o projeto, mediante uma carta de apresentação, destacando que o instrumento será utilizado como (a) fonte complementar de Avaliação Psicológica, (b) recurso para o ensino de Avaliação Psicológica e (c) instrumento para uso em pesquisa científica.

Com a autorização dos autores, os estudantes deverão identificar a definição do construto, os estudos existentes com o instrumento no Brasil e as evidências psicométricas disponíveis acerca dele, bem como as instruções de aplicação, correção e interpretação. Esses dados levantados deverão ser compilados em um Manual de Instrumento Psicológico, seguindo as recomendações disponíveis no Satepsi e a Resolução CFP n. 9/2018.

3 Produção de material escrito ou audiovisual informativo para profissionais

Objetivo

Fomentar a compreensão mais aprofundada das principais informações (resoluções e especificidades) referentes à atuação do psicólogo em Avaliação Psicológica nos vários contextos em que se insere. Incentivar a transposição de informações técnicas e, por vezes, de difícil compreensão, para os profissionais que atuam na área. Desenvolver competências de escrita de material de divulgação científica e competências para manejo e uso de ferramentas tecnológicas para produção de conteúdo.

Como implementar a atividade?

Esse é um trabalho para ser realizado em grupo e incentiva a elaboração de material escrito ou audiovisual informativo para profissionais atuantes nos diferentes contextos. A ideia é apresentar em linguagem clara e acessível o processo de ava-

liação em um dado contexto, destacando as especificidades da prática naquele contexto e orientações normativas específicas. Algumas sugestões de contextos/aplicações são: trânsito, organizacional, porte de arma, jurídico, hospitalar/cirurgia bariátrica, concurso público, orientação profissional e esporte. Os grupos deverão buscar informações em textos (artigos e livros) sobre o processo de avaliação naquele contexto, identificando as suas particularidades. Ademais, as resoluções e normas técnicas existentes para atuação do profissional naquele contexto/aplicação devem ser pesquisadas no site do Conselho Federal de Psicologia. Diretrizes sobre a elaboração da cartilha e/ou material audiovisual devem ser dadas pelo docente e seguir orientações mais gerais acerca da produção de material para divulgação científica[6]. O professor pode acompanhar o passo a passo da criação do conteúdo solicitando entregas quinzenais e avaliações parciais do que foi produzido. Os materiais desenvolvidos pelos grupos podem ser apresentados para toda a turma para receberem *feedbacks* mais gerais ou, também, podem ser disponibilizados para profissionais consultores externos, convidados pelo docente, para avaliar a qualidade e adequação do que foi produzido.

4 Construção de um teste psicológico fictício

Objetivo

Consolidar e favorecer uma compreensão mais aprofundada dos conceitos básicos de psicometria, especificamente referentes às etapas

---

6. Algumas estratégias e dicas para escrita de textos para o público geral podem ser encontradas em: https://www.american scientist.org/blog/from-the-staff/12-tips-for-scientists-writing-for-the-general-public e https://journal.emwa.org/writing-for-lay-audiences/writing-for-lay-audiences-a-challenge-for-scientists/

necessárias para a construção de um instrumento psicológico.

Como implementar a atividade?

Recomenda-se que essa atividade seja realizada em grupo, de preferência com poucos integrantes para que todos tenham oportunidade de participar efetivamente da criação do instrumento. O docente deve elaborar o roteiro do trabalho com base naquilo que foi ensinado na parte teórica da disciplina, sempre seguindo as diretrizes internacionais para construção de testes psicológicos descritas na sexta edição de *Standards for Educational and Psychological Testing* (American Educational Research Association [AERA], American Psychological Association [APA], National Council on Measurement in Education [NCME], 2014)[7]. As etapas para a construção de instrumentos psicológicos também se encontram descritas em Carvalho e Ambiel (2017) e Pasquali (1998). O roteiro para a atividade de elaboração de um instrumento psicológico pode ser mais curto ou estendido a depender da carga horária da disciplina. De forma geral, as primeiras etapas sempre deverão ser parte do roteiro do trabalho, e incluem:

a) *Escolha do atributo e sua dimensionalidade*: o grupo deverá pensar qual construto psicológico será objeto do instrumento ou mais especificamente quais as dimensões daquele construto serão contempladas. Para a escolha do construto, sugere-se que os discentes façam uma breve pesquisa no Satepsi e no site das editoras de testes a fim de identificar aquilo que efetivamente poderia ser uma demanda para a criação de um novo teste, pensando nos prós e contras de se construir um instrumento que mensure especificamente aquele construto ou parte dele.

b) *Determinação da população para a qual o teste será aplicado (faixa etária) e os contextos nos quais o teste pode ser utilizado*: a escolha da população-alvo é essencial, pois vai determinar não apenas o formato/tipo de item, mas também a estratégia metodológica para coleta das informações. Os contextos de uso devem ser indicados.

c) *Definição constitutiva e operacional*: os discentes deverão consultar e escolher as bases teóricas que orientarão a definição do construto e suas dimensões. Para encontrar a definição constitutiva do construto, devem se basear em livros ou artigos de psicologia. Tendo definido conceitualmente o construto devem pensar em maneiras para operacionalizar a definição teórica do construto em comportamentos ou indicadores passíveis de mensuração.

d) *Elaboração dos itens com a escala de resposta*: sugere-se que os discentes elaborem entre 5 e 8 itens do instrumento considerando que em caso de a atividade incluir todas as etapas necessárias para a construção de um teste, a coleta dos dados com a população alvo seja apenas exploratória e não exaustiva. Lembrando sempre que um dos critérios para determinação do tamanho da amostra é a quantidade de itens que o instrumento possui (Pasquali, 1998). O formato do item (se verbal, não verbal, de autoatribuição, atribuição pelo estímulo, relato de informante, construtiva ou desempenho) deve ser pensado e a escala de resposta ao teste também deve ser sugerida pelos alunos.

---

7. Para maiores informações sobre os *Standards for Educational and Psychological Testing* da APA, acesse: https://www.apa.org/science/programs/testing/standards

e) Instrução de aplicação: o grupo deverá elaborar as instruções para aplicação do instrumento, pensando em sua adequação ao público-alvo do teste.

A atividade pode se encerrar nesta fase da construção do instrumento ou pode seguir com as etapas de análise por especialistas dos itens criados, análise de inteligibilidade com a população-alvo e aplicação da versão piloto do instrumento em uma amostra. Caso a atividade siga para todas essas etapas empíricas e analíticas, sugere-se que o docente investigue com os alunos, de maneira preliminar, as propriedades psicométricas do novo instrumento, levantando evidências de sua validade de conteúdo (análise de especialistas), validade por meio da análise de estrutura interna e confiabilidade (consistência interna).

5 Adaptando um instrumento psicológico[8]

Objetivo

Consolidar e favorecer uma compreensão mais aprofundada dos conceitos básicos de psicometria, especificamente referentes às etapas necessárias para a adaptação transcultural de um instrumento psicológico.

Como implementar a atividade?

Recomenda-se que essa atividade seja realizada em grupo, de preferência com poucos integrantes para que todos tenham oportunidade de participar efetivamente da criação do instrumento. O docente deve elaborar o roteiro do trabalho com base naquilo que foi ensinado na

_____

8. O roteiro para esta atividade foi desenvolvido com a colaboração do mestrando e psicólogo Pedro S.R. Martins, do Programa de Pós-Graduação em Psicologia: Cognição e Comportamento – Universidade Federal de Minas Gerais, como parte do seu estágio em docência.

parte teórica da disciplina, sempre seguindo as diretrizes internacionais para adaptação de testes psicológicos descritas na segunda edição do *Guidelines for Translating and Adapting Tests* (ITC, 2017). As etapas para adaptação de instrumentos psicológicos também se encontram descritas em Borsa e Seize (2017) e em Borsa et al. (2012). O docente deve oferecer uma lista de instrumentos (de preferência mais curtos) para a escolha pelos grupos. Cada grupo de alunos deve escolher um dos instrumentos listados e realizar um miniprocesso de adaptação transcultural do instrumento. Abaixo seguem algumas orientações gerais e outras mais específicas para a condução da atividade:

a) Escolher uma ou duas pessoas para realizar a tradução dos itens do inglês para português. Os alunos tradutores preferencialmente devem ter proficiência em inglês. As traduções devem tentar atingir o mesmo significado do item original, sendo possível fazer adaptações semânticas e idiomáticas em expressões que não existam em português. Caso duas pessoas realizem o processo de tradução, os tradutores devem realizar o processo de maneira independente. Em caso de duas traduções diferentes, ambas devem ser julgadas e a mais adequada será escolhida no processo de avaliação.

b) Escolher pelo menos cinco pessoas para avaliar a tradução dos itens. A versão em português será julgada em sua adequação semântica, idiomática, cultural e conceitual. Os alunos avaliadores dos itens, ou juízes, deverão preencher uma versão adaptada da planilha enviada como modelo. Preferencialmente, a avaliação deverá ser feita de forma independente, ou seja, sem o conhecimento da nota que os outros colegas atribuíram aos itens. A avaliação consiste em dar uma nota para a tradução com pontuação de 1 a 3, sendo: 1, pouco adequada; 2, nem adequada nem inadequada; e 3, adequada. Considera-se que um item equivalente conceitualmente é aquele capaz de avaliar o mesmo construto em diferentes culturas. Adequação idiomática refere-se à equivalência cultural das expressões utilizadas, especialmente para aquelas que não possuem significado em sua tradução literal. Já a adequação cultural refere-se à aplicabilidade do item à nova cultura. Por fim, a equivalência semântica é atingida quando o significado original do item é contemplado na tradução.

c) O grupo deverá criar um banco de dados com as avaliações dos itens. A avaliação deverá passar por uma análise quantitativa, coeficiente de validade de conteúdo (CVC). O docente deve disponibilizar uma planilha para o cálculo do CVC (Borsa & Seize, 2017). A planilha deverá ser preenchida com as respostas dadas pelos juízes a cada tipo de adequação. O cálculo do coeficiente de validade de conteúdo é feito sem necessidade de modificações na planilha para cinco juízes dando notas de 1 a 3. Caso o instrumento escolhido possua mais do que 10 itens, será necessário copiar as fórmulas da planilha para contemplar os demais itens.

d) O relatório deverá conter explicações teóricas sobre o instrumento escolhido. É necessário explicar brevemente suas dimensões, sua história, país de origem, quantidade de enunciados e forma de se responder aos itens (escala Likert de 5 pontos, p. ex.). Além disso, a relevância social e científica dos construtos deverá ser explorada.

6 Simulação de condução de entrevistas

Objetivo

Desenvolver a competência de conduzir uma entrevista psicológica com propriedade. Ser capaz de estabelecer um *rapport* adequado no momento da avaliação.

Como implementar a atividade?

O uso de entrevistas é primordial no trabalho do psicólogo, independentemente do contexto e da área de atuação. As competências envolvidas na condução de uma entrevista podem ser treinadas de várias maneiras, por meio da observação de profissionais mais experientes conduzindo uma entrevista presencialmente ou por videoaula, mediante exercícios de auto-observação ou que envolvam trechos de entrevistas com erros na condução para que os discentes possam avaliar quais são os erros e como corrigi-los ou, ainda, simulando a condução de uma entrevista. A simulação tem a vantagem de colocar o discente no papel principal e dar a ele a oportunidade de perceber suas forças e dificuldades na condução de uma entrevista.

Para esta atividade, o professor prepara um roteiro de entrevista inicial de um processo de Avaliação Psicológica, por exemplo, na clínica. Esse roteiro pode ser discutido com os alunos para que eles possam se apropriar mais profundamente do conteúdo da entrevista. O professor pede, então, aos alunos que estudem o roteiro e se preparem para a simulação. A princípio, a participação de todos os alunos como entrevistadores pode ser difícil de operacionalizar, considerando as limitações existentes quanto à carga horária das disciplinas e tamanho das turmas. Portanto, sugere-se que alguns alunos ocupem o papel de entrevistador, outros serão os entrevistados e os demais serão observadores. Os alunos que serão os entrevistadores podem ser sorteados a fim de garantir que todos se preparem da mesma maneira para a entrevista. O professor deve ter em mente que a sua função não é a de criticar o desempenho dos alunos que conduzirão as entrevistas, mas de discutir suas impressões e opiniões sobre a conduta do entrevistador e a organização do ambiente da entrevista, com toda a turma. A participação dos demais discentes nesse processo de observação é, também, desejável, porque podem desenvolver um olhar mais criterioso e crítico, se apropriando efetivamente do conteúdo teórico ministrado. Alguns pontos que o professor pode discutir com a turma são:

- Condução geral da entrevista: aspectos do comportamento verbal e não verbal do entrevistador (estabelecimento do *rapport*, vocabulário adequado, empatia, atenção a detalhes, forma de se aproximar do entrevistado, contato ocular, equilíbrio da atenção ao entrevistado e às anotações sobre o que está sendo falado, dentre outros).

- Tipo de escuta (casual, empática, generativa)

- Formas de se obter algumas informações do entrevistado: é inquisitivo ou compreensivo? Quais seriam as estratégias mais funcionais para se obter determinadas informações?

- Preparação do *setting* de entrevista.

O treinamento com simulação sugerido para a entrevista inicial também pode ser feito para a entrevista devolutiva (finalização do processo de avaliação), desde que adequado o roteiro de interação entre entrevistado e entrevistador e os pontos a serem observados pelo professor com a turma.

7 De frente com

Objetivo

Conhecer um pouco mais sobre a realidade do mercado de trabalho do psicólogo em Avaliação Psicológica, pretendendo a preparação do discente para os desafios e possibilidades de inserção profissional.

Como implementar a atividade?

O objetivo dessa entrevista é coletar informações no que tange à realidade do mercado de trabalho em Avaliação Psicológica, em qualquer contexto de atuação. Um detalhe importante é que podem ser convidados profissionais com diferentes formas de inserção (p. ex., organizações, saúde pública, hospitalar, esporte, dentre outras) e com tempos de experiência distintos, desde que trabalhem com Avaliação Psicológica. O convite a egressos do curso de Psicologia da instituição pode ser muito interessante, por se aproximar mais da realidade de formação dos discentes que estejam fazendo o curso naquele momento. Essa é uma atividade que pode ser realizada em grupos, em que cada grupo de alunos convida um profissional e o entrevista presencialmente para que toda a turma tenha acesso ao conteúdo da entrevista. Sugere-se que um roteiro de entrevista básico seja elaborado com a turma, mas que o professor planeje um tempo da aula para que os demais discentes possam fazer perguntas e tirar dúvidas. Algumas perguntas que podem ser incluídas no roteiro são:

- Quando surgiu seu interesse em trabalhar com Avaliação Psicológica? Foi durante a graduação ou depois de formado? O que despertou esse interesse?

- Há quanto tempo que você trabalha com testes psicológicos?

- Quais são as demandas mais comuns da Avaliação Psicológica neste contexto? E as maiores dificuldades?

- Quais os instrumentos (testes ou outros) mais utilizados?

- Há mercado de trabalho para psicólogos que queiram trabalhar com Avaliação Psicológica neste contexto?

- Quais as qualificações necessárias para um profissional que quer trabalhar com Avaliação Psicológica nesse contexto?

- Poderia nos dizer a faixa salarial do profissional trabalhando neste contexto? Considera adequada a remuneração que recebe?

- Como você enxerga a ética na Avaliação Psicológica aplicada a este contexto? Quais os desafios éticos mais comuns?

- Você considera que o conhecimento sobre os parâmetros psicométricos dos testes psicológicos é necessário para atuação na área? Por quê?

- Qual é a sua opinião sobre o Sistema de Avaliação de Testes Psicológicos (Satepsi)?

- Como acredita que o profissional psicólogo que atua com Avaliação Psicológica pode se reinventar considerando o uso de tecnologias de informação e comunicação (TICs)?

8 Quiz: *quem sabe avaliar sabe atuar!*

Objetivo

Oferecer um espaço para consolidação do aprendizado de conteúdos fundamentais, porém extremamente técnicos, utilizando a ludicidade como fator motivador para a aprendizagem.

Como implementar a atividade?

O professor divide a turma em pequenos grupos que competirão entre si nesse quiz. O tamanho de cada grupo dependerá da quantidade de alunos na turma, mas sugere-se que os grupos sejam mistos e não muito grandes. A intenção não é estimular a competição em si, mas tornar divertido o momento de aprendizagem. O professor pode optar por premiar os três grupos com as maiores pontuações no quiz, podendo fazer isso de várias formas, mas, de preferência, que não seja atrelada à distribuição de pontos obrigatórios. Podem ser utilizados como recompensa pontos extras progressivos, livros, cartilhas, cursos, doces, dentre outros. O professor deve avisar aos alunos com certa antecedência sobre o conteúdo que será matéria do quiz para que possam se preparar. Sugere-se que as perguntas versem sobre: resoluções e notas técnicas do Conselho Federal de Psicologia que regulamentem a prática profissional na área (p. ex., as resoluções n. 9/2018, n. 11/2018, n. 1/2019, n. 6/2019, n. 10/2005, dentre outras), parâmetros psicométricos (validade, precisão e normatização), Satepsi, aspectos éticos em Avaliação Psicológica. O conteúdo das perguntas vai variar, obviamente, com a ementa da disciplina. As perguntas podem também trazer situações desafiadoras em avaliação para solução pelo grupo. Deve-se estabelecer um número máximo de perguntas por rodada e uma pergunta *premium* ao final de cada rodada, cuja resposta correta tem maior valor e pode mudar os rumos do jogo. Ao fazer a pergunta, o professor pode cronometrar um tempo para emissão da resposta. Caso nenhum grupo saiba, ele passa à pergunta seguinte. É importante frisar que as respostas corretas, em caso de erro, devem ser dadas pelo professor, uma vez que a função do Quiz é a consolidação do conteúdo da disciplina. Se o desempenho da turma for muito baixo, o professor poderá reforçar o conteúdo utilizando estudos dirigidos ou aulas de reforço com a participação de monitores das disciplinas.

9 Integração com grupo de extensão em Avaliação Psicológica

Objetivo

Proporcionar ao aluno a possibilidade de prática da avaliação com o acompanhamento de casos reais na área.

Como implementar a atividade?

O professor deve propor um projeto de extensão em Avaliação Psicológica e selecionar alunos que já tenham realizado a disciplina para compor o grupo. Depois de algumas retomadas teóricas, a fim de trazer à tona aspectos importantes já estudados na área, juntamente com o serviço de psicologia da universidade, o projeto é divulgado e os casos são separados, por demanda, para Avaliação Psicológica. Após a triagem e a confirmação do caso para a área, todos os passos da avaliação são seguidos. Enquanto isso, na disciplina, grupos de estudantes são separados a fim de que acompanhem os alunos do grupo de extensão. Os alunos dos grupos da disciplina não têm contato direto com os sujeitos atendidos, mas ajudam na tomada de decisão do que é feito durante todo o processo. Assim, colaboram na elaboração de hipóteses, na construção de entrevista e roteiro de observação, na escolha de testes psicológicos, bem como na análise final e na elaboração do relatório final.

10 Questões para análise crítica e reflexiva sobre Avaliação Psicológica

Objetivo

Debater com a turma temas polêmicos e desafiadores da área de avaliação visando desenvolver uma atitude crítica e reflexiva para atuação profissional.

Como implementar a atividade?

O professor deve elaborar algumas questões para as quais as respostas não sejam automáticas e óbvias, mas que demandem certo grau de reflexão e posicionamento crítico. A atividade pode ser realizada em sala de aula ou em casa para entrega posterior. Algumas sugestões seguem abaixo:

• Um dos pontos atuais sobre a avaliação dos testes pela comissão consultiva em Avaliação Psicológica é que não existe um ranqueamento dos instrumentos por sua qualidade, portanto, instrumentos que mensuram o mesmo construto e que tenham parecer favorável podem ter qualidades distintas. O que você pensa sobre essa questão? Argumente.

• A atuação de psicólogos que trabalham em equipes multidisciplinares é cada vez mais comum. Qual o papel do psicólogo nessas equipes? Como deve ficar a disponibilização e acesso de materiais de uso restrito a outros profissionais da equipe?

• Quais as diferenças entre Avaliação Psicológica e Neuropsicológica?

• O uso de testes psicológicos no Brasil é função privativa de psicólogos. Contudo, alguns testes e instrumentos mensuram construtos que não são objeto de teorização e investigação científica apenas da Psicologia.

O que você pensa sobre o uso restrito considerando essa situação? Como isso poderia ser resolvido?

- Quais são os problemas da disponibilização (impressa ou virtual) de material de uso restrito para leigos e outros profissionais?

- Qual a diferenciação entre fontes fundamentais e complementares de informação para elaboração de um laudo psicológico e como isso resolve ou minimiza o uso de instrumentos ou técnicas não psicológicas por psicólogos?

- Quais os cuidados a serem tomados por um profissional na elaboração de um laudo psicológico?

- Quais as diferenças entre um laudo e um parecer?

- Quais são as implicações positivas e negativas do reconhecimento da especialização em Avaliação Psicológica pelo Conselho Federal de Psicologia? Isso pode alterar a atuação no campo?

- Quando um processo de Avaliação Psicológica pode violar os direitos humanos?

- O uso de tecnologias de informação e comunicação é cada vez mais disseminado e presente na atuação do psicólogo. Quais são os prós e contras do seu uso na Avaliação Psicológica?

11 Criação de um roteiro de observação do comportamento

Objetivo

Exercitar a confecção de roteiros objetivos de observação do comportamento para cada um dos casos que serão trabalhados na disciplina.

Como implementar a atividade?

Os alunos são separados em grupos e podem estar com um estudo de caso ou acompanhando um caso, como apresentado na atividade de número 9 (Integração com grupo de extensão em Avaliação Psicológica), e criam um roteiro do que deve ser observado do comportamento do sujeito. Por exemplo, na atividade 1, estudo de casos, no caso descrito, quais seriam os comportamentos que poderiam ser observados em um momento de visita à sala de aula do aluno na escola. Essa atividade ajuda a focar no que realmente é importante para corroborar outras respostas já recolhidas com outros materiais no caso estudado.

12 Organização de um simpósio de Avaliação Psicológica

Objetivo

Organizar um simpósio de Avaliação Psicológica para apresentar o que foi estudado e discutido durante o semestre na disciplina.

Como implementar a atividade?

Formar grupos de trabalho entre os alunos, em que cada grupo fique responsável por uma atividade do simpósio. Exemplos de tarefas para os grupos são: convite para os profissionais para possíveis palestras em diversos contextos de AP, logística para o dia em que acontecerá o simpósio (reserva de salas e equipamento, entre outros), divulgação do evento (criação de páginas nas redes sociais, elaboração de *banner*), entre outras tarefas que se julgar necessárias para a elaboração do evento. Os alunos teriam parte da aula prática para a realização dessas atividades e fariam um diário para o acompanhamento delas.

Considerações finais

Este capítulo teve por objetivo oferecer um panorama sobre o estado da arte referente às estratégias e metodologias de ensino de conteúdos de Avaliação Psicológica para a graduação. Ademais, pretendeu, ainda, apresentar algumas atividades que poderão facilitar a aquisição e consolidação de conteúdos ensinados nas disciplinas de Avaliação Psicológica, buscando contemplar algumas das principais competências necessárias para atuação profissional na área e auxiliar o docente na preparação e diversificação das formas de ensino utilizadas. Não obstante, não pretendemos esgotar as possibilidades de atividades sobre Avaliação Psicológica. Estamos cientes que são inúmeras as estratégias e ferramentas que o professor pode utilizar para lecionar os conteúdos de avaliação. A seleção das estratégias mais adequadas dependerá, em grande parte, da ementa da disciplina, da carga horária, do tamanho da turma e de variáveis associadas à infraestrutura e acervo disponível na instituição de ensino. Sobretudo, entendemos que a postura, a qualidade técnico-científica, a criatividade e a flexibilidade do docente são ingredientes essenciais para a criação de um espaço de ensino-aprendizagem que seja potencialmente diverso, democrático, crítico, sólido e inspirador para os futuros profissionais psicólogos atuantes na área.

Acrescentamos, ainda, que extensivos desafios foram colocados aos docentes de Avaliação Psicológica em todo o país, desde que as políticas de distanciamento físico foram decretadas como forma de contenção principal da propagação do novo coronavírus (Bedford et al., 2020). Nesse sentido, o Ministério da Educação autorizou, em junho de 2020, a substituição das aulas presenciais por aulas em plataformas digitais, enquanto durar a situação da Covid-19 no Brasil (Brasil, 2020). De acordo com o decreto, segue como responsabilidade das instituições a escolha das disciplinas que poderão ser substituídas, além da viabilidade de ferramentas ofertadas aos alunos, para que possam acompanhar o conteúdo e realizar as avaliações. Assim, pois, o ensino da AP on-line ou de maneira remota é uma realidade que se apresentou aos docentes de instituições públicas e privadas e que, talvez, perdure, inclusive no pós-pandemia.

São inúmeras as especificidades do ensino da Avaliação Psicológica de forma remota, tais como a divulgação de conteúdo exclusivo e privativo de profissionais psicólogos, a escassez de instrumentos de aplicação remota com parecer favorável pelo Satepsi, estudos de equivalência entre versões lápis e papel e informatizadas de testes psicológicos, o ensino e supervisão de processos de Avaliação Psicológica com populações específicas a distância (crianças, idosos, indivíduos excluídos digitalmente) (para saber mais, cf. a Nota Técnica n. 7/2019/GTEC/CG, CFP, 2019; Marasca et al., 2020; Resolução n. 4/2020, CFP, 2020). Não obstante, as estratégias apresentadas no presente capítulo podem ser adaptadas para uso em salas de aula virtuais e ou em plataformas de videoconferência, por meio da criação de salas de bate-papo, fóruns, criação de salas e equipes de trabalho remoto e uso de vídeos e formulários de coleta on-line de informação. É possível adaptar cada uma delas para uso em formatos de aula síncronos ou assíncronos. Uma vez que estão baseadas no ensino de competências básicas para o profissional psicólogo, como citado anteriormente neste capítulo, é possível adequá-las às necessidades de cada docente e às possibilidades de ensino a distância a ele oferecidas pelas suas instituições.

Por fim, destacamos que é importante que o docente de cursos de Avaliação Psicológica acompanhe e respalde as suas escolhas por métodos de ensino remoto para AP nas diretrizes que foram ou serão construídas pelo Conselho Federal de Psicologia e os conselhos regionais. Ademais, deve fundamentar suas decisões em produções (cartilhas, artigos e manuais) desenvolvidas pelas sociedades científicas da área de Avaliação Psicológica no país e no exterior e, também, por pesquisadores com expertise reconhecida na área. Acima de tudo, o momento atual vivenciado pelo mundo inteiro, no que se refere ao ensino e prática profissional, requer de nós resiliência, paciência, flexibilização consciente e inovação.

Referências

Ambiel, R.A.M., Baptista, M.N., Bardagi, M.P., & Santos, A.A.A. (2018). Ensino de Avaliação Psicológica: Dificuldades relatadas por uma amostra de docentes brasileiros. *Estudos e Pesquisas em Psicologia, 18*(2), 515-530. http://dx.doi.org/10.12957/epp.2018.38810

American Educational Research Association (AERA), American Psychological Association (APA), & National Council on Measurement in Education (NCME) (2014). *Standards for educational and psychological testing* (6. ed.). AERA, APA, NCME.

Bardagi, M.P., Teixeira, M.A.P., Segabinazi, J.D., Schelini, P.W., & Nascimento, E. (2015). Ensino da Avaliação Psicológica no Brasil: Levantamento com docentes de diferentes regiões. *Avaliação Psicológica, 14*(2), 253-260. http://dx.doi.org/10.15689/ap.2015.1402.10

Barroso, S.M., Fortunato, M., & Reghim, M.G. (2015). Exercícios de apoio para ensino de Avaliação Psicológica. In S.M. Barroso, F. Scorsolini-Comin., & E. do Nascimento (orgs.), *Avaliação Psicológica: Da teoria às aplicações* (pp. 378-393). Vozes.

Bedford, J., Enria, D., Giesecke, J., David, L.H., Chikwe, I., Gary, K. et al. (2020). Covid-19: Towards controlling of a pandemic. *The Lancet, 395*, 1.015-1.018. https://doi.org/10.1016/S0140-6736(20)30673-5

Borsa, J.C. (2016). Considerações sobre a formação e a prática em Avaliação Psicológica no Brasil. *Temas em Psicologia, 24*(1), 131-143. http://dx.doi.org/10.9788/TP2016.1-09

Borsa, J.C., & Seize, M.M. (2017). Construção e adaptação de instrumentos psicológicos: Dois caminhos possíveis. In B.F. Damásio & J.C. Borsa (orgs.), *Manual de desenvolvimento de instrumentos psicológicos* (pp. 15-37). Vetor.

Borsa, J.C., Damásio, B.F., & Bandeira, D.R. (2012). Adaptação e validação de instrumentos psicológicos entre culturas: Algumas considerações. *Paidéia, 22*(53), 423-432. http://dx.doi.org/10.1590/1982-43272253201314

Brandão, E. (2007). O ensino da Avaliação Psicológica na formação graduada do psicólogo. *Avaliação Psicológica, 6*(1), 91-93. http://pepsic.bvsalud.org/scielo.php?script=sci_arttext&pid=S1677-04712007000100011&lng=pt&tlng=pt

Brasil. (2019). *Revisão das Diretrizes Curriculares Nacionais (DCNs) dos cursos de graduação em Psicologia e estabelecimento de normas para o Projeto Pedagógico Complementar (PPC) para a formação de professores de Psicologia.* http://portal.mec.gov.br/index.php?option=com_docman&view=download&alias=139201-pces1071-19&category_slug=dezembro-2019-pdf&Itemid=30192

Brasil. (2020). *Portaria n. 544.* Dispõe sobre a substituição das aulas presenciais por aulas em meios digitais, enquanto durar a situação de pandemia do novo coronavírus – Covid-19, e revoga as portarias MEC n. 343, de 17 de março de 2020, n. 345, de 19 de março de 2020, e n. 473, de 12 de maio de 2020. http://www.in.gov.br/en/web/dou/-/portaria-n-544-de-16-de-junho-de-2020-261924872

Bueno, J.M.H., & Peixoto, E.M. (2018). Avaliação Psicológica no Brasil e no mundo. *Psicologia: Ciência e Profissão, 38*(spe), 108-121. https://dx.doi.org/10.1590/1982-3703000208878

Carvalho, L.F., & Ambiel, R.A. (2017). Construção de instrumentos psicológicos. In B.F. Damásio & J.C. Borsa (orgs.), *Manual de desenvolvimento de instrumentos psicológicos* (pp. 39-55). Vetor.

Conselho Federal de Psicologia. (2005). *Resolução CFP n. 10/2005*. Aprova o Código de Ética Profissional do Psicólogo. http://site.cfp.org.br/wp-content/uploads/2012/07/codigo_etica.pdf

Conselho Federal de Psicologia. (2018). *Resolução CFP n. 11/2018*. Regulamenta a prestação de serviços psicológicos realizados por meio de tecnologias da informação e da comunicação e revoga a Resolução CFP n. 11/2012. https://site.cfp.org.br/wp-content/uploads/2018/05/RESOLU%C3%87%C3%83O-N%C2%BA-11-DE-11-DE-MAIO-DE-2018.pdf

Conselho Federal de Psicologia. (2018). *Resolução CFP n. 9/2018*. Estabelece diretrizes para a realização de Avaliação Psicológica no exercício profissional da psicóloga e do psicólogo, regulamenta o Sistema de Avaliação de Testes Psicológicos – Satepsi e revoga as resoluções n. 2/2003, n. 6/2004 e n. 5/2012 e notas técnicas n. 1/2017 e 2/2017. https://site.cfp.org.br/wp-content/uploads/2018/04/Resolu%C3%A7%C3%A3o-CFP-n%C2%BA-09-2018-com-anexo.pdf

Conselho Federal de Psicologia. (2019). *Nota Técnica n. 7/2019/GTEC/CG*. Uso de testes psicológicos em serviços realizados por meio de tecnologias da informação e da comunicação. https://site.cfp.org.br/wp-content/uploads/2019/10/Nota-T%C3%A9cnica-CFP-07.2019.pdf

Conselho Federal de Psicologia. (2019). *Resolução CFP n. 1/2019*. Institui normas e procedimentos para a perícia psicológica no contexto do trânsito e revoga as resoluções CFP n. 7/2009 e 9/2011. http://www.in.gov.br/materia/-/asset_publisher/Kujrw0TZC2Mb/content/id/62976927/do1-2019-02-12-resolucao-n-1-de-7-de-fevereiro-de-2019-62976886

Conselho Federal de Psicologia. (2019). *Resolução CFP n. 6/2019*. Orientações sobre elaboração de documentos escritos produzidos pela(o) psicóloga(o) no exercício profissional. https://site.cfp.org.br/wp-content/uploads/2019/09/Resolu%C3%A7%C3%A3o-CFP-n-06-2019-comentada.pdf

Conselho Federal de Psicologia. (2020). *Resolução CFP n. 4/2020*. Dispõe sobre regulamentação de serviços psicológicos prestados por meio de Tecnologia da Informação e da Comunicação durante a pandemia de Covid-19. https://atosoficiais.com.br/cfp/resolucao-do-exercicio-profissional-n-4-2020-dispoe-sobre-regulament

Finelli, L.A.C.F., Freitas, S.R., & Cavalcanti, R.L. (2015). Docência em Avaliação Psicológica: A formação no Brasil. *Revista de Estudios e Investigación en Psicología y Educación, Extra, 12*, A12-31. https://doi.org/10.17979/reipe.2015.0.12.567

Gouveia, V.V. (2009). A Avaliação Psicológica no Brasil: Caminhos, desafios e possibilidades. *Psicologia em Foco, 2*(1), 110-119. https://www.researchgate.net/publication/279194773_A_AVALIACAO_PSICOLOGICA_NO_BRASIL_CAMINHOS_DESAFIOS_E_POSSIBILIDADES

Gouveia, V.V. (2018). Formação em Avaliação Psicológica: Situação, desafios e diretrizes. *Psicologia: Ciência e Profissão, 38*(spe), 74-86. https://doi.org/10.1590/1982-3703000208641

International Test Commission. (2017). *The ITC Guidelines for Translating and Adapting Tests* (2. ed.). https://www.intestcom.org/files/guideline_test_adaptation_2ed.pdf

Marasca, A.R., Yates, D.B., Schneider, A.M.A., Feijó, L.P., & Bandeira, D.R. (2020). Avaliação psicológica on-line: Considerações a partir da pandemia do novo coronavírus (Covid-19) para a prática e o ensino no contexto a distância. *Estudos de Psicologia, 37*, e200085. https://doi.org/10.1590/1982-0275202037e200085

Mendes, L.S., Nakano, T.C., Silva, I.B., & Sampaio, M.H.L. (2013). Conceitos de Avaliação Psicológica: Conhecimento de estudantes e profissionais. *Psicologia: Ciência e Profissão, 33*(2), 428-445. https://dx.doi.org/10.1590/S1414-98932013000200013

Moura, D.P.F. (2017). O ensino de Avaliação Psicológica e as tendências pedagógicas: Possibilidades para um planejamento crítico. *Revista Brasileira de Ensino Superior, 3*(3), 42-53. https://doi.org/10.18256/2447-3944.2017.v3i3.2047

Noronha, A.P.P., Baldo, C.R., Almeida, M.C., Freitas, J.V., Barbin, P.F., & Cozoli, J. (2004). Conhecimento de estudantes a respeito de conceitos de Avaliação

Psicológica. *Psicologia em Estudo*, 9(2), 263-269. https://doi.org/10.1590/S1413-73722004000200012

Noronha, A.P.P., Batista, M.A., Carvalho, L., Cobêro, C., Cunha, N.B., Dell'Aglia, B.A.V., Filizatti, R., Zenorini, R.P.C., & Santos, M.M. (2008). Ensino de Avaliação Psicológica em instituições de Ensino Superior brasileiras. *Universitas*, 3(1), 1-14. http://dx.doi.org/10.5102/ucs.v3i1.543

Noronha, A.P.P., Carvalho, L.F., Miguel, F.K., Souza, M.S., & Santos, M.A. (2010). Sobre o ensino de Avaliação Psicológica. *Avaliação Psicológica*, 9(1), 139-146. http://pepsic.bvsalud.org/scielo.php?script=sci_arttext&pid=S1677-04712010000100015&lng=pt&tlng=pt

Noronha, A.P.P., Castro, N.R., Ottati, F., Barros, M.V.C., & Santana, P.R. (2013). Conteúdos e metodologias de ensino de Avaliação Psicológica: Um estudo com professores. *Paidéia*, 23(54), 129-139. http://dx.doi.org/10.1590/1982-43272354201315

Noronha, A.P.P., Nunes, M.F.O., & Ambiel, R.A.M. (2007). Importância e domínios de Avaliação Psicológica: Um estudo com alunos de Psicologia.

Paidéia, 17(37), 231-244. https://doi.org/10.1590/S0103-863X2007000200007

Nunes, M.F.O., Nascimento, M.M., Reppold, C.T., Faiad, C., Bueno, J.M.H., & Noronha, A.P.P. (2012). Diretrizes para o ensino de Avaliação Psicológica. *Avaliação Psicológica*, 11(2), 309-316. http://pepsic.bvsalud.org/scielo.php?script=sci_arttext&pid=S1677-04712012000200016&lng=pt&tlng=pt

Pasquali, L. (1998). Princípios de elaboração de escalas psicológicas. *Revista de psiquiatria clínica*, 25(5), 206-213. http://mpet.ifam.edu.br/wp-content/uploads/2017/12/Principios-de-elaboracao-de-escalas-psicologicas.pdf

Paula, A.V., Pereira, A.S., & Nascimento, E. (2007). Opinião de alunos de Psicologia sobre o ensino em Avaliação Psicológica. *Psico-USF*, 12(1), 33-43. https://doi.org/10.1590/S1413-82712007000100005

Primi, R. (2010). Avaliação Psicológica no Brasil: Fundamentos, situação atual e direções para o futuro. *Psicologia: Teoria e Pesquisa*, 26(spe), 25-35. https://doi.org/10.1590/S0102-37722010000500003

12
Quais estratégias e metodologias de ensino podem ser utilizadas para ensinar Avaliação Psicológica na pós-graduação?

Rodolfo Augusto Matteo Ambiel
Universidade São Francisco

Highlights

- A formação em Avaliação Psicológica tem sido discutida há tempos.
- A demanda da categoria por formação continuada é antiga.
- Os objetivos formativos das pós-graduações *lato* e *stricto sensu* são diferentes.
- Para construir instrumentos, há estratégias de operacionalização de construtos.
- Manuais técnicos são um tipo específico de literatura científica e demanda estratégias específicas para elaboração e leitura.

O período de transição dos anos de 1990 para os anos de 2000 foram particularmente importantes para a evolução da Avaliação Psicológica no Brasil, sendo que o marco das mudanças foi a publicação da Resolução CFP n. 2/2003, que instituiu diretrizes para que testes psicológicos pudessem ser utilizados pelos profissionais em suas práticas. A partir desse momento, com regras claras em relação a quais testes poderiam ser usados, a formação das psicólogas e dos psicólogos em Avaliação Psicológica passou a ser alvo de discussões e preocupações, com amplo registro na literatura científica. Por exemplo, Noronha e Alchieri (2004) constataram deficiências no ensino da avaliação, quando conduzido de forma isolada e centrado no ensino dos testes. Ainda nos anos de 2000, Paula et al. (2007) identificaram que uma porcentagem importante de estudantes mineiros de Psicologia percebeu como insuficiente o ensino de conceitos teóricos e dos testes em si. Ainda nesse estudo, os estudantes relatam que não se sentiam preparados para prática profissional com base na formação recebida na graduação e, ainda, um alto grau de desconhecimento sobre a Resolução CFP n. 2/2003.

Mais recentemente, estudos sobre esse tópico continuaram a ser conduzidos e, apesar da constatação de que há uma tendência de melhora nos currículos de formação (Ambiel et al., 2019), resultados apontam que estudantes de graduação podem ter melhores conhecimentos de conceitos de Avaliação Psicológica do que profissionais (Mendes et al., 2013) e que muitos instrumentos que são usados em estágios profissionalizantes no final da graduação não foram abordados durante o curso (Ambiel et al., 2017). Quando as pesquisas são conduzidas com docentes de disciplinas de Avaliação Psicológica, constata-se que a maior parte possui o mestrado como maior formação acadêmica (Bardagi et al., 2015) e que aqueles com doutorado percebiam significativamente menos a importância de conhecer conceitos básicos de psicometria quando comparados a docentes com menor formação (Noronha et al., 2014). Ainda nessas pesquisas com docentes, foram apontadas como as principais dificuldades para o desempenho das atividades a infraestrutura institucional insuficiente, currículo desatualizado ou que privilegie pouco a Avaliação Psicológica, e a atitude negativa dos alunos e de outros docentes em relação à disciplina. De forma geral, os estudos reforçam uma conclusão anterior de Noronha et al. (2013), em que destacavam uma continuidade da ênfase no ensino dos testes em si e pouco investimento na estimulação de uma postura crítica por parte dos estudantes.

Essa conclusão não é necessariamente ruim, uma vez que, tal como constatado por Reppold e Noronha (2018) e Cardoso e Silva-Filho (2018), houve notável avanço na qualidade técnica dos instrumentos avaliados pelo Sistema de Avaliação de Testes Psicológicos (Satepsi) desde sua instituição, em 2003. Contudo, o foco demasiado no ensino dos testes na prática docente, com menor esforço em se entender a Avaliação Psicológica como um processo, são contrários às diretrizes mais atuais da área, tais como aquelas constantes na Resolução CFP n. 9/2018, que é uma evolução da resolução original de 2003. Além disso, a centralidade dos testes no ensino pode reforçar ideias tais como as observadas por Hazboun e Alchieri (2013) em uma pesquisa com quase mil psicólogos brasileiros, na qual 30% afirmaram não fazer Avaliação Psicológica em sua prática por associarem diretamente avaliação ao uso de testes, além de terem considerado suas formações ineficientes.

Tendo em vista as fragilidades da formação em Avaliação Psicológica no nível da graduação em Psicologia no Brasil, este capítulo tem como objetivo discutir e apresentar estratégias de ensino do tema no campo da pós-graduação, tanto *lato* quanto *stricto sensu*. Assim, ao se constatar que as ementas dos cursos de graduação pouco abordam alguns temas centrais para a atuação em Avaliação Psicológica (Ambiel et al., 2019), a formação continuada em níveis superiores de ensino pode ser uma alternativa para que o profissional se especialize tecnicamente a fim de efetivar melhores serviços para a comunidade. Vale ressaltar que a demanda pela formação continuada em Avaliação Psicológica, sobretudo seu reconhecimento como especialidade na Psicologia Brasileira, tem sido indicada por estudiosos do assunto, sobretudo ao longo da década de 2010 (Borsa, 2016; Noronha et al., 2010; Noronha & Reppold, 2010; Primi, 2010; Reppold & Noronha, 2018). Por fim, a Resolução 18/2019 (CFP, 2019) reconheceu a Avaliação Psicológica como uma das especialidades possíveis para psicólogas e psicólogos brasileiros.

A Avaliação Psicológica na pós-graduação

No Brasil, há duas modalidades de pós-graduação, os cursos *lato* e *stricto sensu*, segundo o Ministério da Educação (http://portal.mec.gov.br/component/content/article?id=13072:qual-a-diferenca-entre-pos-graduacao-lato-sensu-e-stricto-sensu). As principais diferenças entre eles é que o primeiro é mais voltado para o aperfeiçoamento de práticas profissionais, por isso também esses cursos são conhecidos como especializações, enquanto o *stricto sensu* tem o foco na produção de conhecimento científico, composto por cursos de Mestrado e Doutorado.

Nesse sentido, embora apenas recentemente a Avaliação Psicológica tenha sido reconhecida pelo Conselho Federal de Psicologia como especialidade no Brasil, há pelo menos uma década se observa o oferecimento de cursos de especialização na área. Isso é possível porque os cursos ficam a cargo das instituições de Ensino Superior reconhecidas pelo MEC, responsáveis por certificar os alunos que concluem o curso, segundo critérios pedagógicos previamente estabelecidos. Ainda assim, essa especialização não poderia ser agregada ao cadastro da psicóloga ou do psicólogo em seus respectivos órgãos de classe, o que mudou a partir de 2019, segundo os critérios do CFP. Ainda a esse respeito, deve-se considerar que o exercício da Avaliação Psicológica é restrito ao profissional formado em Psicologia e devidamente inscrito no órgão de classe, segundo a lei n. 4.119/1962.

Por outro lado, os programas de mestrado e doutorado em Psicologia não são restritos a psicólogos, bastando o candidato ter um diploma de Ensino Superior. Vale ressaltar que os programas de pós-graduação *stricto sensu* podem ter áreas de concentração diversas dentro da grande área (Psicologia) e, dentro das áreas de concentração, existem linhas de pesquisa. Por exemplo, o Instituto de Psicologia da Universidade de São Paulo (Ipusp) oferece cinco programas de pós-graduação, cada um com uma área de concentração específica: Psicologia Escolar e do Desenvolvimento Humano, Psicologia Experimental, Psicologia Clínica, Psicologia Social, e Neurociências e Comportamento. Pegando o último como referência, encontram-se em seu website (http://www.ip.usp.br/site/linhas-de-pesquisa-8-nec/) informações sobre quatro linhas de pesquisa, quais sejam, Sensação, Percepção e Movimento; Neurotransmissores e Comportamento; Desenvolvimento e Plasticidade; e História, Filosofia e Educação em Neurociências. Por sua vez, em cada linha de pesquisa há pesquisadores alocados, segundo seus interesses e históricos de pesquisa, aos quais os estudantes se associam para desenvolverem suas pesquisas de mestrado ou doutorado.

No que toca à Avaliação Psicológica, segundo dados do relatório da avaliação quadrienal da Capes de 2017 (Capes, 2017), havia apenas um programa cuja área de concentração era específica na temática, sendo que havia 12 linhas de pesquisa de diferentes programas abordando o tema. Essa frequência corresponde apenas à 13ª posição entre 18 temas identificados. Para fins de comparação, a temática com maior quantidade de linhas de pesquisa era a Psicologia Social, com 47 ocorrências em diferentes programas. Com dados mais recentes, ainda que fazendo apenas o recorte da situação das regiões Nordeste, Norte e Centro-Oeste, Gomes et al., (2019) identificaram cinco PPGs com linhas de pesquisa em Avaliação Psicológica e 13 laboratórios de Avaliação Psicológica em 10 diferentes IES dessas regiões.

Assim, fica claro que há diferenças importantes de objetivo entre as modalidades de pós-graduação, uma vez que uma modalidade tem a intenção de formar profissionais para atuação prática e outra busca formar pesquisadores e docentes. Portanto, os objetivos educacionais em relação ao ensino da Avaliação Psicológica em ambos os casos também devem ser diferentes. Se um estudante de mestrado ou doutorado de um programa ou linha de Avaliação Psicológica espera que o curso lhe forneça base metodológica para o desenvolvimento de novos instrumentos ou técnicas de avaliação e a verificação de suas características e efeitos, o estudante de especialização em Avaliação Psicológica espera que o curso lhe dê subsídios técnicos para planejar um processo frente às demandas específicas dos clientes nos mais diversos contextos e, ao executá-lo, tomar as melhores decisões em termos de tratamento, encaminhamentos e prognósticos.

Além disso, deve-se também considerar que, embora as pós-graduações, independentemente da modalidade, sejam mais específicas do que os cursos de graduação, há também diferenças no nível de especificidade entre *lato sensu* e *stricto sensu*. Tome-se como exemplo um estudante de mestrado em psicologia, de um programa cuja área de concentração é em Avaliação Psicológica, que, estando vinculado a uma linha de pesquisa de avaliação em processos de carreira, desenvolve um projeto de pesquisa sobre o papel dos interesses vocacionais na escolha profissional de estudantes de escolas públicas. Nota-se, nessa breve descrição, que há um afunilamento dos temas, que fará com que esse estudante, ao defender seu mestrado, seja alguém com domínio de seu assunto específico, mas provavelmente com pouco domínio em outros aspectos, por exemplo, quanto à avaliação da saúde mental de idosos.

Já uma estudante de especialização em Avaliação Psicológica provavelmente terá cargas horárias semelhantes em diferentes módulos para desenvolver habilidades para o planejamento de processos e manuseio de instrumentos de Avaliação Psicológica nos contextos da clínica, da saúde, da escola, das organizações ou, ainda, sobre avaliação da inteligência ao longo do ciclo vital, avaliação da personalidade ou avaliação neuropsicológica. Além disso, todos os estudantes de uma mesma turma de especialização passarão pelas mesmas disciplinas, sendo que em um mestrado isso não necessariamente ocorre por conta da maior flexibilidade dos currículos. Ou seja, ainda que uma especialização seja mais específica do que a graduação, é mais genérica, em termos de escopo, do que um mestrado. No quadro 1, a seguir, sem a intenção de esgotar o assunto, apresentam-se algumas características e conteúdos da formação em Avaliação Psicológica e as aplicações para os diferentes públicos interessados.

Quadro 1
Conteúdos, características e aplicações nas diferentes modalidades

Conteúdo/características	Stricto sensu (pesquisador)	Lato sensu (prático)
Produção técnico-científica	Dissertações e teses; artigos científicos; livros, capítulos e manuais técnicos	Relatórios e laudos técnicos sobre pessoas ou instituições;
Interlocução direta	Outros pesquisadores	Clientes, famílias e instituições
Psicometria	Desenvolver instrumentos seguindo parâmetros de qualidade descritos na literatura científica	Conhecer os parâmetros de qualidade de instrumentos para melhor decidir no planejamento da avaliação
Testes psicológicos	Construção, adaptação e refinamento	Aplicação e tomada de decisão diagnóstica
Métodos estatísticos	Ferramentas de tomada de decisão	Indicadores de informação para manuseio prático dos instrumentos
Processos de avaliação	Fornecer subsídios	Executar

Dessa forma, se os objetivos tanto das modalidades quanto dos estudantes que buscam os cursos são diferentes, as estratégias e metodologias de ensino adotadas por docentes devem buscar contemplar tais especificidades, ainda que os conteúdos a serem ensinados sejam os mesmos. No próximo tópico, serão abordadas algumas estratégias de ensino de Avaliação Psicológica na pós-graduação, considerando tais especificidades.

Estratégias e metodologias de ensino na pós-graduação

Muitas vezes, Avaliação Psicológica e psicometria são termos compreendidos como sinônimos, sobretudo por estudantes ou profissionais que não estejam muito familiarizados com a área. Assim, para que as estratégias de ensino sejam adequadas, é importante inicialmente conceituar os dois termos e estabelecer as diferenças entre eles. Pasquali (2009, p. 993) afirma que a psicometria "representa a teoria e a técnica de medida dos processos mentais, especialmente aplicada na área da Psicologia e da Educação", tendo seu fundamento na teoria da medida em ciências e no método quantitativo. Por outro lado, Noronha e Alchieri (2004, p. 44) conceituam Avaliação Psicológica como um "exame de caráter compreensivo efetuado para responder questões específicas quanto ao funcionamento psíquico adaptado ou não de uma pessoa durante um período específico de tempo ou para predizer o funcionamento psicológico da pessoa no futuro." Complementam, ainda, que as informações provindas da Avaliação Psicológica devem ser cientificamente fundamentadas a fim de sustentar decisões sobre o funcionamento psicológico de uma pessoa.

Portanto, é possível perceber que a Avaliação Psicológica é uma prática mais ampla, com objetivos gerais e aplicada aos diferentes contextos, enquanto a psicometria é restrita à medida – não que seja pouco, já que os desafios postos são enormes. Assim, embora a psicometria possa ser uma área de conhecimento per se, serve como ferramenta aplicada para que a Avaliação Psicológica tenha seu sentido científico reforçado ao serem utilizados testes psicológicos refinados por técnicas psicométricas, que permitem interpretações mais precisas e aplicáveis para a compreensão dos fenômenos. Da mesma forma que a psicometria pode ser uma área independente da Avaliação Psicológica – sobretudo em termos de teoria da medida –, a prática da Avaliação Psicológica também pode eventualmente abrir mão das técnicas psicométricas, sob pena de perder robustez científica.

Assim, o ensino de Avaliação Psicológica na pós-graduação não pode deixar de privilegiar esses conteúdos (psicometria e testes). Visando apresentar estratégias para ensiná-los, serão apresentadas algumas experiências de ensino com estratégias e métodos em duas dimensões: operacionalização do construto e manual técnico dos instrumentos. Vale ressaltar que as experiências apresentadas a seguir foram levadas a cabo em disciplinas presenciais, mas, com pequenas adaptações, poderão também ser conduzidas em situações remotas.

Estratégias para operacionalização do construto

Na prática e na pesquisa da Avaliação Psicológica, a compreensão de um construto é algo tão básico que é praticamente impossível não trabalhar a partir desse nível. Assim, parte-se do pressuposto que um construto é um conceito teórico relacionado a (ou causador de) uma característica ou habilidade psicológica, intangível do ponto de vista físico, mas que pode ser observável e, a partir daí, mensurável. Por exemplo, o traço de personalidade "extroversão" não é algo em si, possível de ser fisicamente mensurado. Comportamentos ou afetos tais como: buscar o contato interpessoal, gostar de ser o centro das atenções em situações sociais e expressar-se bem verbalmente, são ações isoladas, não necessariamente interligadas. É aí que entra a noção do construto: para facilitar a comunicação e a explicação do mundo, os estudiosos da psicologia criam teorias, amplamente baseadas em construtos, para dizer que há algo no funcionamento psicológico da pessoa (*i. e.*, um traço de personalidade nomeado de extroversão) que explica por que pessoas que buscam o contato interpessoal também tendem a gostar de ser o centro das atenções e expressar-se bem verbalmente. Assim, ao se solicitar que as pessoas indiquem a frequência com que elas emitem esses comportamentos ou o quanto elas concordam que esses comportamentos estão presentes em seus funcionamentos psicológicos, é possível medir quanto de extroversão uma pessoa tem em seu funcionamento e quanto a sua extroversão se difere ou se assemelha à de outras pessoas.

Assim, fica claro que entender como uma pontuação de um instrumento se forma e, a partir daí, como as interpretações para aquela pontuação são derivadas é necessário tanto para o profissional que fará uso prático do instrumento quanto para o pesquisador que trabalhará na produção do instrumento. Para tanto, uma estratégia útil de ensino é a construção de instrumentos, com diferentes enfoques para as especializações e para mestrado ou doutorado. O relato a seguir é baseado em experiências didáticas do autor deste capítulo conduzidas em disciplinas na graduação, especializações e mestrado/doutorado. Uma dessas experiências está relatada no artigo de Ambiel et al. (2018). No caso, a experiência foi conduzida em uma disciplina de Psicometria na graduação, mas já foi replicada, em moldes semelhantes, em módulos de especialização e em disciplina de mestrado/doutorado.

Para se organizar essa atividade, é necessário que o planejamento se dê em três eixos: construção dos itens, evidências de validade e interpretação. Portanto, inicialmente, é necessário escolher um construto que o instrumento a ser construído deverá avaliar. No caso da experiência citada anteriormente (Ambiel et al., 2018) o construto escolhido foi relativo aos interesses profissionais, no modelo de John Holland (para saber mais, consulte Lamas, 2017), que compreende os interesses a partir de seis tipos: Realista, Investigativo, Artístico, Social, Empreendedor e Convencional (Riasec). Dessa forma, foram selecionados três textos (entre artigos e capítulos de livros) que dessem subsídios teóricos sobre o construto para que os estudantes pudessem executar a tarefa. Junto com a disponibilização dos materiais, foi realizada em sala de aula uma oficina de redação de itens para instrumentos de avaliação (com base no texto de Carvalho & Ambiel, 2017) visando a ensinar técnicas básicas de escrita dos itens e a padronizar o produto final dos alunos, que foi executada como tarefa extraclasse. Como o construto escolhido é multidimensional, a estratégia utilizada foi a divisão da turma em seis grupos e cada grupo ficou responsável por construir itens de uma dimensão. Em turmas maiores, podem ser divididos em 12 grupos, com dois grupos para cada dimensão. Essa decisão depende também de qual o construto escolhido para ser trabalhado na atividade.

O exercício de escrever itens tende a ser uma importante estratégia de ensino, pois proporciona que o estudante compreenda, na prática, a tarefa de decompor o conceito em suas mínimas partes de forma que, quando reagrupadas, reflitam o conceito geral. Assim, a compreensão de como um instrumento avalia determinado construto fica mais concreta para o profissional que poderá fazer uso desse conhecimento para melhorar seus diagnósticos, ao passo que, para o pesquisador, esse exercício é fundamental para o desenvolvimento de competências de desenvolvimento de melhores instrumentos.

O próximo passo é uma atividade relacionada às evidências de validade. Insere-se aqui uma oportunidade para que os conceitos dos parâmetros psicométricos sejam ensinados também de forma prática e a partir da produção dos estudantes. Inicialmente, os itens produzidos pelos grupos devem passar pelo crivo do docente e/ou algum colega que seja especialista no assunto. Podem ser estabelecidos critérios para a revisão, tais como correção ortográfica e gramatical, bem como a adequação conceitual. Posteriormente, essa revisão é discutida de forma geral com os estudantes. Além de ser uma avaliação da atividade entregue pelos estudantes, essa revisão pode servir como evidência de validade de conteúdo. É esperado que, ao se fazer a distribuição das tarefas entre os grupos, haja estudantes mais interessados e motivados do que outros, o que pode afetar a qualidade geral dos itens redigidos, afetando também as interpretações dos escores. Portanto, a revisão por juízes é essencial.

Em seguida, pode-se realizar uma coleta de dados com o instrumento desenvolvido. Ressalte-se que, neste momento, as instruções e escala de resposta já devem ter sido definidas, o que, em geral, o próprio docente pode fazer é apenas informar aos estudantes. Para tanto, a estratégia de coleta on-line, por meio de ferramentas específicas (algumas gratuitas, como o Google Forms), pode ser desempenhada. Note-se que essa atividade pode ser restrita ao contexto didático da disciplina ou, a depender de variáveis tais como o interesse do docente em pesquisa científica e a qualidade dos dados obtidos, pode gerar conhecimento científico (novamente, cf. o exemplo de Ambiel et al., 2018). Dessa forma, sobretudo caso o docente tenha pretensões de publicação, ele deve prever no planejamento da disciplina essa atividade de forma que ela possa integrar um projeto de pesquisa maior. Ainda que os dados não sejam usados, é recomendado que o projeto tenha o aval de um comitê de ética, já que haverá coleta de dados com seres humanos.

Ainda sobre a coleta, o docente deve planejar quais outros instrumentos ou variáveis podem ser aplicados juntamente com o instrumento desenvolvido a fim de que evidências de validade baseada nas relações com outras variáveis possam ser trabalhadas. Por fim, a coleta de dados deve favorecer o terceiro eixo da atividade, que é a interpretação dos escores. Para tanto, e com o apoio nas evidências de validade verificadas, pode-se trabalhar de forma prática os conceitos de normatização e, por exemplo, ensinar a partir dos próprios dados como se estabelece uma escala de percentil. A depender da habilidade do professor e também de recursos e tempo disponíveis, as análises podem ser feitas em sala de aula, "ao vivo", para que os estudantes possam acompanhar, ou fora da aula, sendo apresentado apenas o produto final da análise.

Assim, pode-se perceber que a estratégia de construção de instrumentos no ensino da Avaliação Psicológica pode ser uma experiência muito rica e produtiva para os estudantes e para os docentes. Para os especializandos, conhecer mais a fundo como um instrumento é construído, desde a decomposição dos conceitos em suas mínimas partes até a formulação das interpretações possíveis para os escores, tendem a dar uma visão de processo que muitas vezes passa despercebida na leitura de um manual técnico. Além disso, ao se compreender toda a complexidade e a dificuldade de se construir um instrumento, sua utilização tende a ser mais valorizada pelos que estão na prática. Por outro lado, para os pesquisadores em formação, é essencial que se busque maneiras de se traduzir em linguagem acessível, ainda que técnica e científica, a riqueza dos dados psicométricos dos instrumentos nos manuais técnicos a fim de propiciar melhores avaliações.

O planejamento da atividade e sua execução devem considerar a ementa da disciplina, seus objetivos, cronograma e modalidade das aulas e depende, em alguma medida, da experiência do docente com o desenvolvimento de instrumentos de avaliação e o domínio de técnicas estatísticas básicas. Nesse sentido, a literatura científica é rica em recursos para um aprofundamento nesses conceitos, dentre os quais destaca-se os textos de Baptista et al. (2019), Ambiel et al. (2019), Damásio e Borsa (2017), Lins e Borsa (2017), Reppold et al. (2014), Borsa et al., (2012) e Damásio (2012, 2013), entre outros.

Estratégias de compreensão e redação de manuais técnicos dos instrumentos

Sendo instrumentos técnicos restritos a profissionais da Psicologia, os testes psicológicos necessitam de robusto embasamento teórico e científico para serem utilizados com segurança. Nesse sentido, os manuais técnicos dos testes, tal como aponta Hutz (2011), são importantes –

e muitas vezes, as únicas – fontes de informação que muitos profissionais acessam para dar suporte à sua decisão de utilizar um instrumento e a todas as decisões decorrentes de seu uso. Apesar dessa importância, há evidências na literatura de que tanto estudantes quanto profissionais não leem os manuais na íntegra antes de sua utilização, considerando suficiente a leitura de conteúdos referentes a aplicação, correção e interpretação de testes e pouco necessários os conteúdos referentes às propriedades psicométricas (Vendramini & Lopes, 2008). Some-se a isso a tendência de atitude negativa dos estudantes de psicologia em relação à estatística (Vendramini et al., 2009).

Ainda que não haja uma padronização quanto ao formato dos manuais, nem no Brasil nem no contexto estrangeiro (Hutz, 2011), a Resolução CFP n. 9/2018 exerce regulamentação ao estabelecer conteúdos mínimos que tais materiais devem compreender. Na referida resolução, além de todos os requisitos para que um teste seja considerado apto para uso profissional, está disponibilizado um formulário de avaliação da qualidade de testes psicológicos que, para além de sua finalidade específica, serve como referência para que pesquisadores desenvolvam os instrumentos e para que os profissionais possam avaliar os manuais já publicados e comercializados, servindo como apoio para a decisão de qual instrumento utilizar.

Dessa forma, algumas estratégias podem ser conduzidas para que os estudantes compreendam a importância e as peculiaridades desse "gênero literário" que são os manuais, com linguagem e propriedades específicas. Ao se considerar estudantes de especialização, mestrado e doutorado, novamente deve-se considerar os objetivos e especificidades de cada curso. Enquanto os estudantes de *lato sensu* devem se aprofundar na leitura dos manuais a fim de decidirem se, quando e onde o teste em questão deve ser utilizado, os pesquisadores em formação devem aprofundar-se na leitura dos manuais em busca de lacunas nas evidências dos instrumentos, bem como para a identificação de bons – e maus – exemplos de como proceder ao relatar informações em um manual.

Nesse sentido, uma estratégia que tende a funcionar muito bem com estudantes de mestrado e doutorado é a análise crítica dos manuais e materiais de testes, tendo como base a ficha de avaliação da Resolução CFP n. 9/2018. Nota-se na literatura científica nacional um vasto registro de estratégias semelhantes, utilizando-se questionários com critérios preestabelecidos (*i. e.*, Prieto & Muñiz, 2000) ou mesmo a versão anterior da ficha do Satepsi, disponibilizada pela Resolução CFP n. 2/2003, o que tem ajudado a identificar e a resolver problemas (Noronha, 2002; Noronha et al., 2003, 2004; Reppold, Serafini, Ramires, & Gurgel, 2017; Reppold, Serafini, Gurgel, & Kaiser, 2017). Para enriquecer a análise, o texto de Hutz (2011) pode ser utilizado, uma vez que propõe normas ou princípios gerais para a elaboração de manuais. Dentre as 10 recomendações listadas estão princípios relacionados à utilização de linguagem simples, descrição da teoria que embasa o teste com a disponibilização de referências de acesso aberto, atualizações periódicas das evidências (favoráveis e desfavoráveis) obtidas desde a publicação original e identificação clara sobre em quais contextos os testes podem ser usados com segurança.

Na experiência de ensino com estudantes de especialização em Avaliação Psicológica, uma estratégia que tem mostrado resultados práticos é relativa a ações de exploração ativa das possibilidades de avaliação disponibilizadas em determinado contexto. O relato a seguir se dá a partir de várias experiências do autor deste capítulo ao lecionar módulos de avaliação em processos de orientação profissional e de carreira, dentro de cursos *lato sensu* em Avaliação Psicológica. A atividade tem os objetivos de (a) mapear os instrumentos disponíveis para a área a partir de diferentes fontes de informação e (b) explorar de forma estruturada os materiais de testes psicológicos disponíveis como subsídio para a tomada de decisão sobre qual instrumento utilizar.

Assim, para se atingir o objetivo A, pede-se que a turma se divida em três grupos (dependendo do tamanho da turma, podem ser seis ou até mesmo nove grupos, mas sempre múltiplos de três pois são trabalhadas três fontes de informação diferentes). A primeira fonte de informação é a literatura científica e, assim, os estudantes responsáveis por essa fonte deverão buscar no Google Scholar publicações que descrevam pesquisas com a utilização de instrumentos no contexto em questão. Por exemplo, em um módulo sobre orientação profissional, os estudantes incluíram no buscador os termos "orientação profissional", "carreira", "Avaliação Psicológica" e "testes psicológicos". Note-se que, como o objetivo não é fazer uma revisão sistemática da literatura, os termos são bastante abrangentes de forma que potencializam o retorno de uma grande quantidade de publicações.

Em seguida, a segunda fonte de informação a ser explorada são os sites das editoras que produzem e comercializam testes psicológicos no Brasil. Assim, é solicitado que os estudantes responsáveis por essa fonte entrem nos sites e identifiquem instrumentos que possam ser utilizados no contexto em questão. Note-se que nem sempre essa informação está claramente disposta nos sites, portanto os estudantes são orientados a buscarem as informações a partir dos catálogos disponibilizados, buscando restringir as seleções àqueles instrumentos que são mais específicos para a área. Por fim, a terceira fonte de informação a ser explorada para se atingir o primeiro objetivo da tarefa é o site do Satepsi (satepsi.cfp.org.br). Lá, solicita-se que os estudantes explorem as listas dos instrumentos favoráveis a fim de identificar quais foram avaliados e estão disponíveis para utilização.

Após o levantamento, o docente pode solicitar que os grupos compartilhem verbalmente com os colegas seus achados, dando detalhes sobre como foi a exploração, eventuais dificuldades etc. Oportunamente, o docente pode organizar no quadro ou em outro recurso visual disponível uma tabela que integre os achados dos grupos, conduzindo a reflexões sobre o exercício e suas implicações práticas. Assim, para fins de exemplo para este capítulo, foi realizada em 5 de junho de 2020 uma busca no Google Scholar com os termos já citados, quais sejam, "orientação profissional", "carreira", "Avaliação Psicológica" e "testes psicológicos". O buscador retornou aproximadamente 16.000 resultados, com restrição das publicações a partir de 2016. Considerando que o tempo disponível para atividade em uma situação real de aula em geral não excede os 60 minutos, foram verificadas apenas as publicações constantes nas três páginas iniciais. No mesmo dia, também foram consultados os websites das editoras Vetor (www.vetoreditora.com.br), Hogrefe (www.hogrefe.com.br) e Pearson (www.pearsonclinical.com.br), bem como o site do Satepsi. O quadro 2 exemplifica os achados.

Quadro 2

Exemplo de situação de instrumentos a partir de diversas fontes de informação

Instrumento	Literatura científica	Editoras	Favorável Satepsi
Escala de autoeficácia para escolha profissional	■	■	■
Avaliação de interesses profissional		■	■
Escala de aconselhamento profissional	■	■	■
Escala de maturidade para escolha profissional	■	■	■
Teste das dinâmicas profissionais			
Teste de fotos de profissão	■	■	■
Escala de motivos para evasão do Ensino Superior	■	■	■
Escala de indecisão vocacional	■		

Assim, o primeiro objetivo da tarefa é atingido, ao fornecer aos estudantes um mapeamento dos instrumentos disponíveis para a área naquele momento. O docente deve fazer o mesmo levantamento de antemão de forma detalhada para assegurar que nenhum instrumento importante para a prática da área fique de fora da discussão. Além disso, deve assegurar aos estudantes subsídios e argumentos que deem sentido aos achados sintetizados no quadro, levando a uma discussão sobre o que pode significar, do ponto de vista prático, um instrumento ter aparecido em todas as fontes de informação ou ter faltado em uma ou outra. Tendo feito o levantamento previamente, é essencial que, a partir dos recursos da instituição, uma gama de *kits* de testes que tenham aparecido na busca seja levada para a sala de aula para que os estudantes possam manusear livremente. Assim, busca-se atingir o segundo objetivo da atividade: explorar de forma estruturada os materiais de testes psicológicos. Para tanto, novamente em grupo, distribuíram-se os *kits* para os grupos e foi disponibilizado um roteiro para exploração do material, inspirado na ficha do Satepsi. O roteiro está exposto no quadro 3.

Quadro 3
Roteiro para exploração de materiais de testes

Nome do teste e sigla
Autores
Editora
Valor do *kit* e suas partes
É um teste construído no Brasil ou adaptado?
Ano de publicação (original e edições)
Construto que avalia (definição)
Amostra normativa/público-alvo
Contexto de utilização
Evidências de validade (quantidade e identificação geral)
Precisão/fidedignidade
Padronização
• Procedimentos de aplicação
• Aplicação individual/coletiva/presencial/remota?
• Tempo estipulado?
• Forma de correção/cotação
Normatização
• Tabelas de normas – grupos?
Data de aprovação no Satepsi
Prazo dos estudos de normatização e validade no Satepsi

Após o preenchimento do roteiro, ele deve ser compartilhado com os colegas por meio de apresentação, de modo que o conhecimento sobre o teste seja socializado. Oportunamente, simulações de aplicação em sala ou mesmo exercícios de aplicação e interpretação do instrumento com voluntários externos podem ser realizados, a depender do tempo e estrutura disponíveis. Dessa forma, em pouco tempo é possível que uma quantidade de estudantes tenha contato com diversos instrumentos e que desenvolvam competências de leitura crítica dos manuais, de modo que possam por si sós decidirem pela aquisição e/ou uso de um instrumento em determinada situação ou contexto a partir de critérios técnicos. Deve-se ressalvar, no entanto, que, embora a maioria dos instrumentos seja possível de ser aplicada e interpretada apenas a partir da leitura dos manuais, isso não se aplica a todos, sendo que aqueles cujo manuseio dependa de um domínio técnico mais aprofundado (tais como os testes projetivos e alguns de avaliação cognitiva), devem ser tratados de forma específica.

Considerações finais

Este capítulo teve como objetivo discutir e apresentar algumas estratégias de ensino de Avaliação Psicológica na pós-graduação, tanto *lato* quanto *stricto sensu*. Contudo, não é possível esgotar o assunto em um único capítulo e, por isso mesmo, a demonstração de estratégias se restringiu a dois eixos. Certamente, há uma diversidade possível de variações para as estratégias apresentadas e muitas outras estratégias que poderiam ser expostas. Por isso, incentiva-se que outros docentes compartilhem suas experiências em congressos e outros veículos de comunicação científica adequados.

Ainda, apesar das críticas tecidas no início do capítulo sobre o ensino de avaliação centrada nos testes, as estratégias aqui apresentadas tangenciaram essa mesma questão. Contudo, buscou-se mostrar alternativas ao ensino do teste, trabalhando-se mais a autonomia do estudante no sentido de conseguir fazer uma leitura crítica dos manuais e aprender, a partir da própria leitura, de maneira independente, a aplicação e a interpretação dos escores.

Em outras oportunidades, faz-se necessária a reflexão sobre o ensino do processo de avaliação de forma mais clara, como foco no planejamento e escolha de recursos avaliativos (Schneider et al., 2020; Tavares, 2012). Além disso, a pesquisa e o posterior ensino de protocolos de avaliação, a partir de abordagens semiestruturadas nos mais diversos contextos de atuação do profissional de psicologia, é um caminho a ser cada vez mais valorizado (Scaduto et al., 2019; Villemor-Amaral, 2016; Ambiel, 2021).

Referências

Ambiel, R.A.M, Barros, L.O., & Batista, H.H.V. (2017). Competências na Avaliação Psicológica de graduandos em Psicologia: Análise do ensino e experiência em estágios. *Psicologia Ensino & Formação*, 8(2), 3-13. https://dx.doi.org/10.21826/2179-5800201781313

Ambiel, R.A.M, Hauck-Filho, N., Barros, L.O., Martins, G.H., Abrahams, L., & De Fruyt, F. (2018, 15 mar.). 18REST: A short RIASEC-interest measure for large-scale educational and vocational assessment. *Psicologia: Reflexão e Crítica*, 31, 6. https://doi.org/10.1186/s41155-018-0086-z

Ambiel, R.A.M. (2021). Taking a test is telling stories: A narrative approach to interest inventories. *International Journal for Educational and Vocational Guidance*, 21, 33-46. https://doi.org/10.1007/s10775-020-09426-3

Ambiel, R.A.M., Baptista, M.N., Bardagi, M.P., & Santos, A.A.A. (2018). Ensino de Avaliação Psicológica: Dificuldades relatadas por uma amostra de docentes brasileiros. *Estudos e Pesquisas em Psicologia*, 18(2), 516-531. https://pepsic.bvsalud.org/scielo.php?script=sci_arttext&pid=S1808-42812018000200008&lng=pt&tlng=pt

Ambiel, R.A.M., Zuanazzi, A.C., Sette, C.P., Costa, A.R.L., & Cunha, F.A. (2019). Análise de ementas de disciplinas de Avaliação Psicológica: Novos tempos, velhas questões. *Avaliação Psicológica*, 18(1), 21-30. https://dx.doi.org/10.15689/ap.2019.1801.15229.03

Baptista, M.N., Muniz, M., Reppold, C.T., Nunes, C.H.S.S., Carvalho, L.F., Primi, R., Noronha, A.P.P., Seabra, A.G., Wechsler, S.M., & Hutz, C.S. (orgs.). (2019). *Compêndio de Avaliação Psicológica*. Vozes.

Bardagi, M.P., Teixeira, M.A.P., Segabinazi, J.D., Schelini, P.W., & Nascimento, E. (2015). Ensino da Avaliação Psicológica no Brasil: Levantamento com docentes de diferentes regiões. *Avaliação Psicológica*, 14(2), 253-260. https://www.redalyc.org/pdf/4518/451844508008.pdf

Borsa, J.C. (2016). Considerações sobre a formação e a prática em Avaliação Psicológica no Brasil. *Temas em Psicologia*, 24(1), 131-143. https://dx.doi.org/10.9788/TP2016.1-09

Borsa, J.C., Damásio, B.F., & Bandeira, D.R. (2012). Adaptação e validação de instrumentos psicológicos entre culturas: Algumas considerações. *Paidéia*, 22(53), 423-432. https://doi.org/10.1590/S0103-863X2012000300014

Capes. (2017). *Relatório da Avaliação Quadrienal 2017*. https://www.gov.br/capes/pt-br/centrais-de-conteudo/20122017-psicologia-relatorio-de-avaliacao-2017-final-pdf

Cardoso, L.M., & Silva-Filho, J.H. (2018). Satepsi e a qualidade técnica dos testes psicológicos no Brasil. *Psicologia: Ciência e Profissão*, 38(spe), 40-49. https://doi.org/10.1590/1982-3703000209112

Conselho Federal de Psicologia. (2003). *Resolução CFP n. 2/2003*. Define e regulamenta o uso, a elaboração e a comercialização de testes psicológicos e revoga a Resolução CFP n. 25/2001. http://site.cfp.org.br/wp-content/uploads/2003/03/resolucao2003_02_Anexo.pdf

Conselho Federal de Psicologia. (2018). *Resolução CFP n. 9/2018*. Estabelece diretrizes para a realização de Avaliação Psicológica no exercício profissional da psicóloga e do psicólogo, regulamenta o Sistema de Avaliação de Testes Psicológicos – Satepsi e revoga as resoluções n. 2/2003, n. 6/2004 e n. 5/2012 e notas técnicas n. 1/2017 e 2/2017. https://site.cfp.org.br/wp-content/uploads/2018/04/Resolu%C3%A7%C3%A3o-CFP-n%C2%BA-09-2018-com-anexo.pdf

Conselho Federal de Psicologia. (2019). *Resolução CFP n. 18/2019*. Reconhece a Avaliação Psicológica como especialidade da Psicologia e altera a Resolução CFP n. 13, de 14 de setembro de 2007, que institui a Consolidação das Resoluções relativas ao Título Profissional de Especialista em Psicologia. https://atosoficiais.com.br/cfp/resolucao-do-exercicio-profissional-n-18-2019-reconhece-a-avaliacao-psicologica-como-especialidade-da-psicologia-e-altera-a-resolucao-cfp-no-13-de-14-de-setembro-de-2007-que-institui-a-consolidacao-das-resolucoes-relativas-ao-titulo-profissional-de-especialista-em-psicologia

Damásio, B.F. (2012). Uso da análise fatorial exploratória em psicologia. *Avaliação Psicológica*, 11(2), 213-228. http://pepsic.bvsalud.org/scielo.php?script=sci_arttext&pid=S1677-04712012000200007&lng=pt&tlng=pt

Damásio, B.F. (2013). Contribuições da Análise Fatorial Confirmatória Multigrupo (AFCMG) na avaliação de invariância de instrumentos psicométricos. *Psico-USF*, 18(2), 211-220. https://dx.doi.org/10.1590/S1413-82712013000200005

Damásio, B.F., & Borsa, J.C. (2018). *Manual de desenvolvimento de instrumentos psicológicos*. Vetor.

Gomes, G.V.A., Silva, C.C., Zanini, D.S., & Cardoso, L.M. (2019). Avaliação Psicológica na pós-graduação: Um panorama das regiões Centro-Oeste, Nordeste e

Norte do Brasil. *Estudos de Psicologia, 24*(2), 181-192. https://dx.doi.org/10.22491/1678-4669.20190020

Hazboun, A.M.; Alchieri, J.C. (2013). Justificativas e concepções de psicólogos que não utilizam Avaliação Psicológica. *Avaliação Psicológica, 12*(3), 361-368. https://www.redalyc.org/pdf/3350/335030096011.pdf

Hutz, C.S. (2011). Manuais especificando seus contextos de aplicação e âmbitos de ação. In Grupo de Trabalho do Ano Temático da Avaliação Psicológica (org.), *Ano da Avaliação Psicológica: Textos geradores* (pp. 49-52). Conselho Federal de Psicologia.

Lamas, K.C.A. (2017). Conceito e relevância dos interesses profissionais no desenvolvimento de carreira: Estudo teórico. *Temas em Psicologia, 25*(2), 703-717. https://doi.org/10.9788/TP2017.2-16Pt

Lins, M.R.C., & Borsa, J.C. (orgs.). (2017). *Avaliação Psicológica: Aspectos teóricos e práticos*. Vozes.

Mendes, L.S., Nakano, T.C., Silva, I.B., & Sampaio, M.H.L. (2013). Conceitos de Avaliação Psicológica: Conhecimento de estudantes e profissionais. *Psicologia: Ciência e Profissão*, 33(2), 428-445. https://doi.org/10.1590/S1414-98932013000200013

Noronha, A.P.P, & Alchieri, J.C. (2004). Conhecimento em Avaliação Psicológica. Estudos de Psicologia, 21(1), 43-52. https://doi.org/10.1590/S0103-166X2004000100004

Noronha, A.P.P. (2002). Análise de testes de personalidade: Qualidade do material, das instruções, da documentação e dos itens qualidade de testes de personalidade. *Estudos de Psicologia, 19*(3), 55-65. https://doi.org/10.1590/S0103-166X2002000300006

Noronha, A.P.P., & Reppold, C.T. (2010). Considerações sobre a Avaliação Psicológica no Brasil. *Psicologia: Ciência e Profissão, 30*(spe), 192-201. https://dx.doi.org/10.1590/S1414-98932010000500009

Noronha, A.P.P., Barros, M.V.C., Nunes, M.F.O., & Santos, A.A.A. (2014). Avaliação Psicológica: Importância e domínio de atividades segundo docentes. *Estudos e Pesquisas em Psicologia*, 14(2), 524-538. http://pepsic.bvsalud.org/scielo.php?script=sci_arttext&pid=S1808-42812014000200008

Noronha, A.P.P., Carvalho, L.F., Miguel, F.K.; Souza, M.S.S., & Santos, M.A. (2010). Sobre o en-sino de Avaliação Psicológica. *Avaliação Psicológica,* 9(1). 139-146. https://www.redalyc.org/pdf/3350/335027281015.pdf

Noronha, A.P.P., Castro, N.R., Ottati, F., Barros, M.V.C., & Santana, P.R. (2013). Conteúdos e metodologias de ensino de Avaliação Psicológica: Um estudo com professores. *Paidéia, 23*(54), 129-139. https://doi.org/10.1590/1982-43272354201315

Noronha, A.P.P., Freitas, F.A., & Ottati, F. (2003). Análise de instrumentos de avaliação de interesses profissionais. *Psicologia: Teoria e Pesquisa, 19*(3), 287-291. https://doi.org/10.1590/S0102-37722003000300011

Noronha, A.P.P., Primi, R., & Alchieri, J.C. (2004). Parâmetros psicométricos: Uma análise de testes psicológicos comercializados no Brasil. *Psicologia: Ciência e Profissão, 24*(4), 88-99. https://doi.org/10.1590/S1414-98932004000400011

Pasquali, L. (2009). Psicometria. *Revista da Escola de Enfermagem da USP, 43*(spe), 992-999. https://doi.org/10.1590/S0080-62342009000500002

Paula, A.V., Pereira, A.S., & Nascimento, E. (2007). Opinião de alunos de psicologia sobre o ensino em Avaliação Psicológica. *Psico-USF, 12*(1), 33-43. https://doi.org/10.1590/S1413-82712007000100005

Primi, R. (2010). Avaliação Psicológica no Brasil: Fundamentos, situação atual e diretrizes para o futuro. *Psicologia: Teoria e Pesquisa, 26*, 25-35. https://dx.doi.org/10.1590/S0102-37722010000500003.

Reppold, C.T., Gurgel, L.G., & Hutz, C.S. (2014). O processo de construção de escalas psicométricas. *Avaliação Psicológica, 13*(2), 307-310. http://pepsic.bvsalud.org/scielo.php?script=sci_arttext&pid=S1677-04712014000200018&lng=pt&tlng=pt

Reppold, C.T., & Noronha, A.P.P. (2018). Impacto dos 15 anos do Satepsi na Avaliação Psicológica brasileira. *Psicologia: Ciência e Profissão, 38*(spe), 6-15. https://doi.org/10.1590/1982-3703000208638

Reppold, C.T., Serafini, A.J., Gurgel, L.G., & Kaiser, V. (2017). Avaliação de aspectos cognitivos em adultos: Análise de manuais de instrumentos aprovados. *Avaliação Psicológica, 16*(2), 137-144. https://dx.doi.org/10.15689/AP.2017.1602.03

Reppold, C.T., Serafini, A.J., Ramires, D.A., & Gurgel, L.G. (2017). Análise dos manuais psicológicos aprovados pelo Satepsi para avaliação de crianças e adolescentes no Brasil. *Avaliação Psicológica, 16*(1), 19-28. https://dx.doi.org/10.15689/ap.2017.1601.03

Scaduto, A.A., Cardoso, L.M., & Heck, V.S. (2019). Modelos interventivo-terapêuticos em Avaliação Psicológica: Estado da arte no Brasil. *Avaliação Psicológica, 18*(1),67-75.https://dx.doi.org/10.15689/ap.2019.1801.16543.08

Schneider, A.M.A., Marasca, A.R., Dobrovolski, T.A.T., Muller, C.M., & Bandeira, D.R. (2020). Planejamento da Avaliação Psicológica: Implicações para a prática e para a formação. *Scielo Preprints*, versão 1. https://doi.org/10.1590/SciELOPreprints.521

Tavares, M. (2012). Considerações preliminares à condução de uma Avaliação Psicológica. *Avaliação Psicológica, 11*(3), 321-334. http://pepsic.bvsalud.org/scielo.php?script=sci_arttext&pid=S1677-04712012000300002&lng=pt&tlng=pt

Vendramini, C., & Lopes, F. (2008). Leitura de manuais de testes psicológicos por estudantes e profissionais de psicologia. *Avaliação Psicológica, 7*, 93-105. http://pepsic.bvsalud.org/scielo.php?script=sci_arttext&pid=S1677-04712008000100012

Vendramini, C.M.M., Silva, M.C.R., & Dias, A.S. (2009). Avaliação de atitudes de estudantes de Psicologia via modelo de crédito parcial da TRI. *Psico-USF, 14*(3), 287-298. https://doi.org/10.1590/S1413-82712009000300005

Villemor-Amaral, Anna Elisa. (2016). Perspectivas para a avaliação terapêutica no Brasil. *Avaliação Psicológica, 15*(2), 249-255. http://pepsic.bvsalud.org/scielo.php?script=sci_arttext&pid=S1677-04712016000200014&lng=pt&tlng=pt

13
Estratégias e metodologias para o ensino de técnicas de entrevista

Sabrina Martins Barroso
Universidade Federal do Triângulo Mineiro

> *Highlights*
> - Entrevistas são ferramentas importantes na Avaliação Psicológica.
> - As entrevistas são classificáveis por estrutura e objetivo.
> - As perguntas podem ou não ser diretivas, segundo o objetivo do entrevistador.
> - A habilidade para entrevistar se desenvolve com a prática.
> - Preparo prévio, características e emoção do entrevistador influenciam nas entrevistas.

Aspectos específicos

Este capítulo visa discutir o papel das entrevistas, ilustrando a importância dessa ferramenta para o trabalho dos psicólogos na Avaliação Psicológica e em outros contextos. Para isso apresenta propostas de classificação dos tipos de entrevista com suas principais características, cuidados necessários ao conduzir entrevistas e estratégias que podem ser adotadas por docentes, discentes e profissionais na busca por aprofundar seus conhecimentos sobre entrevistas. Incluiu-se, ainda, informações sobre a possibilidade de condução de entrevistas mediadas por tecnologia, pensando sobre semelhanças e diferenças entre esse contexto e o presencial.

Uma Avaliação Psicológica (AP) ocorre quando existe uma demanda. As formas e as ferramentas para realizar tal avaliação dependem de diversos fatores, tais como o objetivo, o tempo disponível para realizá-la, a idade do avaliado, a existência de condições especiais a serem consideradas (limitadores físicos, idiomáticos, de saúde, de espaço, entre outros), material disponível e o conhecimento do profissional. Com essas condições conhecidas, a avaliação deve ser planejada para coletar e verificar informações por diferentes fontes e integrá-las para responder à pergunta que gerou sua realização (Reppold, Zanini, & Porto Noronha, 2019).

Ao longo da avaliação conduzida pelo profissional, as informações vão se somando e complementando, até formarem um todo compreensível que permita responder a demanda. Esse é um processo gradual, pois é muito difícil que em apenas um encontro, ou utilizando uma técnica única, se consiga a segurança necessária para fazer afirmações quanto à condição psicológica/emocional, cognitiva, potencial de risco, empregabilidade ou necessidades de alguém.

Os profissionais têm autonomia para definir como conduzirão o processo de AP, ficando restritos apenas a respeitar a ética profissional e as diretrizes do Conselho Federal de Psicologia

(CFP). A ética deve permear a atuação do profissional desde o momento em que aceita realizar uma avaliação, ou esclarece aos interessados os limites e potencialidades deste trabalho, até seu encerramento. Deve seguir presente em sua preparação e na escolha de como executar o processo avaliativo, embasado em uma base teórica e nas técnicas profissionais reconhecidas pelo Conselho Federal de Psicologia (2019). O instrumental disponível para a realização da avaliação inclui entrevistas, observação do comportamento, provas situacionais, dinâmicas, simulação de situações, escalas, testes psicológicos, análise de comportamento em mídias sociais, entre outros. Todas essas ferramentas apresentam características próprias e serão mais ou menos úteis a depender do que se precisa avaliar e com que intenção. Além disso, podem ser utilizadas de forma combinada, aumentando a gama de informações coletadas e permitindo diferenciar características relevantes de confundidores, como ansiedade excessiva para responder testes ou receio de falar com pessoas com quem não se tem familiaridade, por exemplo.

Extrapola o objetivo deste capítulo abordar todas as ferramentas disponíveis para a avaliação, mas o Brasil conta com excelentes referências que podem ser consultadas para aprofundar esse tema (Batista et al., 2019; Barroso et al., 2019; Lins & Borsa, 2017; Macedo & Carrasco, 2014). Como o foco deste texto são as entrevistas, passaremos a apresentar as formas como se classificam, indicações de uso e propostas facilitadoras para seu ensino/aprendizagem.

Classificação das entrevistas quanto à estruturação

A distinção mais frequente feita sobre as entrevistas refere-se ao tipo de roteiro adotado pelo entrevistador. Por essa divisão tem-se: (1) entrevistas estruturadas ou fechadas; (2) entrevistas semiestruturadas ou semidirigidas; (3) entrevistas de livre-estruturação, abertas ou livres.

Entrevistas estruturadas ou fechadas

Caso o entrevistador tenha um roteiro fixo, no qual todas as perguntas têm que ser feitas sem alterações de ordem ou forma, e sigam padronizadas sempre que o roteiro for adotado, a entrevista é considerada estruturada ou fechada (Stewart & Cash, 2015). As entrevistas estruturadas são escolhas comuns quando o profissional precisa fazer uma triagem sobre uma situação, para cadastro ou atendimento inicial em serviços de saúde, como forma de obter *feedback* sobre práticas realizadas ou em pesquisas de diversas áreas. Nesse tipo de entrevista os aspectos de interesse são pensados antes pelo entrevistador, que monta o roteiro de perguntas, alternativas de resposta (abertas ou de escolha forçada), define as temáticas e população de interesse. Esse roteiro torna-se um guia fixo e deve ser seguido integralmente ao realizar a entrevista, sem modificações ou complementos.

Esse tipo de entrevista apresenta como vantagem ter em seu roteiro um panorama geral sobre o evento de interesse (se o roteiro foi bem construído), permitir comparar as respostas de diferentes pessoas, pois se sabe que todos entrevistados com um mesmo roteiro responderam às mesmas perguntas, e tornar o trabalho do entrevistador mais objetivo. Pode-se pensar, contudo, que em certas situações essa mesma objetividade torna-se uma desvantagem. Nas entrevistas estruturadas não há liberdade para alterar a forma como a pergunta foi formulada, desviar para outro foco que seja potencialmente relevante, ou mesmo incluir novos questionamentos que aprofundem as perguntas do roteiro. Por tais características as entrevistas estruturadas costumam ser mais utilizadas em AP apenas em contextos específicos, tais como a identificação de sintomas psiquiátricos para determinação de um diagnóstico, mas são amplamente utilizadas em outros contextos, que vão desde serviços de saúde a pesquisas científicas. Um bom exemplo de entrevistas estruturadas e sua utilidade pode ser encontrado nas entrevistas clínicas estruturadas para o Manual Diagnóstico e Estatístico dos Transtornos Mentais (First et al., 2017; Tavares, 2007).

Entrevistas de livre-estruturação, abertas ou livres

As entrevistas de estruturação livre não contam com um roteiro previamente determinado. Ao optar por esse tipo de entrevista, o profissional escolhe uma pergunta inicial relevante para seu tema de interesse, ou um disparador com o qual iniciará o contato. Todas as demais questões, temáticas ou aspectos abordados na entrevista serão construídos ao longo de sua realização. Por tais características, alguns autores indicam que essa é a forma de entrevista em que o entrevistado possui maior protagonismo (Oliveira, 2019) e sua utilização é mais frequente na clínica psicológica e em pesquisas de caráter mais qualitativo do que ao longo de processos de AP.

Como vantagens desse tipo de entrevista pode-se pensar na possibilidade de acessar diferentes conteúdos, alguns até mesmo imprevisíveis inicialmente. Essa forma de condução aproxima o entrevistador da lógica interna com que o entrevistado constrói sua forma de pensar, o que pode ser muito rico. Possíveis desvantagens podem incluir a possibilidade que assuntos relevantes sejam ignorados ou tangenciados, necessidade de maior domínio temático e atencional do

profissional que conduzirá a entrevista e maior dificuldade de organização do tempo e número de encontros necessários para obter as informações de interesse. Como não há um roteiro e pode existir maior variabilidade dos temas abordados, a habilidade e experiência do entrevistador tornam-se aspectos importantes para que uma entrevista seja proveitosa.

Destaca-se que um tipo de entrevista de livre-estruturação que vem ganhando espaço no ambiente organizacional é a "entrevista enigma" ou "entrevista quebra-cabeça". A Microsoft, empresa famosa em todo o mundo, foi uma das pioneiras na adoção desse tipo de entrevista em seus processos seletivos e a tarefa que adotam é sempre a resolução de enigmas, o que contribuiu para que esse tipo de entrevista ficasse conhecida por esse nome. Nas entrevistas enigma pede-se que o entrevistado fale livremente sobre seu processo de pensamento enquanto realiza outra atividade ou tarefa complexa. O entrevistador pode fazer perguntas pontuais, mas evita tal prática para não atrapalhar o processo de raciocínio do entrevistado, exceto quando a pergunta visa tornar mais compreensível o processo individual de pensamento (Wright et al., 2012).

Entrevistas semiestruturadas ou semidirigidas

Há ainda as entrevistas semiestruturadas, em que o entrevistador constrói um roteiro prévio de questões ou tópicos que deseja abordar, mas se resguarda o direito de alterar tal roteiro de acordo com o desenrolar da entrevista (Stewart & Cash, 2015). Perguntas podem ser acrescentadas ou suprimidas, temas podem ganhar ou perder destaque e há um maior equilíbrio entre os assuntos que o entrevistador desejava investigar e os que o entrevistado deseja compartilhar. As entrevistas semiestruturadas são as mais frequentemente utilizadas por profissionais de psicologia, tanto em contexto clínico quanto na AP e condução de pesquisas.

Como vantagens pode-se indicar a maior liberdade para o entrevistador para se adaptar ao que ocorrer na entrevista e a possibilidade de acessar de forma mais próxima a lógica interna do entrevistado, observando o tipo de relação e de tema para o qual ele direciona a entrevista. Como desvantagens pode-se considerar o risco que as mudanças no roteiro tornem a coleta de informações confusa, a necessidade de maior preparo do entrevistador para reconhecer se há fuga/esquiva de temas, manipulação ao longo da entrevista, e fazer com que pessoas em situações semelhantes não sejam comparáveis, pois não responderam necessariamente as mesmas perguntas e podem ter falado sobre vivências distintas.

Classificação das entrevistas quanto aos objetivos

A classificação por estruturação é mais usual em textos acadêmicos, mas também é possível classificar as entrevistas quanto ao objetivo de sua realização. Nessa classificação teremos: (1) entrevistas para levantar informações; e (2) entrevistas interventivas.

Entrevistas para levantar informações

O objetivo das entrevistas para levantar informações é desnudar uma situação ou realidade e embasar uma decisão futura. Esse tipo de entrevista pode ser utilizado em qualquer contexto (clínico, organizacional, avaliação, forense) e o nível de aprofundamento das buscas irá variar segundo a necessidade do entrevistador. Caso o

entrevistador deseje apenas informações iniciais ou mais gerais, pode construir um número menor de perguntas, focadas nos dados que permitam entender o perfil do entrevistado (sociodemográficos, educacionais e econômicos básicos) e em pontos mais relevantes para sua decisão, tais como: fechar ou descartar uma hipótese diagnóstica, seguir com a busca por informações em outro momento, encaminhar a outro profissional ou serviço. Isso é o que ocorre nas triagens; buscam-se informações gerais sobre o perfil do entrevistado e informações que direcionem possibilidades de encaminhamento para os casos.

Boa parte das vezes, as entrevistas para levantar informações mesclam a obtenção mais superficial de alguns dados com o aprofundamento de outros. Por exemplo, em processos de AP cognitiva as informações sobre escolarização, independência funcional atual e aprendizado formal e espontâneo de habilidades serão mais investigadas do que outras vivências. Contudo, saber sobre a cultura da família ou aspectos nutricionais e emocionais também poderá ser relevante e, provavelmente, haverá perguntas sobre esses aspectos no roteiro de avaliação construído. De forma similar, em um contexto de seleção de pessoas, o estado de saúde do candidato importa e será abordado, mas o foco dado a essa faceta de informação será muito distinto do que seria adotado em um processo de psicodiagnóstico.

Com outro nível de aprofundamento, mas com o mesmo objetivo, pode-se optar por fazer uma ou várias entrevistas focadas em conhecer em profundidade uma situação ou aspecto, incluindo conhecer detalhes pertinentes e levantar informações sobre a história de vida do entrevistado, permitindo a contextualização histórica e ampliando a compreensão do todo. Nesse caso, provavelmente será necessário um número maior de encontros, incluir perguntas com maior gama de temáticas e seguir uma lógica de raciocínio. As lógicas mais adotadas são as focadas na ordem cronológica dos acontecimentos, no agravamento de uma situação ou sintoma e no amadurecimento ou mudança de uma questão, mas pode-se adotar outras, que façam sentido ao entrevistador.

As entrevistas de anamnese podem representar um tipo de entrevista aprofundada com foco no levantamento de informações para Avaliação Psicológica ou clínica (Silva & Bandeira, 2016). A técnica da história de vida, utilizada como forma de coleta de dados em pesquisas, pode ser outro exemplo desse tipo de entrevista. Na história de vida pede-se que o entrevistado retome toda a sua trajetória e as vivências que considera que o moldaram, formando uma linha do tempo compreensível a um ouvinte externo (Nogueira et al., 2017).

Cabe destacar alguns pontos se o entrevistador tiver como foco o levantamento de informações quando escolher utilizar uma entrevista. O primeiro é que, para que seja uma ferramenta útil, o entrevistador terá que conseguir que o entrevistado se mostre, diga de si. Para atingir esse objetivo, aspectos ambientais, comportamentais e técnicos precisarão ser observados.

Ambientes que resguardem a privacidade e sejam mais acolhedores podem minimizar a ansiedade e tornar o entrevistado mais colaborativo. A postura do entrevistador também é uma importante ferramenta de trabalho que pode ser lapidada e auxiliar na condução de entrevistas focadas em informações. Quando o entrevistador é percebido como amigável e menos intimidador, os entrevistados se expõem mais (Fraser & Gondim, 2004; Stewart & Cash, 2015). Caso consiga criar vínculo e mostrar empatia é provável que o entrevistador obtenha melhores resultados. Estudos mostram que o padrão de resposta das pessoas muda de acordo com quem as entrevista (homem, mulher, jovem, idoso) e com o comportamento dos entrevistadores, tais como tom de voz, maior presença de sorrisos, entre outros (Meier-Faust et al. 2008; Chen et al., 2008).

Mostrar-se empático e não indicar sinais de impaciência, contrariedade ou julgamento de valor como *feedback* ao longo da entrevista auxiliam para que o entrevistado prossiga sem novos "filtros sociais" em suas respostas ou tentativas para atender ao que aprende do entrevistador. Assim, adotar uma postura não verbal mais acolhedora se torna uma ferramenta de trabalho. Sorrir ao cumprimentar, sustentar o olhar por mais tempo enquanto ouve ou balançar a cabeça mostrando compreensão podem humanizar a situação e minimizar a sensação de ameaça que acompanha algumas entrevistas. Outras formas de obter esse resultado podem incluir confirmar o entendimento de informações algumas vezes e utilizar nomes de pessoas, animais ou locais já citados pelo entrevistado ao formular as perguntas, substituindo nomeações genéricas. Fornecer pequenos exemplos pessoais também pode aumentar a sensação de que o cntrevistador tem interesse real e compreende o entrevistado, auxiliando-o a conseguir informações. Cuidado, contudo, ao utilizar exemplos pessoais. Nunca pode sair do foco de um bom entrevistador que seu trabalho é coletar informações úteis, não as fornecer.

Em um mundo cada vez mais conectado digitalmente também se destaca que muitas entrevistas começam a ser mediadas pelas Tecnologias de Informação e Comunicação (TICs). A adoção dessa prática ocorre principalmente no contexto organizacional e as semelhanças desse tipo de entrevista com as tradicionais, conduzidas pessoalmente, começam a ser investigadas. Langer, Konig e Krause (2017) compararam entrevistas videogravadas (nas quais os candidatos recebem as perguntas, gravam suas respostas em vídeo e enviam aos avaliadores) com entrevistas realizadas de forma síncrona, por meio de videoconferência. Seus resultados mostraram que as entrevistas gravadas foram percebidas como menos humanizadas, mais assustadoras e geraram maior preocupação com a quebra da privacidade para os entrevistados, mas os participantes dessa modalidade foram mais bem avaliados do que os candidatos entrevistados por videoconferência.

Conhecer o tema/situação que originou a necessidade da entrevista, preparar um bom roteiro ou pergunta disparadora, não adotar perguntas que direcionem a resposta em sua formulação e atentar para além do verbal completam a parte técnica, que pode auxiliar o trabalho de um entrevistador ou torná-lo inútil. Conhecer o assunto/situação amplia a capacidade para percepção de nuanças e formulação de hipóteses. Ler esse capítulo, por exemplo, poderá fazer com que um estudante ou profissional reflita sobre suas escolhas ao definir por um tipo de entrevista, sua maneira de formular uma pergunta ou atente para aspectos de seu comportamento que não considerava antes, tal atitude faz parte de preparar-se. Conhecer sobre psicopatologia, desenvolvimento humano, leis e normas jurídicas e sobre seleção de pessoas pode contribuir nesse processo também. Estudar é se preparar.

Se o foco do profissional é a AP, um profissional preparado deve ser capaz de construir um roteiro que aborde os aspectos mais importantes para embasar uma decisão, ou deixar visível que pontos precisam ser melhor compreendidos

futuramente para permitir tal decisão. No campo organizacional, antes de montar seu roteiro, deve conhecer as funções, demandas e gargalos das atividades para as quais vai selecionar ou capacitar; isso permitirá que pense em perfis possíveis para vivenciar bem essas situações no cotidiano. Em uma entrevista em contexto clínico o profissional será favorecido se conhecer sobre desenvolvimento humano, psicopatologia e realidade social. Esse conhecimento permitirá definir perguntas que contribuam para diferenciar condições transitórias de vida, influenciadas por maturação ou condições sociais, da presença de sintomas psicopatológicos indicativos de adoecimento.

Um ponto para atenção, em especial quando se tem pouca experiência com a condução de entrevistas, é exatamente a escolha das perguntas. As perguntas utilizadas precisam ser claras em sua linguagem, o mais objetivas possível, adequadas à idade do respondente, sua escolaridade e nível de compreensão. Outro cuidado ao montar as perguntas é que não contenham direcionamento quanto ao tipo de resposta esperada pelo entrevistador. Se quem conduz a entrevista deixa sua opinião ou preferência presente na pergunta, isso inibe padrões de resposta contrários e altera as informações coletadas. A diretividade das perguntas deve ser evitada nas entrevistas focadas em obter informações, pois representa um descuido do profissional e compromete seu trabalho. Mas quando a diretividade é feita de modo intencional, deve-se saber que representa falta ética.

Há um segundo ponto relevante para destacar. Independentemente do tipo de estrutura de entrevista ou grau de aprofundamento que o entrevistador deseja, ele pode (e deve!) observar aspectos não verbais do comportamento tanto quanto a fala em si. Informações relevantes podem ser obtidas analisando postura corporal e trocas de posição física, modulação de voz, coerência entre afeto demonstrado e conteúdo relatado, aceleração ou retardo no comportamento expresso, gestos característicos, contato visual, entre outros. Não é um apelo ao senso comum o que se indica aqui. No senso comum, oferecer uma xícara com a alça voltada para longe de alguém é sinal de que a pessoa não deseja que você aceite; no trabalho de um avaliador, observar o comportamento é ter a noção de que as pessoas se mostram de formas diversas a todo momento: ao escolher uma roupa, falar de determinada forma, em seus gestos típicos para controlar ansiedade, dentre outros. Sozinho, o comportamento não verbal não denuncia toda a história, mas quando somado ao conteúdo verbalizado guiado por um roteiro de perguntas bem planejado (ou questão disparadora bem formulada) é uma fonte imensamente rica de informações.

Em terceiro, ao escolher uma entrevista como fonte para obter informações, o entrevistador precisa lembrar-se que optou por uma técnica não interventiva. Ao longo da entrevista pode-se observar aspectos dignos de pontuação, tais como contradições na fala do entrevistado, crenças disfuncionais, autossabotagem, mas se a escolha foi por levantar informações, não é momento de apontar nenhum desses aspectos.

Entrevista interventiva

As entrevistas interventivas têm dois objetivos simultâneos: obter informações e atuar como intervenção psicológica na alteração de pensamentos, sentimentos ou ações. Encontram-se nessa categoria muitas entrevistas clínicas, entrevistas de devolução de resultados de Avalia-

ção Psicológica, entrevistas de acompanhamento e as adotadas em pesquisas-ação ou propostas extensionistas.

Em contexto clínico, ao conduzir as entrevistas de forma a fazer o cliente refletir sobre suas questões de vida, o profissional faz com que suas perguntas ocupem um importante caráter interventivo (Silva & Bandeira, 2016). Nesse mesmo sentido, questionar sobre mais detalhes ou pedir exemplos, guiar a ressignificação de vivências por meio de questionamentos ou confrontar o cliente com inconsistências percebidas podem ser formas de intervenção oportunizadas por meio das entrevistas. Com esse fim pode ser útil, inclusive, incluir perguntas diretivas ao longo da entrevista, uma vez que o foco não é apenas embasar uma decisão, mas guiar para um ponto específico. Apenas para tornar mais fácil a compreensão desse ponto, podemos ilustrar com o caso hipotético de uma pessoa depressiva, que se recusa a seguir a recomendação de iniciar atividade física. Ao longo de uma sessão o terapeuta poderia utilizar perguntas diretivas como "Você aceitaria tentar e ver se a prática física melhora seu humor?" ou "Tirando a falta de tempo, que não é impeditiva, o que mais poderia atrapalhar para que você se exercitasse?" Assim como a autoexposição, diretividade em perguntas e confronto de informações devem ser técnicas adotadas com parcimônia e cautela pelos profissionais, pois podem interferir com o vínculo terapêutico e com a relação empática estabelecida.

Cada abordagem teórica tende a utilizar entrevistas interventivas com características que se vinculam mais a seus dogmas. Por exemplo, profissionais vinculados com abordagens psicodinâmicas optam com mais frequência por entrevistas sem estruturação na prática clínica, por entenderem que favorecem a associação livre (Okino et al., 2019). Psicólogos vinculados a linhas comportamentais e cognitivo-comportamentais utilizam preferencialmente entrevistas semiestruturadas, pois permitem garantir que alguns temas de interesse sejam tratados e ainda manter certa flexibilidade, o que respeita a lógica da construção das agendas terapêuticas adotadas nessas abordagens (Pergher & Stein, 2005).

Outro tipo de entrevista com potencial interventivo é a entrevista de devolução de resultados. Ao realizar processos de Avaliação Psicológica o profissional precisa apresentar os resultados gerados. Essa prática sempre foi uma obrigação, mas tornou-se formalizada na Resolução do Conselho Federal de Psicologia n. 6, de março de 2019 (CFP, 2019). O CFP indica que a entrevista de devolução é o momento para apresentar o resultado do processo avaliativo e explicar o laudo para a pessoa que foi avaliada ou seu responsável legal, mas não indica como tal entrevista deve ser conduzida. Essa omissão, que visou dar maior liberdade aos profissionais para conduzir seu trabalho, seguindo a mesma lógica assumida para uso das ferramentas da AP, tem assumido caráter controverso e gerado dúvidas para os psicólogos iniciantes, adoção de práticas *pro forma,* entre outras.

Considerando a importância que a entrevista de devolução de resultados pode representar, indica-se alguns pontos relevantes para sua condução. A intenção aqui não é criar um protocolo que deva ser entendido como o jeito correto para realizar esse procedimento, mas como informações complementares para embasar a tomada de decisão preconizada pela resolução do CFP.

A entrevista de devolução não deve assumir um caráter meramente informativo. Seu planejamento deve levar em conta a necessidade de fazer a pessoa que se submeteu a AP, ou seus responsáveis, a entender o processo realizado, as conclusões obtidas, possíveis consequências dessas conclusões em sua vida e os encaminhamentos dados. Deve, ainda, instrumentalizar o participante quanto a suas ações e opções.

Por exemplo, uma devolutiva de AP clínica tem que informar se algum diagnóstico foi definido, e fazer os encaminhamentos pertinentes, mas também precisa esclarecer dúvidas, explicar sobre diferenças individuais que pessoas com um mesmo diagnóstico apresentarão, ressaltar as capacidades da pessoa que transcendem qualquer diagnóstico. Deve, ainda, orientar quanto a ações práticas ligadas a cuidados e a obtenção de direitos, se pertinente.

Em contexto organizacional não basta reproduzir a máxima "Agradecemos sua participação em nosso processo seletivo, mas infelizmente você não foi selecionado". É necessário mostrar ao candidato pontos fortes que ele pode destacar melhor em processos futuros e aspectos que ele pode desenvolver e que pesaram negativamente para sua seleção naquele momento. Se possível, indicando caminhos que o ajudem nesse desenvolvimento e sempre pautados, claro, em respeito e ética.

Outro tipo de entrevista potencialmente interventiva são as entrevistas de acompanhamento. Tais entrevistas tendem a ser curtas e feitas pessoalmente ou por telefone, geralmente em contexto clínico. Nelas o profissional entra em contato com clientes ou ex-clientes para sondar sobre seu estado atual, manutenção de progressos ou verificação da necessidade de novos encaminhamentos. Pode ser apenas um momento para atualização de informações, mas, se necessário, intervenções podem ser realizadas. Tais intervenções variam entre lembrar o cliente/

ex-cliente sobre algo trabalhado anteriormente (buscar identificar mais de um lado em uma situação, p. ex.), agendar um encontro presencial ou mais longo, ou outro que se faça necessário.

Até aqui foram apresentadas classificações, características, indicações e alguns cuidados relacionados com as entrevistas. Uma rica fonte de informação sobre técnicas comunicativas que podem ser empregadas na condução de entrevistas encontra-se disponível no trabalho de Oliveira (2019). O presente texto optou por seguir um caminho diferente e apresentar e problematizar pontos relevantes para pensar entrevistas psicológicas e estratégias para facilitar o processo de ensinar/aprender como conduzir entrevistas.

Temas para considerar na preparação ou ensino de entrevistas

Abordou-se aqui alguns temas relacionados com as entrevistas em psicologia relevantes para todos que trabalham com essa ferramenta. Juntamente com eles, serão apresentadas algumas propostas sobre como auxiliar no aprendizado de profissionais em formação sobre essa temática. Informar é sempre uma estratégia para ensinar algo, mas apenas passar as informações traz um vácuo de envolvimento que não potencializa o aprendizado. Experiências vivenciais, mesmo que simuladas, tendem a gerar maior retenção de conteúdo e maior potencial para aplicação posterior. Construir um caminho pessoal com o conhecimento também.

Para fins puramente didáticos essa seção foi dividida em: (1) "Preparação prévia"; (2) "Cuidados com características pessoais"; (3) "Preparação dos roteiros"; (4) "Estado emocional e *feedback* do entrevistador". Na prática todos esses aspectos se retroinfluenciam e atuam em conjun-to, mas como muitas informações são apresentadas de uma única vez, sistematizá-las em uma sequência lógica pode ajudar a compreender os pontos mais importantes.

Preparação prévia

O ambiente importa. Conhecimento temático importa. Ter um bom roteiro/pergunta disparadora importa. Ciente disso, deve-se focar em como consegui-los. O ambiente será o primeiro ponto abordado nesse processo de preparação.

Em uma situação "normal", cuidar do ambiente em que uma entrevista será realizada significa garantir que ele não seja excessivamente barulhento, que haja iluminação suficiente, não haja impressão de desleixo, excesso de interrupções por terceiros e que aspectos que podem prejudicar a observação, aumentar a ansiedade ou acuar o entrevistado sejam evitados. Vocês encontrarão referências indicando a melhor posição para cadeiras, necessidade de manter lenços disponíveis e indicação que conduzam as entrevistas em ambientes mais neutros (Macedo & Carrasco, 2014), mas não há consenso ou obrigatoriedade de seguir nenhuma dessas indicações.

Cadeiras posicionadas de frente uma para outra podem gerar maior sensação de ameaça no entrevistado, que quase forçadamente deverá olhar para o entrevistador o tempo todo. Essa sensação pode ser reduzida se a posição das cadeiras ficar entre 40 e 90 graus entre si, mas essas sensações são pessoais e vão variar entre entrevistadores e entrevistados. Em processos de AP uma mesa disponível quase certamente fará falta, mas evitar ocupar uma posição "médico--paciente" em que o psicólogo fica atrás da mesa e o entrevistado do lado oposto pode auxiliar no desenvolvimento da empatia e na fluidez da entrevista. Cada profissional deve testar e encontrar uma disposição ambiental que o deixe confortável. Não é possível prever como deixar cada entrevistado à vontade, por isso, respeitados os aspectos mais gerais, a disposição ambiental é uma escolha pessoal.

Uma sugestão para que a influência de aspectos ambientais seja percebida quando se ensina sobre ela é realizar o exercício de composição de um *setting* para entrevista. Isso pode ser feito em sala de aula ou combinado como atividade prática com estudantes e deve incluir alterar o posicionamento de móveis e os locais que o entrevistador ocupa (sentar-se atrás da mesa, em poltronas, no chão), atentando para como se sentem, o grau de praticidade em conduzir uma entrevista nas condições vivenciadas, viabilidade de manter os *settings* montados em diferentes contextos e nível de sigilo possível de resguardar.

Aqui se pode problematizar outro aspecto sobre o espaço para condução de entrevistas: é possível entrevistar alguém em qualquer local. O CFP dirá ser obrigação do psicólogo garantir o sigilo das informações trocadas, mas existem situações nas quais a falta de sigilo não será impeditiva para realização de uma entrevista ou não haverá entrevista. Em contexto hospitalar é frequente que haja outros pacientes próximos quando se realiza triagem dos casos (ou mesmo intervenções). Em situação prisional a presença de um guarda ou agente penitenciário do lado de dentro ou de fora da sala em que se conduz as entrevistas é uma realidade frequente. Então o que fazer?

Seria simples ofertar uma resposta pronta, mas tal resposta não existe. Em certos momentos o profissional pode optar por abrir mão da entrevista, escolhendo obter informações por outros métodos. Em outros, cuidará com ainda mais atenção das perguntas em seu roteiro. Outras vezes assumirá a não garantia de sigilo como um risco menor e fará a entrevista onde for possível. Em lugar de uma resposta, deixo duas provocações: Que condições ambientais são indispensáveis para realizar uma entrevista? Há situações em que seria melhor renunciar à entrevista em um processo de Avaliação Psicológica?

Além dessas, pode-se questionar se é possível fazer boas entrevistas quando o ambiente é virtual? Essa não é a escolha mais frequente em AP ou clínica psicológica, mas já era uma prática adotada no contexto organizacional. O CFP reconhece essa possibilidade e há tecnologias que podem mediar a interação entre entrevistador e entrevistado, permitindo a observação de características consideradas relevantes, como expressão facial, tom de voz, hesitações, padrões de resposta. Caso o entrevistador se familiarize com essa forma de mediação, seu potencial e suas limitações, não há impeditivo para que o ambiente de uma entrevista seja virtual. Contudo, o perfil do entrevistado precisa ser ponderado, na interação com crianças e pessoas idosas essa forma de entrevista torna-se mais desafiadora.

Caso opte por conduzir uma entrevista mediada por tecnologia, além dos cuidados com o ambiente apresentados anteriormente o profissional também deve se preocupar quanto à velocidade da conexão, qualidade da imagem da câmera e do som, utilização de filtros de imagem de fundo como forma de minimizar a autoexposição e a possibilidade que a interação seja gravada de forma não autorizada. Programas como o Skype e o Microsoft Teams permitem desfocar o ambiente de fundo ou trocá-lo para uma imagem à escolha do utilizador, deixando apenas a pessoa que participa da conversa nítida no vídeo, o que pode minimizar ou mascarar informações. Fones de ouvido podem ser outra ferramenta útil para reduzir o risco de perda da confidencialidade. Além disso, deve-se treinar a percepção para diferenciar pausas e quedas geradas por dificuldades operacionais ou por questões importantes para a avaliação.

Além de cuidar do ambiente, faz parte da preparação prévia conhecer o tema sobre o qual se fará a entrevista. E, quando possível, informações disponíveis sobre o entrevistado. Preparar-se, nesse sentido, ajuda a saber se as perguntas são as mais relevantes e se estão adequadas. Buscar referências sobre técnicas de entrevista e estudá-las é uma forma de se preparar. Conhecer a realidade do entrevistado também. Aqui será apresentado um exemplo pessoal da autora para ilustrar a questão. Conduzindo um processo de orientação profissional a autora percebeu que a avalianda não conseguiu indicar quanto seria sua remuneração ideal. Ao trocar a pergunta para "Quanto você gostaria de ganhar nessa profissão?", a pergunta foi respondida. Embora a estudante em questão estivesse no segundo ano de segundo grau, sua escolarização foi feita em uma escola muito precarizada e em sua realidade pessoal palavras como "remuneração" não eram ouvidas com frequência. Por conhecer essa realidade, a ideia de ajustar a pergunta para uma linguagem mais simples veio com maior facilidade quando a dificuldade para responder foi observada. Se esse aspecto fosse ignorado, a dificuldade para responder poderia ser confundida com indecisão da avalianda sobre quanto seria um bom salário, o que não era o caso. Antecipar problemas e alternativas para o momento da entrevista pode não funcionar em sua totalidade na prática, mas pode ser um exercício interessante para quem está começando nessa atividade.

A opção por fazer anotações ou gravações ao longo de uma entrevista também não é consensual entre os profissionais. Desde que devidamente autorizada pelo entrevistado, gravações de vídeo e áudio podem ser empregadas em qualquer tipo de entrevista. Caso o entrevistador seja uma pessoa que confunde ou esquece detalhes, realiza muitas entrevistas em seu trabalho ou tenha pouca prática entrevistando pessoas, ter a gravação pode ajudar.

Quando se sabe que as entrevistas são gravadas foca-se mais em ouvir do que anotar termos-chave, e saber que será possível ouvir novamente a interação ajuda a reduzir a ansiedade dos profissionais em formação. Em supervisão clínica pode-se perceber, ainda, que os relatos sobre como as perguntas e intervenções foram feitas (momento, tom de voz, escolha de palavras, iniciativa) divergem muitas vezes do que as que os supervisores que adotam a gravação como prática ouvem ao analisar as interações dos estudantes. A gravação se torna, assim, uma possibilidade de melhoria da qualidade da orientação prestada e material de estudo para os profissionais em formação.

Cuidados com características pessoais

Este é um terreno espinhoso, pois alguns cuidados frequentemente indicados caminham a centímetros de aspectos que podem ser entendidos como preconceito. Por exemplo, é uma recomendação quase constante para pessoas que conduzem entrevistas que se vistam de forma convencional, neutra e mais formal (nada chamativo ou indecoroso), o que pode ser interpretado por alguns como um pedido para que a pessoa se anule.

Nos serviços escolares, o código de vestimenta mais imposto aos discentes exclui camisas de time, de bandas, religiosas, de signos do zodíaco ou de personagens em geral. Peças muito decotadas, rasgadas, com aspecto de muito surradas, e chinelos também são barradas. Frequentemente se faz a recomendação complementar que tatuagens muito chamativas sejam cobertas e seguem com: nada de *piercings* aparentes, nada de esmalte descascado, nada de estilo gótico, *emo*, *hippie*, *animal print* ou qualquer outro facilmente reconhecível. Igualmente execrada está a maquiagem pesada e o excesso de acessórios. No mercado de trabalho essas recomendações são menos detalhadas e nem sempre explicitamente verbalizadas, mas ainda existem, e variam entre adotar uma aparência casual organizada e o traje esporte fino.

Essas recomendações têm impacto real na entrevista ou são apenas manifestação de preconceitos sociais arraigados? Novamente a resposta não é simples.

Ao conduzir uma entrevista o foco não deve ser o avaliador e sua presença como um todo não deve influenciar de forma diretiva as respostas do entrevistado, por isso roupas ou outro aspecto chamativo em excesso ou com exposição de gostos pessoais ou posição ideológica demarcada são complicadores. A chance que alguém responda que é ateu para um entrevistador vestido com uma camiseta estampada com uma imagem sacra se reduz. Cabelos azuis e unhas faltando partes do esmalte podem distrair, gerar identificação ou chocar, mas dificilmente passam despercebidos. Deveria ser assim? Em outras culturas é assim? Não há consenso.

Alguns questionamentos surgem com frequência quando esses temas são discutidos com profissionais em formação. Vestimenta e escolhas estéticas impactam igualmente pessoas de todos os perfis? Provavelmente não. É necessário

se anular para fazer uma entrevista? Certamente não. Os profissionais apenas deveriam se iludir quanto à influência que suas escolhas podem ter em seu trabalho. Anteriormente já foi mencionado que o entrevistador e suas características alteram as respostas que o entrevistado fornece. A autora do presente capítulo foi incapaz de localizar estudos específicos sobre esse assunto (olha que ideia boa de pesquisa deixei aqui!); mas, com base em sua prática pessoal, indica que o impacto varia na mesma proporção em que o aspecto evidente tem maior relevância na vida do entrevistado.

Assim, se o objetivo da entrevista for uma intervenção social, é um momento muito oportuno para gerar questionamento sobre respeito a todas as escolhas estéticas individuais. Mas se o objetivo para escolher utilizar uma entrevista for apenas coletar informações em um processo de AP, evitar tornar-se um confundidor da motivação para responder precisa ser considerado de forma menos emocional.

Outra característica pessoal importante é o modo de falar. Ao conduzir uma entrevista com pessoas mais jovens ou informais, utilizar gírias ou citar um item de "cultura *pop*" ou de esporte pode ser útil para ampliar o clima de empatia. Ao entrevistar pessoas mais idosas ou mais formais, esses mesmos aspectos podem gerar um efeito muito distinto. Como esses são achados não sistematizados, indica-se para a linguagem a mesma lógica adotada sobre vestimenta: evite tornar-se um confundidor.

O entrevistador tem obrigação de se fazer compreender, e adotar palavras mais simples e que são usadas mais frequentemente no dia a dia ajudam nesse ponto. Evitar gírias também, uma vez que essa parte da linguagem é fluida e a gíria mais empregada em um momento pode tornar-se desconhecida ou mudar de sentido pouco depois.

Mas, novamente, prepare-se com antecedência e se adapte ao que for necessário. Durante a pandemia de Covid-19 vivenciada no Brasil em 2020 e 2021, a efetividade das mensagens sobre higienização e conscientização social passadas para os moradores do Morro do Papagaio, comunidade de baixa renda localizada em Belo Horizonte por meio do *rap* "Corona, cerol fininho" (autoria de Júlio Fessô e MC Jhonata) foi superior às informações prestadas pela prefeitura da cidade (Pimentel, 2020). Isso aconteceu porque foram os moradores locais, conhecedores dos costumes dos moradores que conseguiram adequar a linguagem da mensagem para a comunidade.

Estratégias para aprofundar a relação com esse tema podem incluir um debate sobre prós e contras dos códigos de vestimenta na prática profissional ou mesmo sobre rotulação e pré--conceitos/preconceitos na Psicologia. A ideia de uma experiência empírica, em que pessoas vestidas com estilos distintos façam as mesmas perguntas e depois comparem as respostas recebidas também pode ser enriquecedora.

Preparação dos roteiros

Para entrevistas semiestruturadas e estruturadas é necessário ter um roteiro prévio. A preparação desse roteiro terá como norteador o objetivo da avaliação e as características do entrevistado, mas alguns itens aparecem com muita frequência nos roteiros de entrevista para AP.

1) Perfil – Entender o perfil do respondente tende a ser útil em todos os tipos de demanda, por isso informações sobre caracterização socioeducacional-demográfica são úteis.

Destaca-se que não é recomendado iniciar a entrevista com perguntas sobre salário ou dinheiro. Embora pareçam informações fáceis e objetivas, esse é um assunto sensível para boa parte das pessoas.

2) Queixas e sintomas ou demanda ou metas – Se entrevista faz parte de um processo de psicodiagnóstico conhecer as queixas e sintomas, suas características, intensidade e duração torna-se indispensável. Se acontece por outros objetivos pode-se focar mais sobre o motivo da avaliação ou mesmo incluir perguntas sobre metas e sonhos do entrevistado, isso ajuda a conhecê-lo melhor.

3) Relacionamentos – Perguntas sobre existência e qualidade de relações estabelecidas com familiares, amigos e interesses afetivo/amorosos tendem a ser relevantes em vários contextos. Essas relações podem mostrar prioridades, existência de rede de contatos e suporte social, conflitos, dentre outros. Mas certifique-se de entender realmente caso receba respostas como "normal" ou "bom" ao descrever como é o relacionamento com familiares ou amores, essas palavras guardam quase o infinito de significados em si.

4) Trabalho/estudo – Uma parcela significativa do tempo e energia das pessoas é gasta em atividades de trabalho ou estudo, isso torna essa temática relevante em muitos contextos. Problemas de trabalho ou com colegas de escola são temas frequentes em atendimentos clínicos e queixas igualmente frequentes em AP. Relações de desconfiança ou competição surgem com bastante intensidade quando se explora essa temática.

5) Autocuidado – Informações sobre hábitos de vida e aspectos de saúde, além de infor-

mações sobre lazer e *hobbies* fornecem informações relevantes sobre equilíbrio de vida, escolhas de aspectos priorizados/preteridos e podem fornecer pistas sobre a autoestima e questões internas do entrevistado.

6) Aspectos específicos – Esse é um item coringa, pois será utilizado de acordo com o foco do entrevistador. Com crianças ou em psicodiagnóstico, aspectos do desenvolvimento podem ganhar protagonismo aqui. Em contexto de seleção de pessoas, informações sobre voluntariado podem ser relevantes, por exemplo.

É importante que todas as perguntas que comporão o roteiro sejam claras, que a entrevista não seja longa demais e que os questionamentos não sejam diretivos quanto à resposta (a menos que estejam em uma entrevista interventiva e tenham sido intencionalmente pensados para isso). Manter uma pergunta neutra parece simples, mas é especialmente difícil para profissionais com pouca prática na condução de entrevistas ou para pessoas com posições muito demarcadas sobre algum assunto. Outro exemplo vivenciado pela autora enquanto docente de AP será apresentado para ilustrar um aspecto relevante.

Certa vez a autora precisou de um tempo considerável para demonstrar a uma estudante que a pergunta "Você considera fútil gastar dinheiro com banho e tosa de cães em *petshops*?" era diretiva. Na percepção da estudante, a pessoa mantinha a possibilidade de responder "Não, acho essencial levar meu cão ao *petshop*", e isso fazia a pergunta ser equivalente a "Qual sua opinião sobre levar cães para banho e tosa em *petshops*?" Foram feitas tentativas para que a estudante notasse que sua opinião estava exposta na pergunta, mas não houve sucesso. Então, a estratégia indicada a seguir, recomendada para

verificar se as perguntas de um roteiro estão diretivas: trocar a pontuação. Pediu-se à estudante que substituísse o ponto de interrogação por um ponto-final e verificasse se a frase passava a parecer uma resposta. Ao fazê-lo a discente conseguiu perceber que sua percepção sobre a futilidade de levar animais aos *petshops* impregnava a pergunta e, mesmo havendo a possibilidade de receber uma negativa, direcionava para que concordassem com ela sobre o assunto.

A recomendação para que as entrevistas não sejam muito longas deve-se ao cansaço. Tanto entrevistador quanto entrevistados ficam mais dispersos em entrevistas longas e a frequência de respostas monossilábicas aumenta. Tende a ser mais proveitoso realizar mais de um encontro do que insistir em uma entrevista muito longa.

Algumas estratégias podem ajudar a desenvolver a habilidade para criar roteiros de entrevista. Em contexto educacional é possível fazer essa criação em grupo, discutindo os motivos para incluir cada questão, que tipo de informação será recebida em resposta, diretividade percebida e redundância. Outra possibilidade interessante é pedir um primeiro roteiro individual e depois formar grupos para debater semelhanças e diferenças de pensamento sobre o assunto. Vivências de simulação de entrevista também ajudam a afiar a escolha das perguntas e a forma de conduzi-las e pode ser organizado para o contexto educacional. Se ainda desejar treinar outras habilidades, pode-se escolher alguns indivíduos para observar a entrevista simulada e depois oferecer *feedbacks* aos colegas sobre aspectos não verbais, sugestões de formas distintas para abordar certos assuntos, entre outros.

Profissionalmente, duas estratégias tendem a ajudar na construção de bons roteiros: pedir ajuda de especialistas no tema e testar as perguntas com diferentes pessoas ou com pessoas com características parecidas com as que serão realmente entrevistadas. Como nem todo conhecimento está sistematizado em livros e muita coisa se constrói na prática, um especialista pode ajudar a perceber se aspectos importantes para sua compreensão do fenômeno de interesse foram negligenciados ou precisam de uma abordagem diferente. Em outra vertente, testar as perguntas ajuda o entrevistador a se familiarizar com seu roteiro e pode mostrar se as perguntas estão confusas, diretivas ou não se aproximam do objetivo. Caso opte por testar seu roteiro por uma dessas formas, sempre abra espaço para que o especialista ou pessoa que está respondendo indique o que entendeu com seu enunciado, se perguntaria algo mais ou de forma diferente e quais itens são mais sensíveis ou difíceis.

Esse último chamamento pode ajudar o entrevistador a organizar suas perguntas de forma que os itens potencialmente mais delicados (sintomas, dificuldades, questões sexuais, demissões anteriores etc.) surjam apenas quando algum grau de confiança e empatia já tenha surgido entre entrevistador e entrevistado. Organizar o roteiro com itens mais gerais ou socialmente corriqueiros inicialmente ajuda a reduzir a ansiedade e o receio de falar com alguém novo ou estar sendo avaliado.

É necessário considerar, também, se o entrevistado é a pessoa foco da AP ou um informante sobre outra pessoa. Quando se avalia crianças, pessoas com algumas condições específicas (p. ex., Alzheimer) ou se busca informações complementares, é comum que o entrevistado seja um informante secundário e esteja relatando por outra pessoa ou sobre suas percepções do comportamento de outro. Nesse caso é importante não desviar o foco de quem é o avaliado e criar perguntas que solicitem exemplos, para facilitar no entendimento do que será relatado e permitir identificar distorções no relato.

Estado emocional e feedback do entrevistador

Cordioli, Zimmermann e Kessler (s./d.) indicam muitos aspectos relevantes que devem estar presentes em uma entrevista sobre saúde mental. O texto vale a leitura, mas vou destacar aqui apenas um dos pontos indicados, por ser menos discutidos ao falar sobre entrevista psicológica: os sentimentos despertados no entrevistador.

Entrevistar é mais do que falar e ouvir. É uma jornada para conhecer outra pessoa e só terá sucesso quando o profissional de fato se permitir essa oportunidade. Ouvir realmente, estar completo na experiência e não apenas aguardar o momento de verbalizar a próxima pergunta fazem toda a diferença. Como toda troca, a transformação é em via dupla e o entrevistador será mobilizado emocionalmente também, não apenas o entrevistado.

A forma como o entrevistador percebe o entrevistado e a entrevista como um todo, a reatividade que pode notar em si ao longo da entrevista e o grau de mobilização emocional que permanece com ele quando a conversa finda são informações importantes e que devem ser analisadas assim como quaisquer outras obtidas. Esses aspectos ajudam a identificar questões sensíveis para o entrevistador, que podem ser confundidas com as respostas do entrevistado, tentativas de manipulação do entrevistado, pontos-chave na história, entre outros.

O autoconhecimento é necessário para um bom profissional de psicologia e a humildade para reconhecer que todos temos assuntos que reverberam nossas questões pessoais também. Identificá-los nos ajuda a fazer melhor nosso trabalho. Quando se fala de profissionais em formação ou com pouca experiência essa análise dos próprios sentimentos assume um papel ainda mais importante. Docentes ouvem com frequência perguntas sobre o tempo "certo" que deve durar uma entrevista para que seja boa e queixas por não ter todas as respostas que permitem fechar um diagnóstico ou decidir por um candidato após um único encontro. Uma das queixas mais frequentes entre os estudantes de Psicologia iniciantes na prática de entrevistar pessoas é a de sentirem-se inadequados ou incompetentes. Alguns relacionam essa queixa a ficarem nervosos, não conseguirem cumprir todo o roteiro que definiram ou a entrevista ter sido rápida demais. Outros manifestam essa percepção quando questionados sobre algo que não perguntaram ou cuja compreensão ficou incompleta.

Por tais queixas e percepções serem frequentes, torna-se pertinente criar estratégias de ensino/aprendizagem que criem a oportunidade para que os estudantes explicitem seus receios, fantasias e ansiedades antes de precisarem realmente conduzir uma entrevista. Experiências de *role-play* com colegas podem ser úteis para ajudar a construir alternativas de comportamento. Mas indica-se como crucial que, após realizar suas primeiras entrevistas, seja criada uma oportunidade para os estudantes compartilharem a experiência vivida com os colegas. Nesse momento pode-se abordar as informações que conseguiram com as entrevistas, ajudar a pensar em pontos que poderiam ter sido investigados ou que deverão ser em um outro momento, que tipo de hipótese ou condução essas informações podem suscitar, mas, em especial, que seja criado um espaço em que os estudantes possam falar sobre como foi a experiência emocionalmente para eles. Esse tipo de prática mostra que a sensação de ansiedade e a percepção de incompetência não é exclusiva e pode ser mais bem orientada pelo profissional que acompanha os estudantes para algo proativo e mais positivo. Esse *feedback* dos colegas e do docente auxilia no crescimento dos estudantes e os aproxima mais da vivência profissional real.

O desafio de ensinar entrevistas no contexto do mediado por tecnologia

Um desafio novo somou-se à vida dos docentes diante da possibilidade do ensino mediado por tecnologia. Ao tratar especificamente da AP, além das questões pessoais e tecnológicas é necessário considerar as recomendações do Conselho Federal de Psicologia (2020) e da Associação Brasileira de Ensino de Psicologia.

A opção por adotar aulas síncronas e assíncronas, ministradas com auxílio do computador, *podcasts* ou outras formas por parte dos docentes demanda adaptação da forma de abordar os conteúdos pelos docentes. Ao ensinar formas de entrevista psicológica, esse desafio exigirá criatividade e certo conhecimento sobre metodologias ativas de ensino. Esse tipo de metodologia deixa o discente como protagonista da aproximação com conteúdo, deixando ao docente o papel de facilitador (Debald, 2020), uma vantagem quando a interação não será presencial e nem feita de forma simultânea por todos os envolvidos. Embora essas metodologias não sejam exclusivas para uso mediado por tecnologia, tornam-se formas menos monótonas e mais implicadas quando essa é a realidade do ensino.

Dadas as características das entrevistas psicológicas e todos os cuidados para sua condução apresentados ao longo deste capítulo, ensiná-las com uso de tecnologias de comunicação e informação exigirá criatividade dos docentes, além de acesso a material virtual que possam indicar para consulta dos discentes. Como não é permitido digitalizar e disponibilizar material com direitos autorais resguardados e nem todos os estudantes terão condições de investir na compra de livros físicos (ou e-books), uma primeira preocupação para os docentes envolve selecionar artigos e outros textos de acesso livre para direcionar o estudo do conteúdo. Caso a instituição de ensino assine uma biblioteca virtual, como a "Minha Biblioteca", que possibilita acesso remoto aos livros das editoras Grupo A, Grupo Gen-Atlas, Manole, Saraiva, por exemplo, esse problema será reduzido ou eliminado. Se essa não for a realidade de sua instituição de ensino, consultas a bases de dados como SciELO e Portal de Periódicos Capes podem ser úteis, bem como as bases de dados de teses e dissertações das universidades. Os trabalhos de pesquisa trazem um embasamento teórico capaz de fornecer as informações básicas sobre os temas de interesse e direcionar discussões.

Programas informatizados que permitem sua criação e divulgação das aulas não faltam, mas as escolhas de uso marcarão um diferencial na aprendizagem. Sugere-se aos docentes aprofundarem nas técnicas de metodologia ativa de "aprendizagem com significado" (Lima & Clapis, 2020) e "sala de aula invertida" (Higashi & Pereira, 2020) ao abordar entrevistas psicológicas em aulas mediadas por tecnologia.

A proposta da aprendizagem com significado é que a primeira aproximação dos estudantes com o conteúdo perpasse vivências pessoais. Tratando de entrevistas, é possível que o docente conduza um momento síncrono antes de apresentar a teoria sobre condução de entrevistas e peça que os estudantes relatem experiências que conhecem (reais ou de livros ou filmes) ou viveram em que se sentiram bem ou ficaram constrangidos durante uma entrevista. Após esse momento pode-se optar por apresentar o tema mais formalmente e depois fazer relação com as vivências ou, ainda, unir essa proposta com a da sala de aula reversa. Nesse caso o docente selecionará textos para estudo e preparação dos estudantes e, em outro momento, deixará a cargo dos estudantes transmitir os pontos mais importantes da temática. O docente seria o responsável pela retirada de dúvidas, aprofundamento de conceitos ou condução de propostas de formas de fixação do conteúdo.

Considerações finais

A entrevista é uma das ferramentas mais úteis e versáteis no arsenal técnico de um psicólogo, por isso mesmo muitas nuanças e sutilezas acompanham sua realização. O texto não se ateve às especificidades da condução de entrevistas com diferentes grupos (crianças, idosos, pessoas com transtornos psiquiátricos), mas destaca-se que esse é outro ponto importante a se atentar ao realizar uma entrevista. Na construção do presente capítulo, optou-se por apresentar referências que podem ser consultadas em outros momentos para conhecer o aspecto mais formal das entrevistas psicológicas e discutir pontos mais sutis ou pouco abordados, como itens muito presentes em entrevistas de diferentes tipos e estratégias que podem ser empregadas para ajudar profissionais em formação a desenvolver suas habilidades como entrevistadores.

Referências

Baptista, M.N., Muniz, M., Reppold, C.T., Nunes, C.H.S.S., Carvalho, L.F., Primi, R., Noronha, A.P.P., Seabra, A.G., Wechsler, S.M., & Hutz, C.S. (orgs.) (2019). *Compêndio de Avaliação Psicológica*. Vozes.

Barroso, S.M., Scorsolini-Comin, F., & Nascimento, E. (2019). *Avaliação Psicológica: Contextos de atuação, teoria e modos de fazer*. Sinopsys.

Chen, Y.-C., Tsai, W.-C., & Hu, C. (2008). The influences of interviewer-related and situational factors on interviewer reactions to high structured job interviews. *The International Journal of Human Resource Management, 19*(6), 1.056-1.071.

Conselho Federal de Psicologia (2019). *Resolução CFP n. 6/2019*. Orientações sobre elaboração de documentos escritos produzidos pela(o) psicóloga(o) no exercício profissional. https://site.cfp.org.br/wp-content/uploads/2019/09/Resolu%C3%A7%C3%A3o-CFP-n-06-2019-comentada.pdf

Conselho Federal de Psicologia (2020b, 30 mar.). *Nota Orientativa sobre ensino da Avaliação Psicológica em modalidade remota no contexto da pandemia de Covid-19.* https://site.cfp.org.br/nota-orientativa-sobre-ensino-da-avaliacao-psicologica-em-modalidade-remota-no-contexto-da-pandemia-de-covid-19/

Cordioli, A.V., Zimmermann, H.H., & Kessler, F. (s./d.) *Rotina de avaliação do estado mental*. http://www.ufrgs.br/psiquiatria/psiq/Avalia%C3%A7%C3%A3o%20%20do%20Estado%20Mental.pdf

Debald, B. (2020). Ensino superior e aprendizagem ativa: Da reprodução à construção de conhecimentos. In B. Debald (org.), *Metodologias ativas no Ensino Superior: O protagonismo do aluno* (pp. 1-8). Penso.

First, M.B., Williams, J.B., Karg, R.S., & Spitzer, R.L. (2017). *Entrevista clínica estruturada para os transtornos do DSM-5: SCID-5-CV* (5. ed.). Artmed.

Fraser, M.T.D., & Gondim, S.M.G. (2004). Da fala do outro ao texto negociado: Discussões sobre a entrevista na pesquisa qualitativa. *Paidéia, 14*(28), 139-152.

Higashi, P., & Pereira, S.G. (2020). Estudo prévio: Sala de aula invertida. In B. Debald (org.), *Metodologias ativas no Ensino Superior: O protagonismo do aluno* (pp. 21-28). Penso.

Lima, M.C., & Clapis, M.J. (2020). Estudantes aprendem fazendo com significado. In B. Debald (org.), *Metodologias ativas no Ensino Superior: O protagonismo do aluno* (pp. 39-47). Penso.

Lins, M.R.C., & Borsa, J.C. (orgs.) (2017). *Avaliação Psicológica: Aspectos teóricos e práticos*. Vozes.

Macedo, M.M.K., & Carrasco, L.K. (2014). *(Con)textos de entrevista: Olhares diversos sobre a interação humana*. Casa do Psicólogo.

Meier-Faust, T., Strack, M., & Revenstorf, D. (2008). In Job interviews, the behaviour of an interviewer affects the reaction of the job candidate. *International Journal of Psychology, 43*(3-4), 110-119.

Nogueira, M.L.M., Barros, V.A., Araújo, A.D.G., & Pimenta, D.A.O. (2017). O método de história de vida: A exigência de um encontro em tempos de aceleração. *Pesquisas e Práticas Psicossociais, 12*(2), 466-485.

Okino, E.T.K., Loureiro, S.R., & Pasian, S.R. (2019). Entrevista psicológica no contexto clínico. In M.N. Batista et al. (2019). *Compêndio de Avaliação Psicológica* (pp. 248-261). Vozes.

Oliveira, S.E.S. (2019). Técnicas de entrevista e suas Aplicações em Avaliação Psicológica Clínica. In S.M. Barroso, F. Scorsolini-Comin & E. Nascimento (orgs.), *Avaliação Psicológica – Contextos de atuação, teoria e modos de fazer* (pp. 19-39). Sinopsys.

Pergher, G.K., & Stein, L.M. (2005). Entrevista cognitiva e terapia cognitivo-comportamental: Do âmbito forense à clínica. *Revista Brasileira de Terapias Cognitivas, 1*(2), 11-20.

Pimentel, T. (2020, 17 abr.). Rap "Corona, cerol fininho" e grupo de WhatsApp ajudam a conscientizar comunidade de BH sobre coronavírus. *G1*. https://g1.globo.com/mg/minas-gerais/noticia/2020/04/17/rap-corona-cerol-fininho-e-grupo-de-whatsapp-ajudam-a-conscientizar-comunidade-de-bh-sobre-coronavirus.ghtml

Reppold, C.T., Zanini, D.S., & Porto Noronha, A.P. (2019). O que é Avaliação Psicológica? In M.N. Batista et al. (orgs.), *Compêndio de Avaliação Psicológica* (pp. 15-24). Vozes.

Silva, M.A., & Bandeira, D.R. (2016). A entrevista de anamnese. In C.S. Hutz, D.R. Bandeira, C.M. Trentini & J.S. Krug (orgs.), *Psicodiagnóstico* (pp. 52-67). Artmed.

Stewart, C.J., & Cash, W.B. (2015). *Técnicas de entrevista*. McGraw-Hill/Bookman.

Tavares, M. (2007). A entrevista estruturada para o DSM-IV. In J.A. Cunha et al., *Psicodiagnóstico* (Vol. V) (pp. 75-87). Artmed.

Wright, C.W., Sablynski, C.J., Manson, T.M., & Oshiro, S. (2012). Why are manhole covers round? A laboratory study of reactions to puzzle interviews. *Journal of Applied Social Psychology, 42*(11), 2.834-2.857.

14
Estratégias e métodos para o ensino da técnica de observação em Avaliação Psicológica

Sérgio Eduardo Silva de Oliveira
Universidade de Brasília

Mônia Aparecida da Silva
Mário César Rezende Andrade
Universidade Federal de São João Del-Rei

> *Highlights*
> - Observar é mais do que olhar ou perceber, trata-se de um processo integral e complexo.
> - A observação deve ser fundamentada nos objetivos, teorias e técnicas psicológicos.
> - A observação quantitativa resulta em dados numéricos sobre um fenômeno.
> - A observação qualitativa visa a descrição de fenômenos.
> - O ensino da observação deve potencializar o desenvolvimento dessa competência.

O ensino da prática da AP nos cursos de graduação em Psicologia no Brasil deve ir além da aplicação e do uso de instrumentos psicológicos. A formação nessa prática profissional deve englobar o desenvolvimento de competências comunicacionais, analíticas, investigativas, dentre tantas outras. A capacidade observacional do psicólogo é fundamental no processo de AP, visto que se constitui como uma rica fonte de informação que tende a influenciar todo o processo avaliativo. O presente capítulo tem por objetivo discutir estratégias e métodos de ensino da técnica de observação para serem aplicados em cursos de Psicologia e de especialização em AP. Para tanto, serão abordados alguns aspectos conceituais da observação e a ampliação desse conceito no contexto profissional da AP. Ainda, serão discutidos os métodos quantitativos e qualitativos de observação e a integração dessas formas de coleta de dados. Em seguida, serão apresentadas algumas técnicas para o ensino e desenvolvimento de competências observacionais de alunos ou profissionais iniciantes, com ilustrações e comentários. Por fim, serão apresentados alguns desafios do ensino de técnicas observacionais para estudantes com deficiência visual. Espera-se que este capítulo possa subsidiar as práticas docentes em cursos universitários e de especialização em AP no Brasil. Isso porque existem poucos materiais sobre o assunto. Além disso, a observação pode ser considerada um procedimento relativamente subjetivo, sem diretrizes ou *guidelines* bem definidos, o que torna o seu ensino em AP um desafio para os docentes. O presente capítulo visa a contribuir nesse sentido com um material teórico e técnico sobre o assunto, sem a pretensão de esgotar as possibilidades.

Definição de observação e sua ampliação para o contexto da Avaliação Psicológica

A observação é definida como o ato de observar, ou seja, de direcionar a atenção a um sujeito, evento ou fenômeno específicos, com o objetivo de julgar, analisar ou investigar. A prática de observação depende da capacidade do observador, ou de quem o orienta/supervisiona, em dar sentido e significado ao que os órgãos sensoriais captam como estímulos do mundo exterior. Vale destacar que, na prática profissional da AP, a observação não se restringe ao que é captado pelo órgão sensorial ocular, mas por todo e qualquer órgão do sentido. Isso porque a observação é uma tarefa que integra a sensopercepção, os conhecimentos do observador e seu raciocínio sobre o dado processado. De modo geral, a observação é realizada a fim de se obter um conjunto de informações sobre um sujeito, contexto ou fenômeno que se deseja descrever. Assim definido, observar é uma atividade muito mais ampla do que a mera percepção ou coleta de dados empíricos. Ela visa chegar a conclusões e fazer interpretações relativas a fenômenos subjacentes ao comportamento (Bentzen, 2018).

No âmbito da Psicologia, a observação se particulariza e se distingue em função de seus objetivos, teorias e técnicas. Os objetivos do processo de observação podem ser previstos antecipadamente ou surgir no decorrer da prática. Assim, no atendimento clínico, por exemplo, a observação auxilia na compreensão das queixas e sintomas do paciente; na pesquisa, ela ajuda no entendimento de um fenômeno específico em investigação; na AP, ela serve para descrever e compreender perfis, funcionamentos, comportamentos e sintomas. Geralmente, os objetivos iniciais vão sendo modificados ou ampliados quando o psicólogo entra em contato com a prática.

A observação na psicologia pressupõe o uso de uma lente teórica para compreender e interpretar o fenômeno observado. As bases que fundamentam e dão sentido aos dados colhidos pela observação podem advir de uma ou mais abordagens psicológicas, como a comportamental, a sistêmica, a cognitiva, a psicodinâmica, dentre outras. Desse modo, é importante salientar que o profissional que observa, norteado pela abordagem teórica com a qual se identifica, interpreta os dados coletados com base em seu sistema particular, podendo ser receptivo a alguns aspectos, mas deixando outros de lado em virtude de seus interesses e formação. Para além da abordagem teórica, as experiências pessoais e as características individuais do observador também tendem a influenciar as compreensões e interpretações do fenômeno observado. Cada pessoa percebe as informações de modo distinto, porque as experiências tornam os indivíduos mais sensíveis a determinados estímulos em detrimento de outros. O tipo e a quantidade de informações percebidas também variam de pessoa para pessoa e existe ainda uma variação de um mesmo indivíduo de um momento para o outro. Quanto mais qualificado e mais consistente teoricamente for o observador, maior é a sua capacidade de interpretar informações relevantes ao caso. Em nível individual, variáveis situacionais como a disposição para observar, capacidade de trabalho sem grandes interferências de questões pessoais, bem como o nível de cansaço ou estresse, podem definir uma melhor ou pior qualidade da observação de um momento para o outro. Além disso, a observação é dependente da atenção, especialmente do tipo seletiva, e do nível de alerta do profissional.

Em relação à técnica utilizada, existem diferentes formas de conduzir uma observação. Por exemplo, o grau de envolvimento do observador com o objeto observado pode ser classificado como participante ou não participante (Ferreira & Mousquer, 2004). Na observação participante, o profissional fica em contato com o indivíduo ou grupo observado, podendo haver interação social entre eles. Já na observação não participante, os eventos e situações podem ser observados a distância, como menor interferência do observador ou sem que ele seja percebido pelo indivíduo ou grupo observado. Cabe a ressalva de que é imperativo o compromisso ético do profissional em não realizar observações sem o consentimento das pessoas observadas ou seus responsáveis legais.

Em relação à estrutura dos procedimentos, a observação pode ser sistemática ou assistemática (Ferreira & Mousquer, 2004). Na observação sistemática, as etapas executadas são planejadas de forma antecipada e detalhada, como a determinação do local, o que será observado, forma de registro (contagem do comportamento, tempo) etc. Geralmente, o profissional segue um protocolo padronizado e estruturado, com vistas a aumentar a precisão e evitar distrações decorrentes da atenção a aspectos menos relevantes de acordo com o objetivo da observação. Já a observação assistemática não é rigorosamente planejada, podendo se direcionar aos aspectos mais relevantes que surgem no momento da observação. Pode não haver um objetivo predeterminado, ou esse pode ser modificado no momento da prática. Entretanto, ressalta-se a importância de ter um objetivo claro para esse tipo de observação e utilizar procedimentos técnicos ancorados em uma base teórica reconhecida.

A observação pode ser classificada também em relação ao local em que ela ocorre, se em ambiente natural ou artificial (Ferreira & Mousquer, 2004). A primeira categoria se refere à observação aplicada em ambientes familiares e de circulação cotidiana da pessoa que está sendo avaliada. Em contrapartida, a segunda é realizada em ambientes controlados e artificiais, como a sala onde ocorrem as sessões de AP. Ambas têm vantagens e desvantagens e essas variáveis devem ser consideradas na interpretação dos dados coletados. Por exemplo, na observação naturalística um comportamento objeto de interesse pode não ser emitido pela ausência do fator eliciador na ocasião. Por outro lado, na observação laboratorial, um comportamento emitido após sua estimulação pode não refletir a forma como ele é genuinamente expresso no ambiente natural.

Por fim, apesar de muito incomum no contexto clínico, mas não no contexto de ensino e pesquisa, a prática da observação também pode ser categorizada em relação ao número de observadores (Ferreira & Mousquer, 2004). A prática pode ser executada por apenas um observador (observação individual), como por dois ou mais observadores (observação em equipe). A observação individual é prática e fácil de ser aplicada, visto que depende apenas do observador e do indivíduo observado. Em relação à observação em equipe, a principal vantagem é a possibilidade de complementação e confrontação do fenômeno observado, isto é, de vários observadores complementarem as informações coletadas e de confrontarem as percepções do fenômeno de modo a verificar a fidedignidade dos dados.

Na prática de AP, a observação é um dos procedimentos mais valorizados pelos profissionais, sendo reconhecida como uma técnica fundamental de informação pela resolução n. 9 de 2018 do

CFP (2018). A observação pode complementar as demais fontes de informação utilizadas, como testes psicológicos, entrevistas e outras técnicas. Ela pode auxiliar nas elucidações sobre as inconsistências das entrevistas, causadas por dificuldades de comunicação ou memória do entrevistado, ou devidas à possível falta de cooperação. Além disso, a observação pode ser usada para garantir a validade clínica dos procedimentos padronizados, tendo em vista que pode ajudar a perceber que um teste ou técnica não atingiu seus objetivos, de forma a descartá-lo. Ainda, ela pode fornecer, por exemplo, subsídios para compreender se um teste atingiu apenas parcialmente seus objetivos, uma vez que o ato de observar permite uma avaliação complementar qualitativa sobre o escore final do teste. Com relação aos tipos de dados coletados, a observação pode ser categorizada em dois tipos, quantitativa e qualitativa.

Observação quantitativa

A observação quantitativa é caracterizada pela objetividade e sistematicidade em seu planejamento e execução. Os fenômenos de interesse são passíveis de serem observados e medidos diretamente. Nesse tipo de observação, enfatiza-se a fidedignidade das observações, de modo que dois observadores independentes focados em um determinado comportamento, por exemplo, possam concordar quanto à sua ocorrência ou não. Para isso, torna-se primordial uma linguagem científica e padronizada para a definição e registro dos fenômenos observados. As definições devem sempre ser construídas previamente à observação e, tanto elas quanto o registro do que é observado, devem seguir os critérios de objetividade, clareza e precisão. A observação deve considerar a ordem de ocorrência dos componentes do fenômeno observado e o registro deve ser feito com base em uma linguagem direta e afirmativa (Danna & Matos, 2015; Fagundes, 2015).

Existem vários tipos de observações e registros quantitativos, quase sempre pautados na frequência ou no tempo de duração da ocorrência do fenômeno observado. Uma das exceções é o registro contínuo cursivo, que consiste em registrar os eventos observados enquanto eles acontecem, por um período ininterrupto, respeitando-se apenas a linguagem científica e a ordem em que tais eventos ocorrem. Esse tipo de registro é ideal para as primeiras observações em contextos avaliativos, oferecendo bases para a definição dos comportamentos que serão focados posteriormente (Danna & Matos, 2015). As outras técnicas de registro, por outro lado, não fazem uso da linguagem, mas sim de formas gráficas e números, para representar os comportamentos observados. No que tange à observação relacionada à identificação de frequência de ocorrência, a sua finalidade última é registrar ou indicar quantas vezes um comportamento ou evento ocorreu em determinado período. Outra forma de observação quantitativa, referente ao tempo, visa o registro em segundos ou minutos do tempo de ocorrência de um evento ou do tempo transcorrido para a resposta a um estímulo (latência) ou do tempo para concluir uma tarefa etc. Para esse tipo de observação quantitativa é imprescindível o uso de um instrumento de medida temporal, como relógio ou cronômetro, por exemplo. Pode-se também mesclar os registros de frequência e de duração, por meio de técnicas mistas (Fagundes, 2015). A tabela 1 apresenta as principais técnicas de registro dentro da observação quantitativa, tal como proposto por Danna e Matos (2015) e por Fagundes (2015).

Tabela 1

Principais técnicas de registro da observação na abordagem quantitativa

Técnica de registro	Descrição
Registro contínuo cursivo	• Sem predefinição do comportamento específico a ser observado. • Registro dos eventos observados enquanto eles ocorrem. • Período ininterrupto. • Uso da linguagem científica e a ordem em que tais eventos ocorrem.
Registro contínuo categorizado	• Definição prévia de categorias de comportamentos a serem observados e registrados. • Registro por meio de símbolos correspondentes a cada categoria, cada vez que ela ocorrer.
Registro de evento	• Seleção de um ou mais comportamentos. • Definição e descrição precisa dos comportamentos. • Registro apenas das ocorrências dos comportamentos durante toda a observação ou por períodos. • Contagem da frequência dos comportamentos.
Registro de duração	• Definição e descrição precisas dos comportamentos, com critérios explícitos de ocorrência. • Registro apenas da duração de cada ocorrência dos comportamentos observados. • Uso de cronômetro ou relógio.
Registro de intervalo	• Definição prévia do comportamento observado. • Sessão de observação dividida em períodos ou intervalos de tempo iguais. • Registro apenas da ocorrência ou não do comportamento em cada intervalo e não da sua frequência.
Registro por amostragem de tempo	• Similar ao registro de intervalo. • Entretanto, registra-se a ocorrência ou não do comportamento apenas no segundo ou minuto final de cada intervalo.
Técnicas mistas	• Combinação de duas ou mais das outras técnicas.

Fonte: Danna e Matos (2015) e Fagundes (2015).

A observação quantitativa pode parecer simples à primeira vista por, na maioria das vezes, demandar apenas a indicação do número de ocorrências ou não de um evento ou comportamento ou da determinação de um tempo. Contudo, diversas variáveis tendem a influenciar esse processo. A seguir, são citados alguns elementos que podem interferir nessa prática.

1) *Capacidade atencional do observador*: a indicação da frequência de um comportamento ou evento pode variar em função do grau de atenção do observador. A distração pode tanto resultar em uma falta do registro do evento observado quanto em uma falta de observação do evento ocorrido. Em outras palavras, o observador pode ter visto o evento ocorrer, mas não o registrou por distração, ou ainda ele pode ter se distraído e por isso não viu o evento que acabou de ocorrer. Dessa forma, é importante que o observador

mantenha a atenção sustentada durante todo um processo avaliativo, de modo a identificar a ocorrência de um ou mais eventos ou comportamentos.

2) *Conceito do objeto de observação por parte do observador*: a forma como o observador compreende e define o fenômeno a ser observado também pode resultar numa alteração do desfecho, isto é, na quantidade final de observações. Esse critério pode se dar tanto pela abrangência quanto pela abstração do conceito. Por exemplo, pense no caso de um psicólogo que quer registrar a quantidade de comportamentos ansiosos de um paciente ao longo de uma sessão. Nesse caso, ele está se propondo a registrar todo e qualquer comportamento ansioso, incluindo respiração ofegante, sudorese, rubor, fricção das mãos, balançar dos pés etc. Nota-se que se trata de um conceito que abrange uma variedade de comportamentos. Quanto mais abrangente é a definição do fenômeno, maior a probabilidade de um registro pouco fidedigno, pois o observador deve focar em diferentes comportamentos simultaneamente. Também, em relação ao nível de abstração do conceito, entende-se que, quanto mais abstrato for o conceito, maior será o risco de registros pouco fidedignos. Pense no caso de um psicólogo que quer registrar a quantidade de "comportamentos confiantes" de um candidato à vaga de emprego. Dada a dificuldade de parametrização desse conceito em termos operacionais, principalmente no que se refere à sua avaliação durante uma entrevista, é provável que o desfecho seja pouco fidedigno.

3) *Natureza do objeto de observação*: outro aspecto importante se refere ao tipo de fenô-

meno que está sendo observado. Quanto mais marcado temporalmente e mais objetivo for o fenômeno, mais fácil é observá-lo e registrá-lo. Por outro lado, quanto mais subjetivo e contínuo for o evento, mas difícil se torna a prática de registro e observação. Por exemplo, pense em uma psicóloga escolar que está avaliando o desenvolvimento motor das crianças. A marcha descoordenada, movimentos involuntários, ações estereotipadas tendem a ser fáceis de serem observadas e registradas. Por outro lado, se essa psicóloga decide avaliar o nível de distração das crianças, por mais que ela seja capaz de ver o quanto a criança permanece em uma tarefa e o quanto ela fica parada, os aspectos subjetivos relativos ao fenômeno podem passar despercebidos. Nesse exemplo, pense em uma criança que está parada, olhando para a professora o tempo todo, mas sem atenção ao que está se passando. Desse modo, a observadora pode indicar essa criança como atenta, entretanto, ela está desatenta. Assim, os aspectos subjetivos, a forma de apresentação e o ritmo de manifestação do fenômeno observado tendem a influenciar o desfecho da avaliação.

Oliveira (2019a) propõe estratégias baseadas nos conhecimentos da psicometria para aprimorar a prática da observação na AP no contexto clínico. De forma resumida, o autor propõe que seja feita uma definição do evento a ser investigado, com a indicação dos componentes que envolvem o fenômeno e a determinação dos comportamentos que o refletem. De acordo com o autor, quanto mais bem definido e delimitado for o fenômeno, com base em teorias e/ou investigações empíricas, maior a confiabilidade e validade das interpretações advindas da observação.

Técnicas de registro de frequência de comportamentos não são comuns nos diferentes contextos de AP. Isso porque o resultado quantitativo final, geralmente, não é comparável, dada a falta de parâmetros normativos. Desse modo, ter observado 10 ou 30 sinais de comportamentos ansiosos em uma sessão de avaliação não resulta em uma interpretação diferenciada. Em ambos os casos é provável que o psicólogo reporte a presença de comportamentos do tipo ansioso, sem indicar que estes estão em níveis elevados ou adequados. Isso porque não existem parâmetros para essas classificações. Por outro lado, a observação direta do comportamento na abordagem quantitativa tende a ser uma rica fonte de informação, visto que, quanto mais frequente for um comportamento, maior é a probabilidade de o fenômeno que ele representa fazer realmente parte do funcionamento psicológico do indivíduo avaliado. Por exemplo, na AP de um idoso com suspeita de *Alzheimer*, caso a psicóloga observe que o paciente se esquece do nome dela uma ou duas vezes, isso pode ser considerado como uma variação normal, principalmente se ocorre nas sessões iniciais. Contudo, caso ela observe uma frequência elevada de esquecimento, isso tende a aumentar a evidência de que o fenômeno "*deficits* mnemônicos" de fato está presente. Outros testes e técnicas devem ser administrados, de modo a testar essa hipótese.

Com base no que foi dito, entende-se que o registro de frequência de comportamentos por si só não parece ser uma prática muito proveitosa na AP, a menos que haja algum protocolo bem fundamentado que permita a interpretação normativa dos resultados das observações. Sobre isso, pode ser citada, como exemplo, a técnica de Rorschach, que no Sistema de Avaliação por Performance (R-PAS) (Meyer et al., 2017) é solicitado o registro de todas as vezes em que o avaliando rotaciona o cartão que contém o estímulo do teste. Esse comportamento, quando observado, deve ser registrado e a quantidade final de rotações é comparada com o que é esperado em uma amostra de referência, o que permite uma classificação desse comportamento. Entretanto e apesar de sua importância, o registro apenas da frequência e da duração do comportamento pode muitas vezes ser insuficiente nos processos de AP, requerendo que a observação de dados qualitativos entre em cena.

Observação qualitativa

A observação qualitativa tem por objetivo descrever a expressão do fenômeno observado. Diferente da observação quantitativa, aqui o objetivo não é contar quantas vezes uma manifestação ocorre, mas descrever a forma como os eventos se apresentam. Por exemplo, na avaliação de uma suspeita de autismo, uma psicóloga deveria estar mais interessada em qualificar a forma como a criança interage com as pessoas do que na quantidade de interações que ela estabelece. É bem provável, com base nas apresentações clássicas desse transtorno, que uma criança com autismo tenha menor número de iniciativas de interação interpessoal e que sejam menos responsivas às propostas de interação do que crianças com desenvolvimento típico. Contudo, outras condições clínicas também resultam em poucas interações, como a depressão e alguns quadros psicóticos, entre outras. É a qualidade da interação que irá fornecer subsídios para a compreensão do fenômeno subjacente a esse comportamento. Por exemplo, crianças com autismo tendem a estabelecer relações instrumentais com as pessoas, isto é, elas buscam os outros para satisfazer alguma necessidade proeminente. Compreender a forma como a criança interage, analisando os comportamentos verbais e não verbais que ela emite, possibilita a formulação de hipóteses acerca dos processos subjacentes ao comportamento.

A observação qualitativa implica também na determinação da intensidade. Apesar do conceito de intensidade remeter a elementos quantitativos (muito *versus* pouco), na prática da observação não há uma mensuração objetiva, mas um julgamento subjetivo do que seja muito ou pouco. Nesse sentido, busca-se a qualificação da intensidade e não a sua quantificação. Por exemplo, a observação quantitativa pode resultar na indicação de três episódios agressivos durante a avaliação de uma adolescente. Por outro lado, a observação qualitativa descreve esses episódios como leves. Isso porque, no julgamento do avaliador, as manifestações foram caracterizadas por bater a porta ao sair da sessão, "fechar a cara" durante a entrevista e se recusar a fazer uma atividade avaliativa. A determinação da intensidade deve ser baseada nas teorias e experiências empíricas para se diminuir o viés do observador. Por exemplo, um psicólogo que tem um perfil rígido de valores, condutas e regras sociais pode julgar a aparência e atitude de um adolescente como desleixado, simplesmente por usar calças rasgadas no joelho e sentar-se "jogado" na cadeira.

Vale notar que as teorias de base do profissional servirão de parâmetro para comparações e conclusões acerca dos dados qualitativos coletados por meio da observação. A qualidade do olhar, da fala, da conduta, da interação, da expressão e regulação emocional, da construção narrativa, da aparência e de tantas outras variáveis da pessoa avaliada são elementos que agregam informações significativas ao estudo

psicológico que é feito em um processo de avaliação. Oliveira (2019a) lista fatores que podem ser alvo de observação em um processo de AP. O importante é que no processo formativo haja um investimento por parte dos professores em auxiliar os alunos ou iniciantes a desenvolverem um bom vocabulário que seja capaz de representar o fenômeno observado em forma de narrativas descritivas. Não é incomum encontrar alunos dizendo que "acharam" estranha a forma como o paciente fala, anda, olha ou interage etc. em estágios ou práticas de AP. Primeiramente, é necessário orientá-los a qualificar a narrativa profissional substituindo o "achei" por "observei". Em um segundo momento, há uma tendência de solicitar que descrevam o "estranhamento" percebido. Nesse momento, geralmente é notória a falta de vocabulário. Para tentar auxiliar na comunicação, eles costumam representar o fenômeno por meio de mímicas ou imitação. Certa vez, uma aluna relatou que seu paciente "falava estranho". Ela tentou explicar o que ela tinha observado de estranho dizendo algo do tipo: "ele junta as palavras ao falar". De fato, muitas vezes, as pessoas juntam as palavras enquanto falam e não dão uma pausa ou não respiram após cada palavra pronunciada. Ela tentou explicar melhor, mas não conseguiu. Então, ela tentou imitar, mas também sem sucesso. Para solucionar a questão, foi pedido que ela gravasse uma sessão (com as devidas autorizações). Ao analisar o conteúdo da gravação, foi observado que o paciente apresentava uma fala cujas tônicas das palavras eram mal-aplicadas, dando a impressão que ele "juntava as palavras". Por exemplo, a frase: "minha mãe foi me buscar"; era pronunciada: "minha mãe *foí* me *búscar*".

O auxílio dos professores aos alunos no desenvolvimento de competências comunicacionais também pode ocorrer no aprimoramento do vocabulário técnico-científico e da capacidade descritiva e interpretativa dos fenômenos observados. É importante que o aluno seja capaz de nomear e descrever o que foi observado. Uma forma de auxiliá-lo na nomeação, com base nos conhecimentos psicológicos, é perguntar a ele: "Esses comportamentos que você acabou de descrever podem refletir qual característica psicológica?" Por exemplo, um aluno que está aprendendo a fazer avaliação neuropsicológica dentro da abordagem da neuropsicologia cognitiva relata em supervisão que seu paciente, um senhor de 73 anos de idade, interrompeu diversas vezes a entrevista, respondia sem pensar muito nas perguntas, prejudicando a fluidez da interlocução. O professor pode perguntar ao aluno: "Esses comportamentos de interrupções do fluxo da entrevista e de dar respostas impensadas podem estar refletindo qual processo psicológico?" Caso o aluno ofereça alguma resposta, correta ou não, pede-se uma justificativa e trabalha-se com o aluno a partir dessa resposta. Caso o aluno não ofereça uma resposta, o professor pode dar a resposta e trabalhar o raciocínio que a fundamenta. Neste exemplo: "Esses comportamentos podem refletir um controle inibitório deficitário. Pacientes com problemas de controle inibitório tendem a agir de forma impulsiva, que pode refletir em falas impulsivas e, por vezes, desconexas do contexto". Além disso, é sabido que um mesmo comportamento pode ser multideterminado e refletir diferentes aspectos psicológicos. Trabalhar o "leque" de possibilidades e planejar formas de testar essas hipóteses têm um provável impacto positivo na formação profissional do iniciante. Apesar de suas diferenças, muitas vezes, as técnicas de observação quantitativa e qualitativa podem e precisam ser integradas.

Integração das técnicas de observação quantitativa e qualitativa

Tanto a quantificação quanto a qualificação de comportamentos, eventos e situações durante uma AP tendem a fornecer importantes subsídios para as conclusões do processo. Quantas vezes um dado fenômeno ocorre, e como e quando ele ocorre são informações preciosas para o entendimento do caso. É importante saber integrar esses dados de forma a extrair deles informações válidas e confiáveis. É papel do professor ajudar os alunos a integrarem esses dados quantitativos e qualitativos e interpretá-los à luz de modelos e teorias psicológicos, permitindo uma compreensão aprofundada do fenômeno. A atribuição de sentido e significado aos dados observados parte de uma análise minuciosa deles, integrada aos conhecimentos psicológicos. Trata-se de um exercício contínuo de se perguntar: "Qual é o fenômeno? Quantas vezes ele ocorre? Quando ele costuma ocorrer? Onde ele costuma se manifestar? Ele é circunscrito a algum local, situação ou tempo? Existe algum padrão? Como ele se expressa? Qual a intensidade de sua manifestação? Qual ou quais os modelos e teorias psicológicos abarcam esse fenômeno? O quanto esses modelos ajudam a compreender o fenômeno?" Todas essas questões podem ajudar o aluno na aplicação da técnica de observação e na análise dos dados advindos dessa técnica. Além disso, algumas propostas específicas podem ser apresentadas para potencializar o ensino da observação.

Propostas de técnicas e métodos de ensino da observação

Quanto mais sólidas as bases teóricas que as fundamentam, maior a qualidade das observações e a chance de refletirem acuradamente os aspectos da pessoa observada. Assim, habilidades para observar devem ser gradualmente desenvolvidas pelos jovens profissionais em formação. Há habilidades que o discente já traz consigo mesmo e outras que podem ser desenvolvidas com auxílio de um professor ou supervisor. A aprendizagem deve ocorrer em uma abordagem proximal, considerando as habilidades e interesses do aluno, mas também fornecendo meios para potencializar seu aprendizado. A área das neurociências fornece evidências suficientes de que o interesse e a motivação do aprendiz são a chave de seu aprendizado. Dessa forma, recomenda-se que o professor/supervisor considere essas variáveis do discente para a prática. Ainda, recomenda-se que haja certa diretividade no processo de ensino, ajudando na otimização do tempo que é limitado em horas, aulas ou semestres. Isso pode acontecer ao se fornecer opções mais planejadas para a realização da prática de observação no tempo que se dispõe. Portanto, a formação teórica e o fornecimento de roteiros pelo professor podem otimizar a prática e aprendizagem do aluno.

A seguir, são apresentados alguns aspectos teóricos da observação com diferentes objetivos, seguidos de exemplos práticos utilizados pelos autores no ensino da técnica. A formação em observação na AP pode ocorrer tanto de maneira individual quanto grupal, no último caso, tanto com grupos grandes (sala de aula) como pequenos (supervisões de estágio). Além disso, pode ser ensinado tanto nas disciplinas de Avaliação Psicológica, Psicopatologia, Metodologia, dentre outras, quanto na prática clínica de estágios. As práticas para o ensino de observação podem incluir o uso de gravações de atendimentos, desde que autorizadas pelos pacientes e/ou seus familiares, vídeos de casos reais ou simulados disponí-

veis on-line, uso de roteiros para analisar observações realizadas pelo discente ou outras pessoas, práticas simuladas em sala de aula, uso de filmes e documentários, dentre muitas outras opções. Não é objetivo do presente capítulo relatar todas as possibilidades e esgotar o assunto, mas sugerir ou fomentar ideias aos professores e supervisores que atuam no ensino da observação em AP.

Uma dessas ideias está associada aos aspectos específicos da observação voltada ao público infantil.

A especificidade da prática da observação na Avaliação Psicológica infantil

De acordo com Bentzen (2018), há três grandes argumentos a favor da utilização da técnica de observação na AP de crianças. O primeiro deles é a possibilidade de avaliação de comportamentos que não podem ser mensuráveis de outra forma. O uso de grande parte dos testes e das entrevistas exige a capacidade de falar, escrever ou comunicar ideias e sentimentos bastante complexos. As crianças muito pequenas, especialmente as de três anos ou menos, não apresentam muitas das habilidades necessárias para tais procedimentos ou mesmo apresentam dificuldades para entender perguntas e instruções. Soma-se a isso a tendência da criança em querer agradar, o que por vezes leva ao comportamento de aquiescência, ou seja, a concordância com informações trazidas pelo avaliador que nem sempre são verdadeiras. No contexto de avaliação de crianças vítimas de violência, Schaefer et al. (2012) chamam a atenção para que as mesmas perguntas não sejam colocadas repetidas vezes, já que as crianças podem confirmar informações falsas quando têm a sensação de que estão desagradando o entrevistador. Além disso, pode ocorrer o processo de falsas memórias quando as perguntas são feitas de forma repetida ou tendenciosa, produzindo-se informações inverídicas (Garven et al., 1998).

O segundo argumento a favor da observação é que a criança não costuma dar a mesma credibilidade aos procedimentos de testagem em comparação aos adolescentes ou adultos (Bentzen, 2018). A testagem padronizada como instrumento único de coleta de informações é insuficiente na AP de crianças. A observação, além de contribuir com o acúmulo de informações no processo, pode auxiliar a garantir a validade clínica dos testes, identificando se a forma que a criança respondeu a tarefas padronizadas realmente reflete seu desempenho.

Por fim, o terceiro argumento ao uso da observação é a naturalidade desse procedimento para a criança pequena. Mesmo sabendo que estão sendo observadas, muitas crianças pequenas se sentem menos ansiosas e ameaçadas do que crianças mais velhas ou adultos. Há uma menor mudança do comportamento em resposta à presença do observador (Bentzen, 2018). Entretanto, isso pode não ser verdadeiro para todas as crianças e o observador deve tomar todos os cuidados para não as incomodar e fazê-las agir muito diferente do que realmente fariam. Algumas possibilidades são permanecer tão discreto quanto possível ou agir de forma muito natural, sendo responsivo, de forma que crenças e expectativas da criança sobre o que o observador está fazendo não atrapalhem o processo de observação. Do ponto de vista ético, o mais importante é o cuidado com a criança e seu bem-estar, seguido pela qualidade do procedimento observacional para uma conclusão honesta e bem-sucedida da avaliação. Antes de iniciar o ensino da prática

para os discentes, essas questões devem ser detalhadas, de forma a direcionar o olhar do observador aos aspectos relevantes à AP de crianças.

Serão apresentadas, a seguir, duas propostas para ensino da observação em AP de crianças. A primeira delas pode ser conduzida por duplas ou trios de alunos, responsáveis por observar uma criança específica. Trata-se de uma proposta de observação de indicadores do desenvolvimento infantil e de associação desses com aspectos da vida da criança. Com incentivo do professor, os discentes podem definir um ou mais objetivos de interesse para a observação. O ideal é não delimitar um grande número de objetivos, para a prática ser mais direcionada, e, dessa forma, proporcionar um conhecimento mais consistente no tema escolhido. Esses objetivos podem ser definidos após uma primeira observação da criança escolhida pela dupla ou trio de alunos, partindo do interesse deles. Essas crianças podem ser participantes de outros projetos da universidade, como de uma brinquedoteca. Escolhidas as variáveis de interesse, pode-se delimitar o tema da observação, como, por exemplo: (1) identificar as habilidades de comunicação expressiva e receptiva de uma criança de três anos com suspeita de autismo e compará-las com habilidades de crianças típicas da mesma faixa etária; (2) observar o desenvolvimento de habilidades de uma criança de um ano e nove meses nos domínios da comunicação e linguagem e motricidade, tendo em vista que foram identificados, na primeira observação, indícios de desenvolvimento motor acima do esperado e poucos marcos do desenvolvimento linguístico; e (3) Observar indicadores do desenvolvimento da autoestima e habilidades sociais de uma criança de 11 anos com histórico de maus-tratos e afastamento do convívio familiar.

Os discentes podem ser incentivados a procurar bibliografia especializada em livros e artigos científicos sobre desenvolvimento infantil em relação ao tema de investigação. Sugere-se trabalhar com o raciocínio de pesquisa na atividade prática, partindo-se de um conhecimento teórico do fenômeno observado para se chegar a uma conclusão do que é visto na prática (raciocínio dedutivo). Após o levantamento inicial, as ideias são discutidas com o professor responsável na sala de aula. O ideal é dar espaço aos colegas para comentarem e também atuarem como em um processo de intervisão (processo em que os pares auxiliam e dão sugestões uns aos outros acerca de suas ações), de acordo com seus conhecimentos em outras disciplinas e experiências de observação. Na experiência dos autores, abrir-se à diversidade de teorias da psicologia, desde que caibam no escopo da observação, pode valorizar o conhecimento e *background* do discente, quebrando resistências e motivando-o a desenvolver habilidades técnicas de observação mesmo que não compartilhe da abordagem teórica do professor.

O professor pode oferecer roteiros aos discentes ou pressupostos teóricos claros que fundamentem a observação. Em uma aplicação da atividade de observação proposta, ofereceu-se roteiros com habilidades de desenvolvimento presentes em livros, como *O pré-escolar* (Miranda & Malloy-Diniz, 2018), ou *checklists* de desenvolvimento de acordo com o domínio investigado (p. ex., o Inventário Portage Operacionalizado; Willians & Aiello, 2001). Supervisões semanais ou quinzenais são recomendadas para se discutir o que os discentes observam e comentar a prática, bem como definir atividades que podem ser feitas nas brincadeiras com a criança para observar os comportamentos de interesse. As discussões devem buscar ampliar o olhar do observador e fazê-lo entender a indissociação entre o conhecimento teórico e prático na atividade de observação na psicologia. Sugere-se que o professor mostre a aproximação do raciocínio de pesquisa ao pensamento clínico, evidenciando que as teorias e a pesquisa só existem porque têm relevância prática. O supervisor pode pedir um relatório da atividade aos alunos, com dados de identificação que contextualizem quem é a pessoa observada (p. ex.: idade, sexo, nível socioeconômico, dados relevantes da história de vida), uma breve explanação da teoria de fundamentação, objetivos, métodos de observação empregados, resultados e discussão, fazendo uma associação entre teoria e prática, com base nos principais achados. No caso de o professor não ter estrutura no local de ensino para que os alunos possam observar uma criança ao vivo, adaptações à atividade podem ser feitas, como observação em sala-espelho ou de vídeos. Entende-se que vídeos reais, caso disponíveis, têm qualidade superior à de filmes ou documentários. Entretanto, caso não seja possível, o professor pode adaptar a atividade usando algum filme pré-selecionado e dando algumas opções de temas para observação.

A segunda proposta de atividade prática de observação é sobre uma sessão de AP utilizando o método da entrevista lúdica diagnóstica (Krug et al., 2016), isto é, um atendimento realizado a partir de jogos e brincadeiras. Para essa proposta, recomenda-se o uso da gravação de um atendimento realizado pelo próprio professor ou por algum estagiário mais experiente. Reforça-se a importância ética de que qualquer gravação da sessão seja feita apenas com autorização dos responsáveis pela criança, que devem assinar um termo de consentimento específico para tal. Nos casos em que não é possível a observação de um atendimento real, pode-se recorrer a uma prática simulada e videogravada. Em caso de prática simulada, ela deve ser feita por profissional da psicologia com bastante experiência. Os discentes que vão realizar a prática de observação devem ter acesso à demanda inicial da AP, que geralmente é levantada na entrevista com os pais ou responsáveis pela criança (um relatório deve ser fornecido aos discentes). A partir disso, eles deverão ver o vídeo e atentar para aspectos do desenvolvimento da criança. A tabela 2 fornece sugestões de itens baseados no estudo de Krug e Bandeira (2016) que podem ser observados nos vídeos. O professor pode adequá-los em função de interesses específicos, do conteúdo da filmagem, ou teoria de base. A discussão dos aspectos observados pode ser feita individualmente, a princípio, e a seguir em pequenos grupos de discentes para o compartilhamento de percepções, e, ao final, discutidos por toda a turma, de modo a ampliar as perspectivas de observação e dar significado a elas dentro do processo de AP.

Tabela 2

Sugestão de itens para observação a partir de um vídeo de entrevista lúdica diagnóstica

Critério	Descrição
Formas de interação com o brinquedo	• Observa de longe, espera proposta do entrevistador, irrupção brusca ou caótica, dúvida: pega e larga, latência inicial e em seguida atividade organizada.
Capacidade simbólica e criatividade da criança	• Riqueza expressiva, capacidade intelectual, temáticas mais frequentes expressadas nas atividades simbólicas.
Quando há brincadeira simbólica	• Quais foram os enredos, cenas e conteúdos da atividade lúdica criados pela criança? • Eles se associam a informações trazidas pelos pais?
Interação com o entrevistador	• Houve vínculo, quais os afetos demonstrados?
Normas e regras da entrevista lúdica	• A criança propõe ou segue os combinados? • A escolha do brinquedo é coerente com a fase do desenvolvimento? • A atividade da criança organizada?
Indicadores de desenvolvimento	• Cognitivo: a criança consegue realizar tarefas esperadas para a idade? Ex.: quebra-cabeça, jogo da memória. • Motricidade: movimentos finos, ritmo, deslocamento, movimentos estranhos etc. • Comunicação e linguagem: fala e gestos, expressão pela brincadeira e adequação para a idade, que assuntos conversa durante a entrevista lúdica? • Tolerância à frustração: aceita as instruções, limitações, término?
Avaliação global	• Quais foram os comportamentos mais comuns da criança durante a entrevista? • Quais foram os sentimentos e comportamentos mais observados na entrevista lúdica? Sentimentos e impressões do observador.

Fonte: Krug e Bandeira (2016).

Esse roteiro apresentado é heterogêneo, com diferentes itens que podem ser avaliados. Cabe ao professor fazer escolhas de inclusão e exclusão de itens, de forma que satisfaçam suas demandas pedagógicas e que possibilitem alcançar os objetivos desejados. Essas possibilidades constituem-se como exemplos de atividades que, feitas conforme sugerido ou adaptadas, podem favorecer a aprendizagem dos alunos na prática da observação em AP. Além de sua aplicação ao público infantil, a observação possui também algumas especificidades quando utilizada na avaliação de psicopatologias.

A prática da observação na avaliação de psicopatologias

Assim como para a prática psicológica em geral, o ensino de uma observação minuciosa e integrada a conhecimentos prévios tem importância fundamental para a avaliação psicopatológica. Sua relevância se torna explícita no ensino da semiologia psicopatológica, que consiste no estudo dos sinais e sintomas dos transtornos mentais. Os sinais são os elementos comportamentais, passíveis de observação direta, como alterações motoras e da linguagem, por exemplo. Por outro lado, os sintomas são os elementos subjetivos, aqueles relacionados às experiências do sujeito, sendo passíveis de acesso ao avaliador apenas por meio da comunicação, do relato do paciente e das suas queixas (Dalgalarrondo, 2018; Cheniaux, 2015).

Os procedimentos específicos que possibilitam o acesso aos sinais e sintomas que compõem os transtornos mentais, além de sua descrição, constituem a semiotécnica, que se dá por meio de dois processos principais. Um deles é a entrevista, realizada diretamente com o paciente ou com informantes, o que requer a habilidade de formulação de perguntas adequadas para a identificação dos sinais e sintomas de cada transtorno (sobre técnicas de entrevista recomendamos a leitura de Oliveira, 2019b, e de Silva & Bandeira, 2016). O outro processo consiste na própria observação, que deve ser realizada de forma paciente e abrangente. Ela inclui a análise da postura, da aparência, do conteúdo e da forma da fala, dos movimentos, além do modo de interação com pessoas diferentes, incluindo o próprio avaliador. Entretanto, para que a semiotécnica seja efetiva, é necessário um conhecimento prévio das principais funções psicológicas e como suas alterações se expressam por meio dos sinais e sintomas em cada transtorno. Essas funções incluem a consciência, a atenção, a memória, a inteligência, a linguagem, a afetividade, a vontade, a psicomotricidade, a personalidade, a sensopercepção, entre outras (Dalgalarrondo, 2018). Desse modo, a correta identificação dos sinais e sintomas só pode ocorrer por meio da integração desse conhecimento prévio com a entrevista e a observação, o que pode ser ensinado de forma prática pelos docentes, com o uso de recursos audiovisuais e de simulações ou *role-play*, por exemplo.

A seguir, serão apresentados dois exemplos de ensino da prática de observação envolvendo o estudo de condições psicopatológicas. Uma proposta de atividade prática pode ser feita com estagiários que estejam avaliando crianças com suspeita de Transtorno do Espectro Autista (TEA), ou mesmo com estudantes de disciplinas de AP ou psicopatologia. O professor/supervisor deve dar uma aula teórica sobre sinais e sintomas de TEA e fornecer aos alunos alguns instrumentos que permitem identificá-los. Sugere-se disponibilizar as versões brasileiras do Modified

Checklist for Autism in Toddlers (M-CHAT) (Losapio & Pondé, 2008) e da escala de avaliação Childhood Autism Rating Scale (CARS) (Pereira, 2007). Indicadores-chave devem ser discutidos, bem como a diferença entre elementos quantitativos (apresentar ou não o comportamento) e qualitativos (descrever o comportamento que está fora do padrão esperado para a idade e nível de desenvolvimento). Deve-se alertar os discentes de que, muitas vezes, o que define um sintoma sugestivo de TEA não é o fato de a criança apresentá-lo ou não (p. ex., não olhar no olho), mas os prejuízos em sua manifestação (p. ex., há frequência muito baixa de contato visual e pouca iniciativa da criança em se comunicar com o outro através do olhar). Após a formação teórica, o professor deve apresentar vídeos reais de crianças com desenvolvimento típico e de crianças com sinais de autismo retirados de plataformas como o YouTube. A tarefa dos observadores é identificar e nomear os sinais e sintomas de TEA nos vídeos em que eles aparecem, registrando os casos que são sugestivos do transtorno e os que não são. Uma segunda proposta para o ensino de observação no TEA pode focar no desenvolvimento longitudinal do transtorno. Sabe-se que há um padrão não linear de desenvolvimento de sinais e sintomas no autismo, podendo haver casos de regressão desenvolvimental, de agravamento ou atenuação dos sintomas ao longo do tempo. Há vídeos no YouTube que mostram a evolução de crianças com TEA ao longo de meses, ou até de anos, que podem ser usados para treinar esse olhar do estagiário e aprofundar a discussão diagnóstica, além dos aspectos quantitativos e qualitativos na avaliação do autismo.

Outra possibilidade é utilizar filmes e documentários como recursos para o aprimoramento da habilidade de observação e identificação de sinais e sintomas. A utilização desses recursos pode demandar alguma cautela por parte do professor, que deve orientar os alunos quanto aos prováveis elementos fictícios que são próprios desse tipo de recurso. Uma prática que pode ser implementada para solidificar a capacidade de compreensão e identificação de critérios diagnósticos pode ser a utilização do documentário *Conversations with a killer: The Ted Bundy tapes* disponível no Netflix. Após uma aula sobre psicopatia, os alunos devem receber uma lista com os 20 critérios da psicopatia propostos por Hare (1991). A tarefa dos alunos é assistir aos quatro episódios do documentário e fazer anotações sobre os critérios observados. Os alunos devem identificar o nível de cada um dos 20 sintomas por meio de um registro quantitativo (0 = traço ausente; 1 = presença moderada do traço; 2 = forte presença do traço), seguido de um registro descritivo, informando como a característica se expressava. Ao final, os alunos devem fazer uma consideração diagnóstica se positivo ou negativo para psicopatia e concluir com uma justificativa acerca da decisão diagnóstica. Como atividade complementar, o professor pode ilustrar o método de fidedignidade entre avaliadores e em relação a um padrão-ouro. Para tanto, ele pode analisar o nível de concordância entre observadores por meio do emprego da estatística Kappa com base nos resultados dos alunos e também como base na pontuação do próprio professor (considerado padrão-ouro). Os níveis de confiabilidade alcançados podem servir de base para discussões teóricas e técnicas sobre o assunto. Essa prática ainda ilustra um procedimento da psicometria.

A escolha da psicopatia para esse exercício se dá pelo fascínio que os alunos geralmente têm sobre o tema, o que resulta em maior engajamento na tarefa. Ainda, a disponibilidade desse documentário, que apresenta um caso real, em um sistema de *streaming* de vídeo que é popular e de fácil acesso à maioria dos alunos, torna possível um trabalho feito em casa, com riqueza de detalhes. Por fim, apesar de a psicopatia não constar nos manuais diagnósticos[9], ela ilustra bem a realidade da comunidade científica que investiga outros quadros psicopatológicos não listados nos principais sistemas diagnósticos. Além de contextos específicos, como na avaliação do comportamento infantil e de psicopatologias, a observação pode também apresentar particularidades quando aplicada em procedimentos padronizados da AP.

A prática da observação do comportamento em procedimentos padronizados da Avaliação Psicológica

Durante a aplicação de um teste ou de uma tarefa padronizada como, por exemplo, as de Teoria da Mente (cf. Oliveira et al., 2012), a observação é fundamental para identificar o grau de confiança do psicólogo nos resultados encontrados no procedimento utilizado. Isso porque nem sempre o avaliando realiza as tarefas com o empenho necessário para garantir que os procedimentos sejam válidos e representantes de seu desempenho. Fatores como a falta de motivação, a ansiedade ou outras emoções podem atrapalhar o comportamento natural da pessoa e afetar seu desempenho, podendo ser percebidos pelo avaliador, que a partir disso faz ressalvas na

interpretação dos resultados quantitativos. Além disso, a observação fornece dados qualitativos indicando as áreas que o avaliando precisa de suporte e ajuda adicional, o que favorece a indicação e direcionamento de intervenções.

Oliveira e Silva (2019) defendem a integração de resultados quantitativos e qualitativos na AP. Essa integração de técnicas deve ser ensinada e enfatizada pelos professores de AP em virtude da sua importância fundamental no processo. Sabe-se que muitas avaliações psicológicas com resultados questionáveis envolvem a restrição do profissional em relação à quantidade e qualidade das técnicas e informações utilizadas, bem como a falta de crítica sobre as falhas nos procedimentos utilizados. Todos os procedimentos possuem seus níveis de alcance e de limitação e isso deve ser ressaltado no ensino da AP.

Como sugestões para o ensino da observação aos estagiários que estão em treinamento na área de AP o supervisor pode pedir anotações e/ou relatos qualitativos sobre o comportamento do avaliando durante a aplicação dos testes ou técnicas. Essas anotações devem ser discutidas em cada supervisão podendo, em alguns casos, ter mais prioridade do que os resultados quantitativos no entendimento ou conclusão do caso. As observações podem abranger os graus de motivação e empenho do avaliando na execução da tarefa. Nesse sentido, o aluno deve ser capaz de descrever se o paciente parece ter perdido o engajamento em algum momento específico do teste, ou apresentou indicadores de autocrítica excessiva, medo de errar, atitudes sugestivas de insegurança, recusa em seguir respondendo, entre outros. A observação também pode envolver os tipos de erros cometidos pelo avaliando (p. ex., em tarefa de leitura, há um padrão de erros? Se sim, qual a hipótese para tal?) e a qualidade do

---

9. Algumas versões do *Manual diagnóstico e estatístico de transtornos mentais* (DSM) consideraram a psicopatia como sinônimo de transtorno da personalidade antissocial. Contudo, a literatura especializada da área diferencia as duas condições clínicas (cf., p. ex., Abdalla-Filho, & Völlm, 2020).

ambiente (p. ex., se o desempenho foi afetado por distratores, como estímulos variados do consultório, barulhos, luminosidade em falta ou em excesso). Também deve ser incentivado que o estagiário faça uma auto-observação do seu desempenho, incluindo o quanto estava preparado para atender e deixar o avaliando à vontade, acertos ou erros na aplicação dos instrumentos, e demais aspectos que achar relevante comentar. O relato dos erros deve ser valorizado pelo supervisor como forma de aprendizado e aprimoramento para os próximos atendimentos do estagiário. Embora a restrição de tempo seja uma realidade que os professores/supervisores têm que enfrentar, somada às remunerações muitas vezes deficitárias em relação à quantidade de horas de fato trabalhadas, o investimento inicial nas supervisões e no aprimoramento das habilidades de observações do estagiário costuma qualificar o processo de AP em toda a prática subsequente. Uma forma pela qual essa qualificação pode ocorrer é por meio do próprio papel da observação como um instrumento que pode ser usado para regular os processos de AP.

A observação como dispositivo regulador das sessões de Avaliação Psicológica

Os dados coletados pela observação impactam todo o processo de AP, incluindo a autorregulação comportamental do profissional. Por exemplo, em uma entrevista de anamnese, o profissional pode notar que o paciente está ficando irritado com a quantidade e abrangência das perguntas. Com base nesse dado, o profissional pode tomar uma decisão que melhor se adequa ao contexto e ao caso específico. Pode ser que para esse caso seja interessante o psi-

cólogo lançar luz para a situação e explorá-la abertamente, como, por exemplo, dizendo: "Eu estou tendo a impressão de que as perguntas que estou fazendo estão lhe gerando algum desconforto ou incômodo. Você gostaria de falar sobre isso?" Pode ser que em outro caso, o mais conveniente seja o profissional dar um "passo atrás" e aliviar o ritmo da entrevista, oferecendo *feedbacks* empáticos, de modo a facilitar o processo avaliativo. Nessa situação, o psicólogo poderia fazer intervenções verbais do tipo: "Esse monte de perguntas que estou fazendo sobre aspectos tão íntimos podem causar algum desconforto, não é? Se você achar que estamos indo em um ritmo desconfortável, você pode sinalizar isso a qualquer momento. Tudo bem? Como você está se sentindo até agora?" A ideia é tentar manter um vínculo positivo e um ritmo produtivo de trabalho. São os dados da observação no "aqui e agora" que irão fundamentar as decisões do profissional para melhor conduzir a sessão. É importante que o psicólogo registre tanto o fenômeno observado quanto o contexto em que o fenômeno ocorreu, a decisão que foi tomada e as consequências após a intervenção do profissional. Esse registro pode auxiliar no entendimento global do caso.

Durante uma avaliação, o avaliando oferece uma gama de dados verbais e não verbais. Todos esses estímulos estão disponíveis para serem processados pelo profissional. Cabe ao psicólogo percebê-los, registrá-los e decidir se precisa atuar sobre eles ou não. Na avaliação de um adolescente, por exemplo, observou-se que ele chegava às consultas com mau odor. Apesar de o adolescente pertencer a uma classe socioeconômica pouco favorecida, seus responsáveis sempre demonstraram bastante asseio e cuidado pessoal. Esse dado, que foi processado por meio do olfato, auxiliou na compreensão do caso que englobou um autocuidado deficitário como fator importante do funcionamento psicológico do adolescente. Nesse caso, o dado observado não resultou em uma intervenção direta do profissional, que poderia questionar abertamente o paciente se ele conseguia perceber o próprio mau odor. Contudo, indiretamente, o profissional investigou junto ao próprio adolescente e aos familiares acerca de hábitos de cuidado e higiene pessoal.

Alguns temas ou atividades podem sensibilizar os avaliandos. Muitas vezes, eles podem não expor abertamente suas emoções e inclusive podem tentar disfarçá-las. Uma vez que o psicólogo observa esse fenômeno é recomendado que ele investigue as razões de tal sensibilização. Durante uma entrevista clínica, por exemplo, o psicólogo pode perguntar sobre situações importantes que aconteceram na vida do avaliando. Nesse momento, o paciente pode ficar com os olhos lacrimejados ao falar de algum episódio de sua vida, esforçando-se para não demonstrar todos os seus afetos. Com base nesse dado coletado por meio da visão, o profissional pode intervir e investigar as razões que fazem com que o paciente se emocione com o assunto. Ele pode fazer uma intervenção verbal simples: "Pareceu que você ficou emocionado ao falar disso..." e esperar a produção narrativa e emocional do paciente frente a essa intervenção.

Como discutido no tópico anterior a este, durante a aplicação de testes e técnicas psicológicos, o avaliando pode apresentar uma ampla variedade de comportamentos verbais e não verbais. Esses dados devem ser processados e muitas vezes orientam intervenções imediatas ou futuras. Citamos dois casos reais para ilustrar essa questão. Certa vez, foi aplicado o teste do Desenho da Figura Humana-III (Wechsler, 2003)

em uma criança e ela não conseguia concluir a tarefa, apagando frequentemente os traços iniciados, chegando inclusive a rasgar o papel. Os comportamentos indicavam um intenso episódio ansioso e na ocasião foi interrompida a aplicação do teste devido ao elevado grau de sofrimento que a criança estava apresentando. Nesse caso, os dados observados subsidiaram a intervenção imediata com vistas a garantir o princípio ético de não maleficência. O profissional deve ter um cuidado especial para não gerar mais sofrimento com esse tipo de intervenção. Na ocasião, o profissional falou algo como: "Eu tenho uma proposta de atividade diferente para a gente fazer agora. O que você acha de a gente ir ao armário de brinquedos e escolher um jogo?" A ideia era tirar o foco do evento estressor, substituindo-o por um estímulo mais prazeroso. É importante que o professor oriente os alunos a compreenderem o papel e a importância da observação na regulação do comportamento do próprio avaliador e do ritmo da sessão.

O outro exemplo diz respeito à avaliação das funções executivas de uma criança. Durante a aplicação do teste de classificação de cartas de Wisconsin (Heaton et al., 2004), o profissional observou que a criança começou a fazer combinações aleatórias das cartas, incluindo verbalizações do tipo: "eu sei que aqui é cor, mas eu quero colocar essa aqui". Esse dado, observado por meio da visão e audição, fornece subsídio suficiente para o avaliador entender que os resultados quantitativos não refletem o nível de habilidade real das funções executivas da criança. Nesse caso, o profissional optou por utilizar esse dado para uma intervenção futura e não imediata. As decisões sobre esse evento foram: (1) relembrar o contrato e a importância das atividades na próxima sessão, de modo a encorajar um maior engajamento da criança; e (2) aplicar uma outra medida para a avaliação das funções executivas.

Além dos contextos, aplicações e papéis específicos que a observação pode adquirir no processo de AP, seu simples uso, de maneira geral, pode ser, em si, desafiador, em algumas situações. Um exemplo desse desafio seria o ensino da observação a pessoas com certos tipos de deficiência, como a visual.

Desafios do ensino da observação a alunos com deficiência visual

O ensino da observação a alunos com deficiência visual insere-se no contexto da educação superior para pessoas com deficiência em geral. À primeira vista, ensinar observação a essa população específica pode parecer uma missão quase impossível para os professores de cursos de Psicologia. Essa ideia pode ocorrer devido ao estereótipo de que a prática da observação depende quase exclusivamente do uso de referências visuais. Além disso, deve-se reconhecer que não há, em geral, uma preparação dos docentes para o ensino de pessoas com esse tipo de deficiência.

Entretanto, ensinar a observação a alunos com deficiência visual é algo realmente possível, desde que considerados três aspectos principais. O primeiro diz respeito às capacidades e aos recursos próprios dos alunos, que podem ser aproveitados para possibilitar e otimizar os processos de ensino e aprendizagem. O segundo aspecto está relacionado às necessidades específicas do aluno com deficiência visual. Por fim, o professor deve estar ciente de todos os recursos disponíveis para adaptar o ensino a essas necessidades.

Com relação ao primeiro aspecto, associado às capacidades e recursos dos alunos com deficiência visual, precisamos retornar ao próprio conceito de observação. Como apresentado anteriormente, a observação consiste na captação direta de informações por meio da sensopercepção, integrada com os conhecimentos anteriores do observador e o processamento dessas informações. Como também já foi destacado, tais informações incluem não só aquelas captadas pelo globo ocular, mas por qualquer órgão dos sentidos. Portanto, deve-se ter em mente uma definição ampla de observação, considerando os dados captados também por meio do tato, do paladar, do olfato e da audição. Baseando-se nessa definição mais ampla, podem-se explorar, no ensino da observação, os outros sentidos que estão preservados nas pessoas com deficiência visual. Além disso, sabe-se que as pessoas com esse tipo de deficiência desenvolvem maiores habilidades no uso dos outros sentidos, principalmente no tato e na audição. Esta última, em particular, é um instrumento essencial na captação de informações para a prática psicológica. Ainda, é provável que pessoas com deficiência visual sejam capazes de fazer discriminações nos sons emitidos pelos pacientes do que pessoas que enxergam não são capazes de perceber.

No que diz respeito às necessidades dos alunos com deficiência visual, os professores devem saber o nível de deficiência desse aluno, sua história, suas dificuldades e também como ele lida com situações gerais em que é essencial a captação e processamento de informações. Em relação ao último aspecto citado, o professor deve conhecer também os recursos existentes, institucionalmente e ao nível da sala de aula, como setores e políticas institucionais de apoio e inserção de alunos com deficiência, dispositivos e tecnologias disponíveis, o uso de pares e monitores no processo de ensino, entre outros. Baseando-se nesses aspectos e na experiência prévia com alunos com deficiência visual, são apresentadas, a seguir, algumas sugestões para o ensino da observação a essa população específica.

Primeiramente, no caso da observação em AP, deve-se conhecer e explorar como o aluno capta as informações na interação verbal com outras pessoas, principalmente por meio da audição. Por exemplo, pode-se explorar o timbre de voz, volume, intensidade e duração e ritmo da fala que acompanha cada estado emocional. Outra estratégia possível seria, durante o ensino da observação de expressões faciais, fazer uso de um monitor ou colega em que o aluno tenha confiança. Esse monitor ou colega poderia simular cada expressão em sua própria face, enquanto ela é explorada pelo aluno por meio do tato, com suas mãos. Além disso, quando recursos didáticos forem utilizados para o treino da observação, sugere-se o uso de recursos audiovisuais ao invés de apenas visuais. Por outro lado, quando recursos unicamente visuais são indispensáveis, o docente deve descrever as imagens visualizadas. Nos casos em que o aluno tiver uma deficiência parcial visual, os recursos visuais podem ainda ser utilizados de forma exclusiva, mas desde que suas necessidades sejam atendidas, como o uso de imagens maiores, por exemplo. Todas essas sugestões não anulam a possibilidade de explorar o uso da visão. Elas apenas reforçam e potencializam a expansão do conceito e da prática da observação.

Considerações finais

A observação é uma das técnicas mais utilizadas na psicologia e na AP, devendo ser ensinada em todos os campos de atuação profissional. É importante que os discentes aprendam a nomear eventos, descrever comportamentos, identificar fenômenos e compreendê-los à luz de teorias e modelos psicológicos. É papel dos professores auxiliá-los no desenvolvimento desses conhecimentos, habilidades e competências.

Apesar da observação ser uma técnica fundamental, há uma escassez de material e nem sempre valorização nas grades curriculares nos cursos de Psicologia. Especificamente, na área da AP, a observação deve ter igual relevância no ensino em relação aos outros assuntos tradicionais à disciplina, como técnicas de entrevista e testes psicológicos. Trata-se de uma competência profissional que deve ser desenvolvida e aperfeiçoada por meio de treinamento prático e de discussões teórico-metodológicas. Esperamos que este capítulo tenha oportunizado os leitores a refletirem acerca das diferentes facetas que envolvem esse assunto.

Referências

Abdalla-Filho, E., & Völlm, B. (2020). Does every psychopath have an antisocial personality disorder? *Brazilian Journal of Psychiatry, 14.* https://dx.doi.org/10.1590/1516-4446-2019-0762

Cheniaux, E. (2015). *Manual de Psicopatologia* (5. ed.). Guanabara Koogan.

Conselho Federal de Psicologia. (2018). *Resolução CFP n. 9/2018.* Estabelece diretrizes para a realização de Avaliação Psicológica no exercício profissional da psicóloga e do psicólogo, regulamenta o Sistema de Avaliação de Testes Psicológicos – Satepsi e revoga as resoluções n. 2/2003, n. 6/2004 e n. 5/2012 e notas técnicas n. 1/2017 e 2/2017. https://site.cfp.org.br/wp-content/uploads/2018/04/Resolu%C3%A7%C3%A3o-CFP-n%C2%BA-09-2018-com-anexo.pdf

Dalgalarrondo, P. (2018). *Psicopatologia e semiologia dos transtornos mentais* (3. ed.). Artmed.

Danna, M.F., & Matos, M.A. (2015). *Aprendendo a observar* (3. ed.). Edicon.

Fagundes, A.J.F. (2015). *Descrição, definição e registro de comportamento* (17. ed.). Edicon.

Ferreira, V.R.T., & Mousquer, D.N. (2004). Observação em psicologia clínica. *Revista de Psicologia da UNC, 2*(1), 54-61.

Garven, S., Wood, J.M., Malpass, R.S., & Shaw, J.S. (1998). More than suggestion: The effect of interviewing techniques from the McMartin preschool case. *Journal of Applied Psychology, 83*, 347-359. https://doi.org/10.1037/0021-9010.83.3.34

Hare, R.D. (1991). *The Psychopathy Checklist-Revised*. Multi-Health Systems.

Heaton, R.K., Chelune, G.J., Talley, J.L., Kay, G.G., & Curtiss, G. (2004). *Teste Wisconsin de classificação de cartas*. Casa do Psicólogo.

Krug, J., & Bandeira, D.R. (2016). Critérios de análise do brincar infantil na entrevista lúdica diagnóstica. In C.S. Hutz, D.R. Bandeira, C. Trentini & J.S. Krug (orgs.), *Psicodiagnóstico* (pp. 211-229). Artmed.

Krug, J., Bandeira, D.R., & Trentini, C.M. (2016). Entrevista lúdica diagnóstica. In C.S. Hutz, D.R. Bandeira, C. Trentini & J.S. Krug (orgs.), *Psicodiagnóstico* (pp. 73-98). Artmed.

Losapio, M.F., & Pondé, M.P. (2008). Tradução para o português da escala M-CHAT para rastreamento precoce de autismo. *Revista de Psiquiatria do Rio Grande do Sul, 30*(3):221-229. https://doi.org/10.1590/S0101-81082008000400011

Meyer, G.J., Viglione, D.J., Mihura, J.L., Erard, R.E., & Erdberg, P. (2017). *R-PAS – Sistema de Avaliação por Performance no Rorschach*. Hogrefe.

Miranda, D.M., & Malloy-Diniz, L.F. (orgs.). (2018). *O pré-escolar*. Hogrefe.

Oliveira, S.E.S. (2019a). Técnicas de entrevista e suas aplicações em Avaliação Psicológica clínica. In S.M. Barroso, F. Scorsolini-Comin & E. Nascimento (orgs.), *Avaliação Psicológica: Contextos de atuação, teoria e modos de fazer* (pp. 19-39). Synopsys.

Oliveira, S.E.S. (2019a). Técnicas de observação em Avaliação Psicológica clínica. In S.M. Barroso, F. Scorsolini-Comin & E. Nascimento (orgs.), *Avaliação Psicológica: Contextos de atuação, teoria e modos de fazer* (pp. 69-89). Synopsys.

Oliveira, S.E.S., & Silva, M.A. (2019). Integração de resultados qualitativos e quantitativos. In M.N. Baptista, M. Muniz, C.T. Reppold, C.H.S.S. Nunes, L.F. Carvalho, R. Primi, A.P.P. Noronha, A.G. Seabra, S.M. Wechsler, C.S. Hutz & L. Pasquali (orgs.), *Compêndio de Avaliação Psicológica* (pp. 98-108). Vozes.

Oliveira, S.E.S., Pereira, P.H.D.S., Oliveira, M.C.R.D., Teixeira, A.F., Natale, L.L., & Aquino, M.G.D. (2012). Desenvolvimento sociocognitivo da teoria da mente: Estudos interventivos com crianças de 3 e 4 anos. *Revista Brasileira de Terapias Cognitivas, 8*(1), 19-30. https://doi.org/10.5935/1808-5687.20120004

Schaefer, L.S., Rossetto, S., & Kristensen, C.H. (2012). Perícia psicológica no abuso sexual de crianças e adolescentes. *Psicologia: Teoria e Pesquisa, 28*(2), 227-234. https://doi.org/10.1590/S0102-37722 012000200011

Silva, M.A., & Bandeira, D.R. (2016). A entrevista de anamnese. Krug, J., Bandeira, D.R., & Trentini, C.M. (2016). Entrevista lúdica diagnóstica. In C.S. Hutz, D.R. Bandeira, C. Trentini & J.S. Krug (orgs.), *Psicodiagnóstico* (pp. 52-67). Artmed.

Wechsler, S.M. (2003). *DFH III: O desenho da figura humana: Avaliação do desenvolvimento cognitivo de crianças brasileiras* (3. ed.). Impressão Digital.

Willians, L.C.A., & Aiello, A.L.R. (2001). *Inventário Portage operacionalizado*. Memnon.

15
Estratégias e metodologias para o ensino de dinâmicas de grupo

Marlene Alves da Silva
Unigrad – Pós-graduação e Extensão

Helena Rinaldi Rosa
Universidade de São Paulo

Hilda Rosa Capelão Avoglia
Universidade Metodista de São Paulo
Universidade Católica de Santos

Highlights
- A dinâmica de grupo pode ser uma das fontes no processo de Avaliação Psicológica.
- A dinâmica de grupo pode ser utilizada em várias áreas da psicologia.
- Os exercícios práticos são uma das estratégias no ensino de dinâmica de grupo.

Este capítulo aborda o ensino das técnicas de dinâmicas de grupo enquanto ferramentas no processo de Avaliação Psicológica, considerando que esse processo utiliza diferentes métodos e estratégias, norteados por princípios éticos e técnicos, buscaremos instrumentalizar o profissional no fazer prático da formação em Avaliação Psicológica – em especial, no que se refere ao ensino da dinâmica de grupo. O objetivo é instrumentalizar o professor de Avaliação Psicológica que atua na formação básica e continuada do psicólogo, oferecendo um guia para o ensino das técnicas de dinâmica de grupo.

Trata-se de uma breve apresentação histórica contemporânea sobre o tema, descrevendo o panorama atual do uso das técnicas de grupo (primeira parte) e são discutidas algumas ilustrações com fundamentação teórica e prática dessas técnicas, empregadas em diferentes contextos de Avaliação Psicológica (segunda parte). Ainda, um levantamento atualizado de referências bibliográficas nas quais estudantes e professores poderão encontrar exemplos práticos de descrições de diversas técnicas de dinâmica de grupo, com variados objetivos e aplicáveis em diversos contextos da prática profissional (terceira parte). O capítulo finaliza apontando a dinâmica de grupo como estratégia de ensino em algumas disciplinas desde o Ensino Médio até a pós-graduação e exemplifica uma das possibilidades de ensino da disciplina de *Dinâmica de Grupo* (quarta parte).

Breve histórico de dinâmica de grupo

O Conselho Federal de Psicologia define Avaliação Psicológica como "um processo estruturado de investigação de fenômenos psicológicos, composto de métodos, técnicas e instrumentos, com o objetivo de prover informações à tomada de decisão, no âmbito individual, grupal ou institucional, com base em demandas, condições e finalidades específicas" (CFP, 2018, Resolução n. 9, art. 1º). Para basear a sua decisão, o profissional de psicologia deve utilizar, como fontes fundamentais, "obrigatoriamente, métodos e/ou técnicas e/ou instrumentos psicológicos reconhecidos cientificamente para uso na prática profissional, considerando para tanto: (a) testes psicológicos aprovados pelo CFP e/ou; (b) entrevistas psicológicas, anamnese e/ou; (c) Protocolos ou registros de observação de comportamentos obtidos individualmente ou por meio de processo grupal e/ou técnicas de grupo" (CFP, 2018). Portanto, a "técnica de grupo" por si só poderá compor um processo avaliativo; no entanto, é importante registrar que o mais indicado em uma Avaliação Psicológica é a utilização de múltiplas técnicas.

A partir dessa normativa, as técnicas grupais se fortaleceram ainda mais como uma ferramenta importante no processo avaliativo. Assim, apresenta-se um breve histórico do desenvolvimento da Teoria dos Grupos. Na obra *Psicologia das massas e análise do ego* (Freud, 1921/1990), Freud aponta não existir diferenças essenciais entre a psicologia individual e a psicologia social e, mesmo que nunca tenha se dedicado ao estudo de processos de grupoterapia, sua contribuição, ainda que de modo indireto, é reconhecida ao longo de toda a sua obra (Zimerman, 1997). Ainda inserido nos aportes da psicanálise, identifica-se Bion, como representante e seguidor da escola inglesa kleiniana. Ele discute sobre o funcionamento do campo grupal, dedicando-se mais ao grupo terapêutico, no qual tratava as pessoas em sessões terapêuticas de funcionamento livre, e menos ao grupo de trabalho, que envolvia um propósito comum e a capacidade de enfrentar e lidar com descontentamentos (Bion, 1970).

A utilização dos grupos como estratégia para o desenvolvimento da psicoterapia é também atribuída a Moreno, ao associar o trabalho de grupo ao psicodrama e ao sociodrama, relacionando ao modelo do teatro. O autor desenvolveu técnicas e instrumentos que possibilitaram o aprender e o reaprender das atitudes sociais (Mailhiot, 1977), expressando em seus estudos a preocupação com a socialização do ser humano.

A contribuição de Käes (1997) e Anzieu (1996) citados por Zimerman (1977), sustenta referenciais específicos que indicam o caminho para a identidade das grupoterapias, ancorada pelas ideias de Freud, reconhecida como parte da escola francesa, definem o conceito de "aparelho psíquico grupal", comum ao psiquismo inconsciente do indivíduo, contudo diferente em termos da descrição de seu funcionamento. No entanto, a pluralidade das dimensões grupais, institucionais e sociais ainda encontra dificuldade de ser considerada na vida psíquica (Silveira et al., 2020).

Ainda no âmbito revisional, a escola argentina é representada principalmente por Pichon-Rivière (1984). O autor faz apontamentos a partir da teoria psicanalítica, como uma abordagem intrapsíquica e ampliando-a para a investigação social e, desse modo, apresenta a técnica de Grupo Operativo como um grupo centrado na tarefa, diferenciado do grupo centrado no próprio grupo – análise se volta para a dinâmica grupal; e do grupo centrado no indivíduo – grupo de psicoterapia (Avoglia, 2015).

A expressão "dinâmica de grupo", objeto deste capítulo, é atribuída a Lewin, ao discutir a noção de "campo grupal", em sua Teoria dos

Campos, como um campo dinâmico de forças marcado pelas inter-relações, que se influenciam mutuamente, no sentido de interpretar a si mesmo e ao mundo externo, como explicam Militão e Rose (2000), o indivíduo se comporta conforme suas percepções e cognições.

Para entender fenômenos grupais, e até mesmo institucionais, é necessário estudarmos a Dinâmica dos Grupos, ou seja, as relações interpessoais. Conforme Serrão e Baleeiro (1999), ao olharmos por alto as pessoas, o que ressalta são as suas diferenças, como raça, sexo e algumas reações emocionais, como, agressividade, passividade, tristeza, alegria, entre outros, mas à medida que as compreendemos surge a unicidade humana, as mesmas necessidades, os mesmos temores, as mesmas lutas e desejos, nestes momentos todos somos um. Esta unicidade aproxima as pessoas, por isso a necessidade de pesquisas e estudos sobre as relações humanas, ou seja, do indivíduo nos grupos em seus ambientes de trabalho e de outras formas grupais.

A Dinâmica de Grupo é uma área das Ciências Sociais, como Sociologia, Psicologia e Antropologia que utiliza métodos científicos para estudar os fenômenos que ocorrem em grupos. A expressão "Dinâmica de Grupo" significa ação, movimento, força e energia e foi utilizada pela primeira vez pelo psicólogo Kurt Lewin (1944). O início dos estudos realizados por Lewin e seus colaboradores foi no Instituto de Massachusetts em 1946, época em que foi criada a "Teoria de Campo" cujo objetivo era estudar a atuação do homem em um ambiente de forças internas e externas à pessoa e a dinâmica do grupo; portanto, estudar o comportamento social, na psicologia social (Lewin, 1965, 1978). Além disso, Lewin também desenvolveu a "Teoria da Dinâmica de Grupo", que busca compreender a estrutura, o

poder, a liderança e a comunicação do grupo. Na década de 1950, a Dinâmica de Grupo passou a ser utilizada nos Estados Unidos como estudo da psicologia social que consiste em observar, identificar, e interpretar as condutas sociais e, no Brasil, seu emprego ocorreu a partir da década de 1960.

Como visto, existem diversas orientações teóricas que estudam os fenômenos grupais, assim como os tipos de grupos e seus objetivos. Em relação aos tipos de grupos, toma-se a classificação de Zimerman e Osório (1977), grupos operativos e psicoterápicos; os operativos são mais utilizados no campo organizacional, institucional, comunitário que por vezes tem como foco a psicoeducação e, portanto, na modificação desses campos, e os grupos psicoterápicos que são classificados a partir de uma abordagem teórica (psicanalítica, psicodramática, sistema, cognitivo-comportamental, entre outras) e têm perspectiva terapêutica. Portanto, é importante diferenciar o método que é o processo e a técnica que é o procedimento. O processo pode ser entendido como um resultado a ser alcançado, em que este é definido de forma a permitir as diversas estratégias de ação; e o procedimento refere-se à descrição minuciosa dos passos que devem ser seguidos para atingir o resultado definido, ou seja, o resultado do processo é a realização do objetivo e o procedimento é a realização da tarefa (Pasquali, 2010). Assim, as técnicas quando aplicadas sem o embasamento teórico e sem metodologia destroem o campo grupal.

Em busca nos bancos de dados científicos contidos na plataforma BVS-psi com as palavras-chave "dinâmica de grupo e Avaliação Psicológica" e "técnicas de grupo e Avaliação Psicológica", foi possível identificar apenas um artigo descrevendo um relato de experiência com o uso da dinâmica de grupo no processo da perícia psicológica no contexto de trânsito (Silva, 2016). Como pode ser visto, apesar do CFP aprovar o uso, ainda não há publicações nacionais em que o processo de Avaliação Psicológica tenha sido realizado apenas por meio do processo grupal. O processo grupal/dinâmica de grupo tem sido utilizado como mais uma das ferramentas na Avaliação Psicológica em diversos contextos da Psicologia, como exemplo, nas avaliações psicológicas compulsórias, no contexto do trânsito, na segurança pública e privada – manuseio de porte de arma, entre outros. Cabe elucidar que ainda há carência de publicações sobre o assunto, especialmente porque a dinâmica de grupo é complementar ao processo.

Dinâmica de grupo em diversos contextos da Psicologia

Para melhor compreensão dessa parte, as técnicas a serem trabalhadas serão apresentadas por contextos de aplicação. Na área do *trânsito* com a função de integrar os participantes e de avaliar os seus comportamentos no processo avaliativo, na área *organizacional/do trabalho* como desenvolvimento do capital humano desde a seleção de pessoal ao treinamento e desenvolvimento na empresa e, por fim, na área da *saúde*, principalmente na clínica social e nos dispositivos do governo, como processo integrativo e de tratamento.

A dinâmica de grupo em uma perícia psicológica no contexto do trânsito faz parte do processo avaliativo; a perícia é uma Avaliação Psicológica compulsória determinada pelo Código de Trânsito Brasileiro (Brasil, 1997) e Conselho Federal de Psicologia (CFP, 2019). Nessa avaliação são utilizados testes psicológicos, entrevista

individual e dinâmica de grupo. Nesse caso, a dinâmica de grupo tem duas funções: informativa e avaliativa. Conforme Silva (2016), a dinâmica de grupo pode ser integrativa quando antecede o processo avaliativo, no sentido de informar, treinar, resolver um problema, tomar uma decisão e integrar um grupo; ainda, explicar as etapas da perícia psicológica (aplicação de testes de três tipos de atenção, inteligência, memória, personalidade e entrevista psicológica individual) no processo de concessão da Carteira Nacional de Habilitação (CNH) e de outros serviços em relação à CNH. No sentido avaliativo, quando são observados os comportamentos durante a dinâmica de grupo e utilizados esses dados como complemento de outras etapas do processo avaliativo.

Nessa etapa da avaliação, a dinâmica de grupo é utilizada como uma técnica participativa que proporciona o desenvolvimento de uma ação coletiva de discussão e reflexão e amplia o conhecimento individual sobre o ato de dirigir e as suas responsabilidades pessoais e sociais. Além disso, possibilita a formação e a transformação do conhecimento, do saber popular, desmistificando mitos e crenças negativas sobre o trânsito e apontando para a aproximação crítica da realidade (Silva, 2016). Uma estratégia possível de dinâmica para ser desenvolvida nesse contexto (para mais detalhes, cf. Silva, 2016), é realizada por meio do uso de uma analogia na qual solicita-se à pessoa para imaginar uma viagem para um país estrangeiro e, para tanto, precisa conhecer as normas e leis de trânsito daquele país. Como imigrante, precisa respeitar as leis e está sujeito às sanções. E, após, solicita ao participante a pensar nas normas e leis de trânsito brasileiras. Essa etapa, a dinâmica de grupo, antecede a realização da aplicação dos testes psicológicos que avaliam a cognição, a atenção, a memória, as reações comportamentais, as atitudes e os valores em relação a si e ao outro.

Essa dinâmica é um "recorte da realidade", pois focaliza determinado objeto, em um espaço de tempo, com certos limites temporais e que, por vezes, podem ser generalizados ou transportados para outros contextos. De acordo com Cohen, Swerdlik e Sturman (2014), a observação comportamental é vista como monitoramento das ações dos outros por meios visuais e é utilizada como um auxílio diagnóstico em vários contextos. Nesse caso, os comportamentos observados durante a dinâmica contribuem como uma técnica para obtenção de dados e subsídio para o processo avaliativo no contexto do trânsito.

Nas organizações e no trabalho se fala em *gestão de pessoas* como o conjunto de práticas que visa o desenvolvimento do capital humano nas empresas, ou seja, dedica-se a estudar as emoções e os motivos que levam as pessoas a atuar de determinada forma e a reagir de maneiras diversas. Dentre os estudos, a busca pela construção identitária dos sujeitos, as questões de relações entre os diferentes parceiros no trabalho e a existência de valores e atitudes para o reconhecimento satisfatório entre os diferentes elementos que formam o grupo. A identidade é única e singular a cada um e, conforme Rerup e Feldman (2011), o sujeito tem diversas formas de compor a sua identidade, quais sejam, habilidade física/mental, educação, saúde, espiritualidade/religião, experiência de vida, fatores geográficos e políticos, entre outros. Esta autoidentificação é um reconhecer-se e um diferenciar-se entre as diversas possibilidades que a pessoa tem na constituição de si mesma, reconhecimento que implica comparações e, portanto, pressupõe diferenças (Ricoeur, 1991).

Ainda, no tocante às organizações, utiliza-se a técnica de dinâmica de grupos no processo de *recrutamento e seleção* para conhecer as potencialidades do candidato para a vaga, como, por exemplo, uma técnica de entrosamento, cujo objetivo é a integração do grupo de pessoas que participam do processo seletivo e o conhecimento acerca das questões pessoais e da carreira profissional de cada um dos participantes. O desenvolvimento da dinâmica é a seguinte: entrega-se uma folha de papel sulfite em branco para cada participante e solicita-se que escreva algo sobre si (como características que estejam relacionadas à sua vida e personalidade). Considera-se um tempo em torno de 10 minutos para esta etapa. Na sequência, recolhe-se as folhas, mistura-se e entrega-se de volta ao participante. De posse da folha com as características de outra pessoa; após a leitura, tentará atribuir aquelas características descritas na folha a um dos participantes. Essa dinâmica permite que os candidatos se entrosem, relaxem e consigam mostrar a maneira de se relacionar com o outro em determinada situação, assim como suas habilidades técnicas e atitudes (Silva, 2011). Nas organizações a atitude do colaborador aponta a compreensão das organizações como fenômeno social, na qual estrutura a vida cotidiana das pessoas e o funcionamento da sociedade. Para Allport (1935, p. 119) atitude é "um estado mental e neurológico de prontidão, organizado por meio da experiência, exercendo uma influência diretiva ou dinâmica sobre a resposta do indivíduo a todos os objetos e situações com que ele se relaciona". No uso da técnica da dinâmica de grupo descrita acima, pode ser observado os três componentes da atitude – cognitivo, comportamental e afetivo – em relação à empresa. Em síntese, é o uso da dinâmica de grupo, como técnica observacional para a averiguação das atitudes, técnica estruturada e simples que avalia como as pessoas interagem em pequenos grupos num processo de consciência individual que determina a atividade real, a visão do trabalho e auxilia no processo seletivo, treinamento e desenvolvimento de pessoal, entre outros.

Enquanto as atitudes são de natureza intrassubjetiva, os valores humanos na empresa são intersubjetivos. Ao falar da complexidade do trabalho e das organizações, em suas múltiplas e variadas demandas entre os colaboradores, nas empresas aflora a necessidade de valorizar seus empregados e de criar situações favoráveis para maximizar seu desempenho e satisfação no trabalho (Tamayo & Paschoal, 2003). Para tanto, na empresa o valor humano é despertado por um processo motivacional em que ofereçam oportunidades para atingir as metas pessoais e profissionais, as empresas buscam uma congruência entre esses valores (organizacionais e pessoais) e, para atingir esses objetivos, entre várias estratégias utiliza a dinâmica de grupo.

Segundo Rockeach (1973), existem dois tipos de valores, os sociais e os pessoais, e essa distinção social-pessoal é uma dimensão de orientação humana. As pessoas guiadas por valores sociais são centradas na sociedade (normativa e interacional) e tem um foco interpessoal, enquanto as conduzidas por valores pessoais (realização e experimentação) têm foco intrapessoal, dessa forma, as pessoas tendem a enfatizar o grupo ou a si próprio (Gouveia, 2003, 2013). Ainda, segundo Schwartz (2006) existe um terceiro grupo que denomina "valores centrais", pois os valores aparecem entre os sociais e pessoais, que representam as necessidades básicas – fisiológicas; e as de autorrealização – profissionais. Esses valores funcionam como princípios-guia de orientação e representação das necessidades humanas.

Como exemplo, na área de desenvolvimento da empresa, para a avaliação de atitudes e valores, cita-se uma experiência em uma empresa de transporte rodoviário de passageiros que mantém um programa denominado de Valorização da Vida Humana (VVH), que anualmente escolhe um dos aspectos a ser avaliado com os seus colaboradores. Num certo ano, o valor selecionado foi "assertividade" devido ao número de acidentes de trabalho ocorridos. A atividade teve duração de 8 horas e foi realizada por meio de palestras participativas com apresentação dos dados da empresa, suas possíveis causas, consequências e dinâmicas de grupos com objetivo informativo e avaliativo. Uma das dinâmicas utilizadas teve o objetivo de trabalhar a assertividade e autoconhecimento por meio da exploração da autoafirmação, suas ligações e seus limites em prol do crescimento pessoal e profissional dos colaboradores. Tal dinâmica de grupo em uma ação interativa com objetivos compartilhados teve cunho avaliativo por tratar do desempenho das atividades profissionais, sendo que ao final do processo evidenciou comportamentos dos funcionários nas suas jornadas de trabalho.

O material utilizado para a dinâmica foi folhas de papel sulfite, lápis e caneta. Na primeira folha entregue aos participantes estava escrito: *"Eu tenho direito" em minha casa a..., em meu trabalho a... em meu grupo de amizades a...,* e, na segunda folha: *"Os outros têm direito de receber de mim" em minha casa a..., em meu trabalho a... em meu grupo de amizades a...* Diante desse material, solicitou-se aos participantes que identificassem individualmente os direitos que acreditavam ter na família, no trabalho e na sociedade; foram concedidos 10 minutos para cada etapa de escrita. Após, em subgrupos, com as contribuições de cada participante, destacariam cinco direitos que representavam o grupo no ambiente familiar, do trabalho e no social. A etapa seguinte era a apresentação e a explicação de cada um dos pontos escolhidos e a discussão geral e análise do aprendizado para atuação profissional e pessoal.

Nesse processo foram observados valores pessoais e sociais, necessidades fisiológicas básicas, autoestima, autorrealização, motivador materialista – salário e o motivador idealista – reconhecimento profissional – de cada participante. Tais valores foram vistos como crenças e metas conscientes que guiavam as ações dos trabalhadores em relação a pessoas, objetivos e situações e, portanto, esperavam serem reconhecidos pela empresa.

Outra área da Psicologia que utiliza a dinâmica de grupo é a saúde mental. A dinâmica de grupo e a psicoterapia de grupo têm emergido como instrumentos populares e costumam integrar os mais diferentes tipos de programas terapêuticos (Soyka et al., 2001). Como exemplo, a clínica psicossocial e os dispositivos de saúde implantados pelo governo, como o Centro de Atenção Psicossocial (Caps), sendo este um serviço extra-hospitalar comunitário do Sistema Único de Saúde (SUS) que realiza cuidados *intra* e *extramuros* a portadores de transtornos mentais, ou seja, é um promotor de saúde mental. Os procedimentos individuais são usados pelos Caps nas consultas iniciais, em situações de crises, nas emergências ou quando solicitados pelo usuário e quando ditados pelo projeto técnico individual; no entanto, as atividades grupais é que se constituem na prática cotidiana para a construção de coletivo institucional. A estrutura de grupo facilita o mecanismo de socialização e habilitação social que deve ser permanente e é implementada pelos grupos operativos, pelas oficinas terapêuticas, as assembleias, a dinâmica de grupo, entre outras (Figlie et al., 2004; Rabelo et al., 2006).

O embasamento teórico para as atividades desses dispositivos é perpassado pela Teoria de Campo, com sua Psicologia Social e microssociologia, em que a pessoa é vista como um ser singular e específico por meio do detalhamento da dinâmica de grupos, na perspectiva de entender as forças externas que atuam em qualquer grupo, a saber, social, familiar, grupos profissionais, grupos terapêuticos, entre outros. Mas, também por outras abordagens que se apoiam em vários referenciais teóricos, assim as teorias se completam, e por se completarem cabe ao profissional que atua com grupos buscar o que as várias teorias têm a oferecer. Sendo assim, as oficinas terapêuticas passaram ao estatuto de procedimento oficial no nível de atenção ambulatorial nos Caps e nos centros de convivência (Brasil, 1991, 2002).

Afonso e cols. (2010), editaram o livro *Oficinas em dinâmica de grupo na área da saúde* que apresenta o material produzido para um curso presencial ou on-line destinado à equipe *saúde da família* e que foi adaptado e ofertado como disciplina optativa em um curso de Psicologia. Nesse curso os conteúdos versaram sobre os fundamentos e métodos para a construção, condução e avaliação de oficinas de dinâmica de grupo, e apresentaram trabalhos junto a pacientes no âmbito da educação para a saúde, prevenção e atenção básica. A proposta de trabalho foi pautada em três dimensões articuladas: psicossocial, clínica e educativa. Nas palavras das autoras:

> Os grupos na área da saúde mental visam a necessidade de esclarecer e trabalhar aspectos de uma questão de saúde/doença, especialmente quando a problemática é influenciada por fatores sociais, culturais

e psíquicos, exigindo a mudança de mentalidade e a reorganização do cotidiano da população atendida. [...] Portanto, precisa incrementar os aspectos educativos e reflexivos do grupo, melhorando a comunicação e a aprendizagem dentro dele (Afonso et al., 2010, pp. 60-61).

Nessa visão do ser humano biopsicossocial, as autoras elaboraram de forma contextualizada, em um número variável de encontros, a forma de pensar, sentir e agir em relação aos valores, emoções e práticas cotidianas. A sensibilização, a informação e elaboração das oficinas/dinâmicas usavam técnicas de animação, mobilização e comunicação em grupo que tinham como objetivo contextualizar as questões de saúde e associar a cada participante, ou seja, a identificação de uma metodologia de intervenção coletiva que possibilitasse a prática da promoção da saúde com o intuito de informar, conscientizar e assistir as pessoas para que assumissem responsabilidades e que fossem ativas no seu processo de saúde e bem estar. As oficinas instauravam um campo de fala e escuta que consistia na percepção e reflexão das experiências do grupo e eram motivadas e sustentadas pelas relações interpessoais e afetivas (Afonso et al., 2010).

As autoras argumentam que a dinâmica de grupo estuda os processos grupais e destacam a dinâmica interna e externa; sendo que a interna estuda as características, fases e elementos que interferem – dificultam ou facilitam – no processo, e a externa estuda as forças sociais e institucionais que influenciam o processo grupal; sendo assim, existe uma relação entre estas dinâmicas que pode ter caráter diversificado como atração, rejeição, conflitos, espelhamentos, complementaridade, entre outros. As autoras basearam sua reflexão em alguns elementos, a saber, a demanda e em que contexto social e institucional ela

ocorre; os objetivos do grupo (educativo ou terapêutica/clínica); a identidade (clima, organização, liderança, cooperação, conflito e controle); grupalização ou individuação e o grupo como processo (grau de autonomia e de elaboração). O tamanho, o tipo (fechado ou aberto), a homogeneidade e heterogeneidade, a duração também são fatores a serem considerados (Afonso et al., 2010). Ainda na área de saúde mental, falando especificamente em dependência química, Figlie, Melo e Payá (2004) têm utilizado a dinâmica de grupo, sustentando que a abordagem grupal ajuda no compartilhamento de experiências que facilitará uma melhor percepção do funcionamento da pessoa, e que o grupo assegura um espaço mantenedor não só da abstinência, mas também, como meio de elaboração de suas dificuldades pessoais e relacionais, pois no grupo surgem novas reflexões para que a pessoa possa encontrar respostas diferentes para a transformação da realidade em que se vive.

As autoras descrevem que "dinâmicas de grupo são formas 'indiretas' de lidar com temas variados que envolvam questões interpessoais, intrapessoais, afetivas, até questões mais práticas e objetivas como treinamento e ou aperfeiçoamento de habilidades, entre outras" (Figlie et al., 2004, p. 21). Esse conjunto de técnicas, ainda segundo as referidas autoras, é empregado em projeto terapêutico do dependente químico que permite a compreensão da adição e o seu tratamento.

Uma discussão pode esclarecer questões e gerar motivação e até mesmo transformar a motivação em objetivos concretos. No entanto, cada situação grupal exige atributos do coordenador, como habilidades para gostar e acreditar em grupos, coerência, senso de ética, respeito, empatia, adequada comunicação, capacidade de síntese e integração, entre outros (Zimerman & Osório, 1997). Nesse caso, cabe ao facilitador conhecer o grupo em relação às suas capacidades, limitações e necessidades para possibilitar a compreensão e entendimento do grupo. O intuito é levar a pessoa a interiorizar seus problemas, refletir e possibilitar a elaboração de recursos mais efetivos para uma tomada de decisão. A dinâmica de grupo é utilizada como um elo para a percepção de padrões de funcionamento nos aspectos reais da vida e de como lidar com o comportamento aditivo (Figlie et al., 2004). Como visto, a dinâmica de grupo pode ser utilizada em vários contextos da psicologia, para tanto, sem a pretensão de esgotar o tema, oferece-se algumas referências como subsídio para a utilização da dinâmica de grupo.

Práticas em dinâmica de grupo

São apresentadas referências bibliográficas de obras que contêm descrições e como usar diversas técnicas de dinâmica de grupo que podem ser empregadas nos mais variados contextos; e que podem ser adotadas por professores e alunos no ensino dessas técnicas práticas, com seus objetivos e procedimentos.

Sem a pretensão de esgotar o tema e buscando a maior compreensão do leitor, a relação das obras foi escrita por ordem alfabética de autores. Andreola (2013) apresenta as características peculiares que tornam atrativa e prática a dinâmica de grupo, na área da psicologia com o intuito didático para pensar e repensar a práxis pessoal e o mundo interno dos valores em seu livro *Dinâmica de grupo: Jogo da vida e didática do futuro*. Ballestero-Alvarez publicou dois livros. O primeiro que citamos aqui é *Exercitando as inteligências múltiplas: Dinâmicas de*

grupo fáceis e rápidas para o Ensino Superior (2004), indicado para professores de graduação para auxiliar na sala de aula como técnica, além de oferecer um roteiro de autoavaliação do processo ensino-aprendizagem. Os exercícios são curtos, rápidos, fáceis e flexíveis, bem como fundamentados na Gestalt-terapia, na análise transacional e na educação de adultos, que contemplam o desenvolvimento pessoal de acordo com os nove tipos de inteligência (verbal-linguística, lógico-matemática, visual-espacial, corporal-cinestésica, musical, interpessoal, intrapessoal, naturalista, emocional). O segundo livro foi escrito em dois volumes: *Mutatis mutandis: Dinâmicas de grupo para o desenvolvimento humano* (2002, vol. 1 e 2), utilizou da expressão latina *Mutatis mutandis*, que significa mudando o que deve ser mudado.

Partindo de experiência pessoal, direcionada ao ensino da leitura, escrita e produção de texto, com base nos conceitos de Lewin e de teorias atuais sobre dinâmica de grupo, Calado (2016) publicou *Dinâmica de grupo no ensino de língua portuguesa: Os cinco pilares*. Outro livro, fruto de experiência pessoal e de seu grupo de pesquisa é: *Oficinas em dinâmica de grupo: Um Método de intervenção psicossocial* (Afonso et al., 2018).

Alguns livros dividiram as suas obras em duas partes, sendo uma com a fundamentação teórica da dinâmica de grupo e outra com as técnicas; dentre eles destacam-se: *Dinâmica de Grupo: História, prática e vivências* (Barreto, 2014), com os temas: empatia, autoconhecimento, criatividade, comunicação, relacionamento interpessoal, trabalho em equipe, liderança, empatia e comprometimento; *Dinâmica de grupo x competências na educação: Estratégias para auxiliá-lo em suas atividades* (Massaroli, 2016); ainda, *Dinâmicas de grupo: Da teoria à prática*

(Gattai, 2019) e *Dinâmica de grupo: Teorias e sistemas* (Minicucci, 2002).

Entre outras obras dedicadas exclusivamente à descrição de exercícios para serem utilizados em diversos contextos e públicos, destacam-se os de uso na área organizacional, escolar, social e clínica. Fritzen publicou: *Janela de Johari: Exercícios vivenciais de dinâmica de grupo, relações humanas e de sensibilidade* (2013a); *Exercícios práticos de dinâmica de grupo*, em dois volumes (2013b). Outros autores descrevem técnicas de dinâmica de grupo para serem utilizados em empresas, escolas, clínicas e em diversos grupos, dentre eles: *SOS Dinâmica de Grupo e jogos* (Militão & Militão, 2000); *Técnicas do trabalho de grupo* (Minicucci, 2001); *Oficina de dinâmicas para empresas, escolas e grupos comunitários*, vol. 1, 2 e 3 (Miranda, 2013) e *Novas dinâmicas para grupos: Aprendência do conviver* (Miranda, 2004, 2013, 2013a, 2013b, 2014); *O trabalho com grupos em serviço social: A dinâmica de grupo como estratégia para reflexão crítica* (Moreira, 2013); *Dinâmica de grupo para treinamento motivacional* (Simionato, 2004), *Dinâmica de grupo para desenvolvimento do potencial humano* (Simionato, 2006); *Dinâmicas de Grupo: 45 jogos para treinamentos empresariais* (Valle & Souza, 2018); *Dinâmicas de integração: Para formar grupos vencedores* (Wendell, 2016); e *100 jogos para grupos: Uma abordagem psicodramática para empresas, escolas e clínicas* (Yozo, 2000).

Na perspectiva da abordagem do psicodrama, *Dinâmicas de grupos e jogos: Psicodrama, expressão corporal, criatividade, meditação e artes* (Soares, 2012). Para o público adolescente, Borges (2013) publica *Dinâmicas de grupo: crescimento e integração,* em que apresenta dinâmicas de forma lúdica e criativa com adolescentes;

e *Dinâmica de Grupo para adolescente* (Priotto, 2013). Com o pensamento no idoso, Carvalho (2014) apresenta: *Dinâmicas para idosos: 125 jogos e brincadeiras.*

Para todos os públicos, *Dinâmicas de grupo: 25 exercícios para estimular interações* (Bechelli & Bechelli, 2020); *Dinâmicas para encontros de grupo: Para apresentação, intervalo, autoconhecimento e conhecimento mútuo, amigo oculto, despertar, avaliação e encerramento* (Berkenbrock, 2015); *Brincadeiras e dinâmicas de grupo: Diversões para dentro e fora de sala de aula, encontros de grupos, festas de família, reuniões de trabalho e muitas outras ocasiões* (Berkenbrock, 2013); *Dinâmicas criativas: Um caminho para a transformação de grupos* (Friedmann, 2012); *Vivências para dinâmica de grupos* (Jalowitzki, 2007); *120 Dinâmicas de grupo: Para viver, conviver e se envolver* (Machado & Nunes, 2013). E, por fim, Mayer escreve *Dinâmicas de grupo: Ampliando a capacidade de interação* (Mayer, 2005) e *O poder da transformação: Dinâmicas de grupo* (Mayer, 2007).

Desse modo, é possível identificar alguns títulos que ampliam o repertório de práticas de ensino que se encontram à disposição dos professores, em especial daqueles que atuam usando a dinâmica de grupo como estratégia de ensino. Cabe ressaltar que as obras indicadas buscam subsidiar o docente com referências atualizadas e reconhecidas, longe de esgotarem a relação de obras disponíveis. Além disso, o docente poderá utilizar o site da Sociedade Brasileira de Dinâmica de Grupo (SBDG), cujo propósito é promover o desenvolvimento da pessoa, das relações e dos grupos, por meio da educação pela experiência, com foco no processo e visando ao crescimento humano e coletivo (SBDG, 2020).

Dinâmica de grupo como estratégia de ensino e o ensino da dinâmica de grupo

As estratégias de ensino em tempos de pandemia constituem um desafio para todo educador e para a prática de atividades remotas nos institutos de ensino por meio de plataformas para a interação virtual dos alunos. Pensar em dinâmica de grupo como estratégia de ensino e como atuação prática é mais desafiador ainda. Nessa parte, são resgatados alguns exemplos da literatura do uso da dinâmica de grupo como estratégia de ensino e apresenta-se um plano de como ensinar a disciplina de Dinâmica de Grupo nesse momento de inovação e construção de mudanças na área da educação.

Partindo do pressuposto de que a educação é um processo de humanização, a forma de aprendizagem deve valorizar o desenvolvimento de habilidades pessoais e competências profissionais. Essa formação perpassa a interação humana, seja de forma interpessoal ou grupal. De acordo com Kolb (1984), o aprender pela experiência é um processo por meio do qual o desenvolvimento ocorre.

Para Osório (2003), a escola oportuniza a primeira socialização fora do sistema familiar, possibilitando o desenvolvimento de interações satisfatórias e estabelecendo comunicações operativas entre os docentes, discentes e familiares. Nesse sentido, o professor é convocado a exercer o papel de coordenador de grupos no exercício de suas atribuições. Sendo assim, em sua formação profissional é importante receber subsídios acerca de como desempenhar essa tarefa, apoiada na compreensão e manejo dos fenômenos grupais (Osório, 2003).

A dinâmica de grupo como estratégia de ensino foi utilizada na disciplina de Análise Crítica da Assistência de Enfermagem em um curso de pós-graduação (Spagnol et al., 2001). Os autores utilizaram a dinâmica da construção de uma boneca, como se fossem trabalhadores de uma "fábrica de bonecas", os alunos foram divididos em três grupos, sendo que a cada grupo foi dada uma instrução diferente para a realização da atividade. No primeiro grupo, em fila e sem comunicação entre si, sem prazo para a conclusão da atividade, porém com entrega ao instrutor imediatamente após o término da atividade. Para o segundo grupo foi solicitada a formação em círculo, com comunicação entre si, com prazo de 10 minutos para a conclusão da tarefa e sem necessidade de entrega imediata após o término da atividade; o terceiro trabalhou com sucata, com formação e comunicação livre e o tempo de 10 minutos para a realização da tarefa. Os autores concluíram que essa estratégia de ensino possibilitou uma discussão do tema correlacionando a situação fictícia e a prática, e permitiu a busca de novas formas de gerenciamento e organização de trabalho na área da enfermagem.

Em um curso técnico de administração de empresa foi utilizada a dinâmica de grupo como estratégia de ensino de conhecimentos teórico-práticos. A turma era de 50 alunos e as técnicas utilizadas foram: de apresentação, da sanfona, da resolução de problemas, do desenho compartilhado, das características pessoais, da dramatização da resolução de problemas, vendendo o impossível e do propósito de vida. Os autores concluíram que a relação entre as atividades de estudos e as competências teve como princípio a aquisição de conhecimentos teóricos e envolveram os alunos em ações e operações na resolução de atividades (habilidade do saber fazer) e que transformaram os atuantes em relação a valores e atitudes (saber ser). Esse estudo foi fundamentado na teoria da atividade, citado por Alberti et al. (2014), que orienta a construção de atividades de estudos planejados, monitorados, conduzidos e analisados para que a pessoa se desenvolva em termos intelectuais, sociais e psicológicos (Alberti et al., 2014).

Outros estudos podem ser destacados, como o de Silva (2008) que verificou as práticas de dinâmica de grupo como instrumento para fins educacionais por meio da teoria da aprendizagem experiencial de John Dewey e David Kolb, bem como o estudo desenvolvido por Sousa (2013) sobre o uso da dinâmica de grupo como estratégia de ensino da disciplina Química no Ensino Médio de uma escola pública. Ainda, o de Rodriguez et al. (2016) que relatam sobre a dinâmica de grupo como estratégia de ensino em uma disciplina no curso de graduação de enfermagem.

Ao pensar na formação em psicologia em que o profissional precisa problematizar a sua atuação diante do trabalho de grupos e em grupos, assim como conhecer as diversas possibilidades, tipos e a influência desses grupos na constituição da dinâmica grupal, seja ela na família, na escola, nas organizações de trabalho, entre outros, será exemplificada uma forma de ensino da disciplina Dinâmica de Grupo. Uma das competências do profissional de Psicologia é conhecer a evolução histórica dos fenômenos grupais, conhecer seus aspectos teóricos e práticos para que possa atuar nos mais diversos contextos (educação, clínica, saúde, organização, assistência social, entre outros).

Em nível de explicação, a disciplina de Dinâmica de Grupo com carga horária de 40 horas, tem como objetivo geral formar psicólogos que atendam, de forma ética, às necessidades emergentes do campo biopsicossocial e econômico em suas práxis. Tem como objetivos específicos desenvolver a capacidade crítica de descrever, analisar, interpretar e orientar os problemas de origem psicológica para a atuação em diversas áreas de intervenção, assim como facilitar o direcionamento teórico-metodológico para as situações da prática profissional. Para atender a esses objetivos, o conteúdo programático pode versar sobre os fundamentos teóricos da dinâmica de grupo, sua origem e desenvolvimento histórico; natureza, conceitos e características; os elementos básicos para trabalho com grupos e a ética grupal. Nos fundamentos teóricos podem ser abordadas algumas teorias de autores reconhecidos na área, como Kurt Lewin, Pichon Rivière, Levy Moreno e, também, as contribuições de outras abordagens como a psicanalítica, gestáltica, humanista e comportamental.

Como metodologia de ensino e com o intuito de o aluno participar de forma ativa, ele pode utilizar do estudo dirigido, da sessão de discussão de análise e interpretação de artigos científicos ou capítulos de livros e de filmes. Assim como utilizar-se de dinâmicas de grupo adaptadas, conforme referências disponibilizadas, para estudo de casos e observações comportamentais. Algumas técnicas para uso em sala de aula:

- "O grupo sabe" (Contreras, 2006) em que cada elemento do grupo poderá apresentar um ponto da teoria estudada e fazer uma produção escrita em grupo.

- "Na pista" tem como objetivo motivar a leitura e desenvolver o pensamento lógico e crítico e fazer a conexão entre a teoria e a prática.

- "Avaliação do trabalho em grupo", cujo objetivo é avaliar os conhecimentos que o grupo tem sobre um determinado assunto, um jogo de simulação como um programa de rádio de perguntas e respostas sobre o tema que vai ser avaliado. Cada equipe elege um representante que responderá em nome do grupo e poderá ser trocado a critério da equipe (Contreras, 2006).

Considerações finais

Neste capítulo buscou-se apresentar um panorama histórico do desenvolvimento das teorias de grupos e das técnicas de dinâmica de grupo, que podem e devem compor um processo de Avaliação Psicológica de qualidade. Embora tais técnicas possam ser empregadas em diferentes contextos da prática profissional, são usualmente parte de processos seletivos e/ou formativos de pessoal. Desse modo, foram apresentados alguns exemplos nos quais a dinâmica de grupo foi empregada no trabalho mais amplo de Avaliação Psicológica.

Ainda, foram relacionadas diversas obras e site de modo a oferecer ao leitor, professor ou estudante, uma variedade de exemplos práticos das técnicas de dinâmica de grupo a serem empregadas no processo avaliativo e também formativo e/ou informativo para se lidar com pessoas. Finalizou-se exemplificando como utilizar a Dinâmica de Grupo como estratégia de ensino e o ensino da Dinâmica de Grupo em um curso de graduação em Psicologia. Espera-se com isso contribuir para o ensino da Avaliação Psicológica no que se refere a essa estratégia que compõe o processo, junto às demais técnicas como os testes, a entrevista, a anamnese, enfim, um conjunto de procedimentos complementares para que a avaliação seja realizada dentro dos parâmetros técnicos e éticos de qualidade.

Referências

Afonso, M.L.M. (2018). *Oficinas em dinâmica de grupo: Um método de intervenção psicossocial*. Artesã.

Afonso, M.L.M., Abade, F.E., Akerman, D., Coelho, C.M.S., Medrado, K.S., & Pimenta, S.D.C. (2010). *Oficinas em dinâmicas de grupo na área da saúde*. Casa do Psicólogo.

Alberti, T.F., Abegg, I., Costa, M.R.J., & Titon, M. (2014). Dinâmicas de grupo orientadas pelas atividades de estudo: Desenvolvimento de habilidades e competências na educação profissional. *Revista Brasileira de Estudos Pedagógicos, 95*(240), 346-362. http://dx.doi.org/10.1590/S2176-66812014000200006

Allport, G.H. (1935). Attitudes. In C. Murchinson (Ed.), *Handbook of Social Psychology* (pp. 119-157). Clark University Press.

Andreola, B.A. (2013). *Dinâmica de grupo: Jogo da vida e didática do futuro* (28. ed.). Vozes.

Avoglia, H.R.C. (2015). Grupo Operativo: Uma estratégia diagnóstica e interventiva na área da saúde. In M.M. Vizzotto & J.C. Souza, (orgs.), *Psicologia Clínica & Saúde: Confluência entre áreas do conhecimento* (pp. 35-55). Metodista.

Ballestero-Alvarez, M.E. (2002). *Mutatis mutandis: Dinâmicas de grupo para o desenvolvimento humano* (4. ed., vol. 1 e 2). Papirus.

Ballestero-Alvarez, M.E. (2004). *Exercitando as inteligências múltiplas: Dinâmicas de grupo fáceis e rápidas para o Ensino Superior* (3. ed.). Papirus.

Barreto, M.F.M. (2014). *Dinâmica de Grupo: História, prática e vivências* (5. ed.). Alínea.

Bauleo, A. et al. (1975). *Psicologia y Sociologia de grupo*. Fundamentos.

Bechelli, M., & Bechelli, F. (2020). *Dinâmicas de grupo: 25 exercícios para estimular interações*. Matrix.

Berkenbrock, V.J. (2013). *Brincadeiras e dinâmicas de grupo: Diversões para dentro e fora de sala de aula, encontros de grupos, festas de família, reuniões de trabalho e muitas outras ocasiões* (13. ed.). Vozes.

Berkenbrock, V.J. (2015). *Dinâmicas para encontros de grupo: Para apresentação, intervalo, autoconheci-*

mento e conhecimento mútuo, amigo oculto, despertar, avaliação e encerramento (13. ed.). Vozes.

Bion, W.R. (1970). *Experiências com grupos*. Edusp.

Borges, G.L. (2013). *Dinâmicas de grupo: Crescimento e integração* (10. ed.). Vozes.

Brasil. (1997, 25 set.). Lei n. 9.503, de 23 de setembro de 1997. Institui o Código de Trânsito Brasileiro. *Diário Oficial da União*.

Brasil. (2001). *Oficina de trabalho para discussão do plano nacional de inclusão das ações em saúde mental na atenção básica*.

Brasil. (2002). Portaria SAS/MS 336 de 19/02/2002. https://bvsms.saude.gov.br/bvs/saudelegis/gm/2002/prt0336_19_02_2002.html

Calado, I. (2016). *Dinâmica de grupo no ensino de Língua Portuguesa: Os cinco pilares*. Qualitymark.

Carvalho, N.C. (2014). *Dinâmicas para idosos: 125 jogos e brincadeiras* (7. ed.). Vozes.

Cohen, R.J., Swerdlik, M.E., & Sturman, E.D. (2014). *Testagem e Avaliação Psicológica: Introdução a testes e medidas* (8. ed.). AMGH.

Conselho Federal de Psicologia. (2018). *Resolução CFP n. 9/2018*. Estabelece diretrizes para a realização de Avaliação Psicológica no exercício profissional da psicóloga e do psicólogo, regulamenta o Sistema de Avaliação de Testes Psicológicos – Satepsi e revoga as resoluções n. 2/2003, n. 6/2004 e n. 5/2012 e notas técnicas n. 1/2017 e 2/2017. https://site.cfp.org.br/wp-content/uploads/2018/04/Resolu%C3%A7%C3%A3o-CFP-n%C2%BA-09-2018-com-anexo.pdf

Conselho Federal de Psicologia. (2019). *Resolução CFP n. 1/2019*. Institui normas e procedimentos para a perícia psicológica no contexto do trânsito e revoga as resoluções CFP n. 7/2009 e 9/2011. https://www.in.gov.br/materia/-/asset_publisher/Kujrw0TZC2Mb/content/id/62976927/do1-2019-02-12-resolucao-n-1-de-7-de-fevereiro-de-2019-62976886

Contreras, J.M. (2006). *Como trabalhar em grupo: Introdução à dinâmica de grupo*. Paulus.

Davidov, V. (1988). *La enseñanza escolar y el desarrollo psíquico: Investigación psicológica teórica y experimental*. Progreso.

Fagundes, A.J.F.M. (1999). *Definição, descrição e registro do comportamento* (12. ed.). Edicon.

Figlie, N.B.; Melo, D.G., & Payá, R. (2004). *Dinâmicas de grupo aplicadas no tratamento da dependência química: Manual teórico e prático*. Roca.

Freud, S. (1990). Psicologia das massas e análise do ego. In Freud, S. *Edição standard brasileira das obras psicológicas completas de Sigmund Freud* (pp. 89-179), vol. 18. Imago. (Trabalho original publicado em 1921)

Friedmann, A. (2012). *Dinâmicas criativas: Um caminho para a transformação de grupos* (6. ed.). Vozes.

Fritzen, S.J. (2013a). *Janela de Johari: Exercícios vivenciais de dinâmica de grupo, relações humanas e de sensibilidade* (25. ed.). Vozes.

Fritzen, S.J. (2013b). *Exercícios práticos de dinâmica de grupo*. Vozes.

Gattai, M.C. (2019). *Dinâmicas de grupo: Da teoria à prática*. Senac São Paulo.

Gouveia, V.V. (2003). A natureza motivacional dos valores humanos: Evidências acerca de uma nova tipologia. *Estudos de Psicologia, 8*(3), 431-443. https://doi.org/10.1590/S1413-294X2003000300010

Gouveia, V.V. (2013). *Teoria funcionalista dos valores humanos: Fundamentos, aplicações e perspectivas*. Casa do Psicólogo.

Jalowitzki, M. (2007). *Vivências para dinâmica de grupos*. Madras.

Kolb, D.A. (1984). *Experiential learning*. Prentice Hall.

Lewin, K. (1944, jan.). The dynamics of group action. *Educational Leadership*, 195-200. http://www.ascd.org/ASCD/pdf/journals/ed_lead/el_194401_lewin.pdf

Lewin, K. (1965). *Teoria de campo em ciência social*. Pioneira.

Lewin, K. (1978). *Problemas de dinâmica de grupo*. Cultrix.

Machado, J.R.M., & Nunes, M.V.S. (2013). *120 Dinâmicas de grupo: Para viver, conviver e se envolver* (2. ed.). Wak.

Mailhiot, G.B. (1977). *Dinâmica e gênese dos grupos*. Coleção Psicologia e Grupos. Atualidades das Descobertas de Kurt Lewin (4. ed.). Livraria das Cidades.

Massaroli, M.V. (2016). *Dinâmica de grupo x competências na educação: Estratégias para auxiliá-lo em suas atividades*. Appris.

Mayer, C. (2005). *Dinâmicas de grupo: Ampliando a capacidade de interação*. Papirus.

Mayer, C. (2007). *O poder da transformação: Dinâmicas de grupo*. Papirus.

Militão, A., & Militão, R. (2000). *SOS Dinâmica de grupo*. Qualitymark.

Militão, R., & Militão, A. (2000). *Jogos, dinâmicas e vivências grupais: Como desenvolver sua melhor "técnica" em atividades grupais*. Qualitymark.

Minicucci, A. (2001). *Técnicas do trabalho de grupo*. Atlas.

Minicucci, A. (2002). *Dinâmica de grupo: Teorias e sistemas*. Atlas.

Miranda, S. (2004). *Novas dinâmicas para grupos: Aprendência do conviver*. Papirus.

Miranda, S. (2013). *Oficina de dinâmicas para empresas, escolas e grupos comunitários*. 3 vol. Papirus.

Moreira, C.F.N. (2014). *O trabalho com grupos em serviço social: A dinâmica de grupo como estratégia para reflexão crítica*. Cortez.

Osório, L.C. (2003). *Psicologia Grupal: Uma nova disciplina para o advento*. Artmed.

Pasquali, L. et al. (2010). *Instrumentação psicológica: Fundamentos e práticas*. Artmed.

Pichon-Rivière, E. (1984). *O processo grupal*. Martins Fontes.

Priotto, E.P. (2013). *Dinâmica de grupo para adolescentes* (7. ed.). Vozes.

Rabelo, A.R., Mattos, A.A.Q., Coutinho, D.M., & Pereira, N.N. (2006). *Um manual para o Caps: Centro de Atenção Psicossocial*. Edufba.

Rerup, C., & Feldman, M.S. (2011). Routines as a source of change in organizational schemata: The role of trial-and-error learning. *Academy of Management Journal, 54*(3), 577-610.

Ricouer, P. (1991). *O si mesmo com o outro*. Papirus.

Rockeach, M. (1973). *The nature of human values*. Free Press.

Rodriguez, A.M.M.M., Ferreira, M., Mishima, S.M., Villa, T.C.S., & Palha, P.F. (2016). Dinâmica de grupo como estratégia facilitadora do processo de ensino-aprendizagem: Relato de experiência. *Revista de Enfermagem – UFPE online, 10*(5), 4.364-4.369. https: 10.5205/reuol.9284-81146-1-SM.1005sup201625

Rogers, C. (1970/2002). *Grupos de encontro*. Martins Fontes.

Schwartz, S.H. (2006). A theory of cultural value orientations: Explication and applications. *Comparative Sociology, 5*, 137-183.

Serrão, M., & Baleeiro, M.C. (1999). *Aprendendo a ser e conviver* (2. ed.). FTD.

Silva, J.A.P. (2008). O uso da dinâmica de grupo em sala de aula. Um instrumento de aprendizagem experiencial esquecido ou ainda incompreendido? *Saber Científico, 1*(2), 82-99.

Silva, M.A. (2011). *Recrutamento e seleção* [Manuscrito não publicado, pós-graduação em Gestão de Pessoas, Unigrad].

Silva, M.A. (2016). Uso da técnica de dinâmica de grupo na Avaliação Psicológica no contexto do trânsito: Relato de experiência. *Psicologia: Ciência e Profissão, 36*(2), 380-388. https://doi.org/10.1590/1982-3703001392014

Silveira, F., Fernandes, M.I.A., & Gaillard, G. (2020). Contribuições de René Käes para a epistemologia da psicanálise. *Ágora: Estudos em Teoria Psicanalítica, 23*(1), 39-48. https://doi.org/10.1590/1809-44142020001005

Simionato, R.B. (2004). *Dinâmica de grupo para treinamento motivacional* (8. ed.). Papirus.

Simionato, R.B. (2006). *Dinâmica de grupo para desenvolvimento do potencial humano* (4. ed.). Papirus.

Soares, V. (2012). *Dinâmicas de grupos e jogos: Psicodrama, expressão corporal, criatividade, meditação e artes*. Vozes.

Sociedade Brasileira de Dinâmica de Grupo. http://www.sbdg.org.br/web/site/

Sousa, V.P. (2013). *Dinâmica de grupo como estratégia para a aprendizagem significativa de polímeros sintéticos* [Dissertação de mestrado profissional, Centro Universitário Univates].

Soyka, M., Helten, C., & Scharfenberg, C.O. (2001). Psychotherapy of alcohol addiction: Principles and new findings of therapy research. *Wien Med Wochenschr, 151*(15-17), 380-389.

Spagnol, C.A., Fernandes, M.S., Flório, M.C.S., Barreto, R.A.S.S., Sant'Ana, R.P.M., & Carvalho, V.T. (2001). O método funcional na prática da enfermagem abordado através da dinâmica de grupo: Relato de uma experiência. *Revista da Escola de Enfermagem da USP, 35*(2), 122-129. https://doi.org/10.1590/S0080-62342001000200005

Tamayo, A., & Paschoal, T. (2003). A relação da motivação para trabalho com metas do trabalho. *Revista de Administração Contemporânea, 7*(4), 33-54. https://doi.org/10.1590/S1415-65552003000400003

Valle, M.L., & Souza, M.L. (2018). *Dinâmicas de Grupo: 45 jogos para treinamentos empresariais.* Ebook Kindle.

Wendell, N. (2016). *Dinâmicas de integração: Para formar grupos vencedores.* Vozes.

Yozo, R.Y.K. (2000). *100 jogos para grupos: Uma abordagem psicodramática para empresas, escolas e clínicas* (19. ed.). Ágora.

Zimerman, D.E. (1997). Fundamentos teóricos. In D.E. Zimerman & L.C. Osório, *Como trabalhamos com grupos* (pp. 23-31). Artes Médicas.

Zimerman, D.E. (2000). *Fundamentos básicos da grupoterapia* (2. ed.). Artmed.

16
Metodologias de ensino de Avaliação Psicológica com testes psicológicos objetivos

Tatiana Quarti Irigaray
Joice Dickel Segabinazi
Valéria Gonzatti
Pontifícia Universidade Católica do Rio Grande do Sul

Highlights

- Discute-se aspectos gerais sobre o ensino da Avaliação Psicológica.
- Define-se testes psicológicos objetivos.
- Sugere-se o enfoque no ensino de uma *postura ativamente avaliativa*.
- Apresenta-se estudo de caso e simulações e diferentes estratégias de ensino.

O presente capítulo se propõe a discutir estratégias e abordagens de ensino da Avaliação Psicológica (AP) com testes psicológicos objetivos de forma que o aprendizado contemple os atuais requisitos da atuação na área. Apresenta-se uma discussão inicial sobre o conceito de AP e teste objetivo, destaca-se a importância do desenvolvimento de uma *postura ativamente avaliativa*, aborda-se a aplicação informatizada e aplicação remota on-line de testes objetivos. Descreve-se as metodologias empregadas para o ensino de testes objetivos, trazendo como exemplos as simulações, os estudos de caso e a utilização de artigos e capítulos. Por fim, as considerações finais são apresentadas, destacando-se pontos importantes do capítulo.

A área de AP tem acompanhado diversos avanços em território nacional, atingindo considerável maturidade nos últimos 20 anos (Wechsler et al., 2019). O empenho dos conselheiros e pesquisadores que compõem a Comissão Consultiva de Avaliação Psicológica (CCAP),

e os esforços dos laboratórios e programas de pós-graduação que elencaram a AP em suas linhas de pesquisa, levaram a um incremento do número de técnicas e a qualidade científica dos instrumentos (Reppold & Noronha, 2018; Cardoso & Silva-Filho, 2018). Uma análise breve das temáticas abordadas pelas questões da primeira prova para obtenção do título de especialista em AP do Conselho Federal de Psicologia (CFP, 2019c), indicou uma clara mudança nos requisitos para atuação na área. Vê-se a primazia do entendimento das resoluções do CFP, dos conhecimentos em psicometria e pesquisa, dos procedimentos éticos, e da elaboração de documentos psicológicos, em detrimento de aspectos históricos e conhecimentos técnicos e específicos sobre a instrumentação psicológica.

Em contraponto, as pesquisas sobre o ensino da AP, tanto na graduação quanto na pós-graduação, ainda têm indicado a preponderância de uma formação tecnicista, enfatizando o psicodiagnóstico como formato central de AP, abordando os procedimentos de aplicação e interpretação de instrumentos e em construtos tradicionais, como inteligência e personalidade (Reppold & Noronha, 2018). Sabe-se que o ensino da AP integra diferentes saberes da formação do profissional da psicologia e deve envolver uma compreensão ampla dos fenômenos psicológicos e que pode ser aplicada em diferentes contextos (Barroso et al., 2015). Assim, um dos pressupostos da formação parece ser o desenvolvimento de uma *postura ativamente avaliativa* ao longo do processo, o que implica não limitar o raciocínio diagnóstico a aplicação e interpretação de um ou mais testes (Kroeff et al., 2019).

À postura mencionada acima, adicionou-se durante o contexto da pandemia de Covid-19 publicações de grupos de pesquisa que são referência na área (Marasca et al., 2020) e a nota orientativa do Conselho Federal de Psicologia (CFP, 2020a) sobre ensino da AP em modalidade remota. Tais materiais reforçaram o dever ético e os cuidados necessários para a não exposição de conteúdos restritos, primando pelo sigilo dessas técnicas e materiais. As propostas enfatizaram o estudo do processo de AP em diferentes contextos, as propriedades psicométricas dos testes psicológicos, a elaboração de documentos psicológicos, entre outras temáticas. Nesse sentido, quando houver a necessidade do ensino dos testes psicológicos remotamente, sugere-se que este seja realizado com intuito de refletir sobre os limites e alcances desses em conjunto com amplo arsenal de técnicas psicológicas, tais como, a observação, entrevista e as dinâmicas de grupo.

Testes psicológicos objetivos

Os testes psicológicos visam identificar, descrever, qualificar e mensurar aspectos psicológicos mediante o uso de procedimentos sistemáticos de observação e descrição do comportamento humano, com bases em critérios científicos (CFP, 2018a). Segundo a Resolução n. 9/2018 os testes psicológicos englobam também as escalas, inventários e questionários e métodos projetivos/expressivos (CFP, 2018a). Especificamente, os testes psicológicos objetivos fundamentam-se na Psicometria, ou seja, os fenômenos psicológicos são descritos por meio de números. Baseiam-se na teoria da medida, usando dados estatísticos. Suas tarefas, correção e interpretação são padronizadas. Utilizam técnicas de resposta do tipo escolha forçada, escalas de resposta enunciadas com números, que o indivíduo deve marcar, apresentando uma resposta sem ambiguidade para o aplicador avaliar.

A interpretação dos testes psicológicos objetivos é feita baseada em perfis de números, e o significado é atribuído por regras de interpretação decorrentes de pesquisas anteriores feitas com outros grupos de indivíduos. Assim produzem um índice ou perfil de índices que podem ser tratados estatisticamente (Pasquali, 2016). Para Serafini et al. (2017), os testes psicológicos objetivos aferem o comportamento humano por meio de critérios concretos e observáveis, por exemplo, atenção, memória, habilidades sociais, personalidade e sintomas de depressão ou ansiedade, podendo ser estruturado em formatos de inventário, um questionário ou uma escala.

Um aspecto importante a ser discutido é a dicotomia entre teste objetivo e teste projetivo (Meyer & Kurtz, 2006). Os autores questionaram a simplificação proposta nessa relação, principalmente no que se refere às técnicas de avaliação da personalidade. A objetividade nesse tipo de escala estaria tanto no tipo de estímulo (proposição ou pergunta), cabendo ao examinando escolher em que medida aquele comportamento descreve a sua personalidade, como também na possibilidade de "quantificação" da resposta em termos de um escore, um percentil e uma classificação. Assim, tal abordagem estaria expressa tanto em um questionário, no qual o indivíduo precisa decidir em qual nível (em uma escala Likert de cinco pontos) aquela frase que descreve o seu comportamento e suas características, quanto na mais atual proposta de interpretação dos dados da técnica de Rorschach, a saber, o Sistema R-PAS – Sistema de Avaliação por Performance no Rorschach (Meyer et al., 2017).

A construção do R-PAS baseou-se em revisões sistemáticas e metanálises e propôs, além de uma seleção de variáveis com mais estudos empíricos, normas internacionais mais recentes e acuradas, a padronização para aplicação usando notebook e codificação mais simplificadas e detalhadas. Essa abordagem propõe uma forma de aplicação que reduz a variação de quantidade de respostas (aplicação R-Otimizada) e melhora a estabilidade do instrumento no reteste, dispondo de um programa on-line para cálculo das variáveis do teste em uma plataforma virtual segura e acessível por meio de variados dispositivos usando internet. Além disso, propõe a imediata transformação dos escores do teste em *standard scores*, fazendo uso de escores-t e percentil. Tal abordagem da técnica de Rorschach ampliou o rigor psicométrico do teste em questão (tradicionalmente um teste dito projetivo), maximizando a objetividade da sua aplicação, levantamento e interpretação.

Dessa forma, retomando a proposta trazida por Meyer e Kurtz (2006) destaca-se que os psicólogos devem atentar também para o nível de subjetividade que ainda estaria presente no ato do examinando responder sobre si mesmo. Assim, quando se assume que um teste psicológico é um instrumento padronizado que fornece amostras de comportamentos ou funções cognitivas que tem como objetivo descrever/mensurar processos psicológicos (CFP, 2018a). Adotar uma *postura ativamente avaliativa* no ensino dessas técnicas em sala de aula poderia guiar os estudantes a realizarem a análise minuciosa sobre o processo de resposta dos sujeitos por meio da metodologia de estudo de caso.

O método de estudo de caso permite não só o estudo das diferentes técnicas de AP empregadas (com exercícios de aplicação, levantamento, interpretação), mas também o desenvolvimento do raciocínio clínico necessário para a atuação em AP. Pode-se citar, mais uma vez a título de exemplo, um processo de AP de um paciente adulto, com diagnóstico de Transtorno de Humor Bipolar Tipo II, encaminhado com a demanda de investigação da capacidade de *insight*. A AP fora sugerida por médico psiquiatra para a avaliação da resposta ao tratamento em linha de orientação psicanalítica que o paciente vinha realizando. Ao longo do processo, entre outros resultados, observou-se discordâncias entre a forma como o paciente respondia aos questionários de atitudes, aspectos de personalidade e suporte social (descrevendo-se sempre sob uma luz mais favorável) e em seu comportamento real, conforme a observação de outros entrevistados durante o processo. De fato, há mais de meio século já se discutem os processos que influenciam a resposta de um examinando, que incluem a ambiguidade inerente aos itens de teste, bem como as limitações no autoconhecimento ou autopercepção (Meehl, 1945). Nesse sentido, Meyer e Kurtz (2006) apresentam questionamentos frente à noção de objetividade, ressaltando a importância dos estudos de análise dos estilos de resposta e sobre as possíveis manipulações dos examinandos.

Na aprendizagem de testes psicológicos objetivos deve existir a integração das teorias que embasaram a criação desses e sua aplicação. A prática requer do estudante uma leitura crítica do manual, manipulação dos itens que compõem o teste, o exercício da administração, correção e produção de síntese dos resultados. Cardoso e Gomes (2019) referem que as atividades práticas, como a administração e a interpretação dos testes, são de grande importância.

Aqui ressalta-se que são comuns os relatos de professores da área de AP que realizam aplicações dos testes psicológicos de personalidade nos seus próprios estudantes e utilizando o ambiente de sala de aula. Na opinião das autoras do presente capítulo, tal prática acaba por limitar o desenvolvimento da desejável *postura ativamente avaliativa*. Em primeiro lugar, tal atividade centra-se em aspectos técnicos dos instrumentos, ou seja, foca-se no desenvolvimento das habilidades de administração do instrumento. Em segundo lugar, tal atividade não propicia um exercício de integração e reflexão crítica em conjunto com demais resultados de um processo de AP mais abrangente. Nessa linha, há relatos de que os estudantes são orientados pelos professores a interpretarem os resultados dos colegas e os seus próprios resultados, atividade que é frequentemente trazida como uma experiência negativa e que ocasiona exposição desnecessária da história clínica de alguns estudantes.

Por outro lado, na experiência como docentes das autoras do presente capítulo, são comuns as descrições dos estudantes sobre como foram significativas as atividades de simulação de processos de AP em ambiente de sala de espelhos. Borsa e Segabinazi (2017) discutiram de que forma a inclusão da simulação como metodologia de aprendizagem ativa nas disciplinas de

AP poderia contribuir para o desenvolvimento de competências necessárias em diversas situações, tais como o treino de habilidades para a aplicação de testes e baterias. O propósito de uma simulação pode variar, mas em geral, exige que o aluno pratique, aprenda ou avalie um conjunto de ações humanas. O método centraliza o processo de aprendizagem no aluno, permitindo que ele vivencie situações em ambiente seguro e sob supervisão ativa de um professor (Araujo & Quilici, 2012).

Como exemplo, pode-se citar um roteiro de simulação aplicado anteriormente em sala de espelhos no qual uma atriz (ex-aluna) é convidada a representar uma adolescente encaminhada para AP por suspeita de deficiência intelectual. O recorte apresentado pela simulação diz respeito à etapa de aplicação de alguns dos subtestes das Escalas Wechsler de Inteligência (WISC-IV) e estaria inserido dentro de um processo mais amplo de AP clínica, ou psicodiagnóstico. Assim, um dos estudantes seria convidado a exercitar alguns dos principais procedimentos necessários para a aplicação dessa escala, quais sejam, idade de início, sequência inversa, escore perfeito, critério de interrupção, pontuação e uso do cronômetro (p. ex., nos subtestes Cubos, Conceitos Figurativos e Semelhanças), sendo esses os principais objetivos de aprendizagem da simulação. É importante que a aplicação da atividade seja precedida por uma etapa de explicação (*briefing*) para a atriz e também aos estudantes. Para a atriz, o professor deve fornecer o máximo possível de informações sobre como ela deve comportar-se em cena. Por exemplo, ela deve mostrar-se apática, desatenta, errando os itens sem apresentar crítica frente aos erros que comete? Qual a história de vida da paciente? Ela faz uso de medicações? Pode-se descrever os diálogos que a atriz deverá desenvolver com o *profissional* (que será vivenciado pelo aluno). Ao aluno que irá realizar a sessão, o professor deverá fornecer as informações relativas ao caso que sejam coerentes com os objetivos de aprendizagem, permitindo o preparo prévio do aluno.

No entanto, o emprego desta proposta de aprendizagem não estará completo se o professor não for capaz de reconstruir o evento junto com os estudantes, proporcionando reflexão diante dos pontos fracos e fortes de cada um dos indivíduos que participaram da simulação. Indica-se também a gravação em vídeo, o que permite maior acurácia na avaliação, relacionando teoria e prática e orientando a experiência para os objetivos de aprendizagem. É nesse momento que se pretende proporcionar aos estudantes uma mudança de conduta, analisando aspectos atitudinais, emocionais e a aprendizagem e como seria o desempenho dos estudantes em situações similares na vida real (Araujo & Quilici, 2012).

No caso em questão, a discussão final com os estudantes também deveria abarcar o contexto mais amplo de avaliação da deficiência intelectual, introduzindo aspectos como a integração das fontes fundamentais e complementares de avaliação (CFP, 2018a) e que permita integrar conhecimentos e promova uma compreensão mais ampla do fenômeno. Alguns questionamentos possíveis seriam: Como determinaríamos o nível da deficiência intelectual? Qual a importância da avaliação do funcionamento adaptativo para o diagnóstico? Quais serviços (escolas e instituições) estariam disponíveis para acolhimento das necessidades especiais dessa adolescente? Assim, a proposição e execução de atividades práticas, tais como a simulação e a atuação dos futuros profissionais de psicologia possa se tornar mais ética e reflexiva (Borsa & Segabinazi, 2017).

Dessa forma, acredita-se que mesmo na graduação, por meio da seleção de estratégias de aprendizagem mais atuais, pode-se ampliar a compreensão dos testes objetivos como instrumentos capazes de descrever através de números os fenômenos psicológicos, incitando os estudantes a enxergá-los como meios de testar suas hipóteses sobre o comportamento humano. É importante ressaltar que diferentes construtos psicológicos podem ser avaliados por meio de testes objetivos; assim, há testes objetivos para a avaliação da inteligência, personalidade, atenção, memória, funções executivas, habilidades sociais, sintomatologia depressiva, entre outros. Os testes psicológicos objetivos, assim como os projetivos, são um meio e não um fim para investigar uma determinada situação, e não devem ser utilizados de forma única e sem o uso de outras técnicas para complementar e contextualizar o processo de AP. Outro aspecto importante e que acabou ganhando destaque nas discussões dentro das disciplinas de AP, e principalmente motivadas pela pandemia de Covid-19, foram os alcances e limites da AP on-line, e por consequência a possibilidade de aplicação dos testes psicológicos objetivos de forma informatizada ou por meio de aplicação remota on-line.

Aplicação informatizada e aplicação remota on-line

O Sistema de Avaliação de Testes Psicológicos apresenta informações sobre o construto e a forma de aplicação e correção, se informatizada ou remota on-line (Satepsi, 2020). Ao consultar o site do Satepsi já se observa um número crescente de testes com correção e aplicação informatizadas. Em maio de 2020, encontravam-se com parecer favorável cerca de 60 testes com correção informatizada e 17 que permitiam a aplicação informatizada. Por outro lado, constavam apenas quatro (4) instrumentos para aplicação on-line/remota, que avaliavam atenção, personalidade e interesses pessoais (Marasca et al., 2020). A aplicação informatizada de testes psicológicos difere da aplicação on-line remota. A aplicação informatizada refere-se ao uso do computador para fazer aplicação de forma presencial, enquanto a aplicação on-line remota se caracteriza pela aplicação a distância do teste (CFP, 2019a). Assim, é papel do psicólogo realizar a análise e o estudo do manual do teste para identificar o tipo de aplicação que é possível (Marasca et al., 2020).

Conforme sugere Marasca et al. (2020), antes de iniciar o processo de avaliação on-line o psicólogo deve: (a) compreender o que gerou a demanda; (b) avaliar a pertinência para conduzir o processo em modalidade remota, como a idade do indivíduo, suas condições físicas e cognitivas, aspectos culturais, familiaridade e disponibilidade e acesso a aparelhos eletrônicos e internet; (c) orientar o indivíduo para estar em um ambiente confortável, privativo, sem distrações e sem interrupções e; (d) utilizar somente testes que permitam aplicação on-line/remota. Além disso, para pacientes com determinados transtornos mentais ou sintomas pode não ser indicado esse tipo de avaliação, como em quadros demenciais, pacientes com sintomas psicóticos e ideação suicida.

Dentre as dificuldades em relação à operacionalização da AP em modalidade remota on-line, há a produção de documentos psicológicos, pois ainda não há resoluções que abordem a elaboração de documentos nessa modalidade, apesar de existirem propostas de plataformas privadas que se propõem não só a auxiliar os profissionais na escrita de documentos psicológicos, fornecendo modelos, mas também no armazenamento e na possibilidade de análise de informações produzidas nas avaliações psicológicas com medidas que são repetidas. Outra dificuldade refere-se à manutenção do sigilo em contexto virtual, não sendo autorizadas gravações. Assim, o psicólogo deve certificar-se sobre a segurança do ambiente que usa no processo de avaliação (Marasca et al., 2020).

Em relação ao ensino emergencial remoto nas disciplinas de AP on-line, orienta-se que o professor não deve realizar a postagem de materiais na internet com conteúdo dos testes psicológicos, incluindo-se apresentações em PowerPoint ou arquivos em PDF, tanto no ambiente Moodle ou enviadas por e-mail. Sabe-se que mesmo em aulas presenciais existe o risco de que as aulas sejam gravadas ou fotografadas, mas o conteúdo de modo virtual torna ainda mais fácil a disseminação das informações restritas aos psicólogos. Os seguintes cuidados são sugeridos no ensino da AP tanto presencial quanto no contexto de ensino a distância: (a) discutir com estudantes a importância de não divulgar, ensinar, ceder ou vender a leigos instrumentos e técnicas psicológicas que permitam ou facilitem o exercício ilegal da profissão (CFP, 2005); (b) solicitar a assinatura ou concordância de forma digital de um Termo de Compromisso pelos estudantes, no qual se comprometem a não divulgar o conteúdo das aulas de nenhuma forma, seja por imagens, áudios ou vídeos; (c) imprimir marca d'água nos materiais, indicando que seu uso é apenas para fins didáticos e não pode ser divulgado (Marasca et al., 2020). A questão do acesso aos manuais dos testes psicológicos, os quais atualmente, em sua totalidade, são vendidos somente em versão impressa, também torna inviável o acesso e manuseio dos estudantes desses materiais durante o ensino emergencial remoto nas disciplinas de AP.

Uma estratégia que se mostrou bastante profícua neste contexto foi a utilização de artigos e capítulos que trouxessem informações sobre os testes psicológicos e que estivessem disponíveis na internet. A atividade, chamada de *Hot Topics*, tinha como propósito a discussão de assuntos em destaque na AP. Após uma apresentação inicial sobre aspectos históricos e características gerais dos testes psicológicos objetivos (p. ex., WISC-IV, WASI, Figuras Complexas de Rey), instruiu-se o grupo de estudantes para a busca de publicações nos bancos de dados. Em conjunto com a professora, as publicações eram selecionadas a partir de alguns critérios (p. ex., trazer dados sobre o teste mencionado na disciplina, ser publicado em um periódico de qualidade reconhecida e datar dos últimos cinco anos). Então era requerido a cada grupo de estudantes que as informações presentes nos artigos fossem reapresentadas em um formato criativo e inovador, que podia ser a produção de um podcast, uma animação utilizando recursos gráficos, mapas mentais, a simulação de uma entrevista de rádio, televisão, construção de um perfil no Instagram (fechado). Além da integração de novas tecnologias no processo de aprendizagem, tal proposta viabilizou a aproximação dos estudantes de diferentes contextos de utilização dos instrumentos em questão, permitindo que os estudantes refletissem sobre diferentes alcances e limites das técnicas psicológicas.

O ensino da AP em ambiente virtual ainda carece de estudos que abordem essa temática. Assim, será necessário o desenvolvimento de investigações que ampliem as possibilidades de uso de outros instrumentos para aplicação on-line, demonstrando evidências de validade e fidedig-

nidade nessa modalidade. Também os psicólogos devem ser capacitados, teórica e tecnicamente para essa atividade. No contexto brasileiro, temos poucas plataformas digitais desenvolvidas para essa finalidade, que garantam o desenvolvimento de um processo de AP ético e seguro (Marasca et al., 2020). Outro aspecto relevante é que tanto professores como estudantes de AP devem permanecer atentos à legislação vigente. Atualmente possuímos as resoluções n. 10/2005, n. 9/2018, n. 11/2018, n. 6/2019, n. 4/2020 e a Nota Técnica n. 7/2019 (CFP, 2005, 2018a, 2018b, 2019a, 2020b, 2019b, respectivamente) como também existem cartilhas e publicações dos conselhos regionais, Conselho Federal e das entidades representativas como o Instituto Brasileiro de Avaliação Psicológica (Ibap).

Metodologias de ensino de Avaliação Psicológica

Segundo Moura (2017), o ensino da AP está diretamente relacionado ao planejamento do professor, devendo contemplar objetivos que levem os estudantes a reflexões sobre a área. Assim, não é adequado abordar apenas o ensino de técnicas, mas sim incentivar os estudantes a reflexão e a crítica. Quanto aos conteúdos no ensino de AP, devem ser priorizados nos planejamentos a "história da Avaliação Psicológica"; "ética na Avaliação Psicológica" e "elaboração de documentos psicológicos". A metodologia utilizada deve contemplar uma variedade de recursos que possibilitem a curiosidade do aluno, como simulação de aplicação "real" de testes e técnicas, estudos de caso, oficinas para treino em elaboração de documentos psicológicos e realização de projetos de pesquisa ligados ao tema. A avaliação da aprendizagem na área de AP deve abordar o nível de raciocínio clínico desenvolvido pelo aluno, sua capacidade de integração de dados e de conteúdo de outras disciplinas, sua capacidade de produção de documentos decorrentes da AP, sua compreensão em relação ao conteúdo dos manuais dos testes.

No ensino da AP, o professor deve considerar que nem todos os estudantes estão nivelados em conceitos de psicometria e que será importante verificar esse conhecimento antes de iniciar o ensino de instrumentos objetivos. A heterogeneidade dos estudantes deve ser observada para que haja um melhor desempenho (Moura, 2017). Em pesquisa com 93 docentes de 13 estados brasileiros, os professores mencionaram que os estudantes não se interessam por métodos quantitativos e que isso pode influenciar na motivação deles para disciplinas que envolvam psicometria (Ambiel et al., 2018). Para uma aprendizagem efetiva o uso de casos reais ou descrição de atendimentos, preservando o anonimato dos participantes, se mostra adequado após os estudantes terem conhecimento dos instrumentos. Em um primeiro momento, pode-se realizar oficinas nas quais os estudantes possam manipular os manuais e observar o material que compõe o teste a fim de se imaginar num contexto de aplicação. Por exemplo, na avaliação de crianças pequenas, elas podem demandar interação constante com o avaliador. Assim, antes de darem sua resposta, elas podem manipular os itens do teste, até mesmo de forma lúdica. Isso pode gerar ansiedade no estudante, já que precisa aplicar da melhor forma o instrumento. Para minimizar esses aspectos, sugere-se que os estudantes sejam instruídos, antes de qualquer aplicação, a realizar a leitura do manual do teste que será

aplicado como também se familiarizar com os itens para aplicação (protocolo impresso, lápis ou caneta, livro de estímulo ou no caso aplicação informatizada, conexão de internet, energia, programa atualizado).

Outra possibilidade de aprendizagem que os professores podem oferecer aos estudantes são exercícios de simulação com observações através da sala de espelho. Esse tipo de atividade pode ser realizado em tempo real, com consentimento do avaliando e/ou seus responsáveis legais (em casos de menores de idade ou idosos com tutores, p. ex.). O professor poderá ser a pessoa que avalia ou poderá estar com o restante da turma e realizar intervenções ou não durante o procedimento (Yates, 2016).

As disciplinas práticas em AP são fundamentais e não devem se restringir apenas à aplicação de testes. Os estudantes devem saber aplicar e corrigir testes, mas também ter uma visão crítica dos instrumentos e serem capazes de integrar os resultados com outros testes administrados (Moura, 2017), contextualizando com a história do indivíduo e a demanda por AP. A integração dos conteúdos de outras disciplinas, como Psicologia do Desenvolvimento e Psicopatologia, e campos da psicologia devem ser pautados dentro do ensino de AP (Ambiel et al., 2018). O treinamento na aplicação dos instrumentos e estudos de caso são primordiais na formação do psicólogo (Cardoso & Gomes, 2019). Dessa forma, as disciplinas de prática devem permitir que o aluno acompanhe todo um processo de AP, do início ao fim, estudando de maneira aprofundada, no mínimo, um caso específico e treinando a elaboração de um documento, com supervisão. Recomenda-se que os instrumentos aplicados sejam corrigidos a cada atendimento de prática, para que as hipóteses iniciais sejam confirmadas ou refutadas, bem como avaliar a necessidade de aplicar outros testes ou recorrer a outras fontes de informação (Yates, 2016).

A seguir serão apresentadas estratégias de ensino que podem ser utilizadas no ensino da AP.

1) Uso do Satepsi – Como uma atividade inicial para os estudantes de AP, pode ser proposta a seleção de instrumentos para AP. Assim, os estudantes devem ser divididos em grupos e pesquisar, no site do Satepsi, o teste objetivo mais atual que contemple o construto sorteado para seu grupo. No segundo momento, sugere-se que pesquisem em uma base de dados (como Scielo ou banco de dados da biblioteca da instituição) sobre o instrumento encontrado no Satepsi, identificando publicações científicas dos últimos cinco anos. O grupo deverá definir o construto, listar os instrumentos mais atuais (dos últimos cinco anos) e, com base em cinco artigos selecionados de um dos instrumentos mais atuais, produzir um infográfico capaz de, através de gravuras e pequenos textos, informar sobre a população que o instrumento atende, faixa etária, se é capaz de avaliar mesmo que a pessoa apresente alguma limitação ou deficiência, tempo de administração e correção, e como é apresentada a síntese dos resultados.

2) Escolha de instrumentos de avaliação – Dividir os estudantes em grupos e distribuir um caso para cada grupo (seleção de pessoal, avaliação de criança menor de dez anos com hipótese de altas habilidades, jovem adulto candidato para manuseio de arma de fogo, entre outras possíveis demandas). Os estudantes deverão buscar no site do Satepsi testes adequados para auxiliar na avaliação de cada caso (Barroso et al., 2015) e propor um plano de ação com uso de testes psicológicos objetivos.

Infográfico

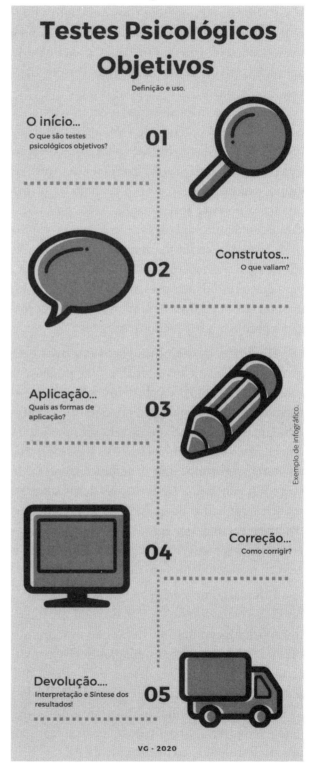

Exemplo de infográfico.

3) Treinamento em testes psicológicos objetivos – O professor apresenta aos estudantes, diferentes testes psicológicos objetivos. Os estudantes manuseiam seus materiais (manuais, protocolos de aplicação, crivos, como também as versões digitais, caso tenham). Em grupos, os estudantes deverão estudar o manual, verificar como o teste foi construído, seus critérios de validade e fidedignidade, descrição das formas de aplicação e correção e as possíveis limitações do instrumento. Após, os grupos compartilharão com o restante da turma por meio de uma apresentação, contemplando a simulação de uma aplicação, correção e produção de síntese. Para verificar a aprendizagem, o professor levará um protocolo, com um caso hipotético, para que os estudantes possam realizar a correção, apontar se houve erros na administração ou correção e produzir a síntese dos resultados.

4) *Quiz* de testes psicológicos objetivos – O professor solicitará aos estudantes que pesquisem sobre testes psicológicos objetivos, aprovados nos últimos cinco anos pelo Satepsi. Será disponibilizada uma ficha síntese que deverá ser preenchida com dados dos instrumentos (nome, autor, faixa etária, construto, tipo de aplicação, forma de correção, materiais). De posse das fichas sínteses, montará um banco de questões dos instrumentos objetivos e, como um grande *quiz* de perguntas e respostas, promoverá a integração da aprendizagem com os estudantes em um grande grupo.

5) Redação de síntese – O professor disponibiliza aos estudantes os resultados de instrumentos aplicados em um indivíduo que avaliaram o mesmo construto. Os estudantes serão convocados a sintetizar os resultados de maneira que possam integrar dados da história do indivíduo avaliado com os resultados dos testes. Após, deverão redigir esses resultados para inserção em um laudo psicológico decorrente da AP.

Modelo de ficha síntese

6) Produção de um teste psicológico objetivo – Estimular a adaptação ou criação de instrumentos para necessidades específicas (baixa visão, perda auditiva, comunicação alternativa). Os estudantes em grupos receberão um instrumento já trabalhado e deverão explanar sobre suas limitações em atender as demandas específicas. Cada grupo deverá elencar adaptações que poderiam ser realizadas no referido teste. Além disso, poderia ser estimulado que os estudantes criem um teste psicológico, de acordo com o roteiro sugerido pelo professor, que abordaria aspectos mínimos na elaboração de um instrumento, como: (a) apresentação de fundamenta-

ção teórica, com especial ênfase na definição do construto; (b) definição dos objetivos do teste e contexto de aplicação, detalhando a população-alvo; (c) pertinência teórica e qualidade técnica dos estímulos utilizados nos testes; (d) apresentação de evidências empíricas sobre as características técnicas dos itens do teste; (e) proposta de avaliação de evidências de validade; (f) apresentação do sistema de correção e interpretação dos escores (CFP, 2018a). Conforme Moura (2017), pouco se estimula a adaptação e construção de instrumentos com questões específicas.

7) Psicometria em *live* – Os estudantes deverão revisar os conhecimentos adquiridos em outras disciplinas e elencá-los nos manuais dos testes objetivos. Após o estudo dos manuais, a sala de aula poderá se transformar em uma grande rede de psicólogos que assistirá e poderá interagir com no máximo quatro estudantes que participarão de uma *live* sobre aspectos psicométricos de testes psicológicos objetivos. O professor poderá reservar um espaço, em separado, aos "psicometristas" e em sala de aula, com recursos de multimeios para transmitir a *live* (em seu planejamento devem estar o uso da plataforma digital da instituição que permita a interação, qualidade de conexão e espaços físicos e dispositivos digitais adequados). Nessa atividade todos os estudantes devem estar minimamente familiarizados com o conceito de *live* e dispor de um dispositivo digital para enviar perguntas que serão respondidas de forma pontual sobre as capacidades psicométricas dos instrumentos.

Considerações finais

Este capítulo teve como objetivo conceitualizar os testes psicológicos objetivos, sua aplicação informatizada e aplicação remota on-line. Também foram descritas as metodologias empregadas para o ensino de testes objetivos, com estudo de caso e exemplos de simulações. De acordo com o exposto, o ensino da AP deve abordar uma compreensão ampla dos fenômenos psicológicos e em diferentes contextos, buscando o desenvolvimento de uma *postura ativamente avaliativa* ao longo de todo o processo. O que não se limita apenas a aplicação de um ou mais testes, mas sim ao desenvolvimento de um raciocínio clínico que integre conteúdos de outras disciplinas, com os resultados das técnicas utilizadas e história do indivíduo. Assim, o ensino de AP deve instrumentalizar e capacitar o estudante de Psicologia para ter uma postura ativa, reflexiva, crítica, ética e integrada aos outros conhecimentos e técnicas.

Os testes psicológicos objetivos são instrumentos que descrevem por meio de números os fenômenos psicológicos. Não devem ser utilizados de forma única e sem o uso de outras técnicas para complementar e contextualizar o processo de AP. Como visto, até o momento, existem apenas quatro testes com parecer favorável para aplicação remota on-line pelo Satepsi. Assim novas pesquisas são necessárias, bem como o desenvolvimento de plataformas digitais para AP, que garantam o desenvolvimento de um processo seguro. Além disso, ainda não há resoluções que abordem a elaboração de documentos resultantes do processo de AP na modalidade remota on-line. Dessa forma, o profissional deve permanecer em constante aprendizado, buscando exercer sua prática de acordo com as resoluções, notas técnicas e outras normativas vigentes dos Conselhos Regionais e Federal de Psicologia.

O ensino da AP deve contemplar um planejamento do professor, que incentive os estudantes a reflexões e críticas sobre o processo de AP.

Devem ser abordados, além de não só a aplicação e correção de testes, mas também conteúdos sobre a história da AP, aspectos éticos na AP e a elaboração de documentos psicológicos. A metodologia deve englobar uma variedade de recursos, como simulações e aplicações reais, estudos de caso, oficinas para elaboração de documentos psicológicos e participação em projetos de pesquisa e extensão relacionados ao tema. Por fim, a avaliação da aprendizagem deve valorizar o raciocínio clínico desenvolvido pelo aluno, sua capacidade de integração de dados e de conteúdo de outras disciplinas, sua capacidade de produção de documentos e sua compreensão em relação ao conteúdo dos manuais dos testes.

Referências

Ambiel, R.A.M., Baptista, M.N., Bardagi, M.P., & Santos, A.A.A.D. (2018). Ensino de Avaliação Psicológica: Dificuldades relatadas por uma amostra de docentes brasileiros. *Estudos e Pesquisas em Psicologia, 18*(2), 516-531. https://doi.org/10.12957/epp.2018.38810

Araújo, A.L., & Quilici, A.P. (2012). O que é simulação e por que simular? In A.P. Quilici, K.C. Abrão, S. Timerman & F. Gutiérrez (orgs.), *Simulação clínica: Do conceito à aplicabilidade* (pp. 1-15). Atheneu.

Barroso, S.M., Fortunato, M., & Reghim, M.G. (2015). Exercícios de apoio para ensino da Avaliação Psicológica. In S.M. Barroso et al. *Avaliação Psicológica: Da teoria às aplicações* (pp. 378-393). Vozes.

Borsa, J.C., & Segabinazi, J.D. (2017). A formação em Avaliação Psicológica no Brasil. In S.M.R.C. Lins & J.C. Borsa (orgs.), *Avaliação Psicológica: Aspectos teóricos e práticos* (pp. 198-209). Vozes.

Cardoso, L.M., & Gomes, G.V.A. (2019). O ensino de Avaliação Psicológica nas instituições de Ensino Superior do Ceará. *Psicologia da Educação, 48, 55-66.* https://doi.org/10.5935/2175-3520.20190007

Cardoso, L.M., & Silva-Filho, J.H. (2018). Satepsi e a Qualidade Técnica dos Testes Psicológicos no Brasil. *Psicologia: Ciência e Profissão, 38*(spe), 40-49. https://doi.org/10.1590/1982-3703000209112

Conselho Federal de Psicologia. (2005). *Resolução CFP n. 10/2005.* Aprova o Código de Ética Profissional do Psicólogo. https://site.cfp.org.br/wpcontent/uploads/2012/07/codigo-de-etica-psicologia.pdf

Conselho Federal de Psicologia. (2009). *Resolução CFP n. 1/2009.* Dispõe sobre a obrigatoriedade do registro documental decorrente da prestação de serviços psicológicos. https://site.cfp.org.br/wp-content/uploads/2009/04/resolucao2009_01.pdf

Conselho Federal de Psicologia. (2010). *Resolução CFP n. 5/2010.* Altera a resolução CFP n. 1/2009, publicada no dia 1 de abril de 2009, pág. 90, seção I do DOU. https://site.cfp.org.br/wp-content/uploads/2010/03/resolucao2010_005.pdf

Conselho Federal de Psicologia. (2018a). *Resolução CFP n. 9/2018.* Estabelece diretrizes para a realização de Avaliação Psicológica no exercício profissional da psicóloga e do psicólogo, regulamenta o Sistema de Avaliação de Testes Psicológicos – Satepsi e revoga as resoluções n. 2/2003, n. 6/2004 e n. 5/2012 e notas técnicas n. 1/2017 e 2/2017. https://site.cfp.org.br/wp-content/uploads/2018/04/Resolu%C3%A7%C3%A3o-CFP-n%C2%BA-09-2018-com-anexo.pdf

Conselho Federal de Psicologia. (2018b). *Resolução CFP n. 11/2018.* Regulamenta a prestação de serviços psicológicos realizados por meio de tecnologias da informação e da comunicação e revoga a Resolução CFP n. 11/2012. https://site.cfp.org.br/wp-content/uploads/2018/05/RESOLU%C3%87%C3%83O-N%C2%BA-11-DE-11-DE-MAIO-DE-2018.pdf

Conselho Federal de Psicologia. (2019). *Resolução CFP n. 6/2019.* Institui regras para a elaboração de documentos escritos produzidos pela(o) psicóloga(o) no exercício profissional e revoga a Resolução CFP n. 15/1996, a Resolução CFP n. 7/2003 e a Resolução CFP n. 4/2019. https://atosoficiais.com.br/cfp/resolucao-do-exercicio-profissional-n-6-2019-institui-regras-para-a-elaboracao-de-documentos-escritos-produzidos-pela-o-psicologa-o-no-exercicio-profissional-e-revoga-a-resolucao-cfp-no-15-1996-a-resolucao-cfp-no-07-2003-e-a-resolucao-cfp-no-04-2019?q=006/2019

Conselho Federal de Psicologia. (2019a). *Nota Técnica n. 7/2019.* Orienta psicólogas(os) sobre a utilização de testes psicológicos em serviços realizados por meio de tecnologias de informação e da comunicação. https://site.cfp.org.br/wp-content/uploads/2019/10/Nota-Técnica-CFP-07.2019.pdf

Conselho Federal de Psicologia. (2019c). *Resolução CFP n. 18/2019.* Reconhece a Avaliação Psicológica como especialidade da Psicologia e altera a Resolução CFP n. 13, de 14 de setembro de 2007, que institui a Consolidação das Resoluções relativas ao Título Profissional de Especialista em Psicologia. https://atosoficiais.com.br/cfp/resolucao-do-exercicio-profissional-n-18-2019-reconhece-a-avaliacao-psicologica-como-especialidade-da-psicologia-e-altera-a-resolucao-cfp-no-13-de-14-de-setembro-de-2007-que-institui-a-consolidacao-das-resolucoes-relativas-ao-titulo-profissional-de-especialista-em-psicologia

Conselho Federal de Psicologia. (2020a, 30 mar.). *Nota Orientativa sobre ensino da Avaliação Psicológica em modalidade remota no contexto da pandemia de Covid-19.* https://site.cfp.org.br/nota-orientativa-sobre-ensino-da-avaliacao-psicologica-em-modalidade-remota-no-contexto-da-pandemia-de-covid-19/

Conselho Federal de Psicologia. (2020b). *Resolução CFP n. 4/2020.* Dispõe sobre regulamentação de serviços psicológicos prestados por meio de Tecnologia da Informação e da Comunicação durante a pandemia de Covid-19. http://www.in.gov.br/en/web/dou/-/resolucao-n-4-de-26-de-marco-de-2020-250189333

Kroeff, C.R., Cattani, B.C., Fagundes, N.K. (2019). Menino de 4 anos com agitação e comportamento opositor. In D.B. Yates, M.A. Silva & D.R. Bandeira (orgs.), *Avaliação Psicológica e desenvolvimento humano: Casos clínicos* (pp. 44-58). Hogrefe.

Marasca, A.R., Yates, D.B., Schneider, A.M.A., Feijó, L.P., & Bandeira, D.R. (2020). Avaliação psicológica on-line: Considerações a partir da pandemia do novo coronavírus (Covid-19) para a prática e o ensino no contexto a distância. *Revista Estudos em Psicologia, 37.* e200085. https://doi.org/https://doi.org/10.1590/SciELOPreprints.492

Meehl, P.E. (1945). The dynamics of "structured" personality tests. *Journal of Clinical Psychology, 1,* 296-303.

Meyer, G.J, Viglione, D.J., Mihura, J.L., Erard, R.E., & Erdberg, P. (2017). *Rorschach sistema de avaliação por desempenho manual de aplicação, codificação e interpretação: Manual técnico.* Hogrefe.

Meyer, G.J., & Kurtz, J.E. (2006). Advancing personality assessment terminology: Time to retire "objective" and "projective" as personality test descriptors. *Journal of Personality Assessment, 87*(3), 223-225. https://doi.org/10.1207/s15327752jpa8703_01

Moura, D. (2017). O ensino de Avaliação Psicológica e as tendências pedagógicas: Possibilidades para um planejamento crítico. *Revista Brasileira de Ensino Superior, 3*(3), 42-53. https://doi.org/10.18256/2447-3944.2017.v3i3.2047

Pasquali, L. (2016). *TEP – Técnicas de exame psicológico: Os fundamentos.* Vetor.

Reppold, C.T., & Noronha, A.P.P. (2018). Impacto dos 15 anos do Satepsi na Avaliação Psicológica brasileira. *Psicologia: Ciência e Profissão, 38*(spe), 6-15. https://doi.org/10.1590/1982-3703000208638

Serafini, A.J., Budzyn, C.S., & Fonseca, T.L.R. (2017). Tipos de testes: Características e aplicabilidade. In M.R.C. Lins & J.C.B. Borsa (orgs.), *Avaliação Psicológica: Aspectos teóricos e práticos* (pp. 56-75). Vozes.

Sistema de Avaliação de Testes Psicológicos. (2020, 10 jul.). *Satepsi.* http://satepsi.cfp.org.br/

Wechsler, S.M., Hutz, C.S., & Primi, R. (2019). O desenvolvimento da Avaliação Psicológica no Brasil: Avanços históricos e desafios. *Avaliação Psicológica, 18*(2), 121-128. http://dx.doi.org/10.15689/ap.2019.1802.15466.02

Yates, D.B. (2016). Técnicas e modalidades de supervisão em psicodiagnóstico. In C.S Hutz, D.R. Bandeira, C.M. Trentini & J.F. Krug (orgs.), *Psicodiagnóstico* (pp. 194-203). Artmed.

17
Estratégias e metodologias para o ensino de testes psicológicos projetivos

Fabiano Koich Miguel
Universidade Estadual de Londrina

Lucila Moraes Cardoso
Universidade Estadual do Ceará

Highlights
- Habilidades e competências usadas em diferentes abordagens e contextos da psicologia.
- Bases conceituais dos métodos projetivos.
- Estratégias e metodologias possíveis de serem usadas no ensino dos métodos projetivos.
- A metodologia deve envolver aspectos teóricos e práticos dos métodos projetivos.
- Particularidades psicométricas dos métodos projetivos.

O ensino de métodos projetivos tem sido cada vez mais desafiador na graduação devido à frequente redução da carga horária destinada às disciplinas de Avaliação Psicológica (AP). Não raramente, docentes necessitam condensar em poucas semanas conteúdos teóricos e práticos que poderiam (ou deveriam) ser desenvolvidos em um semestre ou mais. Face a essa nova realidade, e também buscando manter um ensino de qualidade, o presente capítulo apresenta recomendações metodológicas para ensino de métodos projetivos. Inicialmente serão feitas considerações sobre as particularidades do seu ensino, para então apresentar algumas possibilidades de estratégias e recomendações de métodos de ensino. Ao final, apresenta-se uma síntese mais diretiva dos temas discutidos.

Os métodos projetivos são caracterizados por tarefas que envolvem estímulos vagos ou ambíguos, a serem organizados pelo respondente, com o objetivo de gerar informações sobre o funcionamento idiográfico da pessoa que realiza a tarefa. Por idiográfico compreende-se a expressão de características próprias e peculiares àquele indivíduo. Esse conjunto de características compõe aspectos adaptativos e não adaptativos da personalidade, cuja combinação seria única e exclusiva daquele respondente (Fensterseifer & Werlang, 2008).

A partir da premissa que os métodos projetivos se propõem a compreender aspectos idiográficos dos respondentes, atribui-se uma relevância ímpar à análise qualitativa desse material, em nível maior do que aquela presente nos instrumentos ditos "psicométricos" (i. é, capacidades cognitivas e inventários). Desse modo, a aprendizagem desses recursos avaliativos requer, além dos conhecimentos de psicometria já citados nos capítulos anteriores, um aprofundamento das teorias de personalidade, das teorias do desenvolvimento e da psicopatologia. Além disso, os tipos de métodos projetivos são bastante diversos, de maneira que as interpretações possíveis de se extrair de um instrumento diferem fortemente de outro instrumento, requerendo também que o docente tenha um amplo conhecimento desta classe de testes.

Villemor-Amaral e Werlang (2008) organizaram didaticamente os métodos projetivos em quatro conjuntos de tarefas, a saber: percepção de estímulos não estruturados (p. ex., Manchas de Tinta de Rorschach e Zulliger), técnicas temáticas (p. ex., Teste de Apercepção Temática – TAT – e suas variações), técnicas gráficas (p. ex., Teste da Casa-Árvore-Pessoa – HTP) e técnicas com estímulos diversos (p. ex., Teste das Pirâmides Coloridas de Pfister e Teste de Fotos de Profissões – BBT). Se, de um lado, esse conjunto de tarefas evidencia a diversidade e a riqueza de atividades e fundamentos teóricos a sustentar, por outro salienta uma demanda de tempo e dedicação do profissional de Psicologia à sua efetiva compreensão. A demanda de tempo para conhecimento e aprofundamento dessas estratégias avaliativas tem feito com que, cada vez mais, os métodos projetivos percam espaço de ensino na graduação. Na realidade, o que se observa há alguns é uma redução da carga horária destinada à área de AP na maioria dos cursos (Reppold & Serafini, 2010), o que tem afetado sobremaneira o ensino e o estudo dos métodos projetivos.

Esse cenário preocupante extrapola as fronteiras brasileiras. Piotrowski (2017) aponta que há evidências de que a avaliação projetiva tem sido uma abordagem de avaliação negligenciada por profissionais da Psicologia, estando em situação menos grave o método de Rorschach. Numa busca por palavras-chave relacionadas aos métodos projetivos em resumos do banco de dados de Dissertações e Teses da ProQuest, Piotrowski (2017) observou uma redução significativa no número de estudos cadastrados. Para se ter uma ideia, no período entre 1980 e 1989, havia o registro de 457 estudos com o Rorschach, 168 com o TAT e 15 com o HTP. Já no período entre 2010 e 2017 foram encontrados 132 registros com o Rorschach, 33 com o TAT e 3 com o HTP. Para o autor, possíveis explicações para essa diminuição gradativa de apoiadores dos métodos projetivos seria o aumento de escalas breves de avaliação da personalidade e as fragilidades na formação dos psicólogos em avaliação.

Os principais motivos apontados para tal situação dizem respeito ao tempo e complexidade dos métodos projetivos. De fato, a utilização desse tipo de recurso consome tempo tanto para aplicar quanto para codificar e interpretar. Além disso, na maioria dos casos é necessário que a aplicação seja individual, uma vez que também são avaliados comportamentos durante a aplicação, em vez de apenas seu produto final. Por isso, do ponto de vista profissional, métodos projetivos podem ter melhor aceitação em contextos clínicos ou onde a avaliação permite um tempo mais extenso, sendo preteridos quando há necessidade de se avaliar muitas pessoas em pouco tempo. Já do ponto de vista acadêmico, com a redução da carga horária destinada à AP na maioria dos cursos de graduação, o ensino de métodos projetivos tem sido abreviado ou condensado com outros instrumentos (p. ex., inventários de personalidade), havendo preferência para técnicas mais breves e menos complexas, como HTP ou Pirâmides Coloridas de Pfister. O aprendizado de métodos mais complexos como Rorschach e TAT tem sido postergado para cursos de pós-graduação, como especialização ou extensão.

Por um lado, entende-se que nos últimos anos houve o surgimento de novos conteúdos a serem ensinados em Psicologia e, sendo mantido o tempo de cinco anos para formação, não é apenas AP que demonstrou redução da carga horária. Por outro lado, pode-se apontar que a redução (em alguns casos, até extinção) do ensino de métodos projetivos acarreta um malefício para a formação profissional. Considera-se isso por dois motivos principais: a generalização do aprendizado e o manejo clínico.

No que diz respeito à generalização, os métodos projetivos possuem funcionamento bastante diferente entre si. Tal situação é menos comum em testes psicométricos. Por exemplo, ao se aprender a aplicação de um inventário de autorrelato de personalidade, esse conhecimento é mais facilmente aplicável no aprendizado de outros inventários, sejam de personalidade ou de outros construtos. O mesmo pode ser dito para diversos testes de desempenho cognitivo, como inteligência fluida, atenção concentrada, entre outros. Não se está dizendo que todos os testes sejam iguais, mas que a possibilidade de aprender um desses instrumentos e conseguir generalizar esse aprendizado para outro instrumento semelhante é bem maior do que entre os métodos projetivos. Por exemplo, ao se aprender a aplicação, codificação e interpretação da Bateria Fatorial de Personalidade (BFP), torna-se mais fácil utilizar esse conhecimento para aprender outros inventários, como o Inventário Fatorial de Personalidade (IFP-II) ou Inventário de Personalidade NEO (NEO-PI-R). Já ao aprender a aplicação, codificação e interpretação das Pirâmides Coloridas de Pfister, as habilidades desenvolvidas contribuem menos (comparativamente) para também dominar métodos como Rorschach ou TAT.

No que diz respeito ao manejo clínico, como mencionado, não se utiliza apenas o produto

final da aplicação dos métodos projetivos, mas também aspectos observados durante a aplicação, desde comportamentos até verbalizações e reações da pessoa avaliada. Considera-se que essa especificidade da aplicação de técnicas projetivas vai além de uma simples entrega de um teste a ser respondido, mas se aproxima da prática clínica. Há uma interação a ser mantida em um nível que seja produtivo, semelhante ao *rapport* que deve ser criado nos atendimentos. Há manifestações da pessoa avaliada que devem ser levadas em conta ou até anotadas. Há uma linha condutora das instruções e perguntas a serem feitas, semelhante a uma entrevista semiestruturada. Há instruções para o tipo de perguntas que podem ser feitas durante a aplicação (e aquelas que devem ser evitadas), de maneira a se evitar conduzir o pensamento ou cortar a espontaneidade da pessoa, semelhante à cautela que se utiliza em atendimento.

Além desses aspectos característicos da aplicação, há também outros referentes à codificação que se assemelham à prática profissional. Por exemplo, em um teste como o TAT, a produção da pessoa avaliada consiste em diversas histórias contadas a partir de figuras. Não há alternativa (certa ou errada) ou escala Likert pontuada pelo avaliando, mas verbalizações registradas por escrito. A codificação consiste na psicóloga ler essas histórias produzidas, identificar o personagem principal e atribuir categorias ao relato (p. ex., as necessidades e as pressões do ambiente vivenciadas pelo personagem). Esse procedimento se assemelha ao funcionamento praticado em diversas abordagens psicológicas de categorizar comportamentos do indivíduo para se compreender a demanda, recebendo nomes como análise de discurso, análise funcional, análise dos fatos clínicos etc.

Conforme exposto, percebe-se que o aprendizado de métodos projetivos não se trata somente de conhecer alguns testes psicológicos, também possibilitando desenvolver habilidades e competências que dizem respeito à prática profissional em diversos contextos. Esse ensino não é uma tarefa fácil: ao mesmo tempo em que é necessário ensinar a aplicação, codificação e interpretação dos métodos projetivos em si, deve-se evitar uma abordagem tecnicista excessivamente focada no teste sem contextualização, e deve-se aproximar a sua utilização das práticas tradicionais de Psicologia – tudo isso em algumas poucas horas no semestre. Nesse sentido, este capítulo pretende apresentar algumas estratégias e métodos de ensino já utilizadas por seus autores e colegas na prática docente. Reforça-se que não se pretende tornar essas práticas obrigatórias, mas apresentá-las como possibilidades a serem adotadas nas disciplinas de métodos projetivos, podendo (e devendo) ser adaptadas de acordo com a disponibilidade institucional de material e carga horária.

Estratégias de ensino

Quando testes psicológicos são ensinados sem o devido cuidado com a teoria psicológica envolvida na sua origem, o construto que eles medem (e como o fazem) pode parecer abstrato para os estudantes. Nesse sentido, recomenda-se aproximar o estudante do fenômeno "projetivo" antes da apresentação dos instrumentos. Essa estratégia tem o propósito de conduzir o estudante a perceber que, na verdade, esse é um fenômeno psicológico que se manifesta com bastante frequência no dia a dia. Exemplos que podem ilustrar essa questão: duas pessoas podem escutar a mesma música, e uma gostar e a outra detestar;

dois estagiários vão atender um paciente, e voltam cada um com uma impressão diferente da pessoa atendida; um estudante pode jurar que o professor está "pegando no seu pé", enquanto colegas dizem que não é esse o caso. Esses exemplos mostram que a interpretação das situações depende de como o indivíduo as percebe: se prestou a devida atenção, se compreendeu o que foi transmitido, e se características próprias estão influenciando.

Esse é um tópico que remete às teorias da personalidade, por isso se considera importante que os estudantes já tenham estudado personalidade e psicopatologia antes de cursar uma disciplina com métodos projetivos. Não obstante, também é recomendado que a disciplina de avaliação faça uma revisão de conceitos gerais de personalidade, focando em como esses aspectos influenciam no funcionamento psicológico. Por exemplo, pessoas que tiveram um histórico de muitas humilhações e privações tendem a desenvolver uma personalidade mais tímida, retraída, valorizando pouco suas capacidades; ao serem questionadas sobre um trabalho que entregaram, podem entender que há um julgamento de que o trabalho não foi bem-feito ou que não se dedicou suficientemente, enquanto outras pessoas sem esse traço de personalidade podem entender que o questionamento visa apenas esclarecer alguns pontos ou sugerir reformulações de maneira positiva. Exemplos como esses apresentam aos estudantes a noção de que características de personalidade influenciam na percepção que as pessoas têm do mundo.

A personalidade é um fenômeno psicológico estudado em diversas abordagens, cada uma, logicamente, atribuindo uma explicação teórica diferente. Entende-se que é importante apresentar esse panorama porque frequentemente existe uma associação de métodos projetivos com a psicanálise, o que leva estudantes com preferência por outras abordagens a se desmotivar ou *a priori* desconsiderar uma disciplina de avaliação projetiva. De fato, a maioria dos pesquisadores sobre métodos projetivos adota uma abordagem derivada da psicanálise, contudo isso não configura uma regra de que apenas psicólogas de orientação psicanalítica possam utilizar esses testes, e psicólogas de outras abordagens não. Alguns exemplos que podem ajudar a ilustrar essa questão: Skinner, considerado o fundador do behaviorismo radical, demonstrava bastante interesse na técnica das manchas de tinta de Rorschach como método para se avaliar o comportamento verbal, e chegou a desenvolver um teste com sons ambíguos, que ele mesmo chamou de teste projetivo e o equivalente a "manchas de tinta acústicas"; na avaliação terapêutica, que tem uma base humanista, é altamente recomendável o uso dos métodos projetivos na etapa de administração dos instrumentos; mais recentemente, alguns pesquisadores de orientação neurocognitiva têm usado testes projetivos para avaliar o nível de percepção da realidade de pacientes que sofreram alguma lesão (Finn, 2017; Miguel, 2014). Logicamente, o propósito desta exposição não é incentivar o estudante (e futuro psicólogo) a abrir mão de sua abordagem, mas entender que o fenômeno projetivo que se manifesta nos testes não é exclusivo de uma teoria, mas pode ser compreendido por qualquer abordagem psicológica.

Nesse sentido, pode ser importante fazer um resgate histórico da origem do termo "métodos projetivos". Apesar do termo ser frequentemente associado a um mecanismo de defesa do ego, ao contrário do que se pensa, os primeiros testes desenvolvidos não utilizavam essa nomenclatura. Foi apenas ao final da década de 1930 (portanto, anos depois que os métodos de Rorschach e TAT já existiam) que um autor chamado Frank (1939) propôs o termo para se referir aos instrumentos disponíveis para se estudar a personalidade, definindo esta como a maneira como a realidade é percebida e organizada pelos indivíduos. Até então, Rorschach referia ao seu teste de manchas de tinta como avaliação da percepção (Rorschach, 1978) e para Murray, autor do TAT, seu teste abordava sobre necessidades mais salientes na personalidade (Murray, 2005).

Com base nessa situação, alguns manuais mais recentes de métodos projetivos têm buscado utilizar uma linguagem psicológica mais universal, de maneira que psicólogas de diferentes abordagens sejam capazes de compreender os construtos avaliados e adaptar a interpretação ao seu arcabouço teórico, tal como o Sistema de Avaliação por Performance no Rorschach (R-PAS; Meyer et al., 2017). Destaca-se que, mesmo no caso dos manuais que utilizam uma linguagem mais psicodinâmica (p. ex., CAT, TAT e Pirâmides Coloridas de Pfister), com uma adequada formação teórica, psicólogas de outras abordagens podem ser capazes de compreender esses manuais, da mesma maneira que se faz uma entrevista com uma pessoa e seu modo de falar é compreendido e interpretado de acordo com o embasamento teórico.

Além dessa explanação sobre a relação entre abordagens psicológicas e métodos projetivos, outra questão frequentemente necessária a ser debatida é o nível de objetividade desses instrumentos. Uma crítica não raramente encontrada é que os testes projetivos carecem de objetividade ou são sujeitos à subjetividade do aplicador, diferente do que ocorre com testes psicométricos. Há um pouco de verdade e muito de exagero nessa afirmação. De fato, os instrumentos que usam alternativas a serem assinaladas possuem uma codificação bem mais direcionada e objetiva. No caso dos projetivos, a codificação envolve a análise da produção do indivíduo avaliado (verbalizações, construções, desenhos etc.). Porém, essa análise está longe de ser "o psicólogo vê o que quer ver", como às vezes é dito. Como já mencionado, utiliza-se categorização do material coletado durante a aplicação. Essa categorização ora é bastante simples e objetiva (p. ex., codificar resposta par no Rorschach quando a pessoa observa o mesmo objeto em localizações simétricas da mancha), ora pode requerer maior cautela (p. ex., categorizar se o desfecho de uma história agressiva no TAT foi benéfico ou maléfico). Por esse motivo, raramente a aplicação de um método projetivo se resume a entregar o material para o avaliando e coletar a produção pronta ao final. Há entrevistas feitas durante e após a aplicação, com objetivo de compreender a qualidade daquilo que a pessoa produziu para que se possa fazer uma adequada codificação adiante.

Logicamente, por se tratar de um material de respostas abertas (diferente das alternativas fechadas em testes e inventários psicométricos), sempre há possibilidade de dúvida quanto à aplicação de uma ou outra categoria. Ressalta-se que essa não é uma situação exclusiva dos métodos projetivos. Esse mesmo tipo de dúvida pode surgir na utilização de entrevistas, na observação em dinâmicas de grupo, no jogo lúdico, ou seja, nas diversas técnicas de Psicologia. Isolar métodos projetivos como instrumentos passíveis de viés pela subjetividade da psicóloga implica igualmente difamar a esmagadora maioria das técnicas utilizadas em Psicologia por serem passíveis desse mesmo viés. Da mesma maneira que se evita o viés pessoal em entrevistas e observações com uma boa experiência e um bom conhecimento sobre a abordagem teórica utilizada e os critérios de interpretação, também se reduz o viés em métodos projetivos por meio da prática e estudo aprofundado da aplicação de suas categorias interpretativas.

Conduzir os estudantes nesse questionamento pode ser interessante para contextualizar o papel dos testes psicológicos na prática profissional. Os questionamentos anteriormente apresentados podem ajudar os estudantes a aproximar os testes das outras práticas, em vez de perceber como instrumentos complicados de se aprender ou como "bolas de cristal" que revelam os mais profundos segredos. Nesse mesmo sentido, e havendo a disponibilidade, pode ser interessante promover a discussão sobre o que é objetividade na Psicologia, e se é possível um profissional ser completamente ausente da sua subjetividade ao realizar um trabalho psicológico. Essa reflexão beneficia os estudantes a compreenderem que a Psicologia é uma ciência (com métodos a serem seguidos), mas não exata.

Por fim, como estratégia para dirimir preconcepções e informar os estudantes, recomenda-se a apresentação de situações da vida profissional que atestam a importância dos métodos projetivos. Por exemplo, em contextos em que a avaliação implica decisões importantes para o avaliando (processo seletivo, processo jurídico, ganho de benefícios), avaliar a personalidade por meio de inventários de autorrelato pode não ser muito adequado dada a facilidade de se alterar as respostas para transmitir uma imagem desejada (a chamada desejabilidade social). Métodos projetivos tendem a diminuir esse viés por causa dos estímulos pouco familiares. Nesse sentido, é mais fácil manipular ao responder uma frase como "Gosto de criar intrigas entre meus colegas de trabalho" do que ao dizer com que manchas de tinta abstratas se parecem. Um pouco de autocrítica pode aparecer também na aplicação dos projetivos, fazendo com que o indivíduo controle o que está verbalizando ou executando, mas a compreensão do significado de suas respostas tende a ser menor. O aspecto lúdico dos métodos projetivos frequentemente leva os avaliandos a prestar menos atenção em si mesmos, facilitando com que aspectos mais característicos de sua personalidade se manifestem. Exatamente por esse motivo, certos contextos específicos (como trânsito, porte de armas, preparo para cirurgia, habilitação para piloto de aeronave, aumento ou redução de encarceramento) requerem a aplicação de pelo menos um teste projetivo.

Metodologias de ensino

Ao se ensinar métodos projetivos, é natural que a disciplina apresente um momento mais teórico e outro mais prático. Na parte teórica, recomenda-se que a disciplina abarque as definições de personalidade, o histórico da avaliação projetiva e as visões teóricas sobre o fenômeno avaliado por esses instrumentos, como mencionado anteriormente. Além disso, é importante que os aspectos psicométricos sejam apresentados e discutidos. Nesse sentido, tradicionalmente uma disciplina sobre métodos projetivos ocorre após o ensino de psicometria e testes psicométricos, fazendo com que os estudantes já tenham certo conhecimento sobre precisão, validade e padronização (incluindo normatização). Não obstante, seria recomendada uma breve revisão da definição desses termos (e sua importância não só para testes, mas para a ciência psicológica em geral).

Ao se tratar da precisão dos métodos projetivos, inevitavelmente se evidencia a diferença de seu formato em relação aos testes psicométricos. Como não há itens com alternativas assinaladas, técnicas estatísticas como alfa ou duas metades não podem ser utilizadas para aferir o nível de precisão. Por isso, dois métodos são utilizados com maior frequência: teste-reteste e concordância entre juízes. No primeiro caso, uma segunda aplicação do instrumento é feita depois de certo tempo e, assumindo que os construtos avaliados não se alteram muito ao longo do tempo, os resultados devem ser semelhantes, atestando a estabilidade temporal. Contudo, esse método pode ser influenciado pela lembrança do avaliando (o que pode fazer com que repita as mesmas respostas, ou então se esforce para criar respostas diferentes das anteriores), além do fato de que, em pesquisa com número grande de pessoas (como costuma ser ao se estudar testes), é mais raro que participantes tenham disponibilidade de retornar após algumas semanas.

Já o segundo método (concordância entre juízes) tende a ser o mais frequente para testes projetivos. Como mencionado anteriormente, a codificação desses instrumentos tende a ser por meio da atribuição de categorias às respostas produzidas. Nesse sentido, a precisão do teste seria aferida por meio da estabilidade das categorias atribuídas. Dito de outra maneira, duas (ou mais) psicólogas que avaliam o mesmo protocolo de um teste projetivo deveriam chegar às mesmas categorias. Esse tipo de precisão é bastante importante porque diz respeito à consistência e à compreensão do conhecimento teórico construído em cima do instrumento. É justamente por meio da aferição deste tipo de precisão que se identifica se as instruções de codificação do teste são objetivas e direcionadas, evitando-se a questão do viés da subjetividade do avaliador, como já discutido (Cardoso & Villemor-Amaral, 2017).

Outro tópico importante em psicometria é a validade, isto é, o corpo de estudos de um teste que indicam quais construtos estão sendo avaliados. A quantidade de métodos projetivos é bem menor do que testes psicométricos, e também sua aplicação é mais extensa e individual, por isso naturalmente a quantidade de pesquisas também é menor. Não obstante, é importante incentivar os estudantes a buscarem pesquisas com esses instrumentos. Esse método de ensino é importante por três motivos. Primeiro, incentiva os estudantes a fazerem busca de literatura científica em periódicos, o que é importante não apenas para o momento da graduação, mas para manter o conhecimento atualizado durante toda vida profissional. Segundo, se houver a possibilidade de que os estudantes (ou grupos) apresentem as pesquisas encontradas, ficará evidente que há uma quantidade bastante grande de pesquisas sendo feitas com métodos projetivos em diversos contextos. Terceiro, pode-se fomentar a discussão sobre os achados dessas pesquisas e os contextos em que foram realizadas. Essa reflexão pode ser benéfica tanto no sentido de ilustrar a cientificidade envolvida nas interpretações feitas com esses testes quanto no sentido de se tomar cuidado para evitar generalizações indevidas. Por exemplo, alguns métodos projetivos são utilizados em avaliação para o trânsito, mas carecem de estudos nesse contexto. Portanto, havendo o interesse de usar algum método projetivo em avaliação para o trânsito, deveriam ser realizados estudos quanto aos construtos avaliados nesse contexto antes de seu uso.

Na discussão sobre a validade dos métodos projetivos também é recomendado refletir sobre as interpretações feitas. Para alguns estudantes (e até mesmo profissionais) pode ser difícil perceber a lógica entre a atividade realizada em um teste projetivo e o processo psicológico envolvido na tarefa. Por exemplo, por que dizer "o que manchas de tinta se parecem" se relaciona com a sociabilidade? Nesse sentido, é importante utilizar-se da estratégia mencionada anteriormente, isto é, levar os estudantes à compreensão de que a maioria das atividades humanas são reflexo de seus aspectos de personalidade (o que gostam, o que não gostam, o valor que atribuem às coisas, que tipo de pessoas preferem se relacionar, e assim por diante). Sendo ensinado dessa maneira, evita-se a ideia de que métodos projetivos são "mágicos" ao revelar uma característica de personalidade por meio de estímulos tão ambíguos. Na verdade, a produção realizada durante a aplicação é também reflexo de como a pessoa se relaciona com o mundo. Assim, uma pessoa com traços agressivos provavelmente vai criar histórias com agressões, prejuízos ou injustiças no TAT, ou perceber figuras em ataque ou hostilidade nas manchas de tinta.

Ao abordar a padronização (incluindo-se a normatização) dos métodos projetivos, há dois pontos importantes a serem refletidos. No primeiro, destaca-se a relevância da uniformidade nos procedimentos de administração, visto que durante o processo de respostas a esses métodos há uma tríade composta por examinando-examinador-tarefa em si. À medida que o examinando se envolve com a tarefa e começa a diminuir suas defesas, naturalmente elementos da relação examinador-examinando podem surgir no processo de resposta. Em um exemplo, pode-se citar um examinando que relatava histórias no TAT sobre um investigador que incomodava o personagem principal, pois ele queria ir fundo demais na investigação. Nesse caso, percebeu-se que o investigador representava a própria psicóloga com o excesso de perguntas realizadas durante o processo avaliativo. Em outro exemplo, tem-se uma situação em que o TAT foi administrado em um *setting* mais quente do que o habitual devido a problemas no ar-condicionado da sala, e as histórias relatadas eminentemente se passavam na beira do lago, na praia, na piscina e o personagem buscava estratégias para lidar com um calor excessivo. Desse modo, é interessante que os estudantes possam compreender a influência do examinador e do ambiente na execução da tarefa, bem como aprender a ponderar o quanto essas interferências podem ser significativas a ponto de, eventualmente, ser preciso desconsiderar o teste aplicado durante o processo avaliativo.

O segundo ponto importante trata mais diretamente das normas de alguns métodos projetivos. No anexo da Resolução CFP n. 9/2018 (CFP, 2018), tem-se que os testes psicológicos podem ser referenciados à norma (em que o desempenho do examinando será comparado a uma amostra representativa da população) e não referenciados à norma, podendo estes ser referenciados ao conteúdo. Esse segundo tipo de norma é relativamente frequente nos métodos projetivos, em especial nas técnicas temáticas tais como no TAT, CAT-A, CAT-H, SAT. Nestes, não há um parâmetro normativo de referência e o processo de interpretação tende a ser fundamentado nos pressupostos teóricos que sustentam o instrumento. Observa-se, inclusive, que no Sistema de Avaliação de Testes Psicológicos (Satepsi) esses instrumentos não demandam estudos de atualização de normas e as evidências empíricas da interpretação dos escores são associadas aos estudos de validade e precisão. Desta feita, recomenda-se que a discussão sobre aspectos psicométricos seja complementada pelo incentivo para que os estudantes conheçam a lista de testes do Satepsi (http://satepsi.cfp.org.br) e verifiquem o *status* dos métodos projetivos.

Para o momento prático da disciplina, sugere-se que os estudantes possam ter acesso aos métodos projetivos, incluindo material de aplicação, folhas de registro, manuais e outros possíveis elementos. Recomenda-se que o docente busque trazer uma variedade de métodos projetivos para conhecimento, estimulando os estudantes a conhecer a multiplicidade de formatos, os construtos avaliados por cada um e os contextos em que suas pesquisas foram desenvolvidas. Contudo, entende-se que esse tipo de atividade pode ser limitado, uma vez que poucas instituições podem investir em uma testoteca completa e atualizada. Não é raro que os docentes tragam material próprio para ser apresentado. Outras possibilidades seriam solicitar às editoras ou representantes locais uma apresentação de seu material. Apesar da limitação de material, deve-se evitar utilizar material encontrado on-line, como manuais ou estímulos digitalizados. Inclusive, seria também recomendável discutir com os estudantes sobre a presença desse material on-line e os malefícios que podem causar a um processo de AP, além de ferir os direitos autorais.

Não obstante os recursos limitados da instituição, o docente deve deixar claro à coordenação que a falta de um material mínimo prejudica a qualidade do ensino. Nesse sentido, seria recomendável que a instituição investisse na aquisição de pelo menos algumas unidades dos principais instrumentos. Com isso, o conhecimento poderia ser transferido entre técnicas semelhantes (p. ex., seria possível aprender o TAT, que é uma técnica temática, sendo o aprendizado transferido para suas derivações, como CAT e SAT).

O ensino prático dos testes deve ser adequado à carga horária da disciplina e do docente. Em alguns cursos, os estudantes têm tempo suficiente para se preparar para aplicação e atender um colaborador, fazendo laudo e devolutiva. Em outros cursos, não haveria tempo para supervisionar essa atividade com todos os estudantes, ou material para todos utilizarem ao mesmo tempo. Nesse caso, alternativas podem ser adotadas para desenvolver as habilidades e competências relacionadas ao atendimento e escrita de relatório: aplicação simulada em sala de aula; aplicação em colegas; estudos de caso de avaliações reais; aplicação real por apenas parte dos estudantes. Para todos esses casos, há prós e contras.

A aplicação simulada em sala de aula pode ser interessante, mesmo nas situações de ensino que os estudantes terão a possibilidade de realizar estágios de psicodiagnóstico posteriormente, pois apresenta o material e permite o treino da postura de psicóloga avaliadora. Além disso, com o docente acompanhando a turma, pode-se simular situações típicas e atípicas. Uma estratégia frequentemente utilizada é formar duplas na sala de aula, com uma estudante aplicando na outra, e depois invertendo-se os papéis. Pode não haver material suficiente para todos os estudantes, porém, como esta é uma situação de aprendizado, seria possível utilizar materiais incompletos (p. ex., se houver 3 *kits* de Rorschach na instituição, montar *kits* menores com apenas 2 ou 3 pranchas em vez de 10, o que permitiria que 10 a 15 duplas utilizassem). Esse é um momento bastante importante do aprendizado, permitindo que o docente desenvolva a atividade de aplicação e codificação passo a passo.

A aplicação em colegas é uma alternativa utilizada em algumas instituições. Normalmente é uma possibilidade quando não há estrutura para receber uma pessoa externa para ser atendida ou não há tempo para se praticar o processo completo de avaliação, sendo que essa atividade foca mais na prática da aplicação, com ausência de devolutiva na maioria das vezes. Pode-se aplicar no próprio colega de sala ou então estudantes de séries anteriores que ainda não passaram por disciplinas de AP. Por um lado, há o benefício de prática de aplicação, e estudantes de Psicologia normalmente compreendem a importância de se voluntariar. Por outro lado, métodos projetivos frequentemente avaliam aspectos da personalidade que não são conscientes e, em alguns casos mais extremos, suscitam respostas emocionais durante a aplicação. Portanto, pode haver constrangimento entre os estudantes ao se adotar essa modalidade.

Os estudos de caso são métodos utilizados em várias disciplinas e também podem beneficiar o ensino de métodos projetivos, independentemente da possibilidade de os estudantes fazerem aplicação real. A situação ideal seria a docente trazer atendimentos realizados por ela mesma, enriquecendo o relato com sua experiência. Casos clínicos são particularmente interessantes para o ensino por permitirem o conhecimento da história psicológica da pessoa avaliada, e até mesmo o relato do andamento do atendimento após a avaliação. Caso a docente não tenha ou não possa trazer casos por ela atendidos ou supervisionados, recomenda-se utilizar os exemplos dos manuais ou casos relatados em literatura específica (p. ex., Meyer et al., 2017; Yates et al., 2019).

Outra possibilidade seria a aplicação real feita por apenas alguns estudantes. Nessa situação, alguns poucos estudantes seriam escolhidos para a prática, retornando com o material de aplicação, que seria tratado como estudo de caso pelo resto da turma. Em instituições que possuem sala de espelho, seria possível acompanhar o atendimento. Essa modalidade aproxima um pouco mais os estudantes da aplicação real, contudo pode ser desmotivador para os estudantes que apenas assistem e constrangedor para os estudantes que estão fazendo a aplicação.

O método de avaliação de desempenho dos estudantes pode ser feito de diversas maneiras: trabalhos sobre textos lidos; apresentação de pesquisas levantadas sobre os métodos projetivos; conhecimento dos procedimentos de aplicação e interpretação; entre outros. Especialmente na parte prática, a atividade avaliativa poderia ser composta por diversas etapas: consulta aos manuais, aplicação, codificação e redação de laudo. Normalmente não se recomenda aplicar provas no formato tradicional para o tipo de conhecimento a ser desenvolvido nesta disciplina, para se evitar associar a prática de avaliação com memorização de regras e minúcias.

Por fim, deve-se considerar que a maior parte dos métodos apresentados são ideais para a modalidade de ensino presencial. No caso de ensino não presencial, adequações devem ser feitas para permitir o conhecimento. Como discutido em capítulos anteriores, o docente deve estar atento às regulamentações do CFP para evitar incorrer em falta ética (p. ex., expor testes psicológicos em aula gravada em vídeo). Nesse sentido, nem todo conteúdo pode ser ministrado completamente na modalidade de ensino remoto, necessitando momentos de atividades presenciais para que os estudantes possam conhecer e manusear os testes ensinados.

Em situações de risco à saúde (como a pandemia de Covid-19), tais atividades presenciais também devem garantir condições adequadas de higiene para evitar contaminação. Isso diz respeito não apenas ao cuidado com a quantidade de estudantes por turma, como também cuidado com o material. Tratando-se de uma situação de aprendizagem, pode-se verificar a possibilidade de utilizar recursos como plastificação dos materiais dos testes, facilitando a sua limpeza. Essa plastificação poderia ser feita tanto por meio de lâminas prensadas ou até mesmo por meio de pastas no estilo catálogo, em que cada unidade pode ser alocada em um plástico (p. ex., cada uma das pranchas de Rorschach em 10 plásticos). Reconhece-se que há maior consumo de tempo nessa modalidade devido à necessidade de higienização cada vez que um estudante manusear o material. Contudo, mais de um estudante poderia observar o material simultaneamente, assegurando-se a distância interpessoal recomendada.

Enquanto folhas e pranchas dos testes podem ser facilmente plastificadas, o mesmo não ocorre com os manuais. Nesses casos, seria recomendável a utilização de luvas e máscaras, considerando-se que os estudantes, docentes ou instituições possam dispor delas.

Por fim, enquanto esses recursos poderiam ser mais facilmente adotados para as aulas, atividades práticas de aplicação dos testes não poderiam ocorrer com material plastificado, uma vez que incorrem em alteração do material original, podendo influenciar no desempenho da pessoa e a validade do instrumento. Portanto, o material original necessita ser utilizado. Para alguns instrumentos, essa adaptação não seria difícil. Por exemplo, os autores do R-PAS encontraram que usar uma solução de álcool isopropílico 60% não danifica as pranchas de Rorschach (Meyer et al., 2020). Por outro lado, o Teste das Pirâmides Coloridas de Pfister é composto por diversos quadradinhos de papel. Ainda que não deteriorassem com a higienização, seria dispendioso limpar todos, um por um, daí a importância de luvas para uso durante o manuseio do instrumento e que elas sejam descartadas após o uso, evitando a contaminação por meio dos quadrículos.

Síntese das propostas de ensino

O roteiro a seguir apresenta a síntese das propostas de ensino apresentadas anteriormente. Como já esclarecido, não se trata de um passo a passo que deve ser seguido à risca, mas de uma recomendação de atividades com objetivo de enriquecer a qualidade do ensino de métodos projetivos. Inclusive, recomenda-se que as atividades teóricas, práticas e avaliativas sejam intercaladas, e não sequenciais (p. ex., ao se definir teoricamente o fenômeno projetivo, pode-se já apresentar algumas manchas de tinta ou pranchas de TAT para ilustrar).

1 Atividade teórica

1.1 Teoria

1.1.1 Revisar conceitos de personalidade e psicopatologia

1.1.2 Apresentar definição do fenômeno projetivo

1.1.3 Trazer exemplos da vida real para ilustrar como esse fenômeno não é exclusivo dos testes, mas ocorre no dia a dia

1.1.4 Como material complementar, indicações de filmes que apresentam personagens em situações de projeção: *Bem me quer, mal me quer* (2002) – a estrutura não linear aos poucos apresenta que a realidade é distorcida devido à erotomania da personagem; *O labirinto do fauno* (2006) – diversos mecanismos alteram a percepção da realidade; *(500) dias com ela* (2009) – o romantismo e idealismo do personagem alteram sua percepção do relacionamento afetivo

1.1.5 Dirimir preconceitos apresentando outras abordagens que também utilizam ou recomendam métodos projetivos

1.1.6 Apresentar histórico do termo "métodos projetivos" e histórico dos testes

1.2 Instrumentos

1.2.1 Fomentar discussão sobre objetividade e subjetividade na avaliação, contrapondo com outros métodos psicológicos (entrevistas, observações, dinâmicas etc.) que também podem ser apresentar viés interpretativo

1.2.2 Apresentar os procedimentos de codificação, semelhantes a procedimentos de categorização frequentemente utilizados na Psicologia

1.2.3 Apresentar contextos de utilização dos métodos projetivos, inclusive aqueles em que sua utilização é obrigatória

1.3 Questões psicométricas

1.3.1 Apresentar procedimentos específicos de cálculo da precisão: juízes e reteste

1.3.2 Apresentar estudos de validade e incentivar estudantes a buscar artigos científicos em base de dados

1.3.3 Mostrar que a interpretação está baseada no processo psicológico, trazendo sempre que possível exemplos de respostas de pacientes ou pessoas avaliadas (*e. g.*, pessoas agressivas tendem a criar histórias agressivas no TAT)

1.3.4 Mostrar que alguns métodos projetivos não possuem escores, enquanto outros possuem, devendo-se então consultar tabelas normativas

1.3.5 Incentivar o acesso ao Satepsi para conhecer a relação de testes

2 Atividade prática

2.1 Apresentar os testes, evitando divulgações que infrinjam normativas do CFP ou direitos autorais

2.2 Aplicação dos testes

2.2.1 Recomenda-se aplicação simulada em sala de aula e em etapas, podendo ser feito em duplas, *role play* ou exemplos de aplicações reais

2.2.2 Recomenda-se apresentar estudos de casos, discutindo e aprofundando cada etapa do processo de avaliação

2.2.3 Possibilidade de aplicação em colegas, colaboradores ou pacientes em fila de espera (a depender da disponibilidade da instituição)

3 Avaliação

3.1 Leitura de textos

3.2 Apresentação de levantamento feito em bases científicas

3.3 Conhecimento da aplicação e interpretação

3.4 Escrita de laudos e relatórios

Considerações finais

Este capítulo teve o propósito de apresentar algumas estratégias e metodologias de ensino de métodos projetivos. Sabe-se que o ensino dessa classe de instrumentos tem sido cada vez mais reduzido na graduação, tanto em nível nacional quanto internacional. Por isso, pode ser uma tarefa desafiadora tentar abarcar uma quantidade grande de conteúdo a ser ensinado em carga horária reduzida. Assim, buscou-se elencar os tópicos considerados essenciais para desenvolver o conhecimento desses instrumentos de maneira contextualizada com as teorias de personalidade e práticas psicológicas, como entrevistas, observação e outras técnicas.

Dentre os diversos métodos de AP, curiosamente os métodos projetivos costumam ser os mais injustamente criticados ou percebidos de maneira enviesada. Nesse sentido, é importante que o docente faça uma apresentação informada desses testes com objetivo de desanuviar preconcepções, e também fomente a percepção de que, apesar do formato diferente desses métodos, as manifestações expressas refletem o funcionamento psicológico típico e não características presentes apenas na situação de aplicação.

Referências

Cardoso, L.M., & Villemor-Amaral, A.E. (2017). Critérios de cientificidade dos métodos projetivos. In M.R.C. Lins & J.C. Borsa (orgs.), *Avaliação Psicológica: Aspectos teóricos e práticos* (pp. 159-172). Vozes.

Conselho Federal de Psicologia. (2018). *Resolução CFP n. 9/2018*. Estabelece diretrizes para a realização de Avaliação Psicológica no exercício profissional da psicóloga e do psicólogo, regulamenta o Sistema de Avaliação de Testes Psicológicos – Satepsi e revoga as resoluções n. 2/2003, n. 6/2004 e n. 5/2012 e notas técnicas n. 1/2017 e 2/2017.

https://site.cfp.org.br/wp-content/uploads/2018/04/Resolu%C3%A7%C3%A3o-CFP-n%C2%BA-09-2018-com-anexo.pdf

Fensterseifer, L., & Werlang, B.S.G. (2008). Apontamentos sobre o *status* científico das técnicas projetivas. In A.E. Villemor-Amaral & B.S.G. Werlang (orgs.), *Atualizações em métodos projetivos para Avaliação Psicológica* (pp. 15-33). Casa do Psicólogo.

Finn, S.E. (2017). *Pela perspectiva do cliente: Teoria e técnica da avaliação terapêutica* (C.C. Bartalotti, trad.). Hogrefe. (Trabalho original publicado em 2007)

Frank, L.K. (1939). Projective methods for the study of personality. *The Journal of Psychology, 8*(2), 389-413. https://doi.org/10.1080/00223980.1939.9917671

Meyer, G.J., Viglione, D.J., Erdberg, P., Bram, A., Giromini, L., Grønnerød, C., Kleiger, J., Lipkind, J., Ruiter, C., Pianowski, G., & Vanhoyland, M. (2020, 28 mar.). *R-PAS guidelines for in person assessment with social distancing.* Rorschach Performance Assessment System (R-PAS). http://www.r-pas.org

Meyer, G.J., Viglione, D.J., Mihura, J.L., Erard, R.E., & Erdberg, P. (2017). *R-PAS Sistema de Avaliação por Performance no Rorschach: Manual de aplicação, codificação e interpretação e manual técnico* (F.K. Miguel & D.R. Silva, trad.). Hogrefe.

Miguel, F.K. (2014). Mitos e verdades no ensino de técnicas projetivas. *Psico-USF, 19*(1), 97-106. https://doi.org/10.1590/S1413-82712014000100010

Murray, H.A. (2005). *TAT: Teste de apercepção temática.* Casa do Psicólogo.

Piotrowski, C. (2017). Editorial: The linchpin on the future of projective techniques: The precarious status of personality assessment in the (overcrowded) professional psychology curriculum. *Journal of Projective Psychology & Mental Health, 24*(2), 71-73.

Reppold, C.T., & Serafini, A.J. (2010). Novas tendências no ensino da Avaliação Psicológica. *Avaliação Psicológica, 9*(2), 323-329.

Rorschach, H. (1978). *Psicodiagnóstico: Métodos e resultados de uma experiência diagnóstica de percepção (interpretação de formas fortuitas).* Mestre Jou. (Trabalho original publicado em 1921)

Villemor-Amaral, A.E., & Werlang, B.S.G. (2008). *Atualizações em métodos projetivos para Avaliação Psicológica.* Casa do Psicólogo.

Yates, D.B., Silva, M.A., & Bandeira, D.R. (2019). *Avaliação Psicológica e desenvolvimento humano: Casos clínicos.* Hogrefe.

18
Estratégias e metodologia para realização de estágio
Contribuições da neuropsicologia infantil

Izabel Hazin
Universidade Federal do Rio Grande do Norte

Cíntia Alves Salgado Azoni
Universidade Federal do Rio Grande do Norte

Ediana Gomes
Serviço de Psicologia Aplicada da UFRN

Highlights

- Neuropsicologia: conheça um pouco mais sobre esta ciência.
- Entenda melhor o que é a avaliação neuropsicológica e quais são os seus objetivos.
- Obtenha informações sobre como é feita avaliação neuropsicológica.
- Conheça as peculiaridades da avaliação neuropsicológica infantil.
- Percorra uma experiência de estágio em neuropsicologia infantil.

O presente capítulo tem como objetivo central apresentar uma experiência de estágio de ênfase no domínio da neuropsicologia infantil, sendo este vinculado ao curso de graduação em Psicologia da Universidade Federal do Rio Grande do Norte. Para tanto, discutirá os princípios, o raciocínio clínico e os desafios inerentes à prática da avaliação neuropsicológica na infância, em especial quando se considera a relação da avaliação com os processos de intervenção em diferentes contextos do desenvolvimento humano.

No ano de 2004 a neuropsicologia foi reconhecida pelo Conselho Federal de Psicologia (CFP) como área de especialidade da Psicologia (Resolução CFP n. 2/2004), tendo como principais atribuições a atuação no diagnóstico, acompanhamento, tratamento e pesquisa de aspec-
tos cognitivos, emocionais, de personalidade e comportamento, considerando as relações entre tais aspectos e a organização e o funcionamento cerebral (CFP, 2004). Desde então, identifica-se importante ampliação das práticas neuropsicológicas, ultrapassando os *settings* clássicos da clínica e hospitalar, estendendo sua atuação para âmbitos extraclínicos, tais como a neuropsicologia escolar, jurídica e forense, do esporte e exercício (Dias et al., 2020).

Nesse contexto, destaca-se a relevância do processo de estágio, o qual, conforme a Lei n. 11.788/2008 volta-se ao aprendizado de competências específicas da atividade profissional, à preparação para o trabalho e à contextualização curricular, constituindo-se como ato educativo escolar supervisionado, desenvolvido no ambiente de trabalho. Na formação do psicólogo, os estágios supervisionados permitem o contato do estudante com o exercício profissional em situações e contextos diversificados, configurando-se como essencial na formação do psicólogo. Assim, é possível o desenvolvimento de habilidades, atitudes, conhecimentos e competências profissionais específicas, conforme previsto nas Diretrizes Curriculares Nacionais (DCN) para os cursos de graduação em Psicologia (Brasil, 2011).

A neuropsicologia tem refinado o seu arcabouço teórico-metodológico, considerando as peculiaridades inerentes ao ciclo vital humano e às condições histórico-culturais que perpassam o desenvolvimento, a aprendizagem e a atividade dos indivíduos. Entretanto, apesar da ampla expansão da neuropsicologia no Brasil, ainda são escassos os cursos de formação superior em psicologia que ofertam estágio curricular regular em neuropsicologia. A formação em neuropsicologia ainda acontece basicamente por meio de cursos de pós-graduação *lato sensu* (Hazin et al., 2018). Tal cenário faz com que a formação e a prática neuropsicológicas sejam ainda pouco conhecidas por parte significativa dos alunos de graduação, o que provoca dúvidas e questionamentos. Nesse sentido, serão apresentados a seguir as perguntas mais frequentes sobre a temática, com respostas breves e diretas que permitam uma aproximação inicial com o campo.

Neuropsicologia: que ciência é essa?

A Neuropsicologia é uma disciplina do domínio das neurociências que investiga as relações entre, de um lado, a cognição, o comportamento e as emoções; e de outro, a organização e o funcionamento cerebral, em condições de normalidade ou patologia. Possui três objetivos centrais

que se interpenetram, a saber: (1) um objetivo fundamental e de pesquisa que é o estudo das relações entre a organização e funcionamento do sistema nervoso e os processos psicológicos, em condições de normalidade e patologia; (2) um objetivo clínico, pautado pelo desenvolvimento e aplicação de procedimentos neuropsicológicos diagnósticos e; (3) um objetivo aplicado, com o intuito de desenvolver e aplicar procedimentos de intervenção e/ou reabilitação neuropsicológica em casos de lesões e/ou disfunções cerebrais (Seabra & Capovilla, 2009).

A investigação e práticas neuropsicológicas são essencialmente de caráter interdisciplinar, pois requisitam conteúdos oriundos de diferentes campos da produção do conhecimento. No domínio neurocientífico destaca-se a contribuição da neuroanatomia, neurofisiologia e neurofarmacologia. No que se refere à atuação profissional, são pré-requisitos as contribuições oriundas de campos diversos da própria psicologia, tais como a psicometria, a psicologia do desenvolvimento, a psicopatologia e a psicologia cognitiva, dentre outros (Hadam et al., 2011).

O que é a avaliação neuropsicológica e quais são os seus objetivos?

Conforme descrito anteriormente, a prática neuropsicológica tem duas direções principais e que estão diretamente interligadas, sendo elas a avaliação e a reabilitação neuropsicológica. A avaliação neuropsicológica ocupa lugar central na atividade do neuropsicólogo, pois auxilia na investigação das funções psicológicas, tais como memória, atenção, linguagem, funções executivas, praxias e percepção (Lezak et al., 2012). Adicionalmente, para além do perfil cognitivo, a avaliação neuropsicológica investiga aspectos emocionais, de funcionalidade e comportamentais.

Trata-se de processo investigativo e diagnóstico, de caráter dinâmico, processual, teoricamente embasado e multifásico, que apresenta aproximações com a Avaliação Psicológica, visto que se utiliza de recursos e ferramentas para investigação de diversos aspectos do funcionamento cognitivo e socioafetivo do indivíduo, estruturado a partir de demandas específicas, com vistas a orientar ações futuras (Mansur-Alves, 2018). Vale salientar que todo o processo avaliativo deve ser embasado tendo a intervenção e reabilitação neuropsicológicas como objetivo final.

Os objetivos da avaliação neuropsicológica têm sido sintetizados por muitos pesquisadores. Para Hadam et al. (2011) estes seriam: (1) descrição e identificação das alterações do funcionamento psicológico; (2) estabelecimento de correlação neurobiológica com o resultado dos testes; (3) identificação de relações entre as alterações identificadas na avaliação e doenças neurológicas e/ou psiquiátricas ou não; (4) avaliação longitudinal das alterações com o objetivo de estabelecer um prognóstico; (5) subsidiar a oferta de programas de intervenção, reabilitação e planejamento vocacional e/ou educacional; (6) oferta de orientações para cuidadores e familiares de pacientes; (7) auxílio no planejamento e implementação do tratamento; (8) Desenvolvimento de pesquisa científica; e (9) elaboração de documentos legais.

Na atualidade a avaliação neuropsicológica tem sido utilizada em diferentes domínios, contribuindo com uma gama ampla de profissionais nas áreas da saúde, educação, esporte, justiça, dentre outros. Segundo Camargo et al. (2014) e Dias et al. (2020) dentre os contextos e motivações que levam à solicitação de uma avaliação neuropsicológica estão:

1) Auxílio ao diagnóstico: neste domínio a principal contribuição da avaliação neuropsicológica é fornecer subsídios para uma caracterização e identificação do quadro clínico, notadamente em termos de circunscrição da natureza dos *deficits* apresentados. Seriam esses de cunho neurológico, psiquiátrico ou teriam outra origem fundante? Sendo assim, pode-se concluir que a avaliação neuropsicológica contribui para o diagnóstico diferencial, em especial naqueles casos para os quais as técnicas de neuroimagem não são suficientes para determinar as suas causas, casos com alterações funcionais e não apenas estruturais; e/ou casos para os quais se identifica manifestações de sintomas similares.

2) Prognóstico: após a realização do diagnóstico, faz-se necessário delinear o provável curso longitudinal da condição clínica. No caso específico das crianças, cujo sistema nervoso está em fase de desenvolvimento, é essencial a projeção do impacto da lesão e/ou disfunção sobre as etapas posteriores de mielinização e sinaptogênese. Dessa forma, pode-se orientar intervenções que minimizem os danos atuais identificados.

3) Orientações para o tratamento: este é um dos objetivos centrais da avaliação neuropsicológica, contribuir com a oferta de orientações para o desenvolvimento e implementação de programas de reabilitação e intervenção, bem como subsidiar a tomada de decisões em termos de padrão de uso de medicação, custo-benefício de procedimentos neurocirúrgicos, terapias auxiliares, dentre outros.

4) Auxílio para planejamento de reabilitação e intervenção: pacientes de diferentes idades, com lesões e/ou disfunções cerebrais, podem apresentar alterações no seu funcio-

namento psicológico, com repercussões cognitivas, emocionais, comportamentais e/ou funcionais. Sendo assim, a avaliação neuropsicológica pode apontar os pontos de força e fragilidade no funcionamento do paciente, subsidiando a atuação dos demais profissionais da saúde e educação, bem como fornecendo orientação aos familiares.

5) Seleção de pacientes para técnicas especiais: na atualidade, identifica-se crescente desenvolvimento e proposição de novas técnicas neurocirúrgicas, farmacológicas, bem como terapias que objetivam contribuir com o restabelecimento de pacientes com lesões c/ou disfunções neurológicas. Porém, alguns tipos de tratamentos necessitam de indicações precisas em relação aos sujeitos que poderão ou não participar devido ao fato de envolver riscos. A avaliação neuropsicológica pode auxiliar na identificação dos parâmetros exigidos pelas técnicas, reduzindo riscos de adesão de pacientes com perfis inadequados para procedimentos medicamentosos e cirúrgicos específicos.

6) Perícia: neste contexto, a avaliação neuropsicológica contribui sobremaneira para a tomada de decisão dos profissionais da justiça. Os casos relacionados à interdição, aposentadoria por invalidez, bem como aqueles que exigem o conhecimento sobre a capacidade do indivíduo de planejamento, autonomia e gerenciamento de comportamentos são alguns exemplos da utilidade da avaliação neuropsicológica pericial.

Por fim, convém destacar que, independentemente do objetivo e propósitos motivadores da realização de uma avaliação neuropsicológica, é essencial ressaltar a necessidade de formação de qualidade dos profissionais que executam o processo avaliativo, a sua atualização constante e a conduta ética e humanizada. Ademais, não se deve negligenciar a consideração dos aspectos contextuais e culturais nos quais estão imersos os indivíduos e que perpassam todo o processo avaliativo (Mansur-Alves, 2018).

Como é feita a avaliação neuropsicológica?

Inicialmente, destaca-se que a avaliação neuropsicológica deve ser considerada um processo investigativo que tem a ele subjacentes pressupostos teóricos robustos. Nesse sentido, antecipa-se a inexistência de um modelo consensual. A avaliação neuropsicológica tem sido classificada em diferentes modelos, partindo-se da análise e consideração de aspectos teórico-metodológicos. Aqui serão apresentados dois destes modelos, ressaltando-se que a escolha destes implica processos avaliativos com características específicas, embora possam confluir em propósitos e motivações.

A primeira categorização destaca as perspectivas da avaliação nomotético-nomológica e da avaliação idiográfica, antecipando que elas não são necessariamente excludentes. No enfoque nomotético-nomológico, o desempenho dos pacientes individuais em diversos testes neuropsicológicos é comparado a um referencial normativo populacional. Por sua vez, no enfoque idiográfico parte-se de dados da história clínica, das observações do comportamento e dos resultados de testes neuropsicológicos, o que possibilita definir o perfil de funções psicológicas, mapeando aquelas que estão comprometidas ou que sugerem pontos de fragilidade e aquelas preservadas ou que sugerem pontos de força (Haase et al.,

2008). Destaca-se a necessidade de interpretação deste perfil neuropsicológico a partir de um referencial teórico específico, como, por exemplo, o da neuropsicologia cognitiva ou da neuropsicologia histórico-cultural (Haase et al., 2018).

A segunda categorização, que de certa forma tangencial e por vezes se sobrepõe à anterior, enfatiza a metodologia de avaliação, com ênfase em métodos quantitativos e métodos qualitativos. A escola de avaliação neuropsicológica inspirada pelos trabalhos de Halstead-Reitan é o exemplar mais radical da abordagem quantitativa de avaliação neuropsicológica, bem como da abordagem nomotético-nomológica, privilegiando o desenvolvimento e utilização de testes padronizados na avaliação neuropsicológica. Por sua vez, os modelos de investigação baseados nas propostas do neuropsicólogo russo A.R. Luria têm privilegiado o uso de tarefas qualitativas, enfatizando o processo de resolução de atividades em detrimento do resultado bruto em testes padronizados (Casa et al., 2018). Porém, pode-se resumir afirmando que na atualidade os modelos de avaliação neuropsicológica tendem a mesclar o uso de testes padronizados e abordagens de cunho qualitativo.

O profissional que realiza uma avaliação neuropsicológica pode utilizar variados instrumentos, tanto de forma quantitativa quanto qualitativa, apontando para complementaridade entre estes. Do ponto de vista quantitativo, os testes, escalas, inventários se configuram como instrumental importante para o acervo de informações indispensáveis à elaboração de um parecer final. Por sua vez, as entrevistas, as observações, os vídeos, dentre outras fontes de informação, ampliam o alcance do diagnóstico, possibilitando uma visão idiossincrática e contextualizada do paciente.

No tocante ao uso de testes e tarefas neuropsicológicas formais, pode-se caracterizar dois tipos de bateria: baterias fixas e flexíveis. No primeiro caso identifica-se um instrumento amplo que investiga necessariamente uma gama de funções psicológicas, sendo importante para a prática clínica e uma abordagem abrangente. As baterias flexíveis adaptam-se aos objetivos da investigação, podendo ser constituídas por instrumentos diversos que avaliam um conjunto de funções psicológicas selecionadas de acordo com os objetivos, interesses e necessidades do neuropsicólogo (Lézak et al., 2012). Soma-se a este rol os instrumentos de rastreio (*screening*) e de avaliação breve, ferramentas de extrema relevância para serviços de triagem e avaliações em contextos específicos, como é o caso dos hospitais.

Dentre as ferramentas qualitativas, destaca-se a importância das entrevistas clínicas e dos roteiros de anamnese; juntos estes permitem uma maior aproximação com a história clínica do paciente, possibilitando simultaneamente a construção de um vínculo profissional baseado na confiança. Tais entrevistas podem e devem ser estendidas a profissionais que acompanham o paciente, no caso específico de crianças, aos educadores e coordenadores de escolas.

Após essa primeira etapa, cabe ao neuropsicólogo a construção de seu protocolo de avaliação, considerando a demanda do paciente, os objetivos e propósitos do processo avaliativo. Tais aspectos devem nortear a escolha dos instrumentos a serem utilizados. Estes são basicamente testes formais, normatizados e padronizados, e os denominados "exercícios" neuropsicológicos, sendo estes métodos de exploração do funcionamento cognitivo, das emoções e do comportamento (Dias et al., 2020).

Por fim, cabe ao profissional da neuropsicologia elaborar um relatório, parecer ou laudo neuropsicológico. Este é o resultado do processo e, simultaneamente, o passo inicial da intervenção ou reabilitação. O laudo neuropsicológico é uma produção técnico-científica do profissional que objetiva caracterizar o perfil neuropsicológico do paciente, destacando seus pontos de força e fragilidade, seja em termos de comparação com a norma, seja em termos de comparação do paciente consigo mesmo (Zimmermann et al., 2016).

Avaliação neuropsicológica infantil: uma área específica?

Certamente esta questão é central para atingir os objetivos propostos por este capítulo. Inicialmente, é preciso salientar que a fase do desenvolvimento referente à infância caracteriza-se por momento peculiar do neurodesenvolvimento.

Nesse sentido, o processo avaliativo incide sobre um sistema em pleno processo de mudança, especialização e complexificação, o que traz implicações significativas. De forma global, a avaliação neuropsicológica infantil objetiva a identificação de alterações nos processos de desenvolvimento e aprendizagem em contextos diversos, tais como vulnerabilidade social, transtornos do neurodesenvolvimento, alterações genéticas, doenças neurológicas, lesões encefálicas congênitas ou adquiridas, dentre outras.

Ressalta-se que o processo avaliativo nesta fase precisa considerar as fases do desenvolvimento psicológico e neurológico da criança, de forma a subsidiar a escolha adequada de testes e tarefas, contemplando não apenas o desenvolvimento de funções cognitivas, mas problematizando acerca da motivação da criança para realizar determinada tarefa. Finalizado este primeiro momento de aproximação com o campo da avaliação neuropsicológica infantil apresentar-se-á seguir a experiência de estágio neste domínio desenvolvida de forma integrada por um laboratório de ensino, pesquisa e extensão em neuropsicologia e um serviço-escola, ambos de uma mesma instituição federal de Ensino Superior.

A experiência do Estágio em Neuropsicologia Infantil da UFRN

As atividades de estágio em neuropsicologia infantil que serão abordadas ao longo deste capítulo ocorrem de forma integrada às ações de pesquisa, ensino e extensão estruturadas pelo grupo de pesquisa e extensão em neuropsicologia ao qual estão vinculadas. No referido grupo são realizadas atividades especializadas em neuropsicologia do desenvolvimento e da aprendizagem no estado e no país, com destaque para as seguintes direções de trabalho: (1) desenvolvimento de projetos de pesquisa nos quais a avaliação e/ou intervenção neuropsicológicas configuram-se como práticas de investigação; (2) oferta de serviços de avaliação e intervenção neuropsicológicas, com vistas à identificação de condições clínicas e educacionais específicas e à melhoria da qualidade de vida de pacientes com lesões e/ou disfunções neurológicas e; (3) capacitação de alunos da graduação e da pós-graduação em Psicologia, além de profissionais de outros campos do conhecimento nos aspectos teóricos e instrumentais do domínio neuropsicológico (Hazin et al., 2017).

No âmbito do ensino/formação, as atividades de estágio ofertadas já foram direcionadas para diversos campos de atuação e instituições públicas, voltadas ao atendimento em saúde no estado, dentre as quais destacam-se: hospitais de referência no atendimento ao câncer pediátrico, centros especializados em reabilitação e serviços-escola ou clínicas-escola.

No âmbito hospitalar, foi realizada a implantação do serviço de avaliação neuropsicológica no setor de oncologia pediátrica. Nesse sentido, crianças vítimas de tumores cerebrais e leucemias são submetidas à avaliação neuropsicológica, cujo objetivo maior é investigar os efeitos transitórios e tardios do câncer e seus tratamentos para os processos de desenvolvimento e aprendizagem. O processo avaliativo é realizado em diferentes etapas do tratamento, oferecendo subsídios para a prática de diferentes profissionais das áreas da saúde e educação. Nesse último domínio, destaca-se a participação ativa de estagiários na estruturação da sala de aula hospitalar, bem como na capacitação dos professores que nela atuam e na elaboração das atividades didáticas oferecidas para as crianças em contexto de internação hospitalar.

No Centro Especializado em Reabilitação, serviço de saúde vinculado também a institutos de pesquisa em neurociências, os estagiários da neuropsicologia infantil realizam atividades de cunho avaliativo e interventivo junto a grupos clínicos específicos, tais como o transtorno do espectro do autismo, epilepsias, prematuridade dentre outros. Porém, o foco central deste capítulo é o serviço ofertado no serviço-escola de Psicologia de uma IES pública.

O referido serviço-escola se constitui como instituição referência na prestação de serviços especializados em Psicologia, Psicopedagogia e Neuropsicologia no estado, e como um dos principais espaços de desenvolvimento de atividades práticas, estágios e ações de extensão, no âmbito da neuropsicologia clínica.

O estágio em neuropsicologia está vinculado à ênfase Práticas em Saúde do curso de graduação em Psicologia desta IES, bem como ao curso de pós-graduação *lato sensu* do Programa de Pós-Graduação em Neuropsicologia Clínica. No que se refere à graduação, são ofertados dois momentos de estágio: 4º ano do curso (disciplinas Estágio I e II) e 5º ano do curso (disciplinas Estágio III e IV). Por sua vez, no curso de Especialização em Neuropsicologia Clínica os alunos realizam o estágio durante o módulo Práticas de Estágio. Tais práticas acontecem associadas ao Projeto de Extensão (Serviço de Neuropsicologia da Infância e da Adolescência), o que garante a continuidade do serviço prestado à população e integração desejada entre as ações de ensino e extensão.

O Serviço de Neuropsicologia da Infância e da Adolescência realiza atendimentos de avaliação e intervenção neuropsicológicas direcionados a crianças e adolescentes do estado do Rio Grande do Norte, provenientes de diferentes instituições de saúde e educação, constituindo-se como um dos escassos serviços em neuropsicologia público e gratuito do estado. Além disso, estrutura atividades de orientação a pais/responsáveis, a profissionais que acompanham tais crianças, bem como de divulgação e produção de conhecimento na área das neurociências e sua interface com a saúde e a educação. A equipe de coordenação do referido projeto é composta por docentes e psicóloga, doutora, com formação e experiência em neuropsicologia infantil, possibilitando ao estagiário em formação a realização de atividades de supervisão acadêmica e de campo de forma sistemática. Durante o 4º ano, o aluno realiza especialmente o momento de triagem, sendo esta supervisionada por um profissional no campo e por docente do curso de graduação em Psicologia da IES.

Triagem

O processo de triagem caracteriza-se pela seleção e escolha de pacientes que se enquadrem e que possam ser beneficiados pelo atendimento prestado nos diferentes serviços. A proposta não é substituir a avaliação individualizada e com base em testes, mas direcionar o processo avaliativo, gerando um ponto de partida para a investigação neuropsicológica subsequente (Navatta et al., 2009). O processo de triagem acontece geralmente em dois momentos que constituem ao todo três sessões, sendo o primeiro momento realizado em sessão única com os pais e/ou responsáveis, e o segundo momento realizado em duas sessões com a criança. A seguir são descritas e caracterizadas as etapas que compõem cada um dos momentos desta atividade, resumidas na figura 1:

Figura 1
Fluxo do Processo de Triagem em Neuropsicologia Infantil

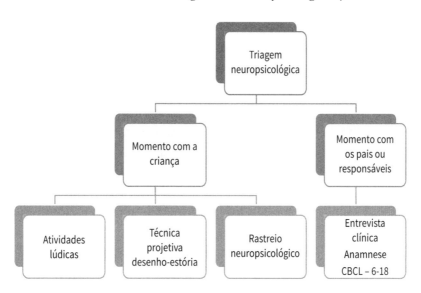

Momento com os pais ou responsáveis

a) Entrevista clínica: o processo de triagem inicia-se com a realização de entrevista clínica com os pais ou responsáveis pela criança. Esta fase inicial tem como objetivo a compreensão da queixa e o mapeamento do comportamento da criança mediante a coleta de diversas informações. Neste momento, aplica-se um roteiro de anamnese que investiga aspectos como: antecedentes gestacionais, parto, desenvolvimento nos primeiros anos de vida, grau de dependência e independência nas atividades diárias (em casa, na escola), o processo de alfabetização, as dificuldades cognitivas (atenção, linguagem), distúrbios sensoriais, domínio temporal, conceitual, hábitos, fatores emocionais, de comportamento e as condições da família.

b) Aplicação do Inventário de Comportamentos para Crianças e Adolescentes de 6 a 18 anos, versão brasileira do "Child Behavior Checklist for ages 6-18" (CBCL). O CBCL é um instrumento que tem como objetivo a avaliação de problemas comportamentais e emocionais sob o ponto de vista dos pais, da criança ou adolescente e dos professores. Este instrumento visa oferecer uma abordagem compreensiva para avaliação do funcionamento adaptativo e não adaptativo de crianças e adolescentes (Bordin et al., 2013). O CBCL é composto de duas partes: uma seção que mensura a competência social e o funcionamento adaptativo e outra seção que avalia problemas comportamentais. O domínio da competência social é composto por 20 itens, enquanto o domínio comportamental possui 118 itens no domínio, a serem respondidos por pais e responsáveis (Bordin et al., 2013). Os itens comportamentais estão divididos em três escalas: escala de problemas internalizantes de comportamento, escala de problemas externalizantes de comportamento e escore total de problemas comportamentais. Os escores brutos são transformados em escores T que irão auxiliar no levantamento de hipóteses acerca da presença de alterações comportamentais. As respostas obtidas fornecem escores para oito classificações sindrômicas obtidas por meio de análise fatorial: ansiosa/deprimida; embotada/deprimida; queixas somáticas; problemas sociais; problemas de pensamento ou raciocínio; problemas de atenção; comportamento opositor/desafiador/transgressor e comportamento agressivo (Bordin et al., 2013).

Momento com a criança

a) Sessão 1: atividades lúdicas – Esta primeira etapa tem como objetivo inicial o acolhimento da criança. Como estamos realizando o primeiro encontro entre esta e o serviço e os estagiários, objetiva-se esclarecer os motivos que trouxeram a criança ao serviço, com espaço, na medida do possível, para ela se manifestar sobre estes. Posteriormente, a criança é esclarecida sobre o processo de avaliação que acontecerá posterior-

mente. Ainda nesta sessão, a criança é convidada a brincar livremente, a jogar com o estagiário ou realizar outra atividade que desejar. Sabe-se o quanto os momentos lúdicos são uma parte importante do processo diagnóstico.

b) Sessão 1: técnica projetiva desenho-estória – Nesta segunda atividade que compõe a primeira sessão com a criança, o estagiário utiliza a Técnica do Desenho-Estória, proposta por Trinca em 1972 para auxiliar na investigação de características da personalidade (Trinca, 2013). Na triagem é utilizada uma versão adaptada da técnica, tomando como base os seguintes procedimentos: são fornecidas às crianças três folhas em branco, contendo apenas temas específicos na parte superior: "Eu e minha família", "Eu e meus amigos" e "Eu e minha escola". Solicita-se à criança que crie desenhos e histórias a partir de tais temas. A análise do desempenho da criança é feita de forma qualitativa, através da observação de dificuldades psicoafetivas, comportamentais e emocionais possivelmente presentes em caráter projetivo nos resultados obtidos.

c) Sessão 2: rastreio neuropsicológico – Nesta etapa, aplica-se o Instrumento de Avaliação Neuropsicológica Breve Infantil – Neupilin-Inf (Salles et al., 2016), que avalia componentes de oito funções neuropsicológicas, por meio de 26 subtestes: orientação, atenção, percepção visual, memórias (de trabalho, episódica, semântica), habilidades aritméticas, linguagem oral e escrita, habilidades visuoconstrutivas e funções executivas. Adicionalmente, aplica-se o Teste das Matrizes Progressivas Coloridas de Raven (Raven et al., 2018) para avaliação da inteligência geral.

A conclusão da triagem possibilita o adequado encaminhamento do paciente, visto que o Serviço de Neuropsicologia da Infância e da Adolescência organiza-se a partir de ambulatórios de atuação específicos, quais sejam: (1) Ambulatório de Lesão Cerebral e Oncologia Pediátrica; (2) Ambulatório de Deficiência Intelectual em Crianças e Adolescentes (Dica); (3) Ambulatório de Transtornos de aprendizagem, altas habilidades/superdotação, transtornos da comunicação e transtornos do *deficit* de atenção/hiperatividade.

Adicionalmente, o Serviço de Neuropsicologia da Infância e da Adolescência estabelece parceria com laboratórios de pesquisas e clínicas-escola com o objetivo de encaminhar, receber e atender pacientes de forma integrada. Nesse contexto, destacam-se: (1) a parceria com o serviço-escola vinculado ao curso de Fonoaudiologia da mesma IES que atende crianças e adolescentes com hipótese ou diagnóstico de transtornos específicos de aprendizagem com repercussão na leitura e/ou na escrita da mesma IES; (2) a parceria com o centro especializado em reabilitação, o qual atende a região metropolitana do estado e possui ambulatórios específicos voltados ao atendimento interdisciplinar de pacientes pediátricos com hipótese ou diagnóstico de Transtornos do Espectro Autista (TEA), epilepsia, síndromes genéticas, prematuridade, dentre outras.

Após a triagem, a avaliação neuropsicológica é realizada pelos estagiários em formação que estão cursando o 5º ano da graduação ou a especialização em Neuropsicologia Clínica. Nessa etapa, as crianças e adolescentes são submetidos a protocolos específicos que possibilitam compreensão ampla das características das alterações, das dificuldades e habilidades apresentadas pela criança. São realizadas cerca de 10 sessões de atendimento, com duração aproximada de uma hora, em sala específica, numa frequência de um atendimento por semana, abarcando um período médio de três meses, de forma que após cada encontro com o paciente o estagiário tem a possibilidade de discuti-lo em supervisão acadêmica e de campo, contando com a colaboração conjunta da docente acadêmica e da preceptora do serviço-escola. O fluxo do estágio do 5º ano está ilustrado na figura 2.

Figura 2
Fluxo do Processo de Avaliação em Neuropsicologia Infantil

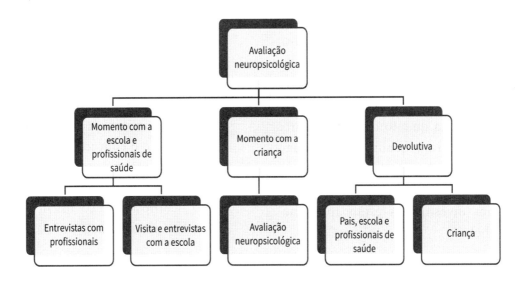

1) Momento com a escola e profissionais de saúde – Durante a avaliação neuropsicológica, o estagiário responsável realiza contato com profissionais da saúde e da educação que acompanham o paciente, com o objetivo de compreender melhor a queixa e dialogar sobre o desenvolvimento, a interação social, a aprendizagem e demais aspectos necessários ao mapeamento do perfil neuropsicológico. Se necessário, o estagiário faz visitas à escola com o objetivo de obter informações mais detalhadas acerca do processo de aprendizagem e interação social da criança na escola. Para esta etapa não são utilizados roteiros formais, mas o objetivo das entrevistas, e das eventuais visitas à escola, é exaustivamente discutido com o estagiário, de forma que fiquem claras as respostas a serem alcançadas com cada uma das atividades previstas.

2) Avaliação neuropsicológica – O protocolo avaliativo utilizado nesta etapa tem como objetivo proporcionar uma visão abrangente e sistêmica do funcionamento cognitivo da criança e subsidiar a proposição de estratégias de intervenção. O protocolo é constituído tanto de instrumentos padronizados e normatizados para a população brasileira quanto de instrumentos utilizados de forma qualitativa, os quais são selecionados de acordo com a demanda. Os instrumentos comumente utilizados e domínios investigados estão apresentados na tabela 1.

3) Devolutiva aos pais, profissionais e escola – Os resultados da avaliação neuropsicológica são informados aos pais/responsáveis mediante uma entrevista devolutiva, na qual o estagiário responsável pelo atendimento apresentará o laudo neuropsicológico aos pais ou responsáveis. Nessa etapa também são realizados os encaminhamentos específicos à família, à escola e aos profissionais de saúde. Caso se faça necessário, o estagiário poderá agendar reunião devolutiva com a escola e demais profissionais de saúde, objetivando apresentar os resultados encontrados e discutir eventuais estratégias de intervenção que possibilitem a minimização ou superação das fragilidades e comprometimentos identificados ao longo do processo de avaliação.

4) Devolutiva à criança – Nesta última etapa, o estagiário realiza a devolutiva para a criança. Com o cuidado de adequar a sua fala à idade da criança, garantindo minimamente a possibilidade de compreensão do relato, o estagiário descreve os pontos principais identificados na avaliação, bem como antecipa os próximos passos previstos em seu acompanhamento. Esta etapa se reveste de grande importância porque ela é o fechamento dos acordos e encaminhamentos previstos pelos pais ou responsáveis e os demais profissionais da saúde e educação que acompanham a criança. De forma simbólica, e registrando que a criança é protagonista no processo, o laudo neuropsicológico físico é entregue a ela nesta última sessão.

Tabela 1

Protocolo de Avaliação Neuropsicológica Infantil

Função psicológica	Instrumentos
Inteligência	• Escala Wechsler de Inteligência para Crianças (WISC-IV) (Wechsler, 2013).
Atenção	• Bateria Psicológica para Avaliação da Atenção (BPA) (Rueda, 2013). • Teste dos Cinco Dígitos (FDT) (Sedó et al., 2015). • Teste de Atenção Visual (Tavis-4) (Matos, 2019).
Memória visual	• Teste das Figuras Complexas de Rey (Rey, 2010).
Memória verbal	• Teste de aprendizagem auditivo-verbal de Rey (RAVLT) (Paula & Malloy-Diniz, 2018).
Funções executivas	• Teste da Torre de Londres (Seabra et al., 2012). • Blocos de Corsi (Lezak et al., 2012); • Teste dos Cinco Dígitos (FDT) (Sedó et al., 2015). • Subtestes de Funções Executivas do Nepsy-II (Argolo, 2010).
Habilidades acadêmicas (leitura, escrita e atividade matemática)	• Teste de Desempenho Escolar II (Milnitsky, Giacomoni & Fonseca, 2019). • Prova de Avaliação dos Processos de Leitura (Prolec) (Cuetos et al., 2012). • Coruja Promat (Weinstein, 2016).
Visuoespacialidade e visuoconstrução	• Teste das Figuras Complexas de Rey (Rey, 2010).
Lateralidade, gnosia digital e destreza manual	• Bateria de Avaliação Neuropsicológica Luriana (Anauate & Glozman, 2017). • PegBoard (Lezak et al., 2012).
Aspectos socioafetivos e comportamentais	• Inventário de Habilidades Sociais, – Problemas de Comportamento e Competência Acadêmica (SSRS) (Gresham & Elliott, 2016). • Escalas específicas a serem selecionadas de acordo com a demanda.

Após concluída a avaliação a criança ou adolescente poderá ser encaminhado para intervenção neuropsicológica em grupo ou individual, a qual será realizada pelos discentes do 5º ano e bolsistas de extensão que atuam durante todo o ano letivo no serviço-escola de psicologia. O programa de intervenção deverá ser específico a cada caso e fundamentado no processo de avaliação neuropsicológica, envolvendo a seleção de técnicas e materiais a serem utilizados de modo personalizado, tanto nos atendimentos individuais quanto em grupo. Poderá contemplar ações voltadas à criança/adolescente, aos familiares/responsáveis e aos profissionais de saúde e da educação. Nesse contexto, destaca-se a participação de estagiários em atividades de psicoeducação, especialmente junto a pais e profissionais da educação, promovendo a discussão de temáticas relacionadas às alterações do neurodesenvolvimento e à educação inclusiva.

Ressalta-se que as atividades realizadas pelos profissionais, discentes e técnicos-administrativos, bem como os dados e registros oriundos dos processos de avaliação e intervenção neuropsicológica, têm o potencial de serem convertidas em projetos de pesquisa, artigos científicos e apresentação de trabalhos veiculados em eventos nacionais e internacionais, respeitando-se todos os princípios éticos da pesquisa e da profissão. Nesse sentido, para além da oferta de um relevante serviço à comunidade, a prática de estágio em neuropsicologia estruturada pelo laboratório de pesquisa, ensino e extensão e o serviço-escola de Psicologia oferece aos discentes em formação o desenvolvimento do raciocínio neuropsicológico clínico, bem como o aprofundamento em disciplinas como psicologia do desenvolvimento, psicopatologia da infância e da adolescência, neurodesenvolvimento e aquelas vinculadas à teoria e prática de aplicação dos instrumentos e técnicas relevantes à prática em neuropsicologia, considerando para tanto os diferentes campos de atuação. Além disso, possibilita ao estagiário a inserção científica, notadamente, através da construção de um vasto acervo de dados capaz de fomentar um amplo espectro de estudos científicos desenvolvidos junto à população de crianças com queixas diversas de desenvolvimento e aprendizagem do estado do Rio Grande do Norte.

Considerações sobre ensino on-line/remoto

O Instituto Brasileiro de Neuropsicologia (IBNeC) e a Sociedade Brasileira de Neuropsicologia (SBnP), na condição de entidades científicas e profissionais que representam a neuropsicologia no Brasil, emitiram conjuntamente documento orientativo acerca da análise sobre a prática de estágios em modalidade remota durante a pandemia de Covid-19. Tal documento integra manual orientativo sobre formação em psicologia no contexto da Covid-19 (no prelo) elaborado pelo Conselho Federal de Psicologia (CFP) e Associação Brasileira de Ensino de Psicologia (Abep). Neste documento foram apresentados dois argumentos que nortearam e alicerçaram o posicionamento das entidades: (1) o período pandêmico pode se estender mais do que esperado e, ainda, tornar atividades presenciais intermitentes; (2) a formação profissional do psicólogo não pode ser concluída sem atividades práticas, neste documento, especificadas para a especialidade de neuropsicologia; assim, os graduandos e os especializandos não podem ser prejudicados.

Posteriormente, foram elencadas sugestões organizadas nas duas categorias a seguir.

a) Atividades consideradas possíveis para realização por via remota

Considerando algumas condições de exigência, esta categoria foi subdividida em (a) atividades presenciais limitadas; (b) teleatendimento ou atendimento remoto por videoconferência, de preferência, ou por audioconferência, caso a primeira modalidade não seja possível (principalmente para faixas populacionais de menor nível socioeconômico); (c) práticas alternativas.

a) Atividades presenciais limitadas – a avaliação deve ser feita com máscara transparente na boca e com intensidade vocal maior para evitar limites de processamento de instruções e estímulos pela redução da compreensão de input auditivo ou visuoverbal (leitura de lábios); em hospitais que atendem pacientes com Covid-19 fica contraindicado; idealmente para reabilitação (não em grupo), com mais limites considerando o contexto da avaliação neuropsicológica.

b) Teleatendimento por ligação telefônica ou videoconferência por plataforma criptografada oferecida pela instituição de ensino abrangendo entrevistas, análise de vídeos e tarefas verbais ou testes validados pelo CFP – reabilitação individual de casos em que há avaliação neuropsicológica prévia presencial; reabilitação com encontros on-line de psicoeducação em grupo; reabilitação com encontros on-line de apoio e orientações para pacientes para compartilhamento de experiências (é necessária a participação de um supervisor de estágio profissional).

c) Práticas alternativas – aplicar, com consentimento por meio de termo escrito, em residentes da mesma casa uma simulação de avaliação e/ou de intervenção gravada em vídeo para avaliação da prática em supervisão on-line; interpretar casos gravados disponibilizados com autorização por plataforma segura pelos docentes supervisores neuropsicólogos – o que fariam de ações de avaliação diferente do que foi realizado? Qual seria o plano de intervenção preventiva e/ou remediativa? – análise de casos públicos; Formam-se duplas e cada um avalia on-line um familiar da sua dupla. O estudante do familiar sendo avaliado serve como "suporte" apenas para evitar contratempos e uso de auxílios externos durante a avaliação; assim ambos podem ter experiência com pessoas "desconhecidas", mas com ambiente mais eticamente controlado.

b) Atividades consideradas inadequadas para realização por via remota

A avaliação neuropsicológica não deve ser realizada por via remota, ainda que síncrona, em nenhuma fase do desenvolvimento (crianças, adultos ou idosos). Tal posicionamento segue as orientações do CFP e do Código de ética profissional, notadamente em termos da necessidade de manutenção do sigilo dos testes psicológicos e da ausência de estudos de validade para uso remoto da quase totalidade dos instrumentos utilizados pela área. Além de tais aspectos, consideramos que não é possível no formato remoto garantir aspectos da bioética, em especial a garantia de espaço seguro, iluminado e adequado para a avaliação. Ressalta-se que a avaliação neuropsicológica não se circunscreve à testagem, sendo assim, a análise do comportamento, das expressões faciais e a as trocas verbais são essenciais para o processo.

Adicionalmente, destaca-se aqui que o Manual do CFP/Abep (no prelo), orienta que as atividades remotas de estágio não devem ser utilizadas com crianças e adolescentes, considerando a necessidade de aprofundamento teórico metodológico acerca de tais práticas direcionadas para público vulnerável. Sendo assim, o estágio ora relatado não está ocorrendo neste momento de isolamento social.

Por fim, o documento das entidades salienta que as atividades práticas supervisionadas no contexto da Covid-19 devem ser consideradas medidas emergenciais, transitórias, decorrentes do contexto. Tais flexibilizações não devem em nenhuma hipótese ser consideradas práticas ideais e substitutivas às atividades presenciais após este período.

Considerações finais

A experiência de estágio em neuropsicologia infantil na graduação se configura, na maioria das vezes, como o primeiro contato do estudante em formação com a área e com o exercício profissional. Nessa oportunidade, para além do desenvolvimento de habilidades práticas e competências técnicas referentes ao contexto clínico, o discente é implicado em ações específicas e enriquecedoras que ultrapassam à clínica e estão associadas a práticas em saúde (psicoeducação, contextos ambulatoriais e hospitalares etc.) e em educação (formação e diálogo com professores e educadores).

Entretanto, um dos principais desafios vivenciados pelo serviço de neuropsicologia ofertado à comunidade é o manejo das longas filas de espera para os serviços de avaliação e intervenção neuropsicológicas no serviço-escola, dado a carência e praticamente inexistência desses serviços nas instituições públicas de saúde. Adicionalmente, o constante avanço no âmbito da neuropsicologia brasileira, seus recursos e ferramentas demandam cada vez mais a reflexão

sobre a inclusão de disciplinas no currículo ao longo de todo o curso, com vistas a possibilitar maior aproximação e consolidação de aspectos teóricos, conceituais e metodológicos fundamentais para a prática.

Por fim, ressalta-se a relevância de ações que possibilitam de forma simultânea a formação acadêmico-profissional e a oferta de serviço especializado e qualificado à comunidade. Adicionalmente, contribuindo para a difusão do domínio da neuropsicologia junto a instituições públicas, privadas e órgãos governamentais.

Referências

Anauate, C., & Glozman, J. (2017). *Neuropsicologia aplicada ao desenvolvimento humano*. Memnon.

Argolo, N. (2010). Nepsy II: Avaliação neuropsicológica do desenvolvimento. In F.L. Malloy-Diniz, D. Fuentes, P. Mattos & N. Abreu (orgs.), *Avaliação Neuropsicológica* (pp. 367-373). Artmed.

Bordin, I.A., Rocha, M.M., Paula, C.S., Teixeira, M.C.T.V., Achenbach, T.M., Rescorla, L.A., & Silvares, E.F.M. (2013). Child Behavior Checklist (CBCL), Youth Self-Report (YSR) and Teacher's Report Form (TRF): An overview of the development of the original and Brazilian versions. *Cadernos de Saúde Pública, 29*(1), 13-28.

Brasil. (2008). Lei n. 11.788 de 25 de setembro de 2008. Dispõe sobre o estágio de estudantes; altera a redação do art. 428 da Consolidação das Leis do Trabalho – CLT, aprovada pelo Decreto-Lei n. 5.452, de 1º de maio de 1943, e a Lei n. 9.394 de 20 de dezembro de 1996; revoga as leis n. 6.494, de 7 de dezembro de 1977, e 8.859, de 23 de março de 1994, o parágrafo único do artigo 82 da Lei n. 9.394, de 20 de dezembro de 1996, e o artigo 6º da Medida Provisória n. 2.164-41, de 24 de agosto de 2001; e dá outras providências. http://www.planalto.gov.br/ccivil_03/_ato2007-2010/2008/lei/l11788.htm

Brasil. (2011). Resolução n. 5, de 15 de março de 2011. Institui as Diretrizes Curriculares Nacionais para os cursos de graduação em Psicologia, estabelecendo normas para o projeto pedagógico complementar para a formação de professores de Psicologia. *Diário Oficial da União*. Conselho Nacional de Educação, Câmara de Educação Superior.

Camargo, C.H.P., Bolognani, S.A.P., & Zuccolo, P.F. (2014). O exame neuropsicológico e os diferentes contextos de aplicação. In D. Fuentes, L.F. Malloy-Diniz, C.H.P. Camargo & R.M. Cosenza (orgs.), *Neuropsicologia teoria e prática* (pp. 77-92). Artmed.

Casa, R., Calamia, M., & Tranel, D. (2018). A Global Perspective on neuropsychological assessment. In S. Hoffman (ed.). *Clinical Psychology: A global Perspective*. John Wiley & Sons.

Conselho Federal de Psicologia. (2004). *Resolução CFP n. 2/2004. Reconhece a neuropsicologia como especialidade em psicologia para a finalidade de concessão e registro do título de especialista*. Conselho Federal de Psicologia.

Cuetos, F., Rodrigues, B., & Ruano, E. (2012). *PROLEC: Provas de Avaliação dos Processos de Leitura* (2. ed.). Casa do Psicólogo.

Dias, N., Lopes, F., & Carvalho, C. (2020). *Neuropsicologia: Atuação e pesquisa no curso de Psicologia da UFSC.* Lance/UFSC.

Gresham, F.M., & Elliott, S.N. (2016). *SSRS – Inventário de Habilidades Sociais, Problemas de Comportamento e Competência Acadêmica para Crianças.* Casa do Psicólogo.

Haase, V., Chagas, P., Gonzaga, D., Mata, F., Silva, J., Géo, G., & Ferreira, F. (2008). Um sistema nervoso conceitual para o diagnóstico neuropsicológico. *Contextos Clínicos, 1*(2), 125-138. https://doi.org/10.4013/ctc.20082.08

Haase, V., Gauer, G., & Gomes, C. (2018). Neuropsicometria: Modelos nomotético e ideográfico. In L. Malloy-Diniz, D. Fuentes, P. Mattos & N. Abreu (orgs.), *Avaliação neuropsicológica* (pp. 3-9). Artmed.

Hadam, A., Pereira, A., & Riechi, T. (2011). Avaliação e reabilitação neuropsicológica: Desenvolvimento histórico e perspectivas atuais. *Interação em Psicologia, 15*(spe), 47-58. http://dx.doi.org/10.5380/psi.v15i0.25373

Hazin, I., Fernandes, I., Gomes, E., & Garcia, D. (2018). Neuropsicologia no Brasil: Passado, presente e futuro. *Estudos e Pesquisas em Psicologia, 18*(4), 1.137-1.154. http://pepsic.bvsalud.org/pdf/epp/v18nspe/v18nspea07.pdf

Hazin, I., Gomes, E., & Azoni, C.A.S. (2017). Laboratório de Pesquisa e Extensão em Neuropsicologia da Universidade Federal do Rio Grande do Norte (Lapen). In A.L. Navas, C.S. Azoni, D.G. de Oliveira, J.P.A. Borges & R. Mousinho (orgs.), *Guia de boas práticas: Do diagnóstico à intervenção de pessoas com transtornos específicos de aprendizagem.* Instituto ABCD.

Lezak, M.D., Howieson, D.B., Bigler, E.D., & Tranel, D. (2012). *Neuropsychological Assessment.* Oxford University Press.

Mansur-Alves, M. (2018). Contrastando Avaliação Psicológica e neuropsicológica: Acordos e desacordos. In L. Malloy-Diniz, D. Fuentes, P. Mattos & N. Abreu (orgs.), *Avaliação neuropsicológica* (pp. 3-9). Artmed.

Matos, P. (2019). *Tavis-4 – Teste de atenção visual* (4. ed.) (Coleção). Hogrefe Cetepp.

Milnitsky, L., Giacomoni, C.H., Fonseca, R.P. (2019). *TDE II – Teste de Desempenho Escolar* (2. ed.). Vetor.

Navatta, A., Fonseca, M., Muszkat, M., & Miranda, M. (2009). Triagem diagnóstica no processo de avaliação neuropsicológica interdisciplinar. *Psicologia: Reflexão e Crítica, 22*(3), 430-438. https://doi.org/10.1590/S0102-79722009000300014

Paula, J.J., & Malloy-Diniz, L.F. (2018). *Teste de aprendizagem auditivo-verbal de Rey (RAVLT).* Vetor.

Raven, J., Raven, J.C., & Court, J.H. (2018). *Matrizes progressivas coloridas de Raven.* Pearson Clinical Brasil.

Rey, A. (2010). *Teste das Figuras Complexas de Rey.* Casa do Psicólogo.

Rueda, F.J.M. (2013). *Bateria psicológica para avaliação da atenção.* Hogrefe Cetepp.

Salles, J.F., Fonseca, R.P., Parente, M.A., Cruz-Rodrigues, C., Mello, C.B., Barbosa, T., & Miranda, M.C. (2016). *Instrumento de Avaliação Neuropsicológica Breve Infantil: Neupsilin-Inf.* Vetor.

Seabra, A., & Capovilla, F. (2009). Uma introdução à avaliação neuropsicológica cognitiva. In A. Seabra & F.C. Capovilla, *Teoria e pesquisa em avaliação neuropsicológica* (pp. 9-16). Memnon.

Seabra, A.G., Dias, N.M., Berberian, A.A., Assef, E.C.S., & Cozza, H.F.P. (2012). Teste da Torre de Londres. In A.G. Seabra & N.M. Dias (orgs.), *Avaliação neuropsicológica: Atenção e funções executivas* (pp. 109-132). Memnon.

Sedó, M., Paula, J.J. de, & Malloy-Diniz, L.F. (2015). *O teste dos cinco dígitos.* Hogrefe.

Trinca, W. (org.). (2013). *Procedimento de desenhos-estórias: Formas derivadas, desenvolvimentos e expansões.* Vetor.

Wechsler, D. (2013). *Escala Wechsler de Inteligência para crianças: WISC-IV (manual técnico).* Casa do Psicólogo.

Weinstein, M.C. (2016). *Coruja Promat.* Casa do Psicólogo.

Zimmermann, N.; Kochhann, R.; Gonçalves, H., & Paz Fonseca, R. (2016). *Como escrever um laudo neuropsicológico?* Casa do Psicólogo.

Os autores

Acácia Aparecida Angeli dos Santos

É psicóloga, tem mestrado em Psicologia Clínica pela Pontifícia Universidade Católica de Campinas e doutorado pela Universidade de São Paulo. É docente do Programa de Pós-graduação *Stricto Sensu* em Psicologia da Universidade São Francisco e bolsista produtividade em pesquisa 1A do CNPq.

Contato: acacia.angeli@gmail.com

Alexandre José de Souza Peres

É psicólogo pela Universidade Federal de Uberlândia, com mestrado e doutorado em Psicologia Social, do Trabalho e das Organizações, linha de pesquisa Avaliação e Medidas em Psicologia, pela Universidade de Brasília. Desde 2018 é docente na Universidade Federal de Mato Grosso do Sul, *Campus* de Paranaíba. Anteriormente, entre 2009 e 2018, atuou como pesquisador-tecnologista em avaliações e informações educacionais no Inep e, entre 2006 e 2009, como psicólogo do Ministério do Desenvolvimento Social. Entre 2013 e 2015 foi *fellow* do Strategic Data Project, da Universidade de Harvard. Suas áreas de atuação e pesquisa incluem psicometria, Avaliação Psicológica, psicologia da personalidade, psicopatologia, avaliação e testagem educacional em larga escala e avaliação de programas e políticas educacionais.

Contato: alexandre.peres@gmail.com e alexandre.peres@ufms.br
Universidade Federal de Mato Grosso do Sul (UFMS), Campus de Paranaíba.

Avenida Pedro Pedrossian, 725, Bairro Universitário. CEP: 79.500-000. Paranaíba, MS.

Amanda Lays Monteiro Inácio

É psicóloga, doutoranda pelo Programa de Pós--Graduação *Stricto Sensu* em Psicologia da Universidade São Francisco e mestre pelo Programa de Mestrado e Doutorado em Educação da Universidade Estadual de Londrina e especialista em Clínica Psicanalítica pela mesma universidade. Professora-assistente de graduação na Universidade Estadual de Londrina e na Faculdade Tecnológica do Vale do Ivaí. Atualmente, coordena a Comissão de Avaliação Psicológica do Conselho Regional de Psicologia 8ª Região.

Ana Paula Porto Noronha

Possui graduação, mestrado e doutorado em Psicologia pela Pontifícia Universidade Católica de Campinas. É docente do Programa de Pós-Graduação *Stricto Sensu* em Psicologia da Universidade São Francisco. Membro da Comissão Consultiva de Avaliação Psicológica do Conselho Federal de Psicologia (Satepsi). Foi presidente do Instituto Brasileiro de Avaliação Psicológica (Ibap) no biênio 2007-2009. É presidente da Associação Brasileira de Editores Científicos em Psicologia (AbeciPsi). É bolsista produtividade em Pesquisa do CNPq. Atualmente, desenvolve pesquisas na área de Fundamentos e Medidas da Psicologia, principalmente nos seguintes temas: avaliação psicológica, testes psicológicos, formação profissional, orientação profissional e psicologia positiva.

Caroline Tozzi Reppold

Possui graduação, mestrado, doutorado e pós-doutorado em Psicologia pela Universidade Federal do Rio Grande do Sul, pós-doutorado em Avaliação Psicológica pela Universidade São Francisco e pós-doutorado em Ciências da Educação pela Universidade do Minho, em Portugal. Professora-associada III da Universidade Federal de Ciências da Saúde de Porto Alegre. Coordenadora do Laboratório de Pesquisa em Avaliação Psicológica da mesma universidade. Foi presidente do Instituto Brasileiro de Avaliação Psicológica (Ibap) no biênio 2011-2013. É membro do Conselho Deliberativo do Ibap e da ABP+ (Associação Brasileira de Psicologia Positiva). Vice-coordenadora do GT Avaliação em Psicologia Positiva e Criatividade da Anpepp. Membro da Comissão Consultiva de Avaliação Psicológica do Conselho Federal de Psicologia (Satepsi). Bolsista Produtividade em Pesquisa do CNPq. Atualmente, desenvolve pesquisas na área de Fundamentos e Medidas em Psicologia, relacionadas à construção e busca de evidências de validade de instrumentos de Avaliação Psicológica e Neuropsicológica e à Psicologia Positiva.

Cristiane Faiad

É psicóloga, mestre e doutora em Psicologia Social, do Trabalho e das Organizações pela Universidade de Brasília, com estágio pós-doutoral pela Faculdade de Psicologia da Universidade de Lisboa. Professora-adjunta do Departamento de Psicologia Clínica e do Programa de Pós-graduação em Psicologia Social, do Trabalho e das Organizações pela Universidade de Brasília. Atualmente coordena o curso de graduação em Psicologia da Universidade de Brasília e o Laboratório de Pesquisa em Avaliação e Medida – LabPAM/UnB. Membro da diretoria do Instituto Brasileiro de Avaliação Psicológica-Ibap (2017-2019/2019-2021) e do GT Pesquisa em Avaliação Psicológica da Anpepp.

Cíntia Alves Salgado Azoni

É graduada (1999) em Fonoaudiologia pela Universidade de São Paulo, *campus* de Bauru, mestre (2005), doutora (2010) e pós-doutora (2013) em Ciências Médicas pela Universidade Estadual de Campinas (Unicamp). Docente do Departamento de Fonoaudiologia e dos programas de Pós-graduação em Fonoaudiologia e Psicologia da Universidade Federal do Rio Grande do Norte (UFRN). Vice-líder do Laboratório de Pesquisa e Extensão em Neuropsicologia da UFRN (Lapen-UFRN) e coordenadora do Laboratório e grupo de pesquisa de Linguagem escrita, interdisciplinaridade e aprendizagem (Leia-UFRN).

Daniela S. Zanini

É psicóloga, doutora em Psicologia pela Universidad de Barcelona (Espanha). Atualmente é professora-adjunta II do curso de Psicologia e da pós-graduação, mestrado e doutorado, em Psicologia da Pontifícia Universidade Católica de Goiás (PUC-Goiás). É conselheira do Conselho Federal de Psicologia e coordenadora da Comissão Consultiva de Avaliação Psicológica (CCAP/Satepsi) (gestão 2017-2019). É membro da Comissão Consultiva de Avaliação Psicológica (CCAP/Satepsi) na gestão 2020-2023, da diretoria do Instituto Brasileiro de Avaliação Psicológica-Ibap (2019-2021) e do GT Pesquisa Avaliação em Psicologia Positiva e Criatividade da Anpepp. Também é bolsista produtividade CNPq 2.

Ediana Gomes

É graduada (2008), mestre (2011) e doutora (2017) em Psicologia pela Universidade Federal do Rio Grande do Norte. Atualmente é psicóloga do Serviço de Psicologia Aplicada da UFRN (SEPA-UFRN) e membro pesquisadora do Laboratório de Pesquisa e Extensão em Neuropsicologia da UFRN (Lapen-UFRN). Desenvolve atividades de ensino, pesquisa e extensão no âmbito da Neuropsicologia do Desenvolvimento e da Aprendizagem.

Fabián Javier Marín Rueda

É psicólogo, mestre e doutor (ênfase em Avaliação Psicológica) pela Universidade São Francisco. Atualmente é docente dos programas de pós-graduação *stricto sensu* em Psicologia da Universidade São Francisco (USF) e do Centro Universitário de Brasília (UniCEUB). Foi presidente da Associação Brasileira de Editores Científicos de Psicologia – ABECiPsi – de 2010 a 2014. Foi psicólogo convidado do Conselho Federal de Psicologia (gestão 2017-2019), coordenando o Sistema de Avaliação de Testes Psicológicos (Satepsi). Atualmente é secretário-geral do Conselho Federal de Psicologia (gestão 2020-2022). Bolsista produtividade 1D do CNPq.

Fabiano Koich Miguel

Possui graduação em Psicologia pela Universidade Presbiteriana Mackenzie (2002) e especialização em Psicologia do Trânsito pela Universidade Cruzeiro do Sul (2003). Concluiu mestrado (2006) e doutorado (2010) em Avaliação Psicológica pela Universidade São Francisco, com doutorado-sanduíche na Universidade de Évora (Portugal) e na University of Toledo (Estados Unidos), desde então colaborando no Rorschach Performance Assessment System (R-PAS). Tem experiência em clínica e na área acadêmica, atuando principalmente com os seguintes temas: construção de instrumentos, inteligência emocional e personalidade, testagem adaptativa informatizada. Atualmente é professor-associado da Universidade Estadual de Londrina (UEL), sendo docente na graduação e no mestrado em Psicologia. É parecerista *ad hoc* da Comissão Consultiva em Avaliação Psicológica do Conselho Federal de Psicologia, sendo também membro da Comissão em 2013. Foi pesquisador convidado na Università degli Studi di Torino (Itália) em 2015-2016 e na University of Toledo (Estados Unidos) em 2018. Participa do Grupo de Trabalho da Anpepp (GT) Avaliação Psicológica e Psicopatologia.

Gracielly Terziotti de Oliveira

É psicóloga, mestre pelo Programa de Mestrado em Psicologia da Universidade Estadual de Londrina, especialista em Avaliação e Reabilitação Neuropsicológica e especialista em Psicologia do Trânsito. É professora de graduação na Faculdade Tecnológica do Vale do Ivaí, coordenadora da especialização em Neuropsicologia do Instituto da Família – Faculdade Teológica Sul-Americana e colaboradora da Comissão de Avaliação Psicológica do Conselho Regional de Psicologia 8ª região.

E-mail: graciellyterziotti@gmail.com

Helena Rinaldi Rosa

É professora livre-docente em Avaliação Psicológica do Departamento de Psicologia da Aprendizagem, do Desenvolvimento e da Personalidade do Instituto de Psicologia da Universidade de São Paulo e orientadora de Mestrado e Doutorado. É autora do teste R-2 teste não verbal de inteligência para crianças e pesquisadora Fapesp com o Desenho da Figura Humana.

Hilda Rosa Capelão Avoglia

É doutora em Psicologia Escolar e do Desenvolvimento Humano pelo Ipusp. Docente do Programa de Pós-Graduação em Psicologia da Saúde da Universidade Metodista de São Paulo e do Mestrado Profissional em Psicologia, Desenvolvimento e Políticas Públicas da Universidade Católica de Santos. É professora de Avaliação Psicológica e Supervisora de Estágio em Triagem e Psicodiagnóstico. Desenvolve pesquisas envolvendo a saúde mental, desenvolvimento da infância e adolescência em contextos de vulnerabilidade.

Izabel Hazin

É graduada em Psicologia pela Pontifícia Universidade Católica de São Paulo – PUC-SP (1994), especialista em Neuropsicologia pela Universidade Federal de Pernambuco (2002), mestre (2000), doutora (2006) em Psicologia Cognitiva pela Universidade Federal de Pernambuco e Pós-Doutorado pela Universitè René Descartes – Paris V (2010). Atualmente é professora-associada 4 do Departamento de Psicologia da Universidade Federal do Rio Grande do Norte. Tem experiência na área de Psicologia com ênfase em Neuropsicologia do Desenvolvimento e da Aprendizagem. Coordena o Grupo de Pesquisa Lapen (Laboratório de Pesquisa e Extensão em Neuropsicologia da UFRN), coordenadora do Programa Talento Metrópole do Instituto Metrópole Digital da UFRN. Atualmente é coordenadora do Programa de Pós-graduação em Psicologia da UFRN, presidente do Instituto Brasileiro de Neuropsicologia e Comportamento (IBNeC), vice-presidente da Sociedade Latino-Americana de Neuropsicologia (SLAN), membro do XVIII Plenário (conselheira) do Conselho Federal de Psicologia, integrante do GT da Anpepp Neuropsicologia. Bolsista produtividade do CNPq – Nível 2

Joice Dickel Segabinazi

É psicóloga (UFSM), especialista em Neuropsicologia (CFP), doutora em Psicologia (UFRGS), pós-doutora em Medicina: Ciências Médicas (UFRGS), professora de cursos de especialização em Avaliação Psicológica e Neuropsicologia, professora do Curso de Psicologia (PUCRS), parecerista *ad hoc* do Sistema de Avaliação de Testes Psicológicos (Satepsi) e sócia-fundadora da Expertise – Avaliação e Formação em Psicologia.

Katya Luciane Oliveira

É psicóloga, mestre em Avaliação Psicológica pelo Programa de Pós-Graduação *Stricto Sensu* da Universidade São Francisco. Doutora em Psicologia, Desenvolvimento Humano e Educação pela Unicamp, professora-associada do Programa de Pós-Graduação *Stricto Sensu* em Psicologia e do Programa de Mestrado e Doutorado em Educação da Universidade Estadual de Londrina/UEL. É bolsista produtividade Nível 2/CNPq. Coordena o Laboratório de Avaliação e Pesquisa Psicológica da UEL.

Lucila Moraes Cardoso

Possui graduação em Psicologia, mestrado e doutorado em Psicologia com área de concentração Avaliação Psicológica pela Universidade São Francisco. Atualmente é professora-adjunta do curso de Psicologia e do Programa de Pós-graduação em Educação da Universidade Estadual do Ceará (Uece) e colaboradora no Programa de Pós-graduação em Psicologia da Universidade Federal do Ceará (UFC), coordenadora do Laboratório de Estudos e Práticas em Avaliação Psicológica (Leapsi) da Uece; membro da diretoria da Associação Brasileira de Rorschach e Métodos Projetivos (ASBRo); coordenadora do GT Métodos Projetivos nos Contextos da Avaliação Psicológica da Associação Nacional de Pesquisa e Pós-Graduação em Psicologia (Anpepp); membro da Comissão Consultiva de Avaliação Psicológica do Conselho Federal de Psicologia (Satepsi); bolsista produtividade em pesquisa do CNPq.

Tem experiência na área de Psicologia, com ênfase em Fundamentos e Medidas da Psicologia, atuando principalmente com os métodos projetivos e avaliação de crianças.

Marcela Mansur-Alves

É psicóloga, doutora em Neurociências pela Universidade Federal de Minas Gerais (UFMG); professora-adjunta do Departamento de Psicologia da Universidade Federal de Minas Gerais; orientadora de mestrado e doutorado do Programa de Pós-Graduação em Psicologia: Cognição e Comportamento (UFMG); coordenadora do Laboratório de Avaliação e Intervenção na Saúde (Lavis/UFMG). Membro da diretoria do Instituto Brasileiro de Avaliação Psicológica (Ibap), gestões 2017-2019 e 2019-2021.

E-mail: marmansura@gmail.com

Marcelo Henrique Oliveira Henklain

Possui graduação em Psicologia e especialização em Gestão de Recursos Humanos pela Universidade Estadual de Londrina, Mestrado (bolsista Fapesp) e doutorado em Psicologia pela Universidade Federal de São Carlos. Atualmente é professor efetivo do curso de Psicologia e colaborador no Programa de Educação da Universidade Federal de Roraima. Atua também como colaborador externo do Instituto Nacional de Ciências e Tecnologia sobre Comportamento, Cognição e Ensino (INCT-Ecce).

Orcid: https://orcid.org/0000-0001-9884-8592

Endereço: Av. Cap. Ene Garcês, n. 2.413, Aeroporto, Boa Vista, RR, 69310-000.

Email: marcelo.henklain@ufrr.br

Telefone: 95 98100-7117

Mário César Rezende Andrade

É psicólogo, doutor pelo Programa de Pós-Graduação em Psiquiatria e Psicologia Médica da Escola Paulista de Medicina (EPM), Universidade Federal de São Paulo (Unifesp), com estágio no Institute of Psychiatry, Psychology and Neuroscience do King's College London; Mestre em Psicologia pela Universidade Federal de São João Del-Rei (UFSJ), com Graduate Training no Douglas Mental Health University Institute, McGill University; especialista em Docência Superior pela Universidade Gama Filho, e em Terapia Cognitivo-Comportamental em Saúde Mental pelo Instituto de Psiquiatria do Hospital das Clínicas da Universidade de São Paulo (USP). É professor-adjunto do Departamento de Psicologia e do Programa de Pós-Graduação em Psicologia, da Universidade Federal de São João Del-Rei (UFSJ).

Marlene Alves da Silva

É psicóloga clínica e de trânsito; especialista em Saúde Mental pela Universidade Federal do Rio de Janeiro, mestre e doutora em Avaliação Psicológica pela Universidade São Francisco; pós-doutoranda na Universidade de São Paulo – Instituto de Psicologia; professora convidada de cursos de extensão e de pós-graduação *lato sensu* nas instituições: Unigrad/BA; FTC/BA; Fenasdetran/BA; membro da Associação Nacional de Pesquisa e Pós-Graduação em Psicologia (Anpepp); parecerista *ad hoc* do Satepsi; diretora científica de Psicologia da Associação Bahiana de Clínicas de Trânsito – ABCTRAN; diretora da Clínica Fênix e da Orient – Produtos e Soluções em Psicologia; pesquisadora da área de Avaliação Psicológica, psicologia do trânsito, inteligência e psicologia clínica.

Monalisa Muniz

É psicóloga, mestre e doutora em Psicologia, ênfase em Avaliação Psicológica, pela Universidade São Francisco. Atualmente é professora do Departamento de Psicologia da Universidade Federal de São Carlos, atuando na graduação e na pós-graduação em Psicologia – PPGPsi, e é pesquisadora do Laboratório de Desenvolvimento Humano e Cognição – Ladheco; líder do Grupo de Pesquisa "Inteligência Emocional" certificado pelo CNPq. É membro da diretoria do Instituto Brasileiro de

Avaliação Psicológica-Ibap (2009-2011, 2011-2013, 2013-2015, 2015-2017, 2017-2019/Presidente, 2019-2021) e do GT Pesquisa em Avaliação Psicológica da Anpepp. É conselheira titular do Conselho Regional de Psicologia da região 06-Estado de São Paulo – na gestão 2016-2019; membro da Comissão Consultiva de Avaliação Psicológica (CCAP/Satepsi) na gestão 2020-2023.

Mônia Aparecida da Silva

É psicóloga, doutora e pós-doutora em Psicologia pela Universidade Federal do Rio Grande do Sul; professora-adjunta do Departamento de Psicologia e do Programa de Pós-Graduação em Psicologia da Universidade Federal de São João Del-Rei (UFSJ); membro associado do Instituto Brasileiro de Avaliação Psicológica (Ibap) e do Grupo de Pesquisa (GT) Avaliação e Intervenção no Desenvolvimento Infantil e Adolescente da Associação Nacional de Pesquisa e Pós-Graduação em Psicologia (Anpepp). Suas principais áreas de pesquisa são desenvolvimento infantil e Avaliação Psicológica.

Patrícia Waltz Schelini

Possui graduação em Psicologia pela Pontifícia Universidade Católica de Campinas, mestrado em Psicologia pela Pontifícia Universidade Católica de Campinas (bolsista CNPq) e doutorado em Psicologia pela mesma universidade (bolsista Fapesp). É pós-doutora pela Universidade do Minho (Portugal), sob a orientação do Professor-doutor Leandro da Silva Almeida. Atualmente é professora-associada 4 do Departamento de Psicologia da Universidade Federal de São Carlos, onde ministra aulas na graduação e na pós-graduação e desenvolve estudos sobre a inteligência/cognição, metacognição e pensamento imaginativo. É bolsista produtividade do CNPq e coordenadora do Grupo de Trabalho "Pesquisa em Avaliação Psicológica" da Anpepp.

Orcid: https://orcid.org/0000-0002-2765-865X

Email: patriciaws01@gmail.com

Telefone: 16 98190 5220

Rodolfo Augusto Matteo Ambiel

É psicólogo, doutor em Psicologia pela Universidade São Francisco; docente e atual coordenador (desde fevereiro de 2020) do Programa de Pós-Graduação *Stricto Sensu* em Psicologia da Universidade São Francisco (área de concentração em Avaliação Psicológica – Capes 7); editor-chefe da *Revista Psico-USF* (Qualis A2) entre 2016 e 2019 e da *Revista Brasileira de Orientação Profissional* (Qualis A2) desde 2020. Foi presidente da Associação Brasileira de Orientação Profissional (Abop) nas gestões 2015-2017 e 2017-2019. É bolsista produtividade do CNPq 2.

Sabrina Martins Barroso

É doutora em Saúde Pública pela Universidade Federal de Minas Gerais (UFMG); mestre em Psicologia pela UFMG; psicóloga pela Universidade Federal de São João Del Rei; professora-adjunta da Universidade Federal do Triângulo Mineiro, coordenadora do Programa de Pós-Graduação em Psicologia da UFTM e do Núcleo de Avaliação Psicológica e Investigações em Saúde – Napis; bolsista Produtividade nível 2 do CNPq; membro do Grupo de Trabalho em Pesquisa em Avaliação Psicológica da Associação Nacional de Pesquisa e Pós-Graduação em Psicologia (Anpepp).

Link para o currículo Lattes completo: http://lattes.cnpq.br/2411808662449672

Sérgio Eduardo Silva de Oliveira

É psicólogo, doutor em Psicologia pela Universidade Federal do Rio Grande do Sul (UFRGS), com estágio de doutoramento na University of Minnesota, Estados Unidos. Possui os títulos de mestre em Psicologia (UFRGS) e de especialista em Avaliação Psicológica (UFRGS). É professor-adjunto do Departamento de Psicologia Clínica e do Programa de Pós-Graduação em Psicologia Clínica e Cultura da Universidade de Brasília (UnB). É coordenador do projeto de extensão intitulado Serviço de Avaliação Psicológica (SAPsi) e do Núcleo de Estudos em Avaliação Psicológica Clínica (Neapsic) na UnB. É membro associado do Instituto Brasileiro de Avaliação Psicológica (Ibap) e do Grupo de Pesquisa (GT) Avaliação Psicológica e Psicopatologia da Associação Nacional de Pesquisa e Pós-Graduação em Psicologia (Anpepp).

Tatiana Quarti Irigaray

É psicóloga, especialista em Psicologia Clínica com ênfase em Avaliação Psicológica e Neuropsicologia pela Universidade Federal do Rio Grande do Sul, mestre e doutora em Gerontologia Biomédica (PUC-RS), com pós-doutorado em Psicologia (PUC-RS). É bolsista produtividade nível 2 do CNPq, decana associada e professora dos cursos de graduação e pós-graduação em Psicologia da Escola de Ciências da Saúde e da Vida da PUC-RS. Coordena o grupo de pesquisa Avaliação, Reabilitação e Interação Humano-Animal (Ariha). Integra o grupo de trabalho Pesquisa em Avaliação Psicológica da Anpepp, além de ser parecerista do Sistema de Avaliação de Testes Psicológicos (Satepsi).

Thatiana Helena de Lima

É psicóloga, doutora em Psicologia pela Universidade São Francisco, professora-adjunta do Instituto de Psicologia da Universidade Federal da Bahia, orientadora de mestrado do Programa de Pós-Graduação em Psicologia (UFBA), coordenadora do Grupo Especializado em Avaliação Psicológica (GEAP/UFBA) e membro da diretoria do Instituto Brasileiro de Avaliação Psicológica (Ibap), gestão 2019-2021.

Contato: thatianahlima@gmail.com

Valéria Gonzatti

É psicóloga (Ulbra), com licenciatura em Psicologia (UFRGS), mestre e doutoranda em Psicologia (PUC-RS). É especialista em Neuropsicologia (CFP) e professora de cursos de especialização em Avaliação Psicológica e Neuropsicologia. Também colabora com a Comissão de Avaliação Psicológica do CRP-RS.

.

Coleção Avaliação Psicológica

– *Avaliação Psicológica – Aspectos teóricos e práticos*
Manuela Lins e Juliane Callegaro Borsa (orgs.)

– *Compêndio de Avaliação Psicológica*
Makilim Nunes Baptista, Monalisa Muniz et al.

– *Avaliação Psicológica – Guia para a prática profissional*
Katya Luciane de Oliveira, Patrícia Waltz Schelini e Sabrina Martins Barroso (orgs.)

– *Formação e estratégias de ensino em Avaliação Psicológica*
Katya Luciane Oliveira, Monalisa Muniz, Thatiana Helena de Lima, Daniela S. Zanini e Acácia Aparecida Angeli dos Santos (orgs.).

– *Avaliação psicológica na infância e adolescência*
Marcela Mansur-Alves, Monalisa Muniz, Daniela Sacramento Zanini, Makilim Nunes Baptista (orgs.)

CULTURAL

Administração
Antropologia
Biografias
Comunicação
Dinâmicas e Jogos
Ecologia e Meio Ambiente
Educação e Pedagogia
Filosofia
História
Letras e Literatura
Obras de referência
Política
Psicologia
Saúde e Nutrição
Serviço Social e Trabalho

CATEQUÉTICO PASTORAL

Catequese
Geral
Crisma
Primeira Eucaristia

Pastoral
Geral
Sacramental
Familiar
Social
Ensino Religioso Escolar

TEOLÓGICO ESPIRITUAL

Biografias
Devocionários
Espiritualidade e Mística
Espiritualidade Mariana
Franciscanismo
Autoconhecimento
Liturgia
Obras de referência
Sagrada Escritura e Livros
Teologia
Bíblica
Histórica
Prática
Sistemática

VOZES NOBILIS

Uma linha editorial especial, com importantes autores, alto valor agregado e qualidade superior.

REVISTAS

Concilium
Estudos Bíblicos
Grande Sinal
REB (Revista Eclesiástica Brasileira)

PRODUTOS SAZONAIS

Folhinha do Sagrado Coração de Jesus
Calendário de mesa do Sagrado Coração de Jesus
Agenda do Sagrado Coração de Jesus
Almanaque Santo Antônio
Agendinha
Diário Vozes
Meditações para o dia a dia
Encontro diário com Deus
Guia Litúrgico

VOZES DE BOLSO

Obras clássicas de Ciências Humanas em formato de bolso.

CADASTRE-SE
www.vozes.com.br

EDITORA VOZES LTDA.
Rua Frei Luís, 100 – Centro – Cep 25689-900 – Petrópolis, RJ
Tel.: (24) 2233-9000 – Fax: (24) 2231-4676 – E-mail: vendas@vozes.com.br

UNIDADES NO BRASIL: Belo Horizonte, MG – Brasília, DF – Campinas, SP – Cuiabá, MT
Curitiba, PR – Fortaleza, CE – Goiânia, GO – Juiz de Fora, MG
Manaus, AM – Petrópolis, RJ – Porto Alegre, RS – Recife, PE – Rio de Janeiro, RJ
Salvador, BA – São Paulo, SP